中國歷代名著全譯叢書

幼学故事琼林全译

(修订版)

〔清〕程允升　原撰　叶光大　译注

贵州出版集团
贵州人民出版社

中国历代名著全译丛书

编 委 会

（以姓氏笔画为序）

王运熙　　余冠英　　张　克(常务)
罗尔纲　　程千帆　　缪　钺

再版说明

出版的境界是:为饥作浆,为旱作润,为冥作光,为往圣继绝学。《中国历代名著全译丛书》担当这一历史的重托,挟着春风走到了学人和国学爱好者的面前。

书似青山常乱叠,眼光如炬淘金来。《中国历代名著全译丛书》自上个世纪九十年代推出,即以权威、精到、普及的面貌风靡整个书界。本套丛书曾获中宣部精神文明建设五个一工程奖及中华人民共和国出版规划重点项目。但多年断档,令人怀恋。上个世纪九十年代的名著全译,多以三五本的规模推出,而今天的《中国历代名著全译丛书》,出手尽显大家气度,一次集中推出五十种,满足眼睛与心灵的饕餮。

中华民族有数千年的文明历史,产生了辉煌灿烂的古代文化。浩如烟海的历代名著,就是中国古代文化遗产的重要组成部分。这些文字不仅记录了中国古代各个方面的历史与人文,物质与精神,成为后来人的精神家园,而且对中华民族的成长提供了丰富的营养,对中华民族的形成和发展产生了巨大的凝聚力和感召力。

但古人留下的典籍,由于时代的变异,语言的古奥,当下人已难识其庐山真面目。且以往坊间的不少古籍今译的读物,大都难尽人意:

——选译本。如《国语选译》《诗经选译》等。了解中国古代文学批评史的人知道,"选"是一种评论的方式。鲁迅先生曾指出,如果对陶渊明只选"采菊东篱下,悠然见南山",而不选"刑天舞干戚,猛志固常在"这类"金刚怒目"式的作品,那就很难使读者对陶渊明的"全人"有完整的认识,若"再加抑扬",就"更离真实"了。所以说选译本的缺陷是显而易见的。

——白话本。如《白话史记》《白话搜神记》之类。这类今译本有的置原文于不顾,随意增删敷衍,从严格意义上已不是原书;有的译文尚称严谨,但无原文对照核查,欲引用古人文句还要另觅原书,难称人意。

——单译本。这类书最多,译文之外附有原文、注释,其中也不乏质量较高者。遗憾的是见木不见林,缺乏学术系统性,读者买到一本算一本,对中华民族传统文化的了解很难达到全面。

本丛书在策划之初就考虑到避免以上各种译本之不足,本着推陈出新、汇聚英华、弘扬传统、振兴华夏之宗旨,化艰深为浅显,融译注为一炉,俾使社会各界广大读者了解我国古代各名著之完整原貌,有利于当下人文精神建设,又利于中外文化之交流译介,乃延聘海内学界通人,精选史有定评之夏商迄晚清经史子集四部,以全注全译形式重新装帧、重新校勘整理出版。所选各书前言对该名著之时代、作者、内容、成就、文献版本皆有详赡说明,各篇各卷前有简明扼要的题解,原文选用业经整理的善本,注释采用学术界公认的成果,译文强调忠实原文、通达流畅。

书行天下,道亦随之,既有品味,又有普及,为大家营造出一片文化底蕴深厚、知识境界广博、思想空间深邃的精神沃土,是《中国历代名著全译丛书》的孜孜追求。此次修订是在前辈学人呕心沥血的基础上,重新进行认真的审读和勘校,是在"国学热"基础上的一次新的提升,在强调通俗性的同时,亦重视学术性与资料性。今日重现书界,必将旋起一种新的阅读风暴。

我们相信,这套丛书的问世,对传播中华民族优秀的传统文化,提升我们国家的软实力,形成当代的人文精神有着重要意义,在现代化人文化的进程中对开启今人智慧、滋养今人心灵都有着不可估量的意义。

经典不腐更不朽,它是源远流长的活水,天光云影,亘古永在。

贵州人民出版社
2008 年 9 月

目 录

前 言 ··· 1

卷 一
天文 ··· 1
地舆 ·· 11
岁时 ·· 21
朝廷 ·· 32
文臣 ·· 38
武职 ·· 51

卷 二
祖孙父子 ·· 59
兄弟 ·· 68
夫妇 ·· 74
叔侄 ·· 81
师生 ·· 85
朋友宾主 ·· 90
婚姻 ·· 99

女子 ……………………………………… 105
　　外戚 ……………………………………… 114
　　老寿幼慧 ………………………………… 119
　　身体 ……………………………………… 127
　　衣服 ……………………………………… 145

卷　三
　　人事 ……………………………………… 155
　　饮食 ……………………………………… 186
　　宫室 ……………………………………… 195
　　器用 ……………………………………… 202
　　珍宝 ……………………………………… 213
　　贫富 ……………………………………… 222
　　疾病死丧 ………………………………… 229

卷　四
　　文事 ……………………………………… 241
　　科第 ……………………………………… 255
　　制作 ……………………………………… 263
　　技艺 ……………………………………… 270
　　讼狱 ……………………………………… 277
　　释道鬼神 ………………………………… 284
　　鸟兽 ……………………………………… 295
　　花木 ……………………………………… 314

主要引用书目 …………………………………… 324

前 言

《幼学故事琼林》原名《幼学须知》,为清代西昌程允升撰,后经雾阁邹圣脉增补,改名为今名,简称《幼学》。

程允升籍贯及生平不详。雾阁即今福建龙岩市省连城县四堡乡雾阁村。邹圣脉,字宜彦,号梧冈,生于清康熙三十年(公元1691年)。自幼聪颖过人,才名遍乡梓。早年也曾属意科举,但因恃才傲物,不屑八股之文,遂屡试不第。晚年以一介布衣,隐居乡里,耕读自娱,卒于乾隆二十六年(公元1761年)。其增补《幼学须知》即在他隐居乡里之时。由此可知《幼学故事琼林》成书迄今近三百年了。

《幼学故事琼林》一书广辑自然、社会、历史、伦理方面的知识和典故,分类成篇,编成骈语,使人读来上口,且易记忆,受到广大诵习者欢迎,流传极广,被人称为《对偶句典故辞典》,在旧时成为蒙童的必修读物,故坊间刻本极多。1916年上海鸿文书局在《重校新增幼学故事琼林序》中,这样写道:"西昌程允升先生《幼学》一书,囊括古今,包罗巨细,诚儒林之圭璧,亦童蒙诵习之要本。雾阁邹梧冈先生取而增定之,由是乡塾流传,风行海内,莫不各置一册,私为枕秘。"

由于成书已近三百年,坊间相互转刻,从现在得到的几个版本来看,原文错漏不少,原书的夹注问题更多。归纳起来,有以下几个方面:

第一,原书注释的典故出处不详。如"齐妇含冤三年不雨"。(见《天文》)原注仅标明"汉"。对这一历史故事,究竟发生在汉代何时,见于何书,读者不得而知。再如"释箕结袜,万年钦西伯之尊贤"。(见《朝廷》)原注仅标明见《韩非子》。《韩非子》一书共二十卷五十五篇,这个历史故事见于何卷何篇,读者亦难查到。上述两类情况是全书注释的通病。还有少数典故既未注明时代,更未注见何书,使读者更加茫然。如"韩魏公堂前有士,风流态度,得赠女奴"。(见《朋友宾主》)韩魏公何朝何代何许人也,此事又见于何书,原注均未说明。

第二，原文及其注释与史实不符。如：

"俗美化醇，尹翁归去思蜀郡"。（见《文臣》）

原注： 汉黄霸治颍川，龚遂治渤海，尹翁归治蜀郡，召信臣治南阳，所居民富，所去见思，生有荣号，死有奉祀。

查《汉书·循吏传》："是故汉世良吏于是为盛，称中兴焉。若赵广汉、韩延寿、尹翁归、严延年、张敞之属皆称其位，然任刑罚或抵罪诛。王成、黄霸、朱邑、龚遂、郑弘、召信臣等，所居民富，所去见思，生有荣号，死见奉祀。"未说尹翁归治蜀，而所居民富，所去见思，生有荣号，死见奉祀者，也未提到尹翁归。再查《汉书·尹翁归传》，尹翁归为河东平阳人，汉宣帝时为东海太守，收黜吏豪民，案致其罪，东海大治。后入守右扶风，京师畏其威严，扶风大治。并未治过蜀郡。

"袜线之才，自谦才短"。（见《文事》）

原注： 唐韩昭祖为伪蜀礼部尚书，琴棋书算射法，悉皆涉猎不精。
李白曰：韩八座之才，如拆袜线，无一长者。

按：韩昭祖为唐末五代时人，仕蜀时李白已死去一百多年，何来李白曰？据北宋孙光宪《北梦琐言》载，说此话者为蜀朝士李台暇。

"墓志创于傅奕"。（见《疾病死丧》）

原注： 汉傅奕醉卧，知将死，起为墓志曰：傅奕，青山白云人也，因醉死，呜呼哀哉。

查傅奕非汉代人，实为隋末唐初人，晓天文地理，先仕隋，后入唐为太史令。《旧唐书·傅奕传》："常醉卧，蹶然起曰：'吾其死矣。'因自为墓志曰：'傅奕，青山白云人也，因酒醉死，呜呼哀哉。'"说其首创墓志也不确，墓志最晚始于汉末。

第三，原文与原注自相抵牾。如：

"张睢阳鼓烈气，握拳透爪"。（见《身体》）

原注： 《唐书》张睢阳恨贼，握拳透爪。（东坡帖）张睢阳骂贼，啮齿穿龈，颜平原死不忘君，握拳透爪。

查《旧唐书·张巡传》《新唐书·张巡传》皆载：安禄山反，张巡起兵讨贼，每战必胜，至睢阳与太守许远共守城，被贼十余万人围攻，巡神气慷慨，每与贼战，大呼誓师，眦裂流血，牙齿皆碎。后城破为贼所执，巡大骂不止，贼将以刀剔巡口，视其齿存者不过三数，喷血而死。又宋苏轼《东坡题跋·偶书》云："张睢阳，生犹骂贼，嚼齿穿龈；颜平原,死不忘君,握拳透掌。"

颜平原即颜真卿,唐玄宗开元进士,后为杨国忠排斥,出为平原太守。德宗时李希烈叛,颜真卿被派往劝谕,为李缢死。唐郑綮《开元传信记》载:"贼平,家迎其丧,启殡视之,棺朽而肌肉如生,握拳不开,爪透手背,远近惊异。"

第四,原注中不少典故出处不准确。如:

"智谋之事,所见略同"。(见《人事》)

原注:(三国志)周瑜上孙权书云:刘备非久屈人下者,恐蛟龙得云雨,终非池中物也。备闻之曰:天下智谋之士,所见略同。

查《三国志》中孙权、周瑜、刘备等人传记,虽记有此事,但无刘备此语。刘备此语实见于《资治通鉴·汉纪·献帝建安十五年》。

"过多曰稔恶"。(见《人事》)

原注:《桐叶封弟辩》向使纣稔恶而自毙。释:积恶曰稔恶。

查唐代柳宗元《桐叶封弟辩》一文并未论及殷纣,且无此语。此语见于柳宗元《箕子碑》一文。原文是:"向使纣恶未稔而自毙,武庚念乱以图存,国无其人,谁与兴理。"

第五,原注引证诗文,误解词意。如:

"手足并行曰匍匐"。(见《人事》)

原注:《诗》凡民有丧,匍匐救之。

按:《诗·邶风·谷风》:"凡民有丧,匍匐救之。"《毛诗传笺》:"匍匐,尽力也。"此句意为邻里有灾难,尽力去援救。用以证手足并行,不妥。

"大笑曰绝倒"。(见《人事》)

原注:晋王澄,字子平,每闻卫玠议论,辄叹息绝倒,时人语曰:卫玠谈道,平子三倒。

查《晋书·卫玠传》:"琅琊王澄有高名,每闻玠言,辄叹息绝倒。故时人为之语曰:'卫玠谈道,平子绝倒。'"又见《世说新语·赏誉》。"绝倒"在此为极其佩服之意,用以引证俯仰大笑,不确。

第六,有些注释过简,令读者不知端倪。如:

"眼中泪、心中事、意中人,想思一样"。(见《人事》)

原注:张子野诗句,有眼中泪、心中事、意中人之语,自号张三中。

按:子野为宋代人张先之字。但同一时间,名张先字子野者有二人。一为博州人,宋仁宗天圣进士,官至知亳州,欧阳修曾为其作墓志。一为吴兴人,亦天圣时进士,官至都官郎中,工于词,与柳永齐名。原文所说,当是后者。宋胡仔《苕溪渔隐丛话》引《古今诗话》:"有客谓子野曰:'人皆谓公张三中,即心中事、眼中泪、意中人也(见《行香子》词)。'子野曰:'何不目之为张三影?'客不晓。公曰:'云破月来花弄影;娇柔懒起,帘压卷花影;柳径无人,堕风絮无影。此余生平所得意也。'"

至于一般叙事之误,人名之误尚多,就不一一例举了。

为了给广大读者提供一本典故出处较详、故事较准确、文字错漏较少的版本,1990年贵州人民出版社决定将《幼学故事琼林》一书重新校勘、注释,并将这任务交给了我。在领导的大力支持下,当年我作了三项工作:

第一,以1936年上海广益书局《言文对照幼学故事琼林》为底本,与1936年上海大文书局《重增幼学琼林白话句解》、1916年上海鸿文书局《改良绘图幼学故事琼林》两个版本互校,对原文中的错者改之,脱者补之,衍者删之,并出校于注释之后。

第二,每对骈语中的知识、典故逐一查明出处,重新注释,并改原书夹注为段末注。原文与史实不符者,加按语说明。

第三,将原文译为现代汉语,译文用直译,为保留骈语的风格,做到译文上下两句的字数相同,句式一致。

工作完成之后,曾于1991年以《幼学故事琼林译注》之名出版。出版之后受到广大读者欢迎和关注。福建师范大学杨韩生先生曾热心地抄寄来关于邹圣脉生平事迹的材料。

1996年,贵州人民出版社在完成了《中国历代名著全译丛书》第一批五十种出版计划之后,又制订了继续出版第二批五十种的计划,并决定将《幼学故事琼林译注》再行修订,改名为《幼学故事琼林全译》,作为《中国历代名著全译丛书》第二批五十种之一出版。在社领导的鼓励支持下,我仔细地审读了《幼学故事琼林译注》,发现多处漏注,典故出处有的虽列书名但书名前无作者及朝代,注释符号的放置全书不统一,文字叙述亦颇有疏忽。为此,对全书进行了一次较大的修订。

《幼学故事琼林》一书,流行极广,刊本甚多,像这样重新注释,还前所未见。且书中涉及的知识、典故极为广泛,个人知识有限,深感力不从心,故注释中的错误,实所难免,希方家和广大读者不吝赐教。

本书出版之际,特向鼓励支持修订本书的李万寿社长,李立朴、黄涤明主任,以及为仔细校对全稿的唐高琼女士和关心此书而热情寄来有关原著者的资料的杨韩生先生,表示衷心的感谢。

叶光大

1997 年 5 月于贵州人民出版社

幼学故事琼林全译·卷一

天　文　新增文十一联

【原文】

混沌初开，乾坤始奠①。气之轻清，上浮者为天；气之重浊，下凝者为地②。日月五星，谓之七政③；天地与人，谓之三才④。日为众阳之宗⑤；月乃太阴之象⑥。虹名螮蝀，乃天地之淫气⑦；月里蟾蜍⑧，是月魄之精光⑨。风欲起而石燕飞⑩；天将雨而商羊舞⑪。旋风名为羊角⑫；闪电号曰雷鞭⑬。青女乃霜之神⑭；素娥即月之号⑮。雷部至捷之鬼曰律令⑯；雷部推车之女曰阿香⑰。云师系是丰隆⑱；雪神乃为滕六⑲。欻火谢仙，俱掌雷火⑳；飞廉箕伯，悉是风神㉑。列缺乃电之神㉒；望舒是月之御㉓。甘霖甘澍，俱指时雨㉔；玄穹彼苍，悉称上天㉕。雪花飞六出，先兆丰年㉖；日上已三竿，乃云时晏㉗。蜀犬吠日，比人所见甚稀㉘；吴牛喘月，笑人畏惧过甚㉙。望切者，若云霓之望；恩深者，如雨露之恩㉚。参商二星，其出没不相见㉛；牛女两宿，惟七夕一相逢㉜。后羿妻，奔月宫而为嫦娥㉝；傅说死，其精神托于箕尾㉞。披星戴月，谓早夜之奔驰㉟；沐雨栉风，谓风尘之劳苦㊱。事非有意，譬如云出无心㊲；恩可遍施，乃曰阳春有脚㊳。馈物致敬，曰敢效献曝之忱㊴；托人转移，曰全赖回天之力㊵。感救死之恩曰再造㊶；颂再生之德曰二天㊷。势易尽者若冰山㊸；事相悬者如天壤㊹。

注释

①混沌二句：亦作"浑沌"。古人想像中天地未开辟前元气未分，模糊一团的状态。《易·乾凿度》："太易者，未见气也，太初者，气之始也。太始者，形之始也。太素者，质之始也。气似质具而未相离，谓之混沌。"《吕氏春秋·大乐》："阴阳变化，一上一下，合则成章，浑浑沌沌。"

②气之轻清二句：轻清谓质轻气清。《列子·天瑞》："清轻者上为天，浊重者下为地。"《易·乾凿度》："一者变形之始，清轻者上为天，浊重者下为地。"

③七政：日、月和金、木、水、火、土五星称七政。《书·舜典》："在璇玑玉衡，以齐七政。"《孔传》："日月五星各异政。"孔颖达疏："七政，谓日月五星也。"

④三才：天、地、人为三才。才亦作材。《易·系辞下》："有天道焉，有地道焉，有人道焉，兼三材而两之。"汉王符《潜夫论本训》："是故天本诸阳，地本诸阴，人本诸和，三才异务，相待而成。"

⑤众阳之宗：太阳别称为众阳之宗，与众阳之长相同。《汉书·孔光传》："日者众阳之宗，至尊之象。"

⑥太阴：日月对举，日称太阳，月称太阴。《说文》："月，阙也，太阴之精。"

⑦虹名螮蝀(dì dōng 第东)两句：《说文》："虹，螮蝀也。"《尔雅·释天》："螮蝀，虹也。"《疏》："虹是阴阳交会之气。"同蝃蝀。淫气：不正之气。古人认为虹乃阴气所为，阳气下而阴气应，成为虹。《诗·鄘风·蝃蝀》："蝃蝀在东，莫之敢指。"以虹喻不正当男女关系。

⑧蟾蜍(chán chú 蝉除)：即癞蛤蟆。古人传说月中有蟾蜍。见后注"后羿句"。唐李白《古朗月行》："蟾蜍蚀月影，大明夜已残。"

⑨月魄：月初生或圆而始缺时不明亮的部分。又道家以月魄为月之神。汉魏伯阳《参同契》："阳神日魂，阴神月魄。"

⑩石燕飞：石燕，形似燕之石。唐徐坚等撰《初学记》"雾陵山有石燕，遇风雨即飞，止还为石。"

⑪商羊舞：齐国出现一只足的鸟，遣人问孔子，孔子说："这是商羊，过去有童子屈其一足，展臂而跳。歌曰：'天将大雨，商羊鼓舞。'现齐国有商羊，天要大雨。"见《孔子家语·辨政》汉刘向《说苑·辨物》。

⑫羊角：旋风名。庄子说：有鸟名鹏，背若泰山，翼若垂天之云，抟扶摇羊角而上者九万里。见《庄子·逍遥游》。抟(tuán 团)。

⑬雷鞭：古人认为闪电为雷之鞭。《淮南子·天文训》："雷以电为鞭。电光照处，谓之列缺。"

⑭青女：神话中的霜雪之神。《淮南子·天文训》："秋三月青女乃出，以降霜雪。"《注》："青女，天神，青霄玉女主霜雪也。"

⑮素娥：即月中女神嫦娥。月色白，故称嫦娥为素娥。宋范成大《枕上》："素

娥脉脉翻愁寂,付与风铃语夜长。"

⑯律令:传说周穆王时有人名律令,善于行走,死后为雷部的小鬼。道教称迅速善走之神为律令。唐李匡义《资暇集》:"律令是雷边捷鬼,学者岂不知之,此鬼善走,与雷相疾速,故云如此鬼疾走者也。"

⑰阿香:神话人物。晋时,仪兴有一个姓周的人到郊外,日暮投宿道旁一草舍中,见一女子,周向其求宿。二更时候,听门外有一小儿喊:"阿香,官家喊你推车。"女走后,雷声隆隆,大雨骤至。第二天见住处为一座新坟。见晋陶潜《搜神后记》、唐释世道《法苑珠林》。

⑱丰隆:传说中的云师。屈原《离骚》:"吾令丰隆乘云兮,求宓妃之所在。"一说为雷神。《淮南子·天文训》:"季春三月,丰隆乃出,以将其雨。"《注》:"丰隆,雷也。"

⑲滕六:传说中的雷神。唐衡州刺史肖志忠欲外出打猎,有一老麋向一黄冠使者求救。使者说:"如叫滕六降雪,巽二起风,肖使君就不会出猎了。"第二天天未明就风雪大作。见唐牛僧孺撰《幽怪录》。

⑳欻(xū 虚)火谢仙:欻火、谢仙为传说中掌管雷火的两个鬼名。欻,《说文》:"有所吹起"。雷火因风而作,故称雷部之鬼为欻火。《事物异名录·神鬼·雷神》:"谢仙为雷部中神名,主行火。"

㉑飞廉、箕伯:飞廉,传说中的风神。屈原《离骚》:"前望舒使先驱兮,后飞廉使奔属。"《章句》:"飞廉,风伯也。"箕伯,箕星之神,也是传说中的风神。汉应劭撰《风俗通》:"风师者,箕星也。主簸扬,能致气。"

㉒列缺:传说中闪电之神,参见"雷鞭"注。

㉓望舒:月御也,传说为月亮驾车的仙人,后用为月亮的代称。参见前"飞廉"注。

㉔甘霖甘澍:指及时雨。《尔雅》:"久旱而雨曰甘霖;时雨滋生万物曰甘澍。"

㉕玄穹彼苍:玄穹和彼苍都是天的代称。因古人看天似穹窿。玄,黑色;苍,青色。晋张华《壮士篇》:"长剑横九野,高冠拂玄穹。"《诗经·秦风·黄鸟》:"彼苍者天。"

㉖六出:雪花的结晶成六角形,称六出。《韩诗外传》:"凡草木花,多五出,雪花独六出。"后来把六出作为雪的代称。唐元稹《赋得春雪映早梅》诗:"一枝方渐秀,六出已同开。"

㉗三竿:形容太阳已升得很高,时近中午。《南齐书·天文志》:"日出高三竿。"晏:晚也。

㉘蜀犬吠日:谓少见多怪。唐柳宗元《答韦中立论师道书》:"仆往闻庸、蜀之南,恒雨少日,日出则犬吠。"又韩愈《与韦中立论师道书》:"蜀中山高雾重,见日时少,每至日出,则群犬疑而吠之也。"

㉙吴牛喘月:南朝宋刘义庆《世说新语·言语》:"满奋畏风,在晋武帝坐,北窗作琉璃屏,实密似疏,奋有难色。帝笑之。奋答曰:'臣犹吴牛,见月而喘。'"吴牛,江淮间水牛。吴牛怕酷热,见月疑是日,不断喘气。

㉚望切者二句:云霓(ní 倪),云和虹。《孟子·梁惠王》:"民望之,若大旱之望云霓也。"这里实指云。雨和露能滋长万物,故多用来比喻恩泽、恩情。唐李白诗:"愧无横草功,虚负雨露恩。"

㉛参(shēn 身)商:二星名。参在西,商在东,此出彼没,永不相见。古代神话,高辛氏有二子,互相争斗,帝分二子于两处,一主参星,一主商星。见《左传·昭公元年》。后用以比喻兄弟不和,也比喻双方隔绝。此句原本无"其"字,从1936 年上海大文书局《重增幼学故事琼林》补(以下称"大文本")。

㉜牛女:二星名,织女星在银河西,与银河东牵牛星相对。牛郎织女的故事流传很广。织女一词最早见于《诗·小雅·大东》,至于《淮南子·俶真》始称为女神。至《文选·洛神赋》注引曹植《九咏注》,才开始说牵牛织女为夫妇,七月七日一会。南朝梁吴均《续齐谐记》上说:织女处天河之东,是天帝孙女,勤习女工,无暇整理仪容。天帝可怜其独居,许嫁织女与河西牛郎。织女嫁后不再劳作。天帝发怒,仍令织女回河东,只许每年七月七日与牛郎相会。

㉝后羿句:嫦娥奔月这个神话故事流传既早又广,后世文艺作品中多以此为题材。嫦娥之名初见于《山海经·大荒西经》,作"常羲"。《大戴礼·帝系篇》作"常仪"、"常宜"。《淮南子·览冥训》高诱《注》,作"姮娥"。说嫦娥为后羿之妻,后羿于西王母处得长生不死之药,嫦娥偷食之后,遂飞身上月宫。又《太平御览》引张衡《灵宪》,说嫦娥奔月后变为蟾蜍。后羿,传说为夏代东夷族有穷氏部落首领,善射。神话说,尧时天上有十个太阳,植物枯死,蛇虫猛长,羿射落九个太阳,射杀猛兽长蛇,为民除害。

㉞傅说句:傅说,殷武丁之相,辅武丁中兴。《庄子·大宗师》:"傅说……乘东维,骑箕尾,比于列星。"说傅说死后,其精神跨于箕尾二宿之间,为"傅说星"。

㉟披星戴月:身披星光,头戴月亮。形容早出晚归,日夜辛苦奔波。元无名氏《冤家债主》第一折:"这大的个孩儿披星戴月,早起晚眠。"也作"戴月披星"、"披星带月"。

㊱沐雨栉风:形容辛苦奔波,饱经风雨。《庄子·天下》:"腓无胈,胫无毛,沐甚雨,栉疾风,置万国,禹大圣也。"沐,洗头;栉,梳发。即雨洗头,风梳发。

㊲云出无心:陶渊明《归去来辞》:"云无心以出岫。"是说白云无意识地从山洞中出来。岫,山洞。

㊳阳春有脚:比喻给人带来温暖。五代王仁裕《开元天宝遗事·有脚阳春》:"宋璟爱民恤物,朝野赞美,时人咸谓璟为有脚阳春,言所至之处,如阳春煦物也。"

㊴献曝(pù铺)之忱：对人馈赠的谦词，言所献之物不足珍贵。《列子·杨朱》："昔者宋国有田夫，常衣缊黂，仅以过冬，及春东作，自曝于日，不知天下之有广厦燠室，绵纩狐貉，顾谓其妻曰：'负日之暄，人莫知者，以献吾君。当有重赏也。'"

㊵回天：封建统治阶级以皇帝为天，凡能谏止皇帝某种行动的称回天。唐太宗贞观四年，诏发卒修洛阳宫乾阳殿，以备巡幸，给事中张玄素切谏，太宗遂罢修殿之事。魏征叹曰："张公论事，遂有回天之力，可谓仁人之言，其利博哉。"见《旧唐书·张玄素传》。

㊶再造：重新获得生命。多用于表示对重大恩惠的感激。《宋书·王僧达传》："上表解职曰：'……天地之仁，施不期报，再造之恩，不可妄属。'"唐天宝十四年，安禄山反，十五年玄宗幸蜀，肃宗即位于灵武。至德二年，郭子仪收复两京，肃宗遣兵仗戎容，迎于灞上，劳之曰："虽吾之家国，实由卿再造。"见《旧唐书·郭子仪传》。

㊷二天：对重大恩惠的感激之词。《后汉书·苏章传》："(章)迁冀州刺史，故人为清河太守，章行部案其奸臧，乃请太守，为设酒肴，陈平生之好，甚欢。太守喜曰：'人皆有一天，我有二天。'章曰：'今夕苏孺文(苏章字)与故人饮者，私恩也。明日冀州刺史案事者，公法也。'遂举正其罪。州境知章无私，望风畏肃。"

㊸冰山：冰山见日即消融，比喻一时显赫，不可久恃的权势。五代王仁裕《开元天宝遗事》："杨国忠权倾天下，四方之士，争诣其门。进士张彖者，陕州人，力学有大名，志气高大，未尝折于人。人有劝彖令修谒国忠。彖曰：'尔辈以谓杨公之势，倚靠如太山；以吾所见，乃冰山也。或皎日太明之际，则此山当误人尔。'后果如其言。"

㊹天壤：天在上，地在下，相去遥远，故以天壤比喻事物的悬殊。《抱朴子·论仙》："其为不同，已有天壤之觉，冰炭之乖矣。"觉通"校"，差别。

【今译】

自浑沌的元气分开，天地才从此奠定。气中清而轻的向上浮起为天；气中浊而重的下降凝结为地。日、月和金、木、水、火、土五星，叫做"七政"；天、地和人，叫做"三才"。太阳白天出来，是众阳的宗主；月亮晚上出现，是太阴的形象。虹又名蝃蝀，是天地不正的气结成；月里的蛤蟆，是月魄的精灵和光彩。风将起时，石燕会高飞；天将雨时，商羊会乱舞。旋风叫做"羊角"；闪电称为"雷鞭"。青女是管霜的神；素娥是月亮的号。雷部里跑得最快的鬼，名叫律令；雷部里推雷车的女子，名叫阿香。丰隆是云神；滕六是雪神。欻火和谢仙，都管雷火；飞廉和箕伯，都是风神。列缺是闪电的神灵；望舒是驾月轮的御者。甘霖和甘澍是指及时的好雨；玄穹和彼苍是称上天的异名。六瓣的雪花飞，预兆着丰年；太阳已上三竿，说时间已晚。蜀狗见太阳就叫，比喻人见识太少；吴牛见月亮喘气，笑话人畏惧太甚。希望迫切，好比大旱望云霓；受恩深厚，如同万物受雨露。参星、商星，一出一没，彼此总见不着；牛郎、织女，每年七夕，只能相会一次。后羿的妻子，飞到月宫里去为嫦娥；傅说的灵魂，附着在箕星尾星之间。披星戴月，是说早晚都在奔走；沐雨栉风，是说风雨中的劳苦。做事并非有意，好比云出无心；恩泽可以广施，就像阳春有脚。送人礼物，自谦是效法献曝的诚意；托人斡旋，说是全靠他回天的力量。感激别人救命的恩德，就说是再造之恩；称颂别人再生的德行，就说是有两个天。"冰山"比喻权势易尽；"天壤"是说事理悬殊。

【原文】

晨星，谓贤人寥落①；雷同，谓言语相符②。心多过虑，何异杞人忧天③；事不量力，不殊夸父追日④。如夏日之可畏，是谓赵盾；如冬日之可爱，是谓赵衰⑤。齐妇含冤，三年不雨⑥；邹衍下狱，六月飞霜⑦。父仇不共戴天⑧；子道须当爱日⑨。盛世黎民，嬉游于光天化日之下⑩；太平天子，上召夫景星庆云之祥⑪。复时大禹在位，上天雨金⑫；春秋孝经既成，赤虹化玉⑬。箕好风，毕好雨，比庶人愿欲不同⑭；风从虎，云从龙，比君臣会合不偶⑮。雨旸时若，系是休征⑯；天地交泰，斯称盛世⑰。

（增）大圜乃天之号⑱；阳德为日之称⑲。涿鹿野中之云，彩分华盖⑳；柏梁台上之露，润浥金茎㉑。欲知孝子伤心，晨霜践履㉒；每见雄军喜气，晚雪销融㉓。郑公风，一往一来㉔；御史雨，既沾既足㉕。赤电绕枢而附宝孕㉖；白虹贯日而荆轲歌㉗。太子庶子之名，星分前后㉘；旱年潦年之占，雷辨雌雄㉙。中台为鼎鼐之司㉚；东壁是图书之府㉛。鲁阳苦战挥西日，日返戈头㉜；诸葛神机祭东风，风回纛下㉝。束先生精神毕至，可祷三日之霖㉞；张道士法术颇神，能作五里之雾㉟。儿童争日，如盘如汤㊱；辩士论天，有头有足㊲。月离毕而雨候将征㊳；星孛辰而火灾乃见㊴。

注释

①晨星句:早晨天空中星星极少,故用以比喻贤人不多。寥落,稀疏。晋谢朓《京路夜发》:"晓星正寥落,晨光复泱泱。"

②雷同:相同,人云亦云。《楚辞·九辩》:"世雷同而炫耀兮,何毁誉之昧昧。"

③杞人忧天:杞国有个人怕天塌下来。比喻不必要的忧虑。《列子·天瑞》:"杞国有人,忧天地崩坠,身亡所寄,废寝食者。"

④夸父追日:夸父,古传说中人名。夸父拼命追赶太阳。形容人自不量力,也形容人们征服自然的坚强决心。《山海经·海外北经》:"夸父与日逐走,入日,渴欲得饮,饮于河渭;河渭不足,北饮大泽;未至,道渴而死;弃其杖,化为邓林。"

⑤赵盾、赵衰两句:《左传·文公七年》:"酆舒问于贾季曰:'赵衰、赵盾孰贤?'对曰:'赵衰,冬日之日也;赵盾,夏日之日也。'"《注》:"冬日可爱,夏日可畏。"衰,读崔。

⑥齐妇句:汉时,东海有孝妇窦氏,事姑甚谨。姑曰:"我老累汝。"乃自缢死。姑女告妇杀母,妇诬服罪。狱吏于公争之不得,郡守竟杀妇。其地大旱三年。见《汉书·于定国传》。

⑦邹衍句:暑日降霜,示冤狱之兆。《太平御览·天部·霜》:邹衍事燕惠王,尽忠,左右潜之王,王系之狱,衍仰天哭,夏五月,天为之下霜。汉王充《论衡·感虚》:"邹衍无罪见拘于燕,当夏五月仰天而叹,天为陨霜。"唐李白《古风》:"燕臣昔恸哭,五月飞秋霜。"一说为六月飞霜。

⑧不共戴天:不与仇敌在同一个天底下生活。表示仇恨深重,誓不两立。《礼记·曲礼上》:"父之仇,弗与共戴天。"

⑨爱日:子事奉父母之日为爱日。汉扬雄《法言·孝至》:"不可得而久者,事亲之谓也,孝子爱日。"爱日,犹言惜阴。

⑩光天化日:光天,光明的白天;化日,太平日子。《书·益》:"禹曰:'俞哉,帝光天之下,至于海隅苍生。'"《后汉书·王符传》:"化国之日舒以长,故其民闲暇而有余力。"

⑪景星庆云:太平盛世出现的祥瑞。景星,也称瑞星、德星。《史记·天官书》:"天精而见景星。景星者,德星也。其状无常,常出于有道之国。"庆云,五彩云,也作"景云"、"卿云"。《汉书·天文志》:"庆云,喜气也。"

⑫上天雨金:传说大禹平治水土,功齐天地,是时天雨金三日,雨稻三日三夜。见南朝梁任昉《述异记》。

⑬赤虹化玉:传说孔子修成《春秋》《孝经》,告于天,赤虹自天而下,化为黄玉,长三尺,上有刻文。孔子跪而受之。见晋干宝撰《搜神记》。

⑭箕好风,毕好雨:比喻百姓的好恶随时不同。《书·洪范》:"庶民惟星,星

有好风,星有好雨。"《传》:"众民惟若星,箕星好风,毕星好雨,亦民所好。"

⑮风从虎,云从龙:旧时指明君贤臣的意气相投。《易·乾》:"云从龙,风从虎,圣人作而万物睹。"

⑯雨旸句:指吉利的征兆。《书·洪范》:"曰休征,曰肃,时雨若;曰乂,时旸若。"《传》:"君行敬,则时雨顺之;君行政治,则时旸顺之。"旸,日出也;若,顺也。

⑰天地交泰:指天下太平,交泰亦指时运亨通。《易·泰》:"天地交,泰。"《注》:"物大通之时也。"指天地之气融合贯通,生养万物,物得大通,故曰泰。

⑱大圜:圜,同圆。古人认为天圆地方,故称天为大圜。《吕氏春秋·序意》:"大圜在上,大矩在下。"高诱《注》:"圜,天也。"

⑲阳德:日的称号。《文选·谢庄·月赋》:"日以阳德,月以阴灵。"

⑳涿鹿句:涿鹿,县名,在今河北西北部,其东南有涿鹿山,相传黄帝与蚩尤战于涿鹿之野,即此。华盖,帝王的车盖。晋崔豹《古今注·舆服》:"黄帝与蚩尤战于涿鹿之野,常有五色之气,金枝玉叶,止于帝上,有花葩之象,因而作华盖也。"

㉑柏梁台句:汉武帝元鼎二年(公元前115年)春,在长安城中北门内起此台,因以香柏为梁,故名。汉武帝好神仙,作承露盘以承甘露,和玉屑饮之可以长生。见《三辅黄图·台榭》《三辅旧事》。金茎,承露盘的铜柱。

㉒欲知孝子句:相传周朝尹吉甫听后妻之谗言,逐其子伯奇。伯奇自伤无罪,清晨在霜地上徘徊,鼓琴作曲。因名为《履霜操》。见汉蔡邕《琴操》、唐徐坚等撰《初学记》。

㉓每见雄军句:唐李绅镇扬州,章孝标作《淮南李相公绅席上赋春雪》诗:"六出花飞处处飘,粘窗拂砌上寒条,朱门到晚难盈尺,尽是三军喜气消。"见元辛文房《唐才子传·李绅》。

㉔郑公风:《后汉书·郑弘传》《注》引孔灵符《会稽记》曰:"射的山南有白鹤山,此鹤为仙人取箭。汉太尉郑弘尝采薪,得一遗箭,顷有人觅弘还之。问何所欲?弘识其神人也,曰:'常患若耶溪载薪为难,愿旦南风,暮北风。'后果然。"故若耶溪风,至今犹然呼为郑公风也。

㉕御史雨:喜雨。《唐书·颜真卿传》:"再迁监察御史,使河陇,时五原有冤狱,久不决,天且旱,真卿辨狱而雨,郡人呼御史雨。"

㉖附宝孕:附宝,黄帝之母,一作符宝。见《史记·五帝纪》正义:"母曰附宝,之祁野,见大电绕北斗枢星,感而怀孕,二十四月而生黄帝于寿丘。"

㉗荆轲歌:荆轲,为战国时著名刺客。燕太子丹尊为上客。后受燕太子丹之命入秦刺秦王。太子丹送之于易水。荆轲歌曰:"风萧萧兮易水寒,壮士一去兮不复还。"见《史记·荆轲传》。相传荆轲歌时精诚感天,出现白虹贯日。《史记·邹阳传》:"昔者荆轲幕燕丹之义,白虹贯日,太子畏之。"《集解》:"应劭曰:'故厚养荆轲,令西刺秦王,精诚感天,白虹为之贯日。'"

㉘太子庶子句:北极星中,第一星太子,第二星帝王,第三星庶子,第四星后宫,第五星天枢。太子在前,帝王居中,庶子在后。见《晋书·天文志》。

㉙旱年潦年句:潦年,水潦之年。此句是说旱年和潦年的雷可以分别雄雌。《师旷占》说,雷之初发,其音格格者是雄雷,旱气;其音依依不大者,乃雌雷,水气。"潦年"原本为"雨年",误,从"大文本"改。

㉚中台:星名。上台、中台、下台为三台。三台共六星,两两而居,起文昌,列抵太微。见《晋书·天文志》。汉晋以后,以"三台"比喻辅助国君执掌大权的"三公"。西汉以太师、太傅、太保为三公;东汉以太尉、司徒、司空为三公。中台,即宰辅之位。鼎鼐:为调羹用具,后用以比喻宰辅。

㉛东壁:星名,为玄武七宿之一。《晋书·天文志》:"东壁二星,主文章,天下图书之秘府也。"唐张说诗:"东壁图书府,西园翰墨林。"

㉜鲁阳句:鲁阳,春秋时楚国县公,即鲁阳文子,楚平王孙司马子期之子。《淮南子·览冥》:"鲁阳公与韩构难,战酣,日暮,援戈而㧑之,日为之返三舍。"汉高诱注:"'舍'次宿也。"三舍,三星宿之距离,㧑,读挥。后以挥戈返日喻人力可以胜天。

㉝诸葛句:诸葛亮借东风故事已家喻户晓。见《三国演义》。纛,古时军队或仪仗队的大旗。

㉞束先生句:束皙,晋阳平元城人。太康中,郡中大旱,束皙祷于天,天降雨三日。民歌曰:"束先生通神明,请天三日雨甘霖,我黍以育,我稷以生,何以酬之,报束长生。"见《晋书·束皙传》。

㉟张道士句:张道士指东汉张楷,其父为张霸。《后汉书·张霸传》:"张楷字公超……隐居弘农山中,学者随之,所居成市……性好道术,能作五里雾。"后比喻迷离恍惚不知所从的情景为"如堕五里雾中"。

㊱如盘如汤:《列子·汤问》:"孔子东游,见两小儿辩斗,问其故……一儿曰:'日初出大如车盖,及日中则如盘盂,此不为远者小而近者大乎?'一儿曰:'日初出沧沧凉凉,及其日中,如探汤,此不为近者热而远者凉乎?'孔子不能决也。"

㊲有头有足:是说天有头有脚。三国时,吴使张温至蜀,张温问秦宓曰:"天有头乎?"宓曰:"有之。"温曰:"头在何方?"宓曰:"头在西方,诗云:'乃眷西顾。'以此推之头在西方。"温曰:"天有足乎?"宓曰:"有,诗云:'天步艰难。'之子不犹,若其无足,何以步之。"见《三国志·蜀志·秦宓传》。

㊳月离毕句:毕,星名。《诗·小雅·渐渐之石》:"月离于毕,俾滂沱矣。"参见"箕风毕雨"注。

㊴星孛辰句:是说慧星冲犯大辰星时,人间就出现火灾。故事出于《左传·昭公十七年》:"冬,有星孛于大辰,西及汉。申须曰:'慧所以除旧布新也,……今除于火,火出必布焉。诸侯其有火灾乎?'""孛",慧星;"大辰",星次名,即苍龙七

宿中的三宿。《公羊传·昭公十七年》："大辰者何,大火也。"

【今译】

"晨星"比喻贤人少;"雷同"是说话相同。心里忧虑过多,好比杞国人担忧天堕;做事不自量力,就如像夸父追赶太阳。像夏日那样可怕,是说赵盾;像冬日那样可爱,是说赵衰。齐国有个妇女受冤屈,三年不下雨;燕国的邹衍蒙诬入狱,六月里飞霜。对父亲的仇人,决不和他顶着一个天;做儿子的道理,要爱惜父母在世之时。盛世的百姓,能在光天化日之下快乐;太平的皇帝,可感召景星庆云的祥瑞。夏朝大禹在位时,天上落下黄金;《春秋》《孝经》写成时,赤虹化成黄玉。箕星好风,毕星好雨,好比众人的愿望不相同;风跟随虎,云跟随龙,是说君臣的遇合不偶然。时晴时雨,便是丰年的象征;天地相合,就叫做太平盛世。

（增）"大圜"是天的别号;"阳德"是日的称呼。涿鹿野外的彩云,如绣的华盖;柏梁台上的清露,滋润着金茎。早晨在霜地徘徊,那是孝子伤心;傍晚使春雪融化,那是雄军的喜气。南来北往,是郑公风早晚的方向;沾润满足,御史雨因决狱而得来。赤色的电围绕枢星,附宝怀孕;白色的虹穿过太阳,荆轲作歌。星有太子庶子,太子星在前,庶子星在后;雷分旱年潦年,旱年是雄雷,潦年是雌雷。三台中的中台,是宰辅之位,专管调和鼎鼐;列星中的东壁,是主管图书,像藏书的府库。鲁阳公晚上苦战,用戈向西下的日一挥,太阳就从戈头上返回来;诸葛亮神机不测,在山上设坛求借东风,东风就把大旗吹到西边。束先生的精诚通神,求的雨下了三天;张道士的法术很灵,作的雾笼罩五里。儿童论日,说又像盘又像汤;辩士谈天,说又有头又有脚。月球离开毕星,天将下雨;慧星冲到大辰,火灾出现。

地 舆 新增文十联

【原文】

　　黄帝画野,始分都邑①;夏禹治水,初奠山川②。宇宙之江山不改;古今之称谓各殊。北京原属幽燕,金台是其异号③;南京原为建业,金陵又是别名④。浙江是武林之区,原为越国⑤;江西是豫章之郡,又是吴皋⑥。福建省属闽中⑦;湖广地名三楚⑧。东鲁西鲁,即山东山西之分⑨;东粤西粤,乃广东广西之域⑩。河南在华夏之中,故曰中州⑪;陕西即长安之地,原为秦境⑫。四川为西蜀;云南为古滇⑬。贵州省近蛮方,自古名为黔地⑭。东岳泰山,西岳华山,南岳衡山,北岳恒山,中岳嵩山,此为天下之五岳⑮;饶州之鄱阳,岳州之青草,润州之丹阳,鄂州之洞庭,苏州之太湖,此为天下之五湖⑯。金城汤池,谓城池之巩固⑰;砺山带河,乃封建之誓盟⑱。帝都曰京师⑲;故乡曰梓里⑳。蓬莱弱水,惟飞仙可渡㉑;方壶员峤,乃仙子所居㉒。沧海桑田,谓世事之多变㉓;河清海晏,兆天下之升平㉔。水神曰冯夷,又曰阳侯㉕;火神曰祝融,又曰回禄㉖。海神曰海若;海眼曰尾闾㉗。望人包容,曰海涵㉘;谢人恩泽,曰河润㉙。无系累者,曰江湖散人㉚;负豪气者,曰湖海之士㉛。问舍求田,原无大志㉜;掀天揭地,方是奇才㉝。凭空起事,谓之平地风波㉞;独立不移,谓之中流砥柱㉟。黑子弹丸,极言至小之邑㊱;咽喉右臂,皆言要害之区㊲。独立难持,曰一木焉能支大厦㊳;英雄自恃,曰丸泥亦可封函关㊴。事先败而后成,曰失之东隅,收之桑榆㊵;事将成而终止,曰为山九仞,功亏一篑㊶。以蠡测海,喻人之见小㊷;精卫衔石,比人之徒劳㊸。跋涉谓行路艰难㊹;康庄谓道路平坦㊺。

注释

　　①黄帝画野:黄帝时开始在土地上划分界限。《汉书·地理志》:"方制万里,画野分州,得百里之国万区。"颜师古《注》:"方制,制为方域也;画,谓为之界也。"

　　②夏禹治水:古帝尧之时,大水为患,尧命禹治水。禹用疏导之法,平治了洪水。《书·禹贡》:"禹敷土,随山刊木,奠高山大川。"《传》:"洪水泛溢,禹布治九州之土,随行山林斩木通道。奠定高山五岳,大川四渎。"

　　③北京句:北京,古称蓟,春秋战国时为燕地。传说舜分今河北东部为幽州,

从周燕至汉,皆置幽州,其区域有所扩大,辖今辽宁及山东部分地区。相传战国时燕昭王筑一台,置千金于台上,延请天下士,故名黄金台。后世以金台为北京代称。

④南京句:南京,今南京市,战国时,楚威王因其地有王气,埋金镇之,置金陵邑;秦汉置秣陵县;三国时吴改为建业,东晋及南朝诸帝均建都于此,改名建康;五代梁置金陵府;南唐为江宁府;明洪武建都于此,改名南京。

⑤浙江句:浙江,古名浙水,又名之江,以其多曲折,故名浙江。上游新安江、兰溪二源合于建德县东南,流至桐庐为桐江,至富阳为富春江,至旧钱塘县为钱塘江。浙江省即因有此江而得名。浙江省春秋时为吴、越两国之地,战国属楚,秦为会稽郡。首府杭州,因其西有武林山(又名灵隐山),故杭州又称武林。

⑥江西句:江西省会南昌,汉时为豫章郡治,故别称豫章。属禹贡扬州之地,春秋战国时为楚地。元朝置"江西行中书省",始有江西省之称。春秋时因与吴交界,故称吴皋。皋,岸也。

⑦闽中:秦置闽中郡,治所在侯官,今属福州市。后以闽中泛指福建省地。

⑧三楚:战国时楚国之地。今从黄淮至湖南一带,有西楚、东楚、南楚之分(参见《史记·货殖列传》)。后多以"三楚"泛指湖北、湖南一带。

⑨东鲁西鲁:西周初年,武王分周公旦之子伯禽,在今山东西南部,建诸侯国名鲁,都曲阜,故以鲁称山东。后曾别称山东为东鲁,山西为西鲁。见清历荃、郑怀《事物异名录》引《舆图辑要》。

⑩东粤西粤:粤同越,今两广古时为百越之地,故旧时称广东为东粤、广西为西粤。见清历荃、郑怀《事物异名录》引《舆图辑要》。

⑪中州:古时中国自称中州。又认为洛阳处天下之中故称河南为中州。汉王充《论衡·谈天》:"洛阳,九州之中也。"

⑫秦境:春秋时,秦国建都于雍(今陕西凤翔东南)后秦穆公称霸于西戎,逐渐统一了今陕西全境。战国时秦迁都咸阳(今属西安市)。故陕西今简称秦。西安,明清以前均称为长安。

⑬四川、云南两句:四川省府成都,原为古蜀国的建都之地,故四川别称西蜀。云南有滇池,楚威王时命将军庄𫏋略定滇池地区,后因秦击楚,道路隔绝,庄𫏋自立为王,号滇国。因地在云岭之南,故曰云南。

⑭贵州句:贵州于明永乐十一年(公元1413年)始置布政司,为省一级建置。辖境东北部战国时属楚为黔中郡兼有夜郎、且兰诸国。汉时在此区域内置牂柯郡,唐为黔中道、黔州,均包括今贵州东北部。今简称贵州为黔。

⑮五岳:岳,高大的山。五岳,即五座高大的山。泰山,又名天孙和岱宗,为五岳之长,古代帝王常登泰山行封禅大典,在山东省泰安县境,东南岩顶有观日出之处。华山,在陕西省华阴县。衡山,在湖南省衡山县,其最高峰叫祝融峰。恒山,

又名玄岳,在山西省浑源县。嵩山,在河南省登封县,著名的少林寺即在嵩山。

⑯五湖:五湖在古书上有多种说法。一说是具区(太湖)、洮湖(长塘湖)、彭蠡(鄱阳湖)、青草(又名巴丘)、洞庭;一说是具区、洮、滆、彭蠡、青草;一说是彭蠡、洞庭、巢湖、震泽、鉴湖;一说是太湖、射阳、青草、丹阳、宫亭;一说是洞庭、震泽、青草、云梦、巴丘。青草湖,在洞庭湖东南部,为湘水所汇。润州,丹阳润州,隋朝开皇十五年置,治所在今镇江市,辖丹阳、句容、金坛等地。丹阳湖即在丹阳县西北,又名练塘,即古曲阿后湖,俗名开家湖,现已大部辟为农场。近代多以洞庭、鄱阳、太湖、巢湖、洪泽为五大湖。洞庭湖在湖南,鄱阳湖在江西,太湖、洪泽湖均在江苏,巢湖在安徽。

⑰金城汤池:喻防守坚固不可摧破之城邑。《汉书·蒯通传》:"皆为金城汤池,不可攻也。"金以喻坚,说城坚如金铸的一样;汤喻沸热不可近,说护城河的水像沸水一样。

⑱砺山带河:山如厉石,河如衣带。比喻年代无穷。《汉书·高惠高后文功臣年表》:"封爵之誓曰:'使黄河如带,泰山若厉,国以永存,爰及苗裔。'"砺,也作厉。誓盟,誓言、盟词。

⑲京师:国都。《诗·大雅·公刘》:"京师之野,于时处处。"后世遂称国都为京师。《史记·太史公自序》:"藏之名山,副在京师。"

⑳梓里:桑与梓为古代住宅旁常栽的树木,东汉以后遂用来比喻故乡。汉张平子《南都赋》:"永世克孝,怀桑梓焉;真人南巡,睹旧里焉。"宋范成大《杨君居士挽词》:"孝至兰陵茂,身修梓里恭。"

㉑蓬莱弱水:蓬莱,山名,也名蓬壶。古代方士传说为仙人所居。《山海经·海内北经》:"蓬莱山在海中。"弱水,原指水浅不能载船,古人讹传为力不能负芥或鸿毛之水为弱水。古籍中记载的弱水有多种说法。《玄中记》:"天下之弱者,有昆仑之弱水焉,鸿毛不能起也。"

㉒方壶员峤:两山名。古代传说中的仙山。方壶即方丈山。《列子·汤问》:"渤海之东有大壑,其中有五山,一名岱舆,二名员峤,三名方壶,四名瀛州,五名蓬莱。"

㉓沧海桑田:大海变成农田,农田又变成大海,喻世事变化极大。晋葛洪《神仙传·王远》:"麻姑谓方平曰:'接待以来,已见东海三为桑田。'"

㉔河清海晏:黄河水变清;海里不扬波。唐郑锡《日中有王字赋》:"河清海晏,时和岁丰。"旧时用来形容天下太平。晏,平静。

㉕冯夷、阳侯:冯夷,水神名。《庄子·大宗师》:"冯夷得之,以游大川。"唐陆德明《释文》:"河伯,姓冯名夷,一名水夷,一名冯迟。"阳侯,传说中的波神。屈原《九章·哀郢》:"凌阳侯之泛滥兮,忽翱翔之焉薄。"

㉖祝融、回禄:祝融,高辛氏时为火正,相传死后为火神。回禄,也是传说中的

火神。《左传·昭公十八年》："郑子产襄火于玄冥、回禄。"《注》："玄冥,水神;回禄,火神。"

㉗海若、尾闾:海若,传说中的海神。屈原《远游》:"使湘灵鼓瑟兮,令海若舞冯夷。"海若又单称若,见《庄子·秋水》。尾闾,古代传说为海水归宿之处。《庄子·秋水》:"天下之水,莫大于海……尾闾泄之,不知何时已而不虚。"尾闾,又名沃焦,古人认为海水下泄之处。汉东方朔《海内十洲记》:"海中沃焦山即尾闾,石方圆四万里,海水从下而泄。"

㉘海涵:比喻人的肚量宽宏。南朝梁王僧儒《为临川王让太尉表》:"海涵春育,日镜云伸。"后常用为请人原谅之词。

㉙河润:是说施恩及远,如河流之浸润。《庄子·列御寇》:"河润九里,泽及三族。"

㉚江湖散人:毫无牵挂的人。唐陆龟蒙别号江湖散人。《唐书·陆龟蒙传》:"不乘马,升舟设蓬席,赍束书,茶灶笔床,钓具往来。时谓江湖散人。"系累:即牵挂。

㉛湖海之士:有湖海气的人。湖海气,豪放的意气。三国时,许汜与刘备并在荆州牧刘表坐,表与备论天下人物。许汜曰:"陈元龙湖海之士,豪气未除。"备问汜曰:"君言豪,宁有是邪?"汜曰:"昔遭乱过下邳,见元龙无客主之意,久不相与语,自上大床卧,使客卧下床。"备曰:"君有国士之名,今天下大乱,帝王失所,望君忧国忘家,有救世之意;而君求田问舍,言无可采,是元龙所讳也,何缘当与君语。"见《三国志·魏志·张邈传附陈登传》。

㉜问舍求田:指问安居之地,求美腴之田。比喻无大志。见"湖海之士"注。

㉝掀天揭地:意为翻天覆地。《寇忠愍公诗集》宋辛敩《后序》:"莱公两朝大臣,勋业之盛,掀天揭地。"莱公,即寇准。

㉞平地风波:比喻突然发生的意外事故。唐杜荀鹤《将过湖南经马当山庙因书三绝》:"只怕马当山下水,不知平地有风波。"

㉟中流砥柱:砥柱,又作底柱,山名,屹立在三门峡附近的黄河中流。后用以喻能顶住危局的坚强力量。宋朱熹《与陈侍郎书》:"而二公在朝,天下望之,屹立若中流砥柱,有所恃而不恐。"

㊱黑子弹丸:喻土地狭小。北朝庾信《哀江南赋》:"地惟黑子,城犹弹丸。"宋太祖夜至赵普家,与赵普计下太原。赵普曰:"太原当西北二面,太原既下,则我独当之,不如姑俟削平诸国,则弹丸黑子之地,将安逃乎?"太祖笑曰:"吾意正如此,特试卿耳。"见《宋史·赵普传》。

㊲咽喉右臂:咽喉为人体重要部位,人习惯于用右手做事,故以咽喉、右臂比喻要害部分或扼要之地。《战国策·秦策》:"韩,天下之咽喉。"《战国策·赵策》:"张仪说赵王曰:'今楚与秦为昆弟之国,而韩魏称为东藩之臣,齐献鱼盐之地,此

断赵之右臂也,欲求无危得乎?'"

㊳独立难持句:比喻任务艰巨,一人不能胜任。《世说新语·任诞》:"任恺既失权势,不复自检括,或谓和峤曰:'卿何以坐视元裒败而不救。'和峤曰:'元裒如北夏门,拉擸自欲坏,非一木所能支。'"任恺,字元裒。隋王通《文中子·事君》:"大厦将倾,非一木所能支也。"

㊴丸泥句:东汉班固等《东观汉纪·隗嚣载记》:"嚣将王元说嚣曰:'元请以丸泥为大王东封函谷关,此万世一时也。'"用以比喻地势险要,用一丸泥封塞,即可阻敌。丸泥,揉泥作丸。

㊵失之东隅,收之桑榆:比喻初虽有失,而终得成功。东隅,日出处;桑榆,落日处。《后汉书·冯异传》:"(光武帝劳冯异书)始虽垂翅回溪,终能奋翼渑池,可谓失之东隅,收之桑榆。"

㊶功亏一篑:比喻功败垂成。《书·旅獒》:"为山九仞,功亏一篑。"篑,盛土竹器,一篑即一筐。仞,长度单位,古书上说法较多,无统一的长度。

㊷以蠡(lí离)测海:蠡,贝壳做的瓢,用这样的瓢来量海水。比喻见识浅薄。汉东方朔《答客难》:"语曰:'以管窥天,以蠡测海。'"

㊸精卫衔石:传说炎帝之女名女娃,游于东海而溺死,化为精卫鸟,常衔西山之木石,以填东海。见《山海经·北山经》。陶渊明《读山海经》:"精卫衔微木,将以填沧海。"精卫衔石,用以比喻徒劳无益,或比喻不畏艰难、矢志不移的精神。

㊹跋涉:登山涉水,形容旅途艰苦。《诗·鄘风·载驰》:"大夫跋涉,我心则忧。"《传》:"草行曰跋,水行曰涉。"

㊺康庄:四通八达的大路。《尔雅·释宫》:"五达谓之康,六达谓之庄。"《晏子春秋·问下》:"君过于康庄,闻宁戚歌,止车而听之。"

【今译】

　　黄帝划界分野,都和具才分别出来;夏禹平治水土,山与河才奠定下来。天地间的江山从来没有改变;古往今来的叫法却各有不同。北京原是幽燕属地,金台是他的异号;南京原来叫做建业,金陵是他的别名。浙江是武林的区域,原是越国疆土;江西是豫章郡地区,又叫他做吴皋。福建分属闽中;湖广地在三楚。东鲁西鲁是山东山西的划分;东粤西粤是广东广西的区别。河南在中国的中央,就叫做中州;陕西是长安的旧地,原属于秦国。四川叫西蜀;云南叫古滇。贵州省接近南蛮,从古以来称为黔地。东岳泰山、西岳华山、南岳衡山、北岳恒山、中岳嵩山,这是天下五座大山;饶州鄱阳、岳州青草、润州丹阳、鄂州洞庭、苏州太湖,这是天下五个大湖。城如金坚,池如汤热,是比喻城池的巩固；山如砺石，河如长带，是封侯建国的盟词。皇帝都城叫京师；家乡地方叫梓里。蓬莱、弱水只有神仙飞得过去；方壶、员峤是神仙居住的山名。沧海变为桑田，比喻世事多变化；黄河清海平静，是预兆天下太平。水神叫冯夷又名阳侯；火神叫祝融又名回禄。海神叫海若；海眼叫尾闾。希望别人包容，就说"海涵"；感谢别人恩惠，称为"河润"。没有牵挂的人，便叫江湖散人；负有豪气的人，叫做湖海之士。问安居求田地，没有大志；掀开天揭起地，才算奇才。平空起事，叫做"平地风波"；独立不移，叫做"中流砥柱"。黑子、弹丸，是说极小的城邑；咽喉、右臂，是指险要的地方。独立难支，就说"一木哪能撑大厦"；英雄自负，就说"丸泥也可封涵关"。事有先败而后成功的，就说"失之东隅，收之桑榆"；事有将成功便终止的，好比"为山九仞，功亏一篑"。"以蠡测海"，比喻人见识极小；"精卫衔石"，比喻人做事徒劳。"跋涉"是说行路的艰难；"康庄"是说道路的平坦。

【原文】

　　硗地曰不毛之地①；美田曰膏腴之田②。得物无所用，曰如获石田③；为学已大成，曰诞登道岸④。淄渑之滋味可辨⑤；泾渭之清浊当分⑥。泌水乐饥，隐居不仕⑦；东山高卧，谢职求安⑧。圣人出则黄河清⑨；太守廉则越石见⑩。美俗曰仁里⑪；恶俗曰互乡⑫。里名胜母，曾子不入；邑号朝歌，墨翟回车⑬。击壤而歌，尧帝黎民之自得⑭；让畔而耕，文王百姓之相推⑮。费长房有缩地之方⑯；秦始皇有鞭石之法⑰。尧有九年之水患；汤有七年之旱灾⑱。商鞅不仁而阡陌开⑲；夏桀无道而伊洛竭⑳。道不拾遗，由在上有善政㉑；海不扬波，知中国有圣人㉒。

　　（增）神州即为赤县㉓；边地乃有穹庐㉔。白鹭洲，二水中分吴壮丽㉕；金牛路，五丁凿破蜀空虚㉖。瀑布岭头悬，苍碧空中垂白练㉗；君山湖内翠，水晶盘里拥青螺㉘。浩荡长江，险称天堑㉙；嵯峨秦岭，高谓坤维㉚。雪浪拥鞋山，洗清步武㉛；彩云笼笔岫，绚出文章㉜。金谷园中，花卉俱备㉝；平泉庄上，木石皆奇㉞。滩之凶，无如虎臂；路之险，莫若羊肠㉟。烟树晴岚，潇湘可纪㊱；武乡文里，汉郡堪夸㊲。七里滩，是严光乐地㊳；九折坂，乃王阳畏途㊴。将军争战之场，雁门紫塞㊵；仙子遨游之境，玄圃阆风㊶。

注释

①不毛之地:不生长五谷的贫瘠之地。《公羊传·宣十二年》:"锡之不毛之地。"《三国志·诸葛亮传》:"故五月渡泸,深入不毛。"

②膏腴:形容土地肥沃。《史记·李斯传》:"东据成皋之险,割膏腴之壤,遂散六国之纵,使之西面事秦,功施到今。"

③石田:多石而不可耕的田,比喻无用之物。《左传·哀公十一年》:"吴将伐齐,越子率其众以朝焉,王及列士皆有馈赂,吴人皆喜。唯子胥惧曰:'是豢吴也夫。'谏曰:'越在,我心腹之疾也,壤地同而有欲于我。夫其柔顺,求济其欲也,不如早从事焉。得志于齐,犹获石田也,无所用之,越不为沼,吴其泯矣。'"

④诞登道岸:先于众人而到达道德之高地。喻在学问上大有成就。《诗·大雅·皇矣》:"诞先登于岸。"道,道德;岸,高地。

⑤淄渑:二水名,皆在山东。传说淄水味甘,渑水味苦,合则难辨。春秋时,齐桓公有宠臣名易牙,善调滋味,能辨二水之甘苦。《列子·说符》:"白公问曰:'若以水投水何如,'孔子曰:'淄渑之合,易牙尝而知之。'"

⑥泾渭:二水名,皆在陕西。《诗·邶风·谷风》:"泾以渭浊,湜湜其沚。"《传》:"泾渭相入而清浊异。"泾水清,渭水浊,二水虽合流而清浊有别,后用泾渭喻人品的清浊。《晋书·王濛传》:"岂可令泾渭混流,亏清穆之风。"

⑦泌水乐饥:隐居自乐之意。《诗·陈风·衡门》:"泌之洋洋,可以乐饥。"《集传》:"此隐居自乐而无求者之词,泌水虽不可饱,亦可以玩乐而忘饥也。"

⑧东山高卧:喻隐居。晋谢安少有重名,筑室于东山(今浙江上虞县西南),以山水文章自娱,屡征辟皆不至,后迫于势,始就桓温为司马,其时年已四十余。将发新亭,朝士咸送之,中丞高嵩戏之曰:"卿屡违朝旨,高卧东山。"见《晋书·谢安传》。

⑨黄河清:黄河水浊难清。晋王嘉《拾遗记》:"丹丘千年一烧,黄河千年一清。"因此古人以黄河水清为难见之事,传说黄河清则圣人生。魏李萧远《运命论》:"夫黄河清而圣人生。"

⑩越石见:相传福州南海边有越王石,常隐于云雾之中,清廉太守来始能得见。《南齐书·良政传》:"虞愿为晋平太守,愿往观越王石,清彻无隐蔽。"

⑪仁里:指仁者居住之地。《论语·里仁》:"里仁为美。"后指风俗淳朴的地方。

⑫互乡:交相为恶之乡。《论语·述而》:"互乡难与言。"

⑬里名胜母两句:据说里名胜母,因其不孝,曾子不入;邑名朝歌:因歌非其时,颜回还车不舍(一说为墨翟)。旧题晋人程本撰《子华子》:水名盗泉,尼父不饮;邑号朝歌,颜回不舍;里名胜母,曾子还轺;亭名柏人,汉高宵遁。

⑭击壤而歌:击壤,拍打泥土。相传帝尧之时,有老人含哺鼓腹,击壤而歌曰:

"日出而作,日入而息,凿井而饮,耕田而食,帝力于我何有哉?"后成为歌颂太平盛世的典故。参见汉王充《论衡·艺增》、晋皇甫谧《帝王世纪》。

⑮让畔而耕:畔,田界。推让田界而耕作。古史传说,仁德之君,教化所及,黎民让畔而耕作。《史记·周记》:"西伯阴行善。诸侯皆来决平……于是虞芮之人,有狱不能决,乃如周。入界,耕者皆让畔,民俗皆让长,虞芮之人未见西伯,皆惭。"

⑯费长房:东汉汝南人。相传曾从壶公学道不成,持符而归,能医百病,鞭打众鬼,又善变化捉妖。又传在壶公处学得缩地之法,欲至其处,缩之即在目前。事见晋葛洪撰《神仙传》。

⑰鞭石法:传说秦始皇作石桥欲过海观日出处。时有神人驱石下海,石去不速,神人鞭之,石流血,至今悉赤。阳城山上石皆起立东倾,如相随状,至今犹尔。事见《古小说钩沈》辑《小说》引《三齐要略》。后传秦始皇有鞭石法。

⑱尧汤两句:《书·尧典》:尧命鲧治水而"九载绩用弗成"。汉刘向《说苑》:商汤时,天大旱七年,洛水干枯,汤向天述说自己罪过,祷告还没有完,天就降下大雨。

⑲商鞅(约公元前390—公元前338年):战国卫人,姓公孙名鞅。以封于商,故称商鞅、商君。相秦十一年,辅助秦孝公变法,废井田,开阡陌,奖励耕战,使秦国富强。孝公死,公子虔等诬陷鞅谋反,车裂死。见《史记·商君列传》。

⑳夏桀:相传为夏朝最后一个君王,名履癸,暴虐荒淫。汤伐桀。桀败被俘,流死于南巢。桀在位时,伊洛二水皆枯竭。伊水、洛水皆在河南。《国语·周上》:"昔伊洛竭而夏亡。"

㉑道不拾遗:路上有遗物,无人拾取。说政治清明,社会安定。《孔子家语》:"孔子初仕为鲁中都宰,长幼异食,强弱异任,男女别途,道不拾遗,器不雕饰。"又《战国策·秦策》:"商君治秦,法令至行……期年之后,道不拾遗,民不妄取。"

㉒海不扬波:又作"海不波溢",海上不掀起波浪。相传周成王时,周公摄政,越裳国重译来献白雉,其使臣曰:"吾受命国之黄发曰:久矣,天之不迅风疾雨也,海不波溢,三年于兹矣。意者中国殆有圣人,盍往朝之。"后遂用此指圣人治世,天下太平。见汉伏胜《尚书大传》卷四、《韩诗外传》卷五。

㉓赤县神州:中国的别称。战国时,齐人邹衍创立"九大州"学说,谓"中国名曰赤县神州,赤县神州内自有九州。"见《史记·孟子荀卿列传》。简称赤县或神州。

㉔穹庐:古代称游牧民族住的毡帐曰穹庐。《汉书·匈奴传》:"匈奴父子同穹庐卧。"《注》:"穹庐,旃帐也,其形穹窿,故曰穹庐。"

㉕白鹭洲:长江中的沙洲,在今南京市的水西门外。唐李白《登金陵凤凰台》:"三山半落青天外,二水中分白鹭洲。"

㉖金牛路:又名石牛道,是古代联系汉中与西蜀的交通要道。相传战国时,秦惠文王欲伐蜀,因山道险阻,作五个石牛,诡言牛能屎金以欺蜀王;蜀王命五丁开道引之,秦军随而灭蜀。路遂因此得名。胡曾《金牛驿》:"五丁不凿金牛路,秦惠何由得并吞。"见《水经·沔水注》《华阳国志·蜀志》。

㉗瀑布:指庐山瀑布。唐李白《望庐山瀑布》:"日照香炉生紫烟,遥看瀑布挂前川,飞流直下三千尺,疑是银河落九天。"

㉘君山:在洞庭湖中。唐刘禹锡《望洞庭》:"湖光秋月两相和,潭面无风镜未磨。遥望洞庭山水色,白银盘里一青螺。"

㉙天堑:天然的壕沟,形容险要,多指长江。《南史·孔范传》:"长江天堑,古来限隔。"李白《金陵》:"金陵空壮观,天堑净波澜。"吴江,即长江。

㉚坤维:即地维,地之四角。《晋书·后妃传》:"德均载物,比大坤维。"嵯峨:山高貌。李白《秦岭赋》:"为天之枢,为坤之维。"状山之巍峨高大。

㉛鞋山:即江西九江之大孤山,因山形似鞋,故名。唐顾况《小孤山》:"大孤山远小孤出,月照洞庭归客船。"宋人诗云:"飞琼乘醉出天阍,坠下弓鞋千古存;若使当年添一只,雪花浪里浴双鸳。"

㉜笔岫:笔山的山洞。据传涿郡有笔山,其形如笔。宋人有咏此山之诗:"紫雾凝成应濡墨,彩云笼处便生花。一天星斗晴光岫,绚出文章自一家。"

㉝金谷园:西晋石崇所建之林园,在河南洛阳市东北金谷涧。南朝梁庾信《枯树赋》:"若非金谷满园树,即是河阳一县花。"

㉞平泉庄:唐李德裕建,在河南洛阳。园内花石俱奇,而醉石、醒石最珍贵。李德裕自作有《平泉山居草木集》,叙述园中花草木石。

㉟虎臂、羊肠:虎臂,滩名。《水经·江水注》:"江水东流鱼腹县,又经羊肠虎臂滩。"汉时杨亮为益州刺史,至此而舟覆,蜀人又名使君滩。羊肠,喻崎岖曲折的小路。三国魏曹操《苦寒行·北上》:"羊肠坂诘屈,车轮为之摧。"

㊱烟树晴岚:为占时潇湘八景之一。其余七景为:渔村夕照、江天暮雪、烟寺时钟、平沙落雁、远浦归帆、潇湘夜雨、洞庭秋月。见宋沈括《梦溪笔谈·书画》。

㊲武乡文里(川):古地名,在古梁州地区。南朝宋范伯年,梓潼人。宋明帝与其论广东贪泉,问曰:"卿乡中有此水否?"范对曰:"臣梁州唯有文川武乡,廉泉、让水。"帝又问:"卿宅在何处?"对曰:"臣所居廉让之间。"见《南史·胡谐之传》。"文里"疑为"文川"。

㊳七里滩:一名七里濑,在浙江省桐庐县严陵山之西。为东汉严光隐居之处。下游数里,即有严子陵钓鱼台。严光,字子陵,浙江余姚人,曾与光武帝刘秀为同学,刘秀即位后,他不愿作官,归隐于富春山。见《后汉书·严光传》。

㊴九折坂:在四川省荥经县西,邛崃山险,阻回九折。先是王阳为益州刺史,行至邛崃九折坂,叹曰:"奉先人遗体,奈何数乘此险。"后因病去。后王尊至此,

问曰:"此非王阳所畏道耶?"驱马过之。见《汉书·王尊传》。

㊶雁门紫塞:雁门关在山西省代县西北。两山夹峙,形势险要,自古即为重兵戍守之地,是历史上古战场。紫塞,长城的别名。晋崔豹撰《古今注·都邑》:"秦筑长城,土色皆紫,汉塞亦然,故称紫塞。"

㊷玄圃阆风:传说中神仙所居之地。玄圃在昆仑山巅。汉王褒《九怀·通路》:"微观兮玄圃,览察兮瑶光。"《水经注·河水》:"昆仑之山三级,下曰樊桐,一名板桐。二曰玄圃,一名阆风。上曰层城,一名天庭。"屈原《离骚》:"朝吾将济于白水兮,登阆风而绁马。"

【今译】

　　硗薄的地,叫做"不毛之地";肥沃的田,叫做"膏腴之田"。得到无用的东西,好比得到石头田;求学已大有成就,便登上道德高岸。淄渑两水的滋味可以辨别;泾渭两水的清浊应该分明。用泌水来充饥,是高士隐居自乐;在东山上高卧,是谢安辞职求安。圣人出来,黄河就变清;太守不贪,越石才看见。美的风俗叫"仁里";恶的风俗叫"互乡"。里叫胜母,曾子不入境;邑号朝歌,墨翟便回车。帝尧时的百姓,拍着土壤唱歌,怡然自得;文王时的百姓,相让田畔耕地,何等谦逊。费长房有缩地的法术;秦始皇有鞭石的怪事。帝尧时有九年的水患;商汤时有七年的旱灾。商鞅没有仁心,在土地上开阡陌;夏桀荒淫无道,伊洛二水便枯竭。路人不拾遗,因为长官政策好;海水不扬波,便知中国有圣人。

　　(增)神州又叫赤县;边地才有穹庐。白鹭洲把两水分开,吴地风景美好;金牛路被五丁凿破,蜀国也就灭亡。瀑布从山顶流下,好似碧空中挂起白练;君山兀立在湖中,好比水晶盘放上青螺。浩浩荡荡的长江,十分险要,自古称为天堑;巍巍峨峨的秦岭,何等高峻,人们叫他坤维。白浪拥着鞋山,将足迹洗净;彩云笼着笔山,将文章显出。金谷园中,花卉俱全;平泉庄上,木石奇特。虎臂是最险的滩;羊肠是最小的路。烟树晴岚,是潇湘的美景;武乡文川,汉郡值得夸耀。七里滩是严光隐居游乐之处;九折坂是王阳惧怕经过的路。雁门紫塞是将军打仗的场地;玄圃阆风是仙人游玩的地方。

岁 时 新增文十联

【原文】

　　爆竹一声除旧①；桃符万户更新②。履端，是初一元旦③，人日，是初七灵辰④。元日献君以椒花颂⑤，为祝遐龄；元日饮人以屠苏酒⑥，可除厉疫。新岁曰王春⑦；去年曰客岁⑧。火树银花合，指元宵灯火之辉煌⑨；星桥铁锁开⑩，谓元夕金吾之不禁⑪。二月朔为中和节⑫；三月三为上巳辰⑬。冬至百六是清明⑭；立春五戊为春社⑮。寒食节是清明前一日⑯；初伏日是夏至第三庚⑰。四月乃是麦秋⑱；端午却为蒲节⑲。六月六日，节名天贶⑳；五月五日，节号天中㉑。端阳竞渡，吊屈原之溺水㉒；重九登高，效桓景之避灾㉓。五戊鸡豚宴社，处处饮治聋之酒㉔；七夕牛女渡河，家家穿乞巧之针㉕。中秋月朗，明皇亲游于月殿㉖；九日风高，孟嘉落帽于龙山㉗。秦人岁终祭神曰腊，故至今以十二月为腊㉘；始皇当年御讳曰政，故至今读正月为征㉙。东方之神曰太皞，乘震而司春，甲乙属木，木则旺于春，其色青，故春帝曰青帝㉚。南方之神曰祝融，居离而司夏，丙丁属火，火则旺于夏，其色赤，故夏帝曰赤帝㉛。西方之神曰蓐收，当兑而司秋，庚辛属金，金则旺于秋，其色白，故秋帝曰白帝㉜。北方之神曰玄冥，乘坎而司冬，壬癸属水，水则旺于冬，其色黑，故冬帝曰黑帝㉝。中央戊己属土，其色黄，故中央帝曰黄帝㉞。夏至一阴生，是以天时渐短㉟；冬至一阳生，是以日晷初长㊱。冬至到而葭灰飞㊲；立秋至而梧叶落㊳。上弦谓月圆其半，系初八九；下弦谓月缺其半，系廿二三㊴。月光都尽谓之晦，三十日之名；月光复苏谓之朔，初一日之号；月与日对谓之望，十五之称㊵。初一是死魄，初二旁死魄㊶，初三哉生明；十六哉生魄㊷。翌日诰朝，皆言明日㊸；谷旦吉旦，悉是良辰㊹。

注释

　　①爆竹：古时用火燃烧竹子，使其毕剥有声，称为爆竹，用来驱鬼。南朝梁宗懔《荆楚岁时记》："正月一日……鸡鸣而起，先于庭前爆竹，以辟山臊恶鬼。"后世发展为用纸卷火药燃爆，也称爆竹，或叫爆仗。近人则叫炮仗、鞭炮。宋王安石

《除日》:"爆竹声中一岁除,春风送暖入屠苏。"

②桃符:古时传说东海度朔山有大桃树,其下有神荼、郁垒二神,能吃百鬼。见王充《论衡·订鬼》引《山海经》。于是人们便于农历正月初一,用桃木板画二神,挂于门上,以驱鬼辟邪。南朝梁宗懔《荆楚岁时记》:"正月一日……悬苇索于上,插桃符其旁,百鬼畏之。"这就叫"题桃符"。据《宋史·蜀世家》记载:公元946年五代后蜀主孟昶自己在桃符板上写了一联:"新年纳余庆,佳节号长春。"据说这就是最早的春联。从此"题桃符"演变为春联。

③履端:一年之始。晋庾信《哀江南赋》:"天子履端废朝。"也泛指事物的开始。

④人日:农历正月初七为人日。《北史·魏收传》引晋议郎董勋《答问礼俗说》:"正月一日为鸡,二日为狗,三日为猪,四日为羊,五日为牛,六日为马,七日为人。"

⑤椒花颂:新年祝词的代称。据《晋书·列女传》记载:刘臻妻陈氏尝在正月初一给君王献《椒花颂》,其中有两句:"圣容映之,永寿千万。"后用为新年献祝词的典故。唐戴叔伦《二灵寺守岁》:"无人更献椒花颂,有客同参柏子禅。"

⑥屠苏酒:屠苏,药名。也作酴酥、屠酥,与肉桂、山椒、白术、桔梗、防风调酒,名屠苏酒。南朝梁宗懔《荆楚岁时记》载:古时正月初一,家人先幼后长皆饮屠苏酒。据说可免瘟疫。陆游《除夜雪》:"半盏屠苏犹未举,灯前小草写桃符。"

⑦王春:王历的春天。公元前772年周平王定历于正月。孔子作《春秋》时书曰:"元年,春,王正月。"故以王春代新的一年。

⑧客岁:过去的一年。《类书纂要》:"客岁,去年。"

⑨火树银花:比喻灯光烟火灿烂绚丽。专指上元节或叫元宵节(农历正月十五日)灯火辉煌的夜景。唐睿宗元夕作灯树,燃灯五万,号为火树。唐苏味道《正月十五夜》:"火树银花合,星桥铁锁开。暗尘随马去,明月逐人来。游妓皆秾李,行歌尽落梅。金吾不禁夜,玉漏莫相催。"

⑩星桥:秦蜀守李冰作桥,画北斗七星于上,名曰星桥。这里指元宵节,桥上的灯火如星星一样灿烂。参见"火树银花"。

⑪金吾:官名,始于汉,警卫天子出行,掌管京师治安,武帝时更名"执金吾"。唐设左右金吾卫,为禁卫之一。汉代,每逢正月十五日夜,皇帝特命金吾解除禁令,前后各一日,叫做"放夜"。后遂称元夕彻夜游乐为"金吾不禁"。见《后汉书·百官志》、唐韦述《西都杂记》。

⑫中和节:农历二月一日为中和节。《旧唐书·德宗纪》:五年正月乙卯诏:"自今宜以二月一日为中和节。"此日皇帝赐群臣酒馔,民间酿春酒祭神祈丰年。中和、上巳、九日(重阳)为三令节。朔:农历每月初一。

⑬上巳:农历三月上旬之巳日,为上巳,古时此日有修禊之俗。曹魏以后,只

用三月三日,不再用巳日。南朝梁宗懔《荆楚岁时记》:"三月三日,土人并出水渚,为流杯水之饮。"

⑭清明:农历二十四节气之一。《淮南子·天文训》:"春分后十五日,斗指乙为清明。"清明节从"冬至"后第二天算起,隔一百零六天。故曰:冬至百六是清明。

⑮春社:古时祭名,祭祀土地,以祈丰收。周代用甲日,后多在立春之后第五个戊日举行。《礼·明堂位》:"是故夏礿、秋尝、冬烝、春社、秋社,而遂大蜡,天子之祭也。"

⑯寒食节:节令名。时在清明节前一日或二日。南朝梁宗懔《荆楚岁时记》:"去冬至一百五日,即有疾风甚雨,谓之寒食,禁火三日,造饧大麦粥。"传说春秋时晋国介之推辅佐重耳(晋文公)回国后,隐于山中,重耳烧山逼他出来,之推抱树而死。文公为悼念他,禁止在之推死日生火煮饭,只吃冷食。见《左传·僖公二十四年》《史记·晋世家》。以后相沿成俗。

⑰初伏日:节候名,第一个伏日。伏日,俗叫伏天。《汉书·郊祀志》"作伏祠"《注》:"伏者,谓阴气将起,迫于残阳而未得升,故为藏伏,因名伏日也。"农历"夏至"后第三个庚日起为初伏,第四个庚日起为中伏,"立秋"后第一个庚日为末伏。

⑱麦秋:指农历四月为麦收季节。《礼·月令》孟夏之月:"靡草死,麦秋至。"汉蔡邕《月令章句》:"百谷各以其初生为春,熟为秋,故麦以孟夏为秋。"

⑲端午:农历五月初五日。亦作端五、重五。晋周处《风土记》:"仲夏端午,烹鹜角黍。"古时还有以每月初五为端午的。古俗在五月初五日这天悬蒲叶于门上,说可以治邪辟疟疫之气。故端午节又名蒲节。菖蒲叶形似箭,又称蒲剑。

⑳天贶(kuàng 况):即天赐。《晋书·乐志》:"天贶来下,人祇动色。"宋真宗大中祥符四年诏:"以六月六日为天贶节。""节名"原本为"筛名",误。

㉑天中:节名,即端午节。《渊鉴类涵·岁时部五月五日》:"《提要录》曰:'五月五日午时为天中节。'"道家以正月一日为天中节。

㉒端阳竞渡:竞渡,即赛船。相传战国时伟大的爱国诗人屈原,于五月五日投汨罗江而死,人民划着船去拯救他。后形成竞渡。南朝梁宗懔《荆楚岁时记》:"五月五日竞渡,俗为屈原投汨罗日,伤其死,故并命舟楫以拯之。"《隋书·地理志》:"屈原以五月望日赴汨罗,土人追至洞庭不见……因尔鼓櫂争归,竞会亭上,习以相传,为竞渡之戏。"

㉓重九:农历九月九日,古时以九为阳数,九月又九日,故又名重阳。南朝梁吴均《续齐谐记》上说,桓景从费长房游学,长房对桓景说:"九月九日汝家当有灾,宜急去,令家人各作绛囊,盛茱萸以系臂,登高饮菊花酒,此祸可除。"是日,桓景全家登山,晚上回家,鸡犬牛羊皆死。以后登高成为一种风俗,失去了避灾的

意义。

㉔治聋酒:古时传说在春社日饮酒,可以治耳聋,因称社日酒为治聋酒。宋叶梦得《石林诗话》:"世言社日饮酒治聋,不知何据。五代李涛有春社从李昉求酒诗云:'社公今日没心情,为乞治聋酒一瓶。'"

㉕乞巧:民间的一种风俗。在牛郎织女相会的七夕,妇女是晚穿针,向织女星乞求智巧,因叫"乞巧"。《荆楚岁时记》:"七夕妇女结彩楼,穿七孔针,或以金银鍮石为针,陈瓜果于庭中以乞巧。"

㉖中秋月朗句:明皇,即唐玄宗。宋乐史撰《杨太真外传》上说,术士罗公远在天宝初年侍玄宗,八月十五日夜于宫中玩月,罗公远请明皇月中游。罗取一枝桂,向空一掷,化为银桥,同明皇登桥,遂至月宫。月中仙女数百舞于庭。奏《霓裳羽衣曲》。回来时,桥随步而灭。此事又见于《神仙感遇录》"罗公远"条。

㉗孟嘉句:孟嘉,字万年。东晋时江夏人。孟嘉为征西大将军桓温参军,桓温于九月九日游龙山,僚佐咸集,皆戎服,时风至,吹孟嘉帽坠地,孟嘉不觉,温令左右勿言。良久孟嘉入厕,温令人还之,并令孙盛作文嘲之,嘉及时以答,四座皆服。见《晋书·桓温传》。

㉘腊:祭名。周朝时俗,蜡祭祖先,腊祭百神。秦汉合二祭为腊。《左传·僖公五年》:"宫之奇以其族行,曰:'虞不腊矣。'"《注》:"岁终祭众神之名"。秦汉腊行于农历十二月,故后世以十二月为腊月。

㉙征月:正月。宋王楙《野客丛书》:"秦始皇讳政,呼正月为征月。"

㉚太皞(hào耗):古帝名,即太昊、太皓。《补史记·三皇本纪》上说,太皞,庖牺氏,风姓,代燧人氏继天为主……木德王、注春令,故《易》称帝出乎"震",月令孟春。《吕氏春秋·孟春纪》:"其帝太皞。"《注》:"太皞伏羲氏,以木德王天之号,死祀于东方,为木德之帝。《礼记·月令》:"孟春之月,其帝太皞,其神勾芒。"

㉛祝融:火神、夏神名。《礼记·月令》:"孟夏之月,其日丙丁,其帝炎帝,其神祝融。"《注》:"颛顼氏之子曰'黎',为火官。"祝融又是南方之神。《汉书·扬雄传》:"服玄冥及祝融。"颜师古注:"祝融,南方神。"《太公金匮》又说祝融为海南之神。

㉜蓐收:古时主金之官,又为金神,西方之神。《礼记·月令》:"季秋之月,其日庚辛,其帝少昊,其神蓐收。"《注》:"此白精之君,金官之臣。"《疏》:"蓐收者,言秋时万物摧蓐而收敛。"

㉝玄冥:水官。北方之神。《礼记·月令》:"孟冬之月,其日壬癸,其帝颛顼,其神玄冥。"《注》:"此黑精之君,水官之臣。"又《汉书·礼乐志》:"玄冥陵阴。"颜师古注:"玄冥,北方之神也。"又《后汉书·祭祀志》:"立冬之日,迎冬于北郊,祭黑帝玄冥。"

㉞黄帝:五天帝之一,中央主宰之帝。《礼记·月令》:"中央土,其日戊己,其

帝黄帝。"又黄帝为上古帝号,指轩辕氏。《史记·五帝纪》:"黄帝者,少典之子……有土德之瑞,故曰黄帝。"《淮南子·时则》:"黄帝后土之所司者。"高诱注:"黄帝少典之子,以土德王天下,号为轩辕氏,死为中央土德之帝。"

㉟夏至一阴生:夏至,为农历二十四节气之一(在公历六月二十日左右)。此日太阳光直射北回归线上,北半球白日最长,以后就逐日渐短。《礼记·月令》:"日长至,阴阳争,死生分。"《注》:"争者,阳方盛,阴欲起也,分,犹半也。"《疏》:"《正义》曰:'长至者,谓此月之时日长之至极……生死分者,分半也,阴气既起,故物半死半生……于夏至日相与分也。'"

㊱冬至一阳生:冬至,为农历二十四节气之一(在公历十二月二十三日左右)。此日太阳光直射在南回归线上,北半球白天最短,以后则逐日渐长。《礼记·月令》:"是月也日至短,阴阳争,诸生荡。"《注》:"争者阳方盛,阳欲起也;荡,谓物动萌芽也。"

㊲葭(jiā家)灰飞:葭莩之灰。古人烧苇膜成灰,置于十二律管中,放密室内,以占气候。某一节候至,某律管中的葭灰即飞出,示该节候已到。如冬至节至,则相应之黄钟律管内的葭灰飞动。见《后汉书·律历志》。

㊳梧叶落:金井梧桐,立秋时至,则落一叶,报秋天来临。金井,井栏上有雕饰之井。唐王昌龄《长信秋词》:"金井梧桐秋叶黄,珠帘不卷叶来霜。"

㊴上弦、下弦:月亮盈亏现象之一。弦,是说象弓之张而弦直。当农历每月初八左右,傍晚时月亮位于子午线附近,月亮形状从开始之月牙到此已为满月的一半,叫上弦。农历每月二十三日左右,月亮为从圆到缺至此只剩下满月的一半,其明亮部分,恰与"上弦"相反,叫"下弦"。见《释名·释天》《后汉书·律历志》。

㊵晦、朔、望三句:月尽为晦,故农历每月最后一日为晦。朔,农历每月初一,此时月亮转到太阳与地球之间,地面上看不到月光。这种现象叫朔。初一就叫朔日。望,月圆之时为望,常指农历每月十五日。《释名·释天》:"望,月满之名也,月大十六日,月小十五日,日在东,月在西,遥相望也。"

㊶死魄、旁死魄:农历每月朔日称死魄,望日称生魄。《书·武成》:"惟一月壬辰,旁死魄。"《疏》:"魄者,形也,谓月之轮廓无光之处名魄也。朔后明生而魄死,望后明死而魄生。"关于"旁死魄"的日期,古代有多种说法,有每月二十五日、二十五日至三十日这段时间和十日至十七日诸说。本书以初二为"旁死魄",见汉刘歆《三统历》以死魄为初一,则旁死魄为初二。"旁死魄"原本为"旁死日",误,从"大文本"改。

㊷哉生明、哉生魄:农历每月初三,月亮开始有光,叫哉生明。《书·武成》:"厥四月哉生明。"《注》:"其四月,哉始也,始明月三日。与死魄互言。"哉生魄,农历每月十六日,月开始缺,即始生月魄。

㊸翌日、诘朝:翌日,明天;诘朝,明旦、明朝。都是指明天。晋陆机《吊魏武帝

文》："冀翌日云瘳(chōu 抽)。"亦作"翼日"。唐储光羲《樵公词》："诘朝砺斧寻，视暮行歌归。"

㊹谷旦、吉旦：谷旦，良晨；吉旦，吉晨。都指好日子。《诗·陈风·东门之枌》："谷旦于差，南方之原。"《注》："谷，善也。"

【今译】

　　爆竹一声响，人人送旧岁；桃符贴门上，家家迎新年。"履端"是正月初一；"人日"是正月初七。初一献上椒花颂，是祝皇帝长寿；元日请吃屠苏酒，为免除疫疠。新年叫王春；去年称客岁。火树上的银花合拢来，是指元宵节的灯火辉煌；星桥上的铁桥已打开，是说元宵节金吾的放夜。二月初一是中和节；三月初三叫上巳辰。冬至后一百零六天，就是清明；立春后第五个戊日，就是春社。清明的前一日，是寒食节；夏至的第三庚，是初伏日。四月叫做麦秋；端午又叫蒲节。六月六日，叫做天贶节；五月五日，叫做天中节。端阳节那天竞渡，是吊念屈原投江；重阳节那天登高，是效法桓景避灾。立春五戊，杀鸡宰猪晏社，到处吃治聋的酒；七月七夕，牛郎织女渡河，家家穿乞巧的针。中秋月光明亮，唐明皇亲到月宫游玩；重九登高饮酒，孟嘉帽子吹落在龙山。秦人岁终祭神名叫腊祭，至今叫十二月做腊月；为了避讳秦始皇的名政，至今仍叫正月做征月。东方的神叫太皞，居在震位，职司春令，天干为甲乙，甲乙属木，木色旺在春天，颜色青，所以春帝叫青帝；南方的神叫祝融，居在离位，职司夏令，天干为丙丁，丙丁属火，火色旺在夏天，颜色赤，所以夏帝叫赤帝；西方的神叫蓐收，居在兑位，职司秋令，天干为庚辛，庚辛属金，金色旺在秋天，颜色白，所以秋帝叫白帝；北方的神叫玄冥，居在坎位，职司冬令，天干为壬癸，壬癸属水，水色旺在冬天，颜色黑，所以冬帝叫黑帝；中央的天干属戊己，戊己属土，颜色黄，所以中央帝叫黄帝。夏至节一阴始生，白天开始渐短；冬至节一阳始生，白天开始渐长。冬至节一到，管中的葭灰就飞起；立秋节一到，金井的梧桐就落叶。上弦是说月圆一半，在初八九日；下弦是说月缺一半，在二十二三。月光尽了叫晦，是指的三十日；月光再生叫朔，是说的初一日。日月相对叫望，是称十五日。初一的月没有光亮，叫做"死魄"；初二和初一月相像，叫"旁死魄"；初三开始有了月光，叫"哉生明"；十六月光开始亏，叫"哉生魄"。"翌日"和"诘朝"，都是明天；

"谷旦"和"吉旦",都是吉日。

【原文】

片晌即谓片时①;日晡乃云日暮②。畴昔曩者,俱前日之谓③;黎明昧爽,皆将曙之时④。月有三浣:初旬十日为上浣;中旬十日为中浣;下旬十日为下浣⑤。学足三余:夜者日之余;冬者岁之余;雨者晴之余⑥。以术愚人,曰朝三暮四⑦;为学求益,曰日就月将⑧。焚膏继晷,日夜辛勤⑨;俾昼作夜,晨昏颠倒⑩。自愧无应,曰虚延岁月⑪;与人共语,曰少叙寒暄⑫。可憎者,人情冷暖;可厌者,世态炎凉⑬。周末无寒年,因东周之懦弱;秦王无燠岁,由嬴氏之凶残⑭。泰阶星平曰泰平⑮;时序调和曰玉烛⑯。岁歉曰饥馑之岁⑰;年丰曰大有之年⑱。唐德宗之饥年,醉人为瑞⑲;梁惠王之凶岁,野莩堪怜⑳。丰年玉,荒年谷,言人品之可珍㉑;薪如桂,食如玉,言薪米之腾贵㉒。春祈秋报,农夫之常规㉓;夜寐夙兴,吾人之勤事㉔。韶华不再,吾辈须当惜阴㉕;日月其除,志士正宜待旦㉖。

(增)寒暑待迁;居诸迭运㉗。九秋授御寒之服,自古已然㉘;三月上踏青之鞋,于今不改㉙。双柑斗酒,雅称春游㉚;对影三人,尽堪夜饮㉛。五月孤军渡泸水,蜀丞相何等忠勤㉜;上元三鼓夺昆仑,狄将军更多妙算㉝。二月扑蝶之会,洵可乐焉㉞;元正磔鸡之朝,必有取尔㉟。吴质浮瓜避暑,陂塘九夏为秋㊱;葛仙吐火驱寒,户牖三冬亦暖㊲。豪吟释子,夜敲咏月之钟㊳;胜赏君王,春击催花之鼓㊴。清秋汾水,歌传汉武之词㊵;上巳兰亭,事记右军之迹㊶。人日卧含章檐下,寿阳试学梅妆㊷;中秋过牛渚矶头,谢尚细吹竹笛㊸。寇公春色诗,真可喜也;欧子秋声赋,何其凄然㊹?

注释

①片晌:极短的时间。南朝陈江总《江令君集·闺怨篇》:"愿君关山及早度,念妾桃李片时妍。"
②日晡:落日、黄昏之时。鲍照《冬日》:"晡雾蔽穷天,夕阴晦寒地。"
③畴昔、曩(nǎng)者:都指往日或从前。畴昔,《左传·宣公二年》:"畴昔之羊,子为政;今日之事,我为政。"《注》:"畴者,犹前日也。"曩者,《左传·襄公二十四年》:"曩者志入而已,今则怯也。"也作曩时、曩昔。

④黎明、昧爽：都指拂晓，天将明未明之时。黎明，《史记·高祖纪》："黎明，围宛城三匝。"《索隐》："黎犹比也，比至天明也。"昧爽，《书·太甲》："先王昧爽丕显，坐以待旦。"

⑤三浣：亦作"三澣"。唐宋官员行旬休制，即工作九天休息一天。休息日多作浣洗，故一月有三浣。后以上中下三浣称每月之上中下旬。见明杨慎《丹铅总录·时序》。

⑥三余：三国时魏人董遇教学生读书要利用"三余"的时间，说："冬者岁之余，夜者日之余，雨者晴之余。"事见《三国志·王肃传》裴松之注。陶潜《感士不遇赋序》："余尝以三余之日，讲习之暇，读其文。"

⑦朝三暮四：指变化多端或反复无常。《庄子·齐物论》："狙公赋芧，曰：'朝三而暮四。'众狙皆怒。曰：'然则朝四而暮三。'众狙皆悦。"原指实质不变，用改换名目的手法使人上当。元乔吉《山坡羊·冬日写怀》："朝三暮四，昨非今是。"

⑧日就月将：日有所得，月有所进。《诗·周颂·敬之》："日就月将，学有缉熙于光明。"将，进也，行也。

⑨焚膏继晷（guǐ 鬼）：是说夜以继日地努力学习。唐韩愈《进学解》："焚膏油以继晷，恒兀兀以穷年。"膏，油脂，指灯烛；晷，日光。

⑩俾昼作夜：以白天当夜晚，是说晨昏颠倒。《诗·大雅·荡》："式号式呼，俾昼作夜。"

⑪虚延岁月：徒延岁月，白白地浪费了时日。指一事无成。《抱朴子·勤求》："虚引岁月，妨资弃力，卒无所成。"

⑫寒暄：冷暖。相见时互相询问天气冷暖，作为交际应酬之辞。汉班固《汉武内传》："（武）帝跪拜，问寒暄毕，立，因呼帝共坐。"《新五代史·孙晟传》："晟为人口吃，遇人不能道寒暄。"亦作"暄寒"。

⑬世态炎凉：世态，人情世故；炎，亲热；凉，冷淡。指有钱有势，人就巴结；无钱无势，人就冷淡。唐戴叔伦《旅次寄湖南张郎中》："却是梅花无世态，隔墙分送一枝春。"

⑭周末无寒年两句：《汉书·五行志》上说，周朝末年，政治失之舒，故周之衰无寒岁；秦政治失之急，故秦之亡无燠年。燠（yù 雨），暖也。

⑮泰阶星平：泰阶，星名，即三台星。三台六星，两两并排而斜上，如阶梯，故名。晋左思《魏都赋》："故令斯民睹泰阶之平，可比屋而为一。"晋张载《注》："泰阶者，天之三阶也……三阶平则阴阳和，风雨时，岁大登，民人息，天下平，是谓太平。"泰平，即太平。

⑯玉烛：指四季气候调和。《尔雅·释天》："四气和谓之玉烛。"《疏》："言四时和气、温润明照，故曰玉烛。"晋何晏《瑞颂》："通政辰修，玉烛告祥，和风播烈，景星扬光。"

⑰饥馑:荒年。谷不熟为饥;蔬不熟为馑。《诗·大雅·云汉》:"天降丧乱;饥馑荐臻。"

⑱大有:丰收,《穀梁传·宣公十六年》:"五谷大熟,为大有年。"苏轼《喜酒亭记》:"其占为有年。"

⑲醉人为瑞:唐德宗播迁,年值饥馑,人多乏食,无酿酒者,后京师稍宁,偶市有一醉人,人皆聚观,以为祥瑞。见明郑暄《昨非菴日纂》。

⑳野莩(piǎo 瞟):饿死在郊野的人。莩通殍,饿死。《孟子·梁惠王》:"庖有肥肉,厩有肥马,民有饥色,野有饿莩。"

㉑丰年玉、荒年谷:丰年之玉,荒年之谷,俱为宝贵之物,用来比喻人品的珍贵。晋庾亮、庾翼并有才能,时称亮为丰年玉,称翼为荒年谷。见《世说新语·赏誉》。

㉒薪如桂、食如玉:后来简化成"米珠薪桂",极言柴米之贵。《战国策·楚策》:"苏秦之楚,三日乃得见乎王,秦辞行。王曰:'曾不少留。'对曰:'楚国之食贵于玉,薪贵于桂……今令臣食玉炊桂。'"后以言物价昂贵。

㉓春祈秋报:祈报,祭名,为旧时的祭典,春天祈求丰年,到秋报祭社神。《礼记·郊特牲》:"祭有祈焉有报焉。"郑《注》:"祈,犹求也,谓祈福祥求永贞也,谓若获禾报社。""春祈秋报",原本"秋祈春报",误。

㉔夙寐(sù 诉)兴:睡晚起早,生活勤劳。寐是睡觉,夙是早,兴是起。《诗·卫风·氓》:"夙兴夜寐,靡有朝矣。"《墨子·非乐上》:"妇人夙兴夜寐,纺绩织纴。"

㉕韶华:美好的时光,亦指美好的年华。唐戴叔伦《暮春感怀》:"东皇去后韶华尽,老圃寒香别有秋。"宋秦观《江城子》:"韶华不为少年留,恨悠悠,几时休。"

㉖日月其除句:是说时光将舍我而去,要爱惜时光。除,去也。待旦,等候天亮,常用以指勤劳国事。《书·太甲》:"先王昧爽丕显,坐以待旦。"

㉗居诸:即日居月诸,指日月流逝。《诗·邶风·日月》:"日居月诸,照临下土。"

㉘九秋授服:九秋,指秋季的九十天,亦说指九月。授服,授御寒之衣。《诗·豳风·七月》:"七月流火,九月授衣。"《注》:"九月霜始降,妇功成,可以授冬衣矣。"

㉙踏青:春天到郊外游玩。至于踏青之俗说法不一。明冯应京《月令广义》:"蜀俗正月初八日,踏青游冶。"元费著《岁华纪丽谱》:"二月二日踏青节。"唐李淖《秦中岁时记》:"上巳(三月三日)赐宴曲江……践踏青草,谓之踏青履。"旧时普遍以清明节为踏青节。

㉚双柑斗酒:原指春游所备的酒食,后借指春游。唐冯贽《云仙杂记》:"戴颙春携双柑斗酒,人问何之,曰:'往听黄鹂声,此俗耳针砭,诗肠鼓吹,汝知之乎?'"

明邓志谟《古事苑·时令》:"双柑斗酒,雅称春游。"

㉛对饮三人:唐李白《夜饮》:"举杯邀明月,对影成三人。"

㉜孤军渡泸水:蜀丞相诸葛亮,为了平定南中,解除北伐中原的后顾之忧,亲自领军南征。他在《前出师表》中说:"五月渡泸,深入不毛。"泸,泸水,今云南境内金沙江。

㉝三鼓夺昆仑:狄青,字汉臣,汾州河西人。宋仁宗时名将。狄青宣抚广西,敌将守昆仑关,青驻宾州。时值上元节,是夜青大宴宾客,二鼓称有疾退席。是夜三鼓即报狄青已夺回昆仑关。见《宋史·狄青传》。

㉞扑蝶:每年二月间,长安士女相聚以扑蝶为戏,名曰扑蝶会。见唐李绰《秦中岁时记》。

㉟元正磔(zhé 哲)鸡:正月初一杀鸡以除不祥。磔,裂也。《宋书·礼志》:"岁旦磔鸡于宫及百寺门,以禳恶气。"宋吴淑《春赋》:"或悬羊而磔鸡。"相传是元旦以后,土气上升,草木萌动,羊吃百草,鸡啄五谷,故杀羊磔鸡以助生气。

㊱浮瓜避暑:魏文帝曹丕《与朝歌令吴质书》:"浮甘瓜于清泉,沉朱李于寒水。"后人用"浮瓜沉李"作为夏日游宴之词。

㊲吐火驱寒:葛玄,三国时吴人,字孝先。修道炼丹,人称葛仙翁。传说他冬天请客,口中吐出火来,一室温暖如春。见晋葛洪撰《神仙传》。

㊳释子:佛门弟子,指僧徒。僧徒出家从释家之教,皆舍本姓而从佛姓。唐韦应物有诗曰:"释子来问讯,诗人亦扣关。"僧如满有《咏月》诗:"团团离海角,渐渐出云衢,此夜一轮满,清光何处无。"作完诗喜极而敲钟。

㊴催花之鼓:击鼓以催花发。传说唐玄宗呼高力士取羯鼓临轩纵击,奏一曲名《春光好》,曲罢,花已发。见唐南卓《羯鼓录》。宋杨万里有诗曰:"一声白雨催花鼓,十二竿头总下来。"

㊵清秋汾水句:汉武帝行幸河东,祠后土,顾视帝京忻然,中流与群臣饮宴,帝甚欢,乃自作《秋风辞》。辞曰:"秋风起兮白云飞,草木黄落兮雁南归……欢乐极兮哀情多,少壮几时兮奈老何?"见旧题汉班固撰《汉武故事》。

㊶上巳兰亭:东晋穆帝永和九年(公元353年)三月三日,王羲之与谢安、孙绰等人在山阴(今浙江绍兴)兰亭,修祓禊之礼,会上各人作诗,羲之作序。序中记兰亭周围山水之美和聚会欢乐之情,抒发作者好景不常、生死无常的感慨,这就是有名的《兰亭集序》。

㊷梅妆:也称寿阳妆、梅花妆。南朝宋武帝之女寿阳公主在人日(正月初七)睡在含章殿檐下,梅花落额上,成五出之花,拂之不去。自后有梅花妆。见唐徐坚等撰《初学记》。唐李商隐诗《对雪》:"侵夜可能争桂魄,忍寒应欲试梅妆。"

㊸谢尚句:晋袁宏,小字虎,临汝人,少有逸才,文章艳丽,曾为咏史诗,以寄其情,少孤而贫,为人佣载运租。时谢尚镇牛渚,乘秋夜风清月朗,与左右微服泛江

上,值袁宏舟中啸咏,尚闻之,乃遣人问曰:"是袁临汝耶?"遂相邀于舟,谈论达旦。袁自此名誉日茂。见《世说新语·文学》及注引《续晋阳秋》。

㊹寇公、欧子两句:宋寇准,字平仲。官至参知政事。留有《寇忠愍公诗集》,其《春色》诗中云:"波渺渺,柳依依,孤村芳草合,斜日杏花飞,轻烟淡霭青山外,却有人家悬酒旗。"宋欧阳修,字永叔,北宋著名文学家。著有《秋声赋》,描写秋气之萧条。

【今译】

片晌是说片时;日晡是说天晚。"畴昔"和"曩者"都是说前天;"黎明"和"昧爽"是说天将明。一个月有三浣;上旬十天叫上浣;中旬十天叫中浣;下旬十天叫下浣。学习上有三余:夜是白天的余;冬是一年的余;雨天是晴天的余。用权术来愚弄人,叫做"朝三暮四";学问上得到益处,叫做"日就月将"。用灯火继续日光,可见昼夜辛苦;将白天当做夜晚,那就晨昏颠倒。自愧一事无成,就说"虚延岁月";对人说敷衍话,叫做"少叙寒暄"。人情冷暖使人恨;世态炎凉令人厌。周朝末年没有冷天,因为东周懦弱;秦朝亡时没有暖年,因为嬴姓凶残。三阶的星平正,就世上"泰平";四季气候调和,是天照"玉烛"。荒年叫"饥馑之岁";丰年叫"大有之年"。唐德宗的饥年,市上偶有一醉汉,人们便认为祥瑞;梁惠王的凶年,野外有饿死的人,孟子认为太可怜。"丰年玉,荒年谷"比喻人品高贵;"薪如桂,食如玉"是说柴米价昂。春天求谷,秋天谢神,是农人的常规;天夜就睡,黎明便起,是人们的勤劳。时光容易过,我们应该爱惜光阴;日月易流逝,志士定要倍加勤奋。

(增)寒来暑往,是气候的循环;日居月诸,是日月的交替。九月授御寒的衣服,自古如此;三月穿踏青的鞋子,至今不改。双柑斗酒,是春游的雅事;对影三人,是尽兴的夜饮。五月里率孤军渡过泸水,蜀丞相是多么忠勤;上元节三鼓夺下昆仑关,狄将军真是有妙算。二月里扑蝶,真是乐事;元旦日磔鸡,定有意义。吴质在水中浮瓜,池塘边气候夏天也觉清凉;葛仙口中吐出火,房间里气温冬天也觉温暖。僧人咏诗好兴头,半夜敲钟;明皇催花真有趣,春初擂鼓。清秋游汾水,汉武帝作了《秋风辞》;上巳会兰亭,王羲之写了《兰亭序》。人日寿阳睡在含章殿檐下,学做梅妆;中秋谢尚泛舟过牛渚矶头,吹着竹笛。寇平仲的《春色诗》,真是那么快乐;欧阳修的《秋声赋》,却是这等凄凉。

朝　廷　新增文十联

【原文】

　　三皇为皇；五帝为帝①。以德行仁者王；以力假仁者霸②。天子天下之主。诸侯一国之君③。官天下，乃以位让贤；家天下，是以位传子④。陛下尊称天子；殿下尊重宗藩⑤。皇帝即位曰龙飞；人臣觐君曰虎拜⑥。皇帝之言，谓之纶音；皇后之命，乃称懿旨⑦。椒房是皇后所居；枫宸乃人君所莅⑧。天子尊重，故称元首；臣邻辅翼，故曰股肱⑨。龙之种，麟之角，俱誉宗藩⑩；君之储，国之贰，皆称太子⑪。帝子爱立青宫⑫；帝印乃是玉玺⑬。宗室之派，演于天潢；帝胄之谱，名为玉牒⑭。前星耀彩，共祝太子以千秋⑮；嵩岳效灵，三呼天子以万岁⑯。神器大宝，皆言帝位⑰；妃嫔媵嫱，总是宫娥⑱。姜后脱簪而待罪，世称哲后⑲；马后练服以鸣俭，共仰贤妃⑳。唐放勋德配昊天，遂动华封之三祝㉑；汉太子恩覃少海，乃兴乐府之四歌㉒。

　　（增）德奉三无㉓；功安九有㉔。陈桥驿军兵欲变，独日重轮㉕；春陵城圣哲挺生，一禾九穗㉖。祥钟汉代，禁中卧柳生枝㉗；瑞蔼宋廷，榻下灵芝生叶㉘。设鼓悬钟，千古仰夏王之乐善㉙；释旌结袜，万年钦西伯之尊贤㉚。信天命攸归，驰王骤帝㉛；知人心爱戴，冠道履仁㉜。帝尧用心，哀孺子，又哀妇人㉝；武王伐暴，廉货财，还廉女色㉞。六宫无丽服，玄宗罢织锦之坊㉟；万姓有余粮，周祖建绘农之阁㊱。宋仁味淡而撤蟹㊲；晋武尚朴而焚裘㊳。汉文除肉刑，仁昭法外㊳；周武分宝玉，恩溢伦中㊵。更知唐主颂成功，舞扬七德㊶；且仰汉高颁令典，约法三章㊷。

注释

①三皇、五帝：三皇和五帝都是古籍中记载的远古和上古的君主（部落酋长），但其说法不一。三皇之名有五种说法：伏羲、神农、黄帝；天皇、地皇、人皇；天皇、地皇、泰皇；伏羲、神农、祝融；伏羲、女娲、神农。五帝的说法有三种：黄帝、颛顼、帝喾、尧、舜；伏羲（大皞）、神农（炎帝）、黄帝、尧、舜；少昊、颛顼（高阳）、高辛、尧、舜。

②王、霸：成就王业和成就霸业。凭借道德施行仁义的人可以称王治天下，这是王业；凭借武力假托仁义的人可以称霸诸侯，这是霸业。以德可以使人心悦诚

服;以力服人,人不能心服。见《孟子·公孙丑上》。

③天子、诸侯:天子,古代以君权为神授,说君主是秉承天意治理人民,故称天子。《礼记·曲礼下》:"君天下曰天子。"诸侯,古代由天子分封的各国的国君,统称诸侯。诸侯有公、侯、伯、子、男五等,其分封的土地依等级高低而有多有少。

④官天下、家天下:官,公有;官天下即以天下为公有。家天下,就是以天下为私有。《汉书·盖宽饶传》:"五帝官天下,三王家天下。家以传子,官以传贤。"三王,指夏禹、商汤、周文王。

⑤陛下、殿下:陛下,即阶下,对皇帝的尊称。汉蔡邕《独断》:"陛下者:陛,阶也,所由升堂也。天子必有近臣执兵陈于陛侧,以戒不虞。谓之陛下者,群臣与天子言,不敢指斥天子,故呼在陛下者而告之,因卑达尊之意也。"殿下,殿阶之下。《史记·荆轲传》:"诸郎中执兵皆陈殿下,非有诏召不得上。"汉以后通称诸王侯为殿下。

⑥龙飞、虎拜:龙飞,指皇帝的兴起或即位。《易·乾》:"龙飞在天,利见大人。"《疏》:"若圣人有龙德,飞腾而居天位。"虎拜,召穆公名虎,征伐淮夷有功,周宣王赏赐土地礼器,召公稽首拜谢。后因称大臣拜君为虎拜。《诗·大雅·江汉》:"虎拜稽首,天子万年,作召公考。"

⑦纶音、懿旨:纶音,是说出言很大。《礼记·缁衣》:"王言如丝,其出如纶;王言如纶,其出如綍。"凡粗于丝者叫纶;綍,大绳索。后称皇帝的诏书、制令为纶言、纶音或纶綍。懿旨,皇太后或皇后的命令称懿旨。懿,美德。

⑧椒房、枫宸:椒房,汉皇后所居之殿,均用椒和泥涂壁,取其温、香、多子之义,称椒房或椒殿。后以椒房为后妃的代称。唐杜甫《丽人行》:"就中云幕椒房亲,赐名大国虢与秦。"枫宸,汉时宫中多植枫树。宸,本指北极所在的位置,后借用宸为帝王宫殿。又引申为王位、帝王的代称。因此,称帝王居处叫枫宸。宋苏轼《次韵韶倅李通直》:"回首天涯一惆怅,却登海岭望枫宸。"

⑨元首、股肱:元首,君主。股肱,本是大腿和胳膊,比喻辅佐君主的大臣。《书·益稷》:"帝曰:'臣作朕股肱耳目。'"同书:"股肱喜哉,元首起哉。"《传》:"元首君也,股肱之臣,喜乐尽忠,君之治功乃起。"

⑩龙种、麟角:古时以龙象征帝王,故对帝王子孙或皇族后代称龙种。《北史·隋房陵王勇传》:"勇有十男……云定兴奏曰:'天生龙种,所以因云而出。'"杜甫《哀王孙》:"高帝子孙尽龙准,龙种自与常人殊。"麟角,喻贵重稀少之物。《诗·周南·麟之趾》:"麟之角,振振公族。"

⑪君之储、国之贰:君之储,意为国君之副,指被确认为君位的继承者,多指太子。《公羊传·僖五年》:"世子,犹世世子也。"《注》:"言当世父位,储君副主。"国之贰,为国君之副,即"储贰"。《晋书·礼志下》:"皇太子虽国之贰,犹在臣位。"

⑫青宫:太子居东宫,东方属木,其色青,又称青宫。又传说东方有宫,青石为墙,高三仞,左右阙高百尺,画以五色,门有银榜,题曰:"天帝长男之宫。"见汉东方朔《神异经·中荒经》。隋于仲文《侍晏东宫应令》:"青宫列绀幌,紫柏结朱纶。"

⑬玉玺(xǐ洗):玺,印章,秦以前尊卑通用,以后只有皇帝之印称玺。玉玺即皇帝的玉印。古代印或玺用金或玉刻成。自秦以后,以玉为玺,为皇帝专用。参见《宋书·礼志》。因此玉玺也代指王位。唐李商隐《隋宫》:"玉玺不缘归日角,锦帆应是到天涯。"

⑭天潢、玉牒:天潢,即天池,古时称皇室为天潢,意为皇室支派,如导源于天地。牒,古代的板书。玉牒,称皇族的谱牒。《宋史·真宗纪三》:"大中祥符六年……诏宗正寺以帝籍为玉牒。"谱牒,纪录氏族或宗族世系的书。

⑮前星耀彩句:前星即太子星,见《天文》"太子庶子星"《注》。祝太子寿曰"千秋令节"。见宋胡继宗《书言故事·圣寿类》。一说,皇帝寿辰为千秋节,唐玄宗开元十七年,以生日八月初五宴百官于花萼楼下,左右丞相源乾曜、张说帅百官上表,请以每岁此日为千秋节,布于天下,咸令欢乐。见《资治通鉴·唐纪》。(注译者按:原注说此事在玄宗为太子时,不确。)

⑯嵩岳效灵句:汉元封元年,武帝登中岳嵩山,御史等随从属官均在庙旁,吏卒等人都听到嵩山三呼万岁,登礼于神,无不答应。见《汉书·武帝纪》。

⑰神器、大宝:都指帝位。《汉书·叙传》:"距逐鹿之瞽说,审神器之有授。"《注》:"神器,帝位也。"大宝,《易·系辞》:"圣人之大宝曰位。"后通指帝位。

⑱妃嫔媵嫱:妃,专指皇帝的妾或太子、王侯的妻;嫔,宫廷内的女官。《礼记·昏义》:"古者,天子后立六官、三夫人、九嫔。"媵,原指诸侯嫁女时陪嫁的女子,后用以称妾;嫱,古代宫廷内的女官。《左传·哀公元年》:"宿有妃、嫱、嫔、御焉。"杜预注:"妃、嫱贵者,嫔、御贱者。"

⑲姜后脱簪而待罪:姜后为周宣王之后,齐侯之女,有贤德。王晚起,后脱簪待罪于永巷,使傅母言于王曰:"妾不才,致君乐色而忘德,失礼而晏起,其罪在妾。"王曰:"寡人不德,非夫人罪也。"遂勤于政事。见汉刘向《列女传》。

⑳马后练服以鸣俭:马后为东汉明帝之后,名将马援之女,有贤德。《后汉书·马皇后纪》:"马后说吾为天下母而身服大练,食不求甘,左右但著帛布,无熏香之饰者,欲身率天下也。"大练,粗糙之帛也。

"马后",原本"冯后",误,今从《后汉书》改。

㉑华封三祝:帝尧巡狩华山,华山的封人祝帝尧长寿、富有和多男。后称为华封三祝。《庄子·天下》:"尧观乎华,华封人曰:'请祝圣人,使圣人寿……使圣人富……使圣人多男子。'"放勋,尧的名字,一说为赞尧之词。封人,官名,掌守护帝王的社坛和京畿的疆界。

㉒四歌:指《日重光》《月重轮》《星重辉》《海重润》。晋崔豹《古今注·音乐》:"(汉)明帝为太子,乐人作歌诗四章,以赞太子之德,其一曰《日重光》……天子之德,光明如日,太子皆比德焉,故曰重光。"恩覃,恩惠所及。唐常衮《代宗让皇太子表》:"取法于地,视少海之朝宗。"以皇帝比大海,太子比少海。

㉓三无:即三无私,天、地、日、月无私覆,无私载,无私照。《礼记·孔子闲居》:"孔子曰:'奉三无私以劳天下……天无私覆,地无私载,日月无私照。奉斯三者以劳天下。'"

㉔九有:即九州,旧时指荆、梁、雍、豫、徐、扬、青、燕、冀九州。也泛指全国。《诗·商颂·玄鸟》:"方命厥后,奄有九有。"

㉕陈桥驿句:陈桥驿,地名,在今河南开封市东北。五代末,北汉与契丹合兵南侵,后周殿前都点检赵匡胤率军抵御,军至陈桥驿,部将石守信等商量立赵匡胤为帝。这天,日下又有一日,黑光摩荡。是夜五更,军士集驿门以黄袍加赵身上,众皆罗拜呼万岁。赵匡胤随即回师废周帝,建立宋王朝,是为宋太祖。见《宋史·太祖纪》。

㉖一禾九穗:汉光武帝刘秀,字文叔,为汉高祖刘邦九世孙。其父名钦,生光武帝于春陵(今湖北枣阳南)。是岁嘉禾一茎生九穗,钦以为祥瑞,故以秀名光武帝。见汉班固等撰《东观汉纪》。

㉗卧柳生枝:汉昭帝时,上林有柳树卧于地,一日忽然立起,生枝叶,有虫食其叶成文字说:"公孙病已立。"后不久昭帝死,立汉武帝曾孙刘洵,是为汉宣帝。见《汉书·五行志》。病已,宣帝早年之名。

㉘灵芝生叶:宋仁宗为李宸妃所生,章献皇后无子,取以为己子。据说仁宗出生前,其母卧榻下忽生灵芝四十二叶。后生仁宗,在位四十二年。

㉙设鼓悬钟:相传夏禹治天下,为了听人的铮谏,设鼓悬钟于门,来进谏者"谕于道者击鼓,教以义者击钟"。

㉚释旄(máo 毛)结袜:放下旄旗而结袜带。《韩非子·外储说左下》:"文王伐崇,至凤凰墟,袜系解,因自结。太公望曰:'何为也。'王曰:'君与处皆其师,中皆其友,下皆其使也,今皆先王之臣,故无可使也。'"显示周文王尊重人才。

㉛驰王骤帝:指天命所归。三皇步,五帝骤;三皇驰,五帝骛。见班固《白虎通义》。

㉜冠道履仁:头上是道德,足下是仁义,即崇奉道德而行仁义。汉王充《论衡》:"人君冠道德,履纯仁。"

㉝帝尧用心句:尧行仁政。怜爱孩子和女人。《庄子·天道》:"舜问于尧曰:'天王之用心何如?'尧曰:'吾不敖无告,不废穷民,苦死者,嘉孺子而哀妇人。此吾所用心也。'"敖,侮慢;穷民,孤独之民;苦,悲悯。

㉞武王伐暴句:周武王克商之后,不爱色,不贪财,把获得的财宝和妇人,都给

诸侯。武王克商,上堂见玉,取而归之诸侯。天下闻之曰:武王廉于财矣! 入室见女,取而归之诸侯。天下闻之曰:武王廉于色矣!见汉刘向《说苑·指武》。

㉟罢织锦之坊:撤销织锦的作坊。唐玄宗开元二年,玄宗以风俗奢靡罢织锦坊,以示节俭。《新唐书·玄宗纪》:"七月乙未焚锦绣珠玉于前殿,戊戌禁采珠玉及为刻镂器玩绳帖绺服者,废织锦坊。"后妃以下,皆不准服珠玉锦绣。

㊱建绘农之阁:五代周世宗画农事于阁中。《故事成语考》:"周世宗建绘农之阁"。《注》:"五代周世宗留心农事,尝画农夫蚕女状于阁下。"

㊲撤蟹:宋仁宗食时,有献新蟹二十八枚(一说为蛤蜊),问左右:"费钱几何?"左右对:"二十八千。"仁宗曰:"一下箸就费二十八千,吾不堪受。"命撤去不食。见明郑暄《昨非菴日纂》。

㊳焚裘:晋武帝时,太医司马程据献雉头裘。武帝曰:"异服奇裘,典制所禁也。"命焚之于殿前,并下令天下不准再献异服。见《晋书·武帝纪》。

㊴汉文除肉刑:秦汉前皆有肉刑,汉文帝时,下诏除去。《汉书·刑法志》:(文帝)十三年,齐太仓令淳于公有罪当刑,其少女缇萦随其父至长安上书,愿没入为官婢以赎父罪。文帝怜悲其意遂下令:"其除肉刑,有以易之,及令罪人各以轻重不亡逃有年而免。"

㊵周武分宝玉:周武王将宝玉分给同姓之国,用诚伸其亲亲之道。《书·旅獒》:"分宝玉于伯叔之国,时庸展亲。"《疏》:"分宝玉于同姓伯叔之国,见己无所爱惜,是用诚信其亲亲之道。"伦,人伦。

㊶舞扬七德:七德,舞名。唐初有《秦王破阵乐曲》。唐贞观七年太宗制《破阵乐舞图》,后令魏征、虞世南等改制歌词,更名《七德之舞》。所谓七德,指禁暴、戢兵、保大、定功、安民、和众、丰材七件事。见《旧唐书·音乐志》。

㊷约法三章:汉高祖刘邦,先入关中,与关中父老约法。《史记·高祖纪》:"吾与诸侯约,先入关者王之,吾当王关中。约法三章耳:杀人者死,伤人及盗抵罪。"《后汉书·杨终传》:"高祖平乱,约法三章。"后来泛称制订大家遵守的简明条款,叫约法三章。

【今译】

天皇、地皇、人皇叫三皇;伏羲、神农、黄帝、尧、舜称五帝。凭借道德施行仁义的是王;假借仁义依靠武力的是霸。天子是天下的主;诸侯是一国的君。天下为公,帝位传给贤人;天下为家,帝位传给儿子。陛下是对天子的尊称;殿下是对宗室的尊称。皇帝登基叫"龙飞";臣子朝君叫"虎拜"。皇帝说的话叫"纶音";皇后的命令叫"懿旨"。椒房是皇后所居;枫宸为皇帝所住。皇帝像天下的头脑,故叫元首;臣子像皇帝的手脚,故叫股肱。"龙之种、麟之角",是誉称皇室;"君之储、国之贰",是称呼太子。太子位在青宫;皇帝印叫玉玺。皇帝的宗室世系,源于天河;皇帝的家族谱牒,叫做玉牒。前星耀光彩,共祝太子千秋;嵩岳神显灵,三呼天子万岁。神器大宝尊称帝位;妃嫔媵嫱都是宫娥。姜后脱簪待罪,世人尊称为明哲的皇后;马后练服示俭,众人敬仰为贤德的妃子。唐放勋的德配比上天,华封对他三祝;汉太子的恩普及少海,乐府颂歌四章。

(增)君主的德是承奉三无的;君主的功是安定九州的。宋太祖在陈桥驿兵变那天,天上的日有两个轮;汉光武出生在春陵城那年,田中的禾一棵九穗。祥兆专注汉代,园中卧柳发枝;瑞气聚集宋朝,榻下灵芝生叶。设鼓悬钟,大家敬仰夏禹王爱听谇言;释旌结袜,人人钦佩周文王尊重贤人。三皇驰、五帝骤,这是天命所归;冠道德、履纯仁,才能人心爱戴。帝尧用心,爱怜小儿爱怜妇人;武王伐商,不贪财宝不贪女色。唐玄宗停止织锦坊,宫中没有美服;周世宗建造绘农阁,人民家有余粮。宋仁宗味口淡泊,撤除新蟹;晋武帝崇尚俭朴,焚烧雉裘。汉文帝除肉刑,仁心显示在法外;周武王分宝玉,恩惠遍及亲族中。唐太宗歌颂军功,作舞名七德;汉高祖入关颁令,约法有三章。

文 臣　新增文十三联

【原文】

帝王有出震向离之象①；大臣有补天浴日之功②。三公上应三台③；郎官上应列宿④。宰相位居台铉⑤；吏部职掌铨衡⑥。吏部天官大冢宰⑦；户部地官大司徒⑧；礼部春官大宗伯⑨；兵部夏官大司马⑩；刑部秋官大司寇⑪；工部冬官大司空⑫。司宪中丞，巡抚之号⑬；内翰学士，翰林之称⑭。天使誉行人⑮；司成称祭酒⑯。称都堂曰大抚台⑰；称巡按曰大柱史⑱。方伯藩侯，左右布政之号⑲；宪台廉宪，提刑按察之称⑳。宗师称为大文衡㉑；副使称为大宪副㉒。郡侯邦伯，知府名尊㉓；郡丞贰侯，同知美誉㉔。郡宰别驾，乃称通判㉕；司理鹰史，赞美推官㉖。刺史州牧，乃知州之两号㉗；鹰史台谏，即知县之尊称㉘。乡宦曰乡绅；农官称田畯㉙。钧座台座，皆称仕宦㉚；帐下麾下，并美武官㉛。秩官既分九品㉜，命妇亦有七阶。一品曰夫人；二品亦夫人；三品曰淑人；四品曰恭人；五品曰宜人；六品曰安人；七品曰孺人㉝。妇人受封，曰金花诰㉞；状元报捷，曰紫泥封㉟。唐玄宗以金瓯覆宰相之名㊱；宋真宗以美珠钳谏臣之口㊲。金马玉堂，羡翰林之声价㊳；朱幡皂盖，仰郡守之威仪㊴。台辅曰紫阁明公㊵；知府曰黄堂太守㊶。府尹之禄二千石㊷；太守之马五花骢㊸。代天巡狩，赞称巡按㊹；指日高升，预贺官僚㊺。初到任曰下车㊻；告致仕曰解组㊼。藩垣屏翰，方伯犹古诸侯之国㊽；墨绶铜章，令尹即古子男之邦㊾。

注释

①出震向离：言天帝创造万物，由震卦开始，像太阳升起东方，离卦象征光明，使万物明显。圣人成为帝王，像东方升起的太阳，普照万物。《易·说卦》："帝出乎震，齐乎巽，向乎离。"《疏》："帝若出万物则在乎震，万物相见则在乎离。""震是东方之卦，斗柄指东为春，春时万物出生也……离为象日之卦，故为明也，日出而万物皆相见也。又住在南方，故圣人法南面而听天下，响明而治也。"

②补天浴日：相传女娲炼石补天，羲和生日而浴日。见《淮南子·览冥》《山海经·大荒南经》。后以补天浴日比喻功勋极大。《宋史·赵鼎传》："浚有补天浴日之功，陛下有砺山带河之誓，君臣相信，古今无二。"

③三公上应三台:三公与天上三台星相应。三公为辅助国君掌握军政大权的高级官吏。见《天文》"中台"注。

④郎官上应列宿:郎官与天上的众星相应。汉代侍郎、郎中皆郎官,掌宿卫。唐以后专指郎中员外。列宿,众星宿。《后汉书·明帝纪》:"馆陶公主为子求郎,不许而赐金千万,谓群臣曰:'郎官上应列宿,出宰百里,非有其人,则民受其殃,是以难之。'"

⑤台铉:铉,鼎的耳。台铉,即台鼎,喻宰相重臣。《梁书·江革传》:"在朝正色,临危不挠,首佐台铉,实允俭谐。"

⑥铨衡:本是衡量轻重的器具,后用以喻选拔官吏之事或执掌此事的职位。《三国志·魏志·夏侯玄传》:"故铨衡专于台阁,上之分也;孝行存乎闾巷,下之叙也。"

⑦吏部天官大冢宰:古时吏部尚书称天官,又称大冢宰,其侍郎称少宰。因其总御众官,如天道统御万物。《周礼·天官冢宰》《疏》:"象天所立之官,冢,大也,宰者,官也……天者统理万物,天子立冢宰,使掌邦治,亦所以抚御众官,使不失职。"

⑧户部地官大司徒:古时户部尚书称地官、大司徒,其侍郎为少司徒,以其安抚万民,如地道长养万物。《周礼·地官司徒》《疏》:"象地所立之官,司徒主众徒,地者载养万物,天子立司徒使掌邦教,亦所以安抚万民。"

⑨礼部春官大宗伯:古时称礼部尚书为大宗伯,又称天卿,其侍郎为少宗伯。因礼文繁缛,像春天发生万物。《礼记·春官宗伯》《疏》:"象春所立之官也,宗,尊也;伯,长也。春者出生万物,天子立宗伯,使掌邦礼典礼。"

⑩兵部夏官大司马:兵部尚书称大司马,又称夏官、兵戎。其侍郎称少司马。因兵威震赫,像夏季长盛。《周礼·兵部夏官》《疏》:"象夏所立之官。马者,武也,言为武者也。夏整齐万物,天子立司马共掌邦政,可以平诸侯,正天下。"

⑪刑部秋官大司寇:称刑部尚书为大司寇,又称秋卿、士师,其侍郎为少司寇。刑法严厉,像秋天的肃杀。《周礼·刑部司寇》《疏》:"象秋所立之官。寇,害也;秋者,遒也,如秋义杀害收聚敛藏于万物也。"

⑫工部冬官大司空:称刑部尚书为大司空,又称冬卿,其侍郎即少司空。奠民攸居,像冬季敛藏。《周礼·冬官考工记》《疏》:"象冬所立官也。司空者,冬闭藏万物。天子立冬官使掌邦事,亦所以富主众,使民无空者也。"

⑬司宪、中丞:司宪,官署名。秦汉都有御史官,官衙叫御史府,汉以后称御史台,北周叫宪台。唐改御史大夫为大司宪,御史中丞为司宪大夫。见《通典·职官·御史台》。中丞,官名,东汉以后以中丞为御史台长官。见《通典·职官·中丞》。明清两代常以副都御史或佥都御史出任巡抚。清代各省巡抚例兼右都御史衔,因此明清两代的巡抚也称中丞。

⑭内翰:唐宋称翰林学士为内翰。《宋史·王旦传》:"内翰得官几日,乃欲隔截天下进士耶。"清代对翰林院的属官,均通称为翰林。"学士"原本为"学土",误。

⑮天使、行人:天使,皇帝的使者。唐刘禹锡《谢赐冬衣表》:"九月授衣,载驰天使。"行人,官名,掌朝觐聘问,春秋战国皆设此官,汉为大行令,明设行人司,掌传旨、册封之事。

⑯司成、祭酒:司成,即大司成,古官名,掌管教育国子,相当于汉以后的国子监祭酒。《礼记·文王世子》:"大司成论说在东序。"祭酒,官名,汉置六经祭酒,后改博氏祭酒,为五经博士之首,晋改为国子祭酒;隋唐以后称国子监祭酒,为国子监主管官。"司成",原本为"司城",误,从《礼记》改。

⑰都堂:都堂,官署名。唐时尚书令有大厅,谓之都堂。明代正副都御史、佥都御史称都堂,外任的总督、巡抚也称都堂。见清梁章钜《称谓录》。大抚台,即巡抚。台,原本官署,后以台为对官的尊称。

⑱巡按:分至各地考察。唐玄宗天宝五年,命礼部尚书等人,分道巡按天下风俗及黜陟官吏,巡按之各始此。后来唐设监察御史十五人,掌分察百僚,巡按州县狱。明代于十三省各置巡按御史一人,专以察吏安民。清因之,后废。参见《续文献通考·御史台》。

⑲方伯、藩侯、布政:方伯,一方诸侯之长。《礼记·王制》:"千里之外设方伯。"后来泛称地方长官。唐韩愈《送许郢州序》:"于公身居方伯之尊。"藩侯,即诸侯,因其屏藩王室,故称藩侯,后代称一方之长。三国曹植《与杨修书》:"吾虽薄德,位为藩侯。"布政,明洪武九年分全国为十三承宣布政使司,每司设左右布政使,为一省的行政长官。见《明史·职官志》。

⑳提刑按察:官名,掌一省之刑名按劾之事,为执法之官。元代设提刑按察使,后改为肃政廉访司。明仍为提刑按察使司,以按察使为一省的司法长官。清承明制。又名臬司(臬台)、廉访。因其为执法之官,与秦汉之御史台相类,故尊称为宪台。参见宋、元、明史《职官》及《清史稿·职官》。

㉑宗师:汉置,为训导宗室子弟之官。《汉书·平帝纪》:"其为宗室,自太上皇以来亲族,各以世民,郡国置宗师以纠之,致教训焉。"明代称提学道,清代称提督学政为宗师。提学之官为主持文运之衡,故称大文衡、大文宗或大宗师。见《清史稿·职官》。

㉒副使:提刑按察使之副职,因提刑按察使称宪台,故副使为宪副。

㉓郡侯、邦伯、知府:郡侯,原为爵名,晋武帝封羊祜为南城侯,置相,与郡公同,郡侯之名始此。后称一郡之长为郡侯。邦伯,即州牧。《书·召诰》:"侯甸男邦伯。"唐改郡为州,改太守为刺史。后称州刺史为邦伯。知府,宋代命朝臣出守列郡为府的长官,名为权知某府事,简称知府。明代才正式称知府,为管理数州县

之一级行政长官。故郡侯、邦伯、知府,其官位相类。

㉔郡丞、贰侯、同知:郡丞,为郡守的辅助官。贰侯,郡侯之副。贰,副职。《周礼·天官·大宰》:"建其正,立其贰。"同知,宋以后府、州、厅均设副贰,称同知府事,同知州军事。元明两代沿用。清代州、府设同知。府同知,为知府之副职。见各朝《职官志》。

㉕郡宰、别驾、通判:郡宰,一郡主宰。别驾,为州刺史的佐吏,因与刺史出巡,另乘传车,故称别驾。宋改置诸州通判,以职守相同,故通判也称别驾。参阅《续文献通考·职官》。清于府设通判,州设州判,皆辅佐之官。见《清通志·职官》。

㉖司理、廌史、推官:司理,宋代置司理参军,主管狱讼,简称司理。廌,即獬廌,传说中能分辨正直、邪恶的神兽。古时以廌喻法。《广雅·释诂一》:"廌,法也。"廌史,即治法之史官。推官,唐代以后各州府均置推官。元明时各府置推官一人,专管一府刑狱,俗称刑厅。清初沿置不久即废。清代布政司理问、都事、按察司知事即唐代推官之职。见《历代职官表》。

㉗刺史、州牧、知州:官名。秦时设刺史,监督各郡,汉武帝设郡(州)刺史,成帝时改为州牧,东汉光武帝时复为刺史,灵帝又改为州牧,掌一州之军政大权。隋以后刺史为一州的行政长官,以后为太守的别称。宋代设知州,仍保留刺史一官作虚衔。清代以刺史作为知州的别号。清顾炎武《日知录》上说:汉时刺史相当后世的巡按御史;魏晋以后的刺史相当于后世总督;隋以后的刺史相当后世的知府及直隶州知州。知州,总理一州政事的长官。明清直隶州知州,略低于知府,散州知州与知县无别。

㉘台谏:御史的通称。宋制:凡知县两任考满称最,得升任御史。故誉称知县为台谏。

㉙乡宦、田畯:乡宦,治理一乡事务的官吏。田畯,周代劝农之官。《诗·幽风·七月》:"馌彼南亩,田畯至喜。"《传》:"田畯,田大夫也。"

㉚钧座、台座:书面语言中之敬词,多用于尊者。《诗·小雅·节南山》:"尹氏大师,维周之氏,维国之钧。"钧,平也,持国政之平。台,官署。

㉛帐下、麾下:对武官的敬称。大将行军,居住帐帷,指挥所用的旗叫麾。故帐下、麾下用来尊称武将。《三国志·吴志·张纮传》:"愿麾下重天授之姿,副四海之望,勿令国内上下危惧。"

㉜秩官九品:古代官秩分为九品,即九个等级。魏晋开始立九品之制。每品分正、从。从九品至一品,共十八品。四品以下每品又分为上下阶,共三十阶。元、明、清保留正、从,无上下阶,文武均同。

㉝命妇七阶。古时凡为官者,其母妻均受诰命封号,故叫命妇。封建时代妇人封号从夫爵的高低而定。清代,凡命妇封号,一品二品称夫人,三品称淑人,四品称恭人,五品称宜人,六品称安人,七品称孺人。不分正从,文武均同。

㉞金花诰:宋代封妇人所用的辞令。宋胡继宗《书言故事·命妇》:"妇人诰曰金花诰。"宋宋求敏《春明退朝录》:"官诰院敕郡夫人,使金花罗纸七张,锦彩袋,赐以汤沐邑,乃奉亲之荣也。"

㉟紫泥封:古代天子诏令,盛以锦囊,紫泥封口,加印章,叫紫泥封。《史记·高祖纪》:"封皇帝玺符节。"《正义》:"天子六玺……皆以武都紫泥封。"后因称皇帝诏令为紫泥封或紫诰。元高明《琵琶记·春宴杏园》:"九重天上声名重,紫泥封已传丹凤。"

㊱唐玄宗句:唐玄宗择宰相,先书其名,以金瓯覆之。《唐书·崔琳传》:"明皇每命相,先书其名。一日书琳等名,覆以金瓯。会太子入,帝谓曰:'此宰相名,若自意之谁乎?'太子曰:'非崔琳、卢从愿乎?'帝曰:'然。'"

㊲宋真宗句:宋真宗用珠玉封谏臣的口。王钦若劝宋真宗封禅,真宗心惮王旦进谏,问曰:"王旦得无不可乎?"钦若曰:"臣以圣意喻之,宜无不可。"遂乘间与旦言,旦从之。后真宗封禅之意已决,召旦饮宴,并赐旦以尊酒曰:"此酒甚佳,归与妻孥共之。"王旦归,开封,内皆珠玉。由是有关封禅之事,旦不再异议。见《宋史·王旦传》。

㊳金马玉堂:汉代有金马门、玉堂殿。《汉书·公孙弘传》:"天子擢弘为第一,拜为博士,待诏金马门。"后世以金马玉堂代称翰林院。宋欧阳修《会老堂致语》:"金马玉堂三学士,清风明月两闲人。"

㊴朱幡皂盖:汉太守出巡时车骑的颜色。《后汉书·舆服志》:"中二千石,二千石皆皂盖朱两幡。"皂盖,车上之黑色帷盖;二千石,汉代自九卿至郡守的俸禄都是二千石。后因称郡守、知府为二千石。

㊵紫阁:紫阁,即中书省。唐开元间,改中书省为紫微省,中书令为紫微令。后因称中书省或宰相府第为紫阁。唐王建《宫词》:"金殿当头紫阁重,仙人掌上玉芙蓉。"台辅:即三台,见前"三公"注。

㊶黄堂:太守办事的厅堂。《后汉书·郭丹传》:"(太守)勅以丹事编署黄堂以为后法。"《注》:"黄堂,太守之厅事。"明清知府为太守之职,故俗亦称知府为黄堂。

㊷二千石:俸禄等级。《汉书·循吏传序》:"与我此者,其唯良二千石乎?"参见"朱幡皂盖"注。府尹:官名,汉京师置京兆尹。明清均在应天、顺天置府尹,掌政令。

㊸五花骢:五花马。此句实言太守车驾五马。古代一乘有四马,按东汉应劭《汉官仪》,汉时太守出巡增加一马,为五马,后即以五马为太守的代称。

㊹代天巡狩(shòu 寿):代替天子出巡。帝王离开国都巡行境内,称巡狩。《孟子·梁惠王下》:"天子适诸侯曰巡狩。巡狩者,巡所守也。"巡按:见前"巡按"注。

㊺指日:不几日,为时不远,或指定日期。三国魏曹植《应诏》:"弭节长骛,指日遄征。"

㊻下车:初即位或初到任为下车。《礼记·乐记》:"武王克殷反商,未及下车而封黄帝之后于蓟。"《后汉书·儒林传序》:"未及下车而先访儒雅。"

㊼解组:解下印绶,即辞去官职。组,即绶。唐韦应物《答韩库部协》:"还当以道推,解组收蒿蓬。"致仕:即辞官归居。《公羊传·宣元年》:"古之道不即人心,退而致仕。"《注》:"致仕,还禄位于君。"

㊽藩垣屏翰:指藩篱屏障。《诗·大雅·板》:"价人维藩,大师维垣,大邦维屏,大宗维翰。"后用藩垣屏翰比喻诸侯藩国。方伯:见前"方伯"注。

㊾墨绶铜章:墨绶,结在印环上的系带。铜章,铜印。《后汉书·蔡邕传》:"墨绶长吏。"《注》:"《汉官仪》曰:'秩六百石,铜章墨绶也。'"后以墨绶铜章代称县官。令尹:春秋时为楚国最高官吏。秦汉以来,均用以称一县之长。"墨绶",原本为"墨授",误。

【今译】

易经上说"帝出乎震,相见乎离",这是帝王的气象;给上天补缺,给太阳沐浴,比喻大臣的功劳。三公与天上三台相应;郎官与天上列宿相应。宰相位置好比紧要的鼎铉;吏部管理官吏要铨选衡量。吏部主官称天官,又叫大冢宰;户部主官称地官,又叫大司徒;礼部主官称春官,又叫大宗伯;兵部主官称夏官,又叫大司马;刑部主官称秋官,又叫大司寇;工部主官称冬官,又叫大司空。司宪、中丞是巡抚都御使的称号;内翰、学士是翰林院属官的称呼。天使誉称行人;司成尊称祭酒。称都堂叫做大抚台;称巡按叫做大柱史。方伯、藩侯是左右布政使的称号;宪台、廉宪是对提刑按察的称呼。宗师称大文衡;副使称大副宪。郡侯、邦伯是尊称知府;郡丞、贰侯是称呼同知。通判叫郡宰别驾;推官叫司理法史。刺史、州牧是知州的别号;法史、台谏是知县的称呼。乡宦叫乡绅;农官叫田畯。钧座、台座是尊称官吏;帐下、麾下是尊称武官。官职分为九个流品;命妇也有七个阶级。一品叫做夫人;二品也叫夫人;三品叫做淑人;四品叫做恭人;五品叫做宜人,六品叫做安人,七品叫做孺人。妇人受封,叫做金花诰;状元捷报,叫做紫泥封。唐玄宗选宰相,先用金瓯覆住宰相的名;宋真宗要封禅,先用美珠封住谏臣的口。金马、玉堂,是说羡慕翰林的声价;朱幡、皂盖,是仰望郡守出行时的威仪。三公叫"紫阁明公";知府叫"黄堂太守"。府尹的年俸是两千石；太守的乘马是五花骢。赞美巡按，说代天子出巡；预祝升官，就说指日高升。官吏刚到任所叫"下车"；官吏辞去职务叫"解组"。藩垣屏翰是称邦伯，他们的职守犹如古时的诸侯之国；墨绶铜章是指令尹，他们的爵位犹如古时的子男之国。

【原文】

　　太监掌阉门之禁令，故曰阉宦①；朝臣皆搢笏于绅间，故曰搢绅②。萧曹相汉高，曾为刀笔吏③；汲黯相汉武，真是社稷臣④。召伯布文王之政，尝舍甘棠之下，后人思其遗爱，不忍伐其树⑤；孔明有王佐之才，尝隐草庐之中，先主慕其令名，乃三顾其庐⑥。鱼头参政，鲁宗道秉性骨鲠⑦；伴食宰相，卢怀慎居位无能⑧。王德用，人称黑王相公⑨；赵清献，世号铁面御史⑩。汉刘宽责民，蒲鞭示辱⑪；项仲山洁己，饮马投钱⑫。李善感直言不讳，竞称鸣凤朝阳⑬；汉张纲弹劾无私，直斥豺狼当道⑭。民爱邓侯之政，挽之不留；人嫌谢令之贪，推之不去⑮。廉范守蜀郡，民歌五袴⑯；张堪守渔阳，麦穗两歧⑰。鲁恭为中牟令，桑下有驯雉之异⑱；郭伋为并州守，儿童有竹马之迎⑲。鲜于子骏，宁非一路福星⑳；司马温公，真是万家生佛㉑。鸾凤不栖枳棘，羡仇香之为主簿㉒；河阳遍种桃花，乃潘岳之为县官㉓。刘昆宰江陵，求神反风灭火㉔；龚遂守渤海，令民卖刀买牛㉕。此皆德政可歌，是以令名攸著。

　　（增）太守称为紫马㉖；邑宰地号雷封㉗。槐位棘垣，三公及孤卿异秩㉘；稜官紧职，拾遗与御史别称㉙。给事谓之夕郎，黄门批勅㉚；翰林名为仙掖，紫禁宣麻㉛。饱卿睡卿，名号自别㉜；铨部祠部，政事攸分㉝。俗美化醇，尹翁归去思蜀郡㉞；名高望重，汲长孺卧治淮阳㉟。张魏公作冲天羽翼㊱；李长吉为瑞世琼瑶㊲。士仰直声，汉世喜多二鲍㊳；民歌善政，江东闻有三岑㊴。棠棣理政多能，刘氏弟兄守南郡㊵；桥梓治县有谱，傅家父子宰山阴㊶。政简刑清，姜薑号太平官府㊷；身修行洁，裴侠称独立使君㊸。袁尚书学问深宏，不愧魏朝杜预㊹；寇丞相事功彪炳，真为宋代谢安㊺。熙宁三舍人，乃一朝硕彦㊻；庆历四谏士，实千古良臣㊼。宰相必用读书人，舍窦可象谁当鼎轴㊽；状元曾是瞌睡汉，惟吕文穆乃占魁名㊾。谁云公种生公㊿；或谓相门有相㉛。

注释

①阉宦:即太监。《后汉书·宦者传》:"阉者,守中门禁,寺人掌女宫之戒。"《说文》:"阉,门竖也,宫中阉,昏闭门者。"后特指太监。

②搢笏(jìn hù 晋互)于绅间:插笏版于腰带上。《宋书·礼志五》:"古者贵贱皆执笏,其有事则指之于腰带。"绅,大带。笏,古朝会时所执手板,有事书于上,以备遗忘。古代,天子至士皆执笏,后世宦者垂绅搢笏,因称士大夫为搢绅。

③刀笔吏:主办文案的官吏。古代纪事用刀刻在龟甲或竹木简上,有笔之后,用笔写在帛简上,故刀笔合称。汉初萧何与曹参是沛县(江苏沛县)人,在辅佐汉高祖刘邦之前在沛县作过小吏,萧何是主吏掾,曹参为狱吏。见《史记》萧、曹本传。

④社稷臣:关系国家安危的大臣,即国家的重臣。《礼记·檀弓》:"有臣柳庄者,非寡人之臣,社稷之臣也。"汲黯,汉武帝时大臣。《史记·汲黯传》:"上曰:'汲黯何如人也。'曰:'使黯任职居官亡以愈人,然至其辅少主守成,虽自谓贲育,弗能夺也。'上曰:'然。'古有社稷之臣,至如黯近之矣!"

⑤召伯句:召伯,即姬奭,西周初年政治家。一作邵公,文王的庶子,因采邑在召(今陕西岐山西南),故称召公。曾佐武王灭商,支持周公东征平乱,很受倚重。因曾在甘棠树下断案,死后,人们思念他,作《甘棠》诗。《诗·召南·甘棠》:"蔽芾甘棠,勿剪勿伐,召伯所茇。"召伯所茇,即召伯曾在树下住过。

⑥孔明句:孔明,即诸葛亮,三国时蜀国丞相。未佐刘备之前,躬耕于南阳,自比为春秋时期的大政治家管仲和名将乐毅。刘备听说他有大才,三次去草庐邀请,诸葛亮才出来辅佐刘备。见《三国志·蜀志·诸葛亮传》。

⑦鱼头参政句:宋鲁道宗为参知政事,刚直而不阿,嫉恶敢言,为贵戚用事者所惧怕,视其为鱼头参政。因其姓为鱼之头,骨鲠也如鱼头。见《宋史·鲁道宗传》。

⑧伴食宰相句:唐玄宗时,卢怀慎与姚崇同掌枢密,怀慎自以为能力不及崇,每事俱推让。时人称为伴食宰相。见《旧唐书·卢怀慎传》。伴食,是对不称职、无所作为的人的讽刺。

⑨黑王相公:宋王德用的绰号。王德用于宋仁宗时官至枢密使,待人宽厚,善抚士众,闻名四方。因其貌魁伟而面色正黑,故民间妇孺皆知其名,识与不识,均称其为黑相公或黑王相公。见《宋史·王德用传》。

⑩铁面御史:宋仁宗时,赵抃为殿中御史,刚直无私,弹劾不避权贵,声振京师,人称其为铁面御史。见宋苏轼《赵清献公神道碑铭》。铁面,不讲情面,不徇私情。

⑪蒲鞭示辱:以蒲草为鞭,聊以示辱,谓刑罚宽仁。《后汉书·刘宽传》:"(刘宽)迁南阳太守典历三郡,温仁多恕……吏人有过,但用蒲鞭罚之,示辱而已,终

不加苦。"唐李白《赠清漳明府侄聿》:"蒲鞭挂檐枝,亦耻无扑挟。"

⑫饮马投钱:喻人廉洁不苟。汉赵岐《三辅决录》:"安陵清者有项仲山,饮马渭水,每投三钱。"又应劭《风俗通义》载,太原郝子廉每行饮水,即投一钱于井中。

⑬鸣凤朝阳:如凤凰之朝贺太阳。唐李善感为监察御史,帝极欲封禅五岳,善感力谏。自从褚遂良、韩瑗等敢于进谏之臣死后,二十年中无人敢直言进谏,至善感始能。于是人称为"鸣凤朝阳"。见《资治通鉴·卷二○三》。

⑭豺狼当道:指坏人当权。东汉顺帝汉安元年选遣八使,巡行都邑,其中侍御史张纲年少而官次最微。当时掌军国大权的大将军梁冀及其弟河南尹梁不疑,专擅不法,天下苦之。七人皆授命,惟张纲埋车轮于洛阳都亭,曰:"豺狼当道,安问狐狸!"遂入朝弹劾梁冀等人。见东汉班固等《东观汉记·张纲》。《三国志·魏志·杜袭传》:"方今豺狼当路,而狐狸是先,人将谓殿下避强攻弱。进不为勇,退不为仁。"

⑮民爱邓侯两句:晋邓攸为吴郡太守,刑政清明,百姓欢悦,后称疾去职。郡常有送迎钱数百万,攸去郡时不受一钱,百姓数千人牵船挽留,船不能进。攸乃不停,半夜发船而去。邓攸之先任太守谢令,贪酷残民,人恨之,吴人作歌曰:"纥如打五鼓,鸡鸣天欲曙,邓侯挽不留,谢令推不去。"见《晋书·邓攸传》。

⑯廉范句:东汉廉范,字叔度。任蜀郡太守时,旧制禁民夜作,以防火灾,范乃除去先令,但严使储水以防火灾,百姓便。于是作歌:"廉叔度,来何暮,不禁火,民安作。平生无襦,今五袴。"后来把五袴作为称颂官吏的用语。见《后汉书·廉范传》。

⑰张堪句:东汉张堪为渔洋太守,为政清明,开治稻田八千余顷,劝民种作,百姓富足。于是民歌曰:"桑无附枝,麦穗两歧,张君为政,乐不可支。"见东汉班固《东观汉纪·张堪》。麦穗两歧,即一麦双穗,表示丰收。

⑱鲁恭句:东汉鲁恭为中牟令,章帝建初七年,河南蝗虫为害,而虫不入中牟。河南尹袁安派使者亲察,恭与随行,息于桑下,有雉过,止其旁。使者问儿童何不捕之。儿童曰:"雉方将雏,不可捕。"使者还告袁安。袁安曰:"恭为政有三异,蝗不入境,化及禽兽,儿童有仁心。"遂荐恭为大司徒。见《后汉书·鲁恭传》。

⑲郭伋句:东汉郭伋先为并州牧,清明廉洁,问民疾苦,素结恩德。后行部到河西美稷,有儿童数百,骑竹马迎拜于路旁。伋问儿童何自远来?儿童对曰:"闻使君到,喜,故来奉迎。"见《后汉书·郭伋传》。

⑳一路福星:指施行善政的人。宋鲜于子骏,哲宗时任京东转运司,始行,司马光曰:"今欲救东土之敝,非子骏不可,此一路福星也。"见明彭大翼《山堂肆考》,又见宋秦观《鲜于子骏行状》。

㉑万家生佛:能造福于民的好官,万家皆以香火祀之如佛。北宋大臣司马光,字君实,死于哲宗元祐元年,赠太师温国公,都中及四方皆画像敬祀。见《宋史·

司马光传》。宋戴翼《贺陈待诏启》:"福星一路之歌谣,生佛万家之香火。"

㉒鸾凤句:喻有志之士,不会屈居不好的境地。鸾凤,喻才士;枳棘,因其有刺,喻不好的环境。东汉仇香即仇览,考城人。桓帝延熹中初为蒲亭长,以德教民,民多悦之。有陈元其人,母告其不孝,仇香劝说其母勿告官,又亲至家教育陈元,使陈元成为孝子。邑令王涣任仇香为主簿。香曰:"愿为鸾凤。"涣曰:"枳棘非鸾凤所栖。"遂以月俸入太学,名声大振。见《后汉书·仇香传》。

㉓河阳句:晋潘岳,字安仁。为河阳令时,民有拖欠税赋的,令植桃花一株,其赋税由官府交纳。任满离去时,一县皆桃花。人称河阳为花县。见《晋书·潘岳传》、唐白居易《白氏六帖》。唐李白《赠崔秋浦》:"河阳花作县,秋浦玉为人。"北周庾信《春赋》:"河阳一县并是花,金谷从来满园树。"

㉔刘昆句:东汉刘昆,字桓公,官至光禄勋、骑都尉。为江陵令时,县内连年火灾。每有火灾,昆辄向火叩头,大多能降雨反风灭火。见《后汉书·刘昆传》。

㉕龚遂句:汉龚遂任渤海太守,见齐俗奢侈,好末技(古指工商业),不耕作,于是提倡俭约,劝令百姓种田树桑。民间有带刀持剑者,令其卖刀剑,买耕牛。见《汉书·龚遂传》。后以卖刀买牛喻改业归农。

㉖紫马:紫色马。南朝宋谢灵运为永嘉太守,出常骑紫马。人曰:骑紫马者,太守也。后因称太守为紫马。

㉗雷封:县令的别称。古制一县为百里,传说雷震百里,故一县之地曰雷封。见唐徐坚等撰《初学记》。

㉘槐位棘垣:周时,朝廷种三槐九棘,公卿大夫分坐其下。左九棘,为孤卿之位;右九棘为公侯伯子男之位;面三槐为三公之位。棘取其心赤外刺之义;槐,怀也,取其怀来人之义。后以三槐九棘称三公九卿。见《周礼·秋官·朝士》。孤卿,指三公之副,即少师、少傅、少保,称三孤,即孤卿。

㉙棱官、紧职:东汉应劭《汉官仪》:"御史执法称棱官。"谓有棱角的官。紧职,即拾遗,谓补过拾遗。《汉书·汲黯传》:"臣愿为中郎,出入禁闼,补过拾遗,臣之愿也。"作为谏官,为朝廷拾遗补阙,故曰紧职。又见晋葛洪撰《西京杂记》。

㉚给事、夕郎:汉代给事、黄门为天子左右侍从,掌宫中内外出入。《汉官仪》:"黄门郎日暮入对,青琐门拜,故谓之夕郎。"唐王维《早朝》:"玉漏随铜史,天书拜夕郎。"

㉛仙掖、宣麻:接近皇宫的地位,叫宫掖。唐代翰林院在皇宫附近,翰林学士又被认为清要的职务,因此叫翰林院为仙掖。唐姚合《和卢给事酬裴员外》:"夕郎夜直吟仙掖,天乐和声下禁楼。"宣麻,唐宋时任免将相,用黄麻、白麻纸写诏书,在朝廷宣布,叫宣麻。见《新唐书·百官职》。

㉜饱卿、睡卿:宋时民间以光禄卿掌膳食之事,谐之为饱卿。宋苏轼《用旧韵送鲁元翰知洛州》:"冷卿当复温。"孙倬注:"世传京师谓光禄为饱卿,卫尉为暖

卿,鸿胪为睡卿,司农为走卿,宗正为冷卿。"

㉝铨部、祠部:古时吏部专司铨选官吏,故称吏部为铨都。《宋史·选举志》:"在朝廷则当量人材,在铨部则宜守成法。"祠部,魏晋置祠部掌礼制,北周改为礼部,隋唐别置祠部曹,属于礼部,专管祠祀、享祭、天文、刻漏、国忌、庙讳、卜筮、医药及僧尼之事。见《新唐书·百官志》。"祠部",原本为"词部",误。

㉞俗美化醇句:这句是讲汉朝著名的良吏,他们为政清明,廉洁奉公,使民安乐丰足。《汉书·循吏传》:"是故汉世良吏,于是为盛,称中兴焉……所居民富,所去见思,生有荣号,死见奉祀。"文翁,庐江舒人,景帝末为蜀守,仁爱好教化,使蜀教化大成,武帝令天下郡国皆立学校自文翁始。文翁终于蜀,吏民为立祠堂,岁时祭祀不绝。见《汉书·循吏·文翁传》。(注释者按:原本注为"尹翁归",查尹河东平阳人,据《汉书·尹翁归传》,翁归并未作过蜀守,而在蜀守任内,大行教化,使民风醇厚者,乃景帝末之蜀守文翁)。

㉟名高望重句:汉武帝借名高望重的汲黯去治理淮阳。《汉书·汲黯传》:"(汉武帝)召拜黯为淮阳太守,黯伏谢不受印绶……上曰:'君薄淮阳耶?吾今召君矣,顾淮阳吏民不相得,吾徒得君重,卧而治之。'"

㊱张魏公句:冲天羽翼喻重要辅臣。南宋张魏公,授礼部侍郎,召封于便殿。皇帝慰劳宣谕曰:朕将有为,正欲一飞冲天,而无羽翼,卿为留意,朕当专用。见《翰苑新书》。

㊲瑞世琼瑶:盛世的美玉。此句原本注为李贺授承旨,韩昌黎祝贺他曰:"盛世之琼瑶也。"(注释者按:据旧唐书与新唐书李贺传,李贺未作承旨,二十七岁时死去。原本不知何据?)

㊳二鲍:指汉光武帝时的鲍永和鲍恢。鲍永作司隶校尉时,弹劾帝叔父赵王良大不敬,使朝廷肃然,莫不戒惧;此时又征召扶风鲍恢为都官从事,恢亦抗直敢言,不避权贵。光武帝曰:"贵戚且宜敛手,以避二鲍。"见《后汉书·鲍永传》。

㊴三岑:指岑羲及其弟仲翔、仲休。《新唐书·岑文本传》:"(羲)迁金坛令,时弟仲翔为长洲令,仲休为溧水令,皆有治绩。宰相宗楚客语本道巡察御史:'毋遗江东三岑。'乃荐羲为汜水令。"

㊵棠棣句:指南朝齐刘之遴、刘之亨兄弟。刘之遴,梁武帝时累迁中书侍郎后除南郡太守,惠政爱民;之遴卒,其弟之亨亦任南郡太守,政绩卓著,吏民称颂,当地吏民怀念其兄弟二人,不呼名而曰大南郡、小南郡。见《南史·刘之遴、之亨传》。棠棣,木名。诗有《棠棣》,后以指兄弟。

㊶桥梓句:南朝宋傅僧祐曾为山阴令,有政绩,其子傅琰亦为山阴令,人称为傅圣。父子两人并出治绩,人谓其父子有谱。见《南史·傅琰传》。

㊷姜暮:唐上邽人,唐高祖时任秦州刺史,至州抚以恩信,州人相谓曰:"吾辈复见太平官府矣。"见《旧唐书·姜暮传》。

㊸裴侠：北周人，周太祖时任河北郡守，率行俭约，爱民如子，所吃惟粗食，吏民怀之。侠曾与诸牧守晋见周太祖，太祖命侠别立，对诸牧守曰："裴侠清慎奉公，为天下最，今众中有如侠者，可与之俱立。"众皆默然，无敢应者。朝野叹服，号为"独立君侠"。见《周书·裴侠传》。

㊹袁尚书句：袁尚书，即袁翻，字景翔，北朝魏人，学问深宏，官度支尚书，加抚军将军。在一次宴会上，肃宗举觞谓群官曰："袁尚书朕之杜预也。"侍坐者莫不仰羡。见《魏书·袁翻传》。杜预，晋初大臣，官至镇南大将军。太康元年率兵灭吴，因功封当阳侯。博学，多谋略，人称杜武库。见《晋书·杜预传》。

㊺寇丞相：即北宋寇准。契丹侵宋，形势危急，寇准劝宋真宗御驾亲征，宋军士气大振，于澶渊与契丹缔结和约，凯旋而归，使宋朝转危为安。时人将寇准比做晋之谢安。见《宋史·寇准传》。彪炳，文采焕发。谢安，字安石，东晋孝武帝时宰相，他指挥弟石与侄玄，获淝水之战的胜利。见《晋书·谢安传》。

㊻熙宁三舍人：熙宁，宋神宗年号。熙宁间，王安石任宰相推行新法，宋敏求、李大临、苏颂等人反对，相继封还词命，并落知制诰。时号为熙宁三舍人。见《宋史·苏颂、李大临、宋敏求传》。硕彦：优秀的学者。

㊼庆历四谏士：庆历，宋仁宗年号。时为谏官的余靖、欧阳修、王素、蔡襄，皆公正不阿，敢于直谏，时号为庆历四谏士。四人《宋史》有传。"谏士"，原本为"谏土"，误。

㊽宰相必用句：公元963年宋太祖改元乾德，先谕宰相，年代须择前代所未有者。后三年蜀平，蜀宫人入内，帝见宫人镜背有"乾德四年铸"者，问于窦仪，仪曰："此必蜀物，蜀主常有此号。"太祖大喜曰："作相须用读书人。"由是大重儒者。见《宋史·太祖纪》。

㊾状元曾是瞌睡汉句：宋吕蒙正未中状元之前，有首诗的最后一句是："挑尽寒灯梦不成。"曾被人笑为瞌睡汉。后中状元，因寄书于曾笑话他的人说：瞌睡汉中状元。见欧阳修《文忠集·诗话》。

㊿公种生公：公侯之种族，一定生公侯。晋王沉，字彦伯，少有俊才，出身寒素，不随时俗浮沉，郁郁不得志，乃作《释时论》。其文中有："是则衮龙出于缊褐，卿相起于匹夫……今则不然，公门有公，卿门有卿。"见《晋书·王沉传》。

(51)相门有相：宰相的门庭，将来有宰相。南朝梁王训，字怀范，为侍中尚书左仆射王暕之子。暕卒，梁武帝召见群臣于文德殿，帝顾谓朱异曰"可谓相门有相矣。"见《梁书·王暕传》。

【今译】

太监掌管宫门的禁令，所以叫阉宦；朝臣都把笏插在绅间，所以叫搢绅。肖曹是汉高祖的宰相，他们出身于刀笔吏；汲黯是汉武帝的宰相，称得上社稷的重臣。召伯施行文王仁政，曾在甘棠树下住过，后人怀念他的恩德，不忍心砍那棵树；孔明有宰相的奇才，曾隐居在草庐之中，刘备钦慕他的名声，就三次登门请教。鲁道宗生性耿直，人们叫他"鱼头参政"；卢怀慎做官无能，人们叫他"伴食宰相"。王德用面黑，人们叫他黑王相公；赵清献正直，人们叫他铁面御史。汉刘宽责百姓只用蒲鞭，何等宽厚；项仲山饮马河水也投钱，何等廉洁。李善感直言敢谏皇帝，人称"鸣凤朝阳"；汉张纲弹劾不避权贵，申斥"豺狼当道"。邓侯做官清廉，百姓留他不住；谢令做官贪吝，百姓推他不走。廉范当蜀郡太守，施政利民，百姓歌唱五袴；张堪当渔洋太守，劝民耕作，麦穗得到两歧。鲁恭做中牟县令，桑树下有驯雉，这是仁政的表现；郭汲当并州太守，儿童竹马相迎，因为他深得民心。鲜于子骏，人们叫他一路福星；司马温公，人们说他万家生佛。鸾凤不会停在枳棘上，仇香做主簿时县令的比喻；河阳县到处种上桃花，这是潘岳做县令时的措施。刘昆做江陵县官，向火磕头，便能下雨灭火；龚遂做渤海知州，提倡务农，劝民卖刀买牛。以上这些人都有德政可歌颂，所以他们的美名流传广远。

（增）知府的别称叫紫马；县令管的地域叫雷封。槐位和棘垣，是三公和九卿不同的班次；稜官和紧职，是拾遗和御史各自的称呼。黄门给事叫夕郎，因为他在黄门里批发敕书；翰林院要叫仙掖，因为他在紫禁里誊写诏书。光禄是饱卿，鸿胪是睡卿，名号各别；吏部叫铨部，礼部叫祠部，职事不同。使蜀郡风俗淳厚，文翁归去人们思念他；借重高雅的名望，汲黯能高卧治理淮阳。张魏公任侍郎，可作冲天的羽翼；李长吉做承旨，可称盛世的美玉。士人钦仰正直的名声，汉朝可喜有二鲍；百姓歌颂良好的政治，江东盛传有三岑。兄弟惠政爱民，刘氏弟兄做南郡太守；父子并出治绩，傅家父子做山阴县令。姜薯做秦州刺史，政简刑清，人称太平官府；裴侠做河北郡守，身修行洁，人称独立使君。袁尚书学问渊博，北魏武帝称他为魏朝的杜预；寇丞相功劳极大，宋朝吏民叫他为宋代的谢安。宋敏求、苏颂、李大临，是一时的优秀学者，称为熙宁年间三舍人；余靖、欧阳修、王素、蔡襄，他们都能直言敢谏，称为庆历年间四谏士。宰相定要用读书人，舍去窦可象谁能当鼎鼐的轴；状元曾经是瞌睡汉，只有吕文穆才能占魁元的名。哪个说公侯的种族一定生出公侯；谁人讲宰相的门庭一定会有宰相？

武　职　新增文十二联

【原文】

韩柳欧苏固文人之最著①；起翦颇牧乃武将之多奇②。范仲淹胸中具数万甲兵③；楚项羽江东有八千子弟④。孙膑吴起将略堪夸⑤；穰苴尉缭兵机莫测⑥。姜太公有六韬；黄石公有三略⑦。韩信将兵，多多益善⑧；毛遂讥众，碌碌无奇⑨。大将曰干城；武士曰武弁⑩。都督称为大镇国⑪；总兵称为大总戎⑫。都阃即是都司⑬；参戎即是参将⑭。千户有户侯之仰；百户有百宰之称⑮。以车为户曰辕门；显揭战功曰露布⑯。下杀上，谓之弑；上伐下，谓之征⑰。交锋谓对垒；求和曰求成⑱。战胜而回，谓之凯旋；战败而走，谓之奔北⑲。为君泄恨曰敌忾；为国救难曰勤王⑳。胆破心寒，比敌人慑伏之状㉑；风声鹤唳，惊士卒败北之魂㉒。汉冯异当论功，独立大树下，不夸己绩㉓；汉文帝尝劳军，亲幸细柳营，按辔徐行㉔。苻坚自夸将广，投鞭可以断流㉕；毛遂自荐才奇，处囊便当脱颖㉖。羞与哙等伍，韩信降作淮阴㉗；无面见江东，项羽羞归故里㉘。韩信受胯下之辱㉙；张良有进履之谦㉚。卫青为牧猪之奴㉛；樊哙为屠狗之辈㉜。求士莫求全，毋以二卵弃干城之将；用人如用木，毋以寸朽弃连抱之材㉝。总之君子之身，可大可小；丈夫之志，能屈能伸㉞。自古英雄，难以枚举；欲详将略，须读武经㉟。

（增）书曰桓桓武士；诗云矫矫虎臣㊱。黄骢少年，登先陷阵㊲；白马长史，殿后摧锋㊳。天子遣赵将军，真得御边之策㊴；路人问霍去病，速收绝漠之勋㊵。北敌势方强，娄师德八遇八克㊶；南蛮心未服，诸葛亮七纵七擒㊷。卫将军一举而朔庭空，仗剑洗刘家日月㊸；薛总管三箭而天山定，弯弓造李氏乾坤㊹。韩信用木罂渡军，机谋叵测㊺；田丹以火牛出阵，势焰莫当㊻。太史慈乃猿臂英雄㊼；班定远实虎头豪杰㊽。力能迈众，敬德避矟而复夺矟㊾；胆略过人，张辽出阵而复入阵㊿。狄天使可例云长(51)；高敖曹堪比项籍(52)。紫髯会稽，振耀吴军武烈(53)；黄鬚骁骑，奋扬曹氏威声(54)。鸦军雷军雁子军，鬼神褫魄(55)；飞将锐将熊虎将，草木知名(56)。圻父王之爪牙，诗旨真可味也(57)；将军国之心膂，人言其不谬乎(58)。

注释

①韩柳欧苏:唐代文学家韩愈、柳宗元,宋代文学家欧阳修、苏洵及其子苏轼、苏辙。韩愈,字退之,因其郡望昌黎,后人称之为韩昌黎。他倡导古文运动,反对专讲声律对仗而忽视内容的骈体文,主张继承先秦两汉散文的传统。柳宗元,字子厚,他与韩愈同倡古文运动,并称"韩柳",《唐书》有韩愈、柳宗元传。欧阳修,字永叔,号醉翁。他与梅尧臣、苏舜钦等人提倡古文,主张应明道致用。苏洵,字允明,号老泉,与其子苏轼,字子瞻,号东坡居士,次子苏辙,字子由,号称三苏。欧阳修、苏氏父子在《宋史》中有传。

②起翦颇牧:战国时秦国大将白起、王翦,赵国大将廉颇、李牧。白起,屡立战功,为一代名将。在长平大破赵军,坑降卒四十万余。王翦,秦始皇任为大将,他灭赵、破燕、击楚,战功煊赫,以功封武成侯。廉颇,将兵破齐,拜上卿,多次击败齐魏,以勇敢善战闻名于诸侯。李牧,长于用兵,长期驻守北边,抵御匈奴,屡立战功,在抗秦战争中,曾大败秦军。上述四人在《史记》中有传。

③范仲淹:北宋大臣,文学家,字希文。康定元年,以龙图阁直学士,经略陕西,积极防御西夏,阅兵选将,朝夕训练,又戒各路养精蓄锐,不得轻动。夏人闻之相戒曰:"无以延州为意,今小范老子腹中自有数万甲兵,不比大范老子可欺也。"见宋朱熹《五朝名臣言行录》引《名臣传》。

④项羽:项藉,字羽,下相(今江苏宿迁西)人,楚国贵族出身,秦末助叔项伯杀会稽太守殷通,收吴中子弟八千人,响应陈胜吴广的起义。后战功显赫,入关后自立为西楚霸王。见《史记·项羽本记》。

⑤孙膑、吴起:孙膑,战国时著名军事家。齐国阿(今山东阳谷东北)人,孙武后裔。因受庞涓暗害,被处膑刑(去膝盖骨),故号孙膑,为齐军师,桂陵、马陵之战名显天下,著有《孙膑兵法》。吴起,战国时军事家,卫国左氏(今山东曹县北)人,初为鲁将,大败齐兵,后赴魏,受文侯重用,守西河,北却三晋,西伐强秦,声名显著,著有兵法六卷。后出奔去楚,推行改革,使楚国日臻强盛。见《史记·孙武、吴起列传》。

⑥穰苴(ráng jū 瓤且)、尉缭:穰苴,即田穰苴,春秋时齐国大夫,景公时,将兵击退燕晋军队,因功升任大司马,后人称司马穰苴。战国时齐威王派人整理他用兵之术,成《司马穰苴兵法》附于《古司马兵法》中。一说他是战国时齐将,长于治军,后为齐湣王所杀。见《史记·司马穰苴列传》。尉缭,相传为战国时人,但其始末不详,或说为魏人,或说是齐人,有兵书《尉缭子》。

⑦六韬、三略:六韬,古兵书,实为汉人纂集而成,假托为吕尚所著。吕尚,字望,一说字子牙。为周初姜姓部族长,曾钓于渭水,为周文王起用。武王伐商时,任统兵的师氏,尊为尚父,战功卓著,成王时封于齐。六韬是文、武、龙、虎、豹、犬。三略,古兵书,旧题为黄石公撰。清人姚际恒考证,认为因《史记·留侯世家》

上载有圯上老人授张良兵书事,遂伪托为黄石公撰。三略是上略、中略、下略。"六韬",原本为"六韜",误。

⑧多多益善:越多越好。韩信,西汉初军事家,为刘邦战胜项羽取得天下,战功卓著,西汉建立,封楚王。后与陈豨勾结叛乱,为吕后所杀。《史记·淮阴侯传》:"上(汉高祖)问曰:'如我将几何?'(韩)信曰:'陛下不过能将十万。'上曰:'于君几何?'曰:'臣多多而益善耳。'上笑曰:'多多益善,为何为我擒?'"这句话本指将兵,后来泛指不厌其多。

⑨碌碌无奇:平庸无能。毛遂,战国时人,为平原君门下食客,赵国都被秦围困,平原君求救于楚,挑选二十名随从人员时,毛遂自荐前往。谈判中楚王犹豫,他拔剑上阶,慷慨陈词,说服楚王同意赵楚联合。《史记·平原君传》:"毛遂左手持盘血而右手招十九人曰:'公相与歃此血于堂下,公等碌碌,所谓因人成事者也。'"

⑩干城、武弁:干是盾,城是城廓,都起防御作用,后用以比喻防御立功的将领。《诗·周南·兔罝》:"赳赳武夫,公侯干城。"武弁,弁,帽,古代武官服皮弁,因称武官曰弁。

⑪都督:官名,三国时始置,以后历代均有此官,但职权不同。明代改元之枢密院为大都督府,又改为五军都督府,置左右都督诸官,分领全国卫所。见《文献通考》《通志》。后誉称五军都督为大镇国。

⑫总兵:官名,明代遣将出征,始立总兵官,以后总兵官统兵镇守一方,遂成武官之重职。后省称总兵官为总兵,副职为副将。清代一省之最高武官为提督,下设总兵、副将等官。总兵所辖部队称镇,俗称总兵为总镇、总制。唐代有总戎总管军事,相当清之提督,后称提督或总兵为总戎。见《明史·职官志》《清通典》。

⑬都司:官名,即都指挥使司,掌一方之军政。元时开始设置,明代改各都卫为都指挥使司,职位重要,清代都司仅为四品武官,次于游击。俗称都司为都阃。见《续义献通考·职官》《清文献通考·职官考》。

⑭参将:官名,明代始置,位同副将,为总兵、副总兵之副。清制相同。清梁章钜《称谓录·参将·参戎》:"今之参将,本参戎之意。"参戎即是参将。

⑮千户、百户:千户,官名,元明两代卫所置千户官,掌兵千人。清代在甘肃、云南、贵州、广西等地部落、土司置千户,管理当地少数民族人民。千户又称千总。百户,官名,亦开始于元,为卫所之官,统兵百人。明清继续此制。《明史·兵制·卫所》:"五千人为指挥,千人为千户,百人为百户。"

⑯辕门、露布:辕门,古代帝王巡狩田猎,止宿处以车围起作屏障,出入处仰两车,以车辕相向作门,称辕门。后指军营。《史记·项羽本纪》:"羽召见诸侯将,入辕门。"《集解》引张晏:"军行以车为阵,辕相向为门,故曰辕门。"露布,不缄封的文书。后多指捷报、檄文。《三国志·王肃传》:"历注经传,颇传于世。"注引

《魏略》:"后马超反,超劫洪,将诣华阴,始作露布。"魏时专为捷报,且书帛置于漆竿之上。

⑰弑、征:弑,古时指臣杀君、子杀父为弑。《易·坤》:"臣弑其君,子弑其父,非一朝一夕之故,其所来渐矣。"征,上对下的讨伐。《荀子·议兵》:"以守则固,以征则强,令行禁止,王者之事毕矣。"

⑱对垒、求成:垒,军营墙壁或防御工事。两军交战,各自筑垒防御,故称双方相持为对垒。《晋书·宣帝纪》:"与之对垒百余日,会亮病卒,诸将烧营遁走。"求成,即求和。《左传·隐公元年》:"惠公之季年,败宋师于黄,公立而求成焉。"

⑲凯旋、奔北:凯旋,得胜归来。《周礼·春官·大司乐》:"王师大献,则合奏凯乐。"唐宋之问《军中人日登高赠房明府》:"闻道凯旋乘骑入,看君走马见芳菲。"奔北,战败逃走。《史记·项羽纪》:"所当者破,所击者服,未尝败北。"

⑳敌忾、勤王:敌忾,抵抗其所恨怒者。《左传·文公四年》:"诸侯敌王所忾。"《注》:"敌犹挡也,忾,恨怒也。"这里指诸侯抵挡王所恨怒的,以后泛指对敌人的愤怒,如同仇敌忾。勤王,原为王事尽力。《左传·僖公二年》:"求诸侯莫如勤王。"后专指出兵救援王朝叫勤王。《后汉书·袁绍传》:"乃下诏书于绍,责以地广兵多,而专自树党,不闻勤王之师,而但擅相讨伐。"

㉑胆破心寒:胆破心寒,极言恐惧。《三国志·蜀姜维传》:"(邓)艾前据成都,维等初闻胆破。"宋朱熹《五朝名臣言行录》:"范仲淹、韩琦必欲收复西夏,谣曰:'军中有一韩,西贼闻之心胆寒,军中有一范,西贼闻之惊破胆。'"

㉒风声鹤唳:唳,鹤叫。喻自相惊扰。东晋谢玄、谢石大破秦军于淝水。《晋书·谢玄传》:"(苻)坚众奔溃,自相蹈藉,投水死者不可胜计,淝水为之不流。余众弃甲宵遁,闻风声鹤唳,皆以为王师已至。"

㉓汉冯异句:冯异,字公孙,颍川父城(今河南宝丰东)人,东汉初期名将,佐光武帝争夺天下,屡立战功,但为人谦逊。每当有止宿时,诸将并坐论功,异常独自退避于树下。军中因号为"大树将军"。

㉔汉文帝句:周亚夫为西汉初太尉周勃之子,治军严整。文帝后元六年(公元前158年),匈奴大举入侵,文帝任周亚夫为将军,驻军于细柳(今陕西咸阳西南)。汉文帝亲至细柳营劳军,到军营门,因无军令不得入。后人,门士曰:将军约,军中不准驰骤。汉文帝只好按辔徐行。至营以军礼与亚夫相见。文帝见其治军谨严,倍加称赞曰:"真将军也!"见《史记·周勃世家》。

㉕投鞭断流:比喻军队众多。前秦苻坚将率军攻晋,大臣石越以为晋有长江之险,不易进攻,劝苻坚勿攻晋。苻坚曰:"以吾之众旅,投鞭于江,足断其流。"见《晋书·苻坚载记》。

㉖脱颖:喻有才能的人,终会显露出来。《史记·平原君列传》:"平原君曰:'夫贤士之处世也,譬若锥之处囊中,其末立见……'毛遂曰:'臣乃今之处囊中

耳,使遂早得处囊中,乃脱颖而出,非特其末见而已。'"颖,锥尖。

㉗羞与哙等伍:韩信佐汉高祖争天下,战功卓著,封楚王。高祖忌其威信盛朝廷,用陈平之计擒信归朝,降为淮阴侯。信常称病不朝,日夜怨望。信曾过将军樊哙之门,樊恭敬迎送。信出门笑曰:"羞乃与哙等为伍!"见《史记·淮阴侯列传》。

㉘无面见江东:项羽与刘邦争天下,最后兵败,逃至乌江(今安徽和县东北乌江镇),只身一人,乌江亭长,备船请项羽渡江。项羽曰:"藉与江东子弟八千人渡江而西,今无一人还,纵江东父兄怜而王我,我何面目见之!"乃自刎而死。见《史记·项羽本纪》。

㉙韩信句:韩信幼好佩剑,淮阴屠中少年欲辱之。众人面对韩信曰:"信能死,刺我;不能死,出我袴下。"信熟视之,俯首匍匐出于袴下。众人皆笑信胆怯。见《史记·淮阴侯列传》。袴,即胯。

㉚张良句:秦末张良游下邳,有一老人坠履于圮下,对良曰:"孺子取履。"张良愕然,乃强忍下取。老人又曰:"为我穿上。"良曲膝为老人穿,老人以足受之。老人曰:"孺子可教也。"后授张良一书,曰:"读此可以为帝王师。"见《史记·留侯世家》。圮,桥。

㉛卫青:西汉名将卫青,字仲卿,河东平阳人,少年家贫,其父曾使其牧猪羊。壮年从军,七次出击匈奴,屡立战功,汉武帝拜为大将军,封长平侯。《史记》《汉书》均有传。

㉜樊哙:汉初名将。沛县人,少年曾以屠狗为业,后随刘邦起义,屡立战功,封舞阳侯。见《史记》《汉书》樊哙本传。

㉝求士莫求全二句:战国时,子思居卫,荐苟变于卫君曰:"其才可将五百乘。"卫君曰:"吾知其才可将,然变也,曾为吏,赋于民,而食人二鸡子,以故弗用也。"子思曰:"夫圣人官人,犹大匠之用木也。取其所长,弃其所短,故杞梓连抱而有数尺之朽,良工不弃。今君处战国之世,选爪牙之士,而以二卵弃干城之将,此不可使闻于邻国者也。"见《孔丛子·居卫》。卵,鸡蛋;连抱,两手合抱。

㉞能屈能伸:指人的行为,随时进退。失意时能忍耐,得志时可干大事。语出《易·系辞下》:"尺蠖之曲,以求信也;龙蛇之蛰,以存身也。"信,伸也。

㉟武经:军事典籍。我国古代有武经七书。即指《六韬》《孙子》《吴子》《司马法》《三略》《尉缭子》《李卫公问对》。

㊱桓桓、矫矫:桓桓,威武貌。《书·牧誓》:"勖哉夫子,尚桓桓。"《诗·鲁颂·泮水》:"桓桓于征,狄征东南。"矫矫,武勇貌。《诗·鲁颂·泮水》:"矫矫虎臣,在泮献馘。"

㊲黄骢少年:黄骢,黄马。黄骢少年,北周裴果的绰号。《周书·裴果传》:"永安末,盗贼蜂起,果以军征讨,乘黄骢马,每登先陷阵,时人号为黄骢少年。"唐韦应物《送孙征赴云中》:"黄骢少年舞双戟,目视旁人皆辟易。"

卷一·武职 ◇ 55

㊳白马长史:东汉公孙瓒的绰号。《后汉书·公孙瓒传》:"常与善射之士数十人,皆乘白马,以为左右翼,自号白罗从。乌桓更相告语:'避白马长史。'"

㊴赵将军:西汉赵充国。《汉书·赵充国传》载:汉宣帝命充出击羌族,问用兵多少。赵充国对曰:"百闻不如一见,兵难隃(yú于)度,臣愿驰至金城,图上方略。"赵充国最后制定了攻羌策略,取得了胜利。

㊵霍去病:西汉名将。河东平阳人,卫青姊子,善骑射,六次出击匈奴,涉沙漠,远至狼居胥山,因功封冠军侯,为骠骑将军。汉武帝为之建造府第,霍去病辞谢曰:"匈奴未灭,无以家为。"《史记》《汉书》均有传。后南朝梁曹景宗有联句:"去时儿女悲,归来笳鼓竞,借问行路人,何如霍去病。"

㊶八遇八克:唐娄师德,字宗仁,郑州武原人。高宗时征召猛士讨吐蕃,师德自奋戴红抹额来应诏。后与吐善战于白水涧,八遇八克。天授初官至左金吾将军。《新唐书》《旧唐书》均有传。

㊷七纵七擒:蜀汉建兴三年,诸葛亮亲率大军平定南中,曾七次生擒孟获,又七次释放,最后使孟获心悦诚服曰:"丞相天威,南人不复反矣。"见《三国志·诸葛亮传》。

㊸卫将军:即卫青,见前注。卫青七次出击匈奴,匈奴远遁,故曰朔庭空。朔庭,北方。

㊹薛总管:即唐薛仁贵。仁贵,绛州龙门人。屡立战功,拜左武卫将军,封河东县男,为铁勒道行军总管。时铁勒部十余万来挑战,仁贵发三矢,杀三人,敌人慑伏,皆降。又转讨碛北余众。军中作歌:"将军三箭定天山,壮士长歌入汉关。"见《旧唐书·薛仁贵传》。

㊺木罂(yīng英)渡军:韩信击魏王豹,魏王主力驻在蒲坂,韩信用疑兵,佯欲渡临晋,而用伏兵从上游夏阳以木罂瓿(fǒu否)渡军,袭击安邑。魏军大败,俘虏魏王豹。见《史记·淮阴侯列传》。

㊻火牛出阵:战国时,燕国攻齐国。齐将田单固守即墨,燕兵不能破。后田军收城中牛千余头,披以彩衣,角扎利刃,灌油束苇于尾上。又凿城数十穴,夜燃牛尾油苇,牛惊而狂冲燕军,触者即死或伤,齐军随后冲杀,燕军大败。见《史记·田单列传》。

㊼猿臂英雄:指三国时吴将太史慈。慈,字子义,东莱黄人。仕吴拜折冲中郎将,后任为建昌都尉。与刘磐战,慈猿臂善射,矢无虚发。万人莫不称善。见《三国志·吴志·太史慈传》。

㊽虎头豪杰:指东汉班超。班超,字仲升,平陵扶风人。班超生有奇相,相者曰:"生燕颔虎颈,飞而食肉,此万里侯相也。"后班超使西域,以三十六人平西域诸国,封定远侯。见《后汉书·班超传》。

㊾力能迈众句:唐尉迟敬德,名恭,朔州善阳人,骁勇善战,屡立战功。《新唐

书·尉迟敬德传》："其战善避矟(shuò 朔),每单骑入贼,虽群刺之,不能伤,又能夺取贼矟还刺之。"

㊿胆略过句:三国时魏国名将张辽,守合肥,为吴兵所围。遂率数十人冲杀而出。余众呼曰:"将军弃我乎?"张辽又复冲入敌阵,领其余人杀出重围。见《三国志·魏志·张辽传》。

�狄天使:北宋名将狄青,人呼狄天使,参见《岁时》注㉝。青屡立战功,宋仁宗欲召见问以方略。适逢贼犯渭州,青往抵御,于是绘像以进。帝见其相貌曰:"朕之云长也。"云长,三国时蜀将关云长。

㊾高敖曹:即高昂,北魏太尉高慎之弟。幼时即有壮气,长有胆力,龙眉豹颈,姿体雄伟,但不遵师训,专力驰骋。其父以其昂藏(轩昂貌)、敖曹(喧闹),故取名敖曹。后为高欢大将,勇武过人,战功屡屡,时人比之项藉。见《北史·高昂传》。《资治通鉴·卷一五五》。

㊷紫髯会稽:指三国时吴国的建立者孙权。紫髯是紫色的髯髭。会稽,郡名,指孙权为吴人。《三国志·吴志·孙权传》《注》:"张辽问吴降人:'向有紫髯将军,长上短下,使马善射是谁?'降人答:'是孙会稽。'……"辽叹恨。

�554黄须骁骑:指三国时曹彰,曹操第三子。彰有勇力,髯黄,操常呼为黄须儿。乌桓反,曹操以彰为骁骑军击破之,北方遂平。操持彰髯曰:"黄须儿竟大奇也。"唐王维《老将行》:"射杀山中自额虎,不数邺下黄须儿。"

�555鸦军、雷军、雁子军:五代李克用将兵,军皆衣黑色。打仗时,贼惧,大呼:"鸦儿军至,当避其锋。"见《旧五代史·武帝纪》。唐郑畋为凤翔节度使,募兵五百,号疾雷军,所向披靡。见《唐书·郑畋传》。五代梁朱瑾募兵,皆黥双雁于额,号雁子都(唐,部队编制单位,常称都)。见《五代史·唐·朱汉宾传》。褫(chǐ 耻)魄:害怕,犹言丧魂落魄。

�556飞将、锐将、熊虎将:飞将,指敏捷如飞之战将。历史上号飞将者多,汉之李广,三国之吕布,唐之单雄信等。唐马璘武艺高强,号中兴锐将。见《新唐书·马璘传》。三国时周瑜与孙权信中称关羽、张飞为熊虎将。见《三国志·吴志·周瑜传》。

㊾王之爪牙:爪牙,即虎士,对武臣的比喻。《诗·小雅·祈父》:"祈父,予王之爪牙。"祈父,官名,掌封圻兵甲的司马。《汉书·李广传》:"将军者,国之爪牙也。"现在多用于贬义。圻父,即祈父。

㊽国之心膂:膂,脊背。心和膂都是人体重要部分,心膂,比喻亲信骨干。《书·君牙》:"今命尔予翼,作股肱心膂。"《三国志·吴志·周瑜传》:"臣窃以瑜昔见宠任,入作心膂,出为爪牙。"

【今译】

韩愈、柳宗元、欧阳修、苏氏父子是文人中卓越的;白起、王翦、廉颇、李牧是武将中特异的。范仲淹胸中有数万兵甲；楚项羽江东有八千子弟。孙膑和吴起，用兵的策略实可夸耀；穰苴和尉缭，用兵的机谋真是难测。姜太公著有兵书六韬；黄石公著有兵书三略。韩信说自己将兵"多多益善"；毛遂讥刺其他人是"碌碌无奇"。大将要保卫国家，叫"干城"；武士是士兵头目，叫"武弁"。都督叫做大镇国；总兵叫做大总戎。都阃是称都司；参戎是称参将。千总为千户侯；百户叫做百夫宰。用车的辕做门叫辕门；公开宣布战功叫露布。下杀上叫弑；上伐下叫征。两军作战叫"对垒"；失败求和叫"求成"。打了胜仗回来叫"凯旋"；吃了败仗逃走叫"奔北"。替君主泄恨叫"敌忾"；为君王救难叫"勤王"。胆破心寒，比喻敌人惊慌恐惧；风声鹤唳，形容败兵胆颤心惊。汉冯异独立大树下，不去矜夸自己的功绩；汉文帝亲到细柳营，遵守军约按着辔徐行。苻坚进攻东晋，夸耀兵多，说投鞭可以断长江之流；毛遂自荐有才，比如是锥，说锥放囊中就脱颖而出。韩信降为淮阴侯，说羞与樊哙作同辈；项羽在乌江自刎，说无面见江东父老。韩信能受得了屠人胯下的侮辱；张良有向圯上老人穿鞋的谦虚。卫青少年，做过牧猪之奴；樊哙少年，曾是杀狗之辈。求才不必求全，切勿因两个鸡蛋，丢了干城的将领；用人好比用木，切勿因一寸腐朽，丢了连抱的大材。总之，君子处世身分，可大可小；英雄志向抱负，能屈能伸。自古以来，英雄不可胜计；欲明将略，就要熟读武经。

（增）书经上说，桓桓威武的将士；诗经上说，矫矫虎猛的臣子。裴果当先破敌阵，人们叫他黄骢少年；公孙瓒当左右翼，胡人称他白马长史。皇帝派遣赵充国，真得到击破羌人的良策；路人问到霍去病，速收到平定沙漠的功勋。娄师德征讨吐蕃，八战八胜；诸葛亮收服孟获，七纵七擒。卫将军六次打到沙漠，使匈奴远遁，让汉朝有了光彩；薛总管三箭平定天山，使铁勒投降，唐朝巩固了江山。韩信用木罂渡军，平定魏地，机谋不可测；田单用火牛出战，打败燕军，势焰不可当。太史慈叫猿臂英雄；班定远称虎头豪杰。敬德勇力过人，能避槊还能夺槊；张辽胆识超群，既出阵又能入阵。狄天使的仪容，可比关羽；高敖曹的勇力，可比项籍。孙权称紫须将军，振耀了吴军的雄武功烈；曹彰叫黄须骁骑，奋扬了曹家的威武名声。鸦军、雷军、雁子军，鬼神也害怕；飞将、锐将、熊虎将，草木也知名。诗经上说，圻父是王的爪牙，含意真有滋味哩；书经上说，将军是国家心膂，这话说得不错啊。

幼学故事琼林全译·卷二

祖孙父子　新增文七联

【原文】

何谓五伦？君臣、父子、兄弟、夫妇、朋友①；何谓九族？高、曾、祖、考、己身、子、孙、曾、玄②。始祖曰鼻祖；远孙曰耳孙③。父子创造，曰肯构肯堂④；父子俱贤，曰是父是子⑤。祖称王父；父曰严君⑥。父母俱存，谓之椿萱并茂⑦；子孙发达，谓之兰桂腾芳⑧。桥木高而仰，似父之道；梓木低而俯，如子之卑⑨。不痴不聋，不作阿姑阿翁⑩；得亲顺亲，方可为人为子⑪。盖父愆，名为干蛊；育义子，乃曰螟蛉⑫。生子当如孙仲谋，曹操羡孙权之语⑬；生子须如李亚子，朱温叹存勖之词⑭。菽水承欢，贫士养亲之乐⑮；义方是训，父亲教子之严⑯。绍箕裘，子承父业⑰；恢先绪，子振家声⑱。具庆下，父母俱存；重庆下，祖父俱在⑲。贻厥孙谋，乃称裕后之祖⑳；绳其祖武，是称象贤之孙㉑。称人有令子，曰麟趾呈祥；称宦有贤郎，曰凤毛济美㉒。弑父自立，隋杨广之天性何存㉓；杀子媚君，齐易牙之人心奚在㉔。分甘以娱目，王羲之弄孙自乐；问安惟点颔，郭子仪厥孙最多㉕。和丸教子，仲郢母之贤㉖；戏彩娱亲，老莱子之孝㉗。毛义捧檄，为亲之存㉘；俞伯泣杖，因母之老㉙。慈母望子，倚门倚闾㉚；游子思亲，陟岵陟屺㉛。爱无差等，曰兄子如邻子㉜；分有相同，曰吾翁即若翁㉝。长男为主器；令子可克家㉞。子光前曰充间；子过父曰跨灶㉟。宁馨英物，皆是羡人之儿㊱；国器掌珠，悉是称人之子㊲。可爱者，子孙之多，若螽斯之蛰蛰；堪羡者，后人之盛，如瓜瓞之绵绵㊲。

（增）经遗世训，韦玄成乐有贤父兄㊳；书擅时名，王羲之却是佳子弟㊵。敬则应得鸣鼓角，母觇子荣㊶；宗武更勿带罗囊，父规儿怠㊷。宋之问能分父绝，作述重光；狄兼谟绰有祖风，后先辉映㊸。焚裘服剑，罗母与陵母俱贤㊹；跃鲤杀鸡，姜生与茅生并孝㊺。灵运子孙多是凤，岂是阿私；僧虔后嗣半为龙，原非自侈㊻。马援得璘能耀武，毕竟孙贤㊼；祁奚举午不避亲，实因子肖㊽。触詟犹怜少子，请效命于君前㊾；萧俶喜见曾孙，效传呼于阶下㊿。王霸见己子不及贵客，曾露愧容㊿；张凭闻祖父说有佳儿，知如戏语㊾。李峤贻讥；甘罗堪羡㊾。公才公望，喜说云仍㊾；率祖率亲，宁云委蜕㊾。杜氏之宝田斯在；薛家之磐石犹存㊾。词辨既见渊源㊾；强项亦征风烈㊾。

注释

①五伦：伦，人伦，封建礼教中的等级关系。五伦，即君臣、父子、兄弟、夫妇、朋友的五种关系。《孟子·藤文公》："使契为司徒，教以人伦：父子有亲，君臣有义，夫妇有别，长幼有序，朋友有信。"

②九族：始见于《书·尧典》："以亲九族。"汉代儒九族有二说：一说是父族四，母族三，妻族二。一说从自己算起，上至高祖，下至玄孙。后世多从此说，即高祖、曾祖、祖父、父、自己、子、孙、曾孙、玄孙为九族。"祖，考"，原本为"考，祖"，误。

③鼻祖、耳孙：鼻祖，初祖、始祖。《汉书·扬雄传·反离骚》："有周氏之婵嫣兮，或鼻祖于汾隅。"《注》："雄自言系出周氏，而食采于扬，故云始祖于汾隅也。"耳孙，远代孙。《汉书·惠帝纪》注引应劭曰："耳孙者……言去其曾高益远，但耳闻之也。"宋刘克庄《后村集·题寄小孤山》："鼻祖耳孙同嗜好，买山世世种梅花。"

④肯构肯堂：比喻子承父业。《书·大诰》："若考作室，既底法，厥子乃弗肯堂，矧肯构。"《传》："以作室喻治政也，父已致法，子乃不肯为堂基，况肯构立屋乎？"

⑤是父是子：喻美父子。汉杨雄《法言·孝至》："石奋石建，父子之美也。无是父无是子，无是子无是父。"

⑥王父、严君：王父，祖父。《礼·曲礼》："祭王父曰皇祖考。"《疏》："王父，祖父也。"严君，对父的敬称。旧时谓父严母慈，故称父为严父或家严。父母为全家所尊，如国之君，又称严君。《晋书·潘尼传》："国事明王，家有严君。"

⑦椿萱并茂：椿萱，父母的代称。古代传说，椿树长寿，故以椿代父。萱草又

称忘忧草,古时又称宜男草,故以萱代母。唐牟融《送徐浩》:"知君此去情偏切,堂上椿萱雪满头。"故椿萱并茂,指父母俱健在。

⑧兰桂腾芳:比喻子孙发达。《晋书·谢玄传》:"譬如芝兰玉树,欲使其生于庭阶耳。"《宋史·窦仪传》:"父禹钧,以词学名,仪弟俨、侃、偁、僖均相继登科。冯道与禹钧有旧,尝赠诗:'灵椿一株老,丹佳五枝芳。'……当时号为五桂。"后遂以兰桂腾芳,祝人家族兴旺发达。

⑨桥、梓:父子的代称。《书·大传》:"伯禽与康叔朝于成王,见乎周公,三见而三笞之。二子有骇色,乃问于商子曰:'吾二子见于周公,三见而三笞之,何也?'商子曰:'南山之阳有木名桥,南山之阴有木名梓,二子盍往观焉。'于是二子如其言而往观之,见桥木高而仰,梓木低而俯。反以告商子。商子曰:'桥者,父道也;梓者,子道也。'"桥,通"乔"。

⑩不痴不聋:指故意不闻不问,装聋作哑。《宋书·庾仲文传》:"仲文尝言,不痴不聋,不为姑公。"《资治通鉴·唐纪》:代宗大历二年,郭暖与升平公主争言,有不敬之语,暖父郭子仪入朝待罪。帝曰:"鄙言有之,不痴不聋,不为家翁。儿女闺房之言,何足听也。"

⑪得亲顺亲:得到父母的欢心,顺从父母的心意。《孟子·离娄上》:"不得乎亲,不可以为人;不顺乎亲,不可以为子。"

⑫干蛊(gǔ 鼓)、螟蛉:干蛊,能矫正父母的过失。《易·蛊》:"干父之蛊,有子考无咎,厉终吉。"《注》:"干父之事,能承先轨,堪其任也。"唐包何《相里使君·第七男生日》:"他时干蛊声名著,今日悬弧宴乐酣。"螟蛉,虫名。《诗·小雅·小宛》:"螟蛉有子,蜾蠃负之。"《笺》:"蒲芦取桑虫之子,负持而去,煦妪养之,以成其子。"后人称养子为螟蛉。

⑬生子当如孙仲谋:孙仲谋即三国吴帝孙权。《三国志·吴·孙权传》注引《吴历》:"公(曹操)见舟船、器仗,军伍整肃,喟然叹曰:'生子当如孙仲谋,刘景升儿子,若豚犬耳。'"

⑭生子须如李亚子:李亚子,五代唐庄宗李存勖(xù 续)的小名。存勖为武帝李克用长子,骁勇善战,率兵攻梁,大破梁军。梁太祖朱温闻败,既惧而叹曰:"生子当如是,李氏不亡矣!"见《旧五代史·庄宗纪一》。

⑮菽水:豆和水,指粗茶淡饭。《礼记·檀弓下》:"子路曰:'伤哉!贫也!生无以为养,死无以为礼也。'孔子曰:'啜菽饮水,尽其欢,斯之谓孝。'"后常用来指晚辈对长辈的供养。唐李商隐《祭韩氏老姑丈》:"弓裘望袭,菽水承欢。"

⑯义方:行事应该遵守的规矩法度。《左传·隐公三年》:"石碏谏曰:'臣闻爱子,教之以义方,弗纳于邪。'"

⑰绍箕裘:指继承父业。《礼记·学记》:"良冶之子,必学为裘;良弓之子,必学为箕。"良冶、良弓,指冶金、造弓的能手,其子弟习见久闻,故能善继其业。《晋

书·陈寿等传》史臣曰:"宣必克传门业,方擅箕裘者哉!"

⑱恢先绪:扩大祖先之遗业。《晋书·夏侯湛传》:"湛乃作昆弟诰曰:'维我后府君侯,熙柔我家道,丕隆我先绪。'"

⑲具庆下、重庆下:具庆,共同欢庆。科举考试时,填试卷履历,如父母俱存的,填"具庆"二字。五代王定保《唐摭言》:"宝历年中,杨嗣复相公具庆下,继放两榜。"重庆,指父母、祖父母俱存。宋杨万里《诚斋集·题曾景通判寿衍堂》:"人家具庆已燕喜,人家重庆可更伟。"

⑳贻厥孙谋:先辈能使后世子孙安吉。《诗·大雅·文王有声》:"贻厥孙谋,以燕翼子。"贻,遗留;燕,安定。

㉑绳其祖武:继承祖先功业。《诗·大雅·下武》:"昭兹来许,绳其祖武。"绳,继承。

㉒麟趾、凤毛:麟趾,称颂人有贤子。《诗·周南·麟之趾》:"麟之趾,振振公子。"赞美人子繁衍,后以麟趾喻子孙贤能。凤毛,指先人遗下的风采。《南齐书·谢超宗传》:"王母殷淑仪卒,超宗作诔奏之,帝大嗟赏。曰:'超宗殊有凤毛,恐灵运复出。'"

㉓弑父自立:杨广,即隋炀帝。杨广乘其父文帝有疾,卧于仁寿殿之际,用毒药毒死文帝,自立为帝。《资治通鉴·隋纪四》:"门禁出入,并取字文述、郭衍节度;令右庶子张衡入寝殿侍疾,尽遣后宫出就别室;俄而上崩,故中外颇有异论。"《大业略纪》曰:"高祖在仁寿宫,病甚,追帝(炀帝)侍疾……帝事迫,召左仆射杨素,左庶子张衡进毒药……素即入,而高祖暴崩。"

㉔杀子媚君:春秋时,齐桓公伐中山还,叹曰:"天下异味皆尝,但未得食人肉。"易牙归,烹其子以食桓公。于是有宠于桓公。易牙,桓公嬖臣,善调味,性谄媚。易牙,一作狄牙,即雍巫。《史记·齐世家》:"管仲病,桓公问曰:'群臣谁可相者?'管仲曰:'知臣莫如君。'公曰:'易牙如何?'对曰:'杀子以适君,非人情,不可。'"

㉕分甘、点颔:分甘,分给甘美之味。《晋书·王羲之传》:"修植桑果,令盛敷荣,率诸子,抱弱孙,游观其间,有一味之甘,割而分之,以娱目前。"宋苏轼《食荔枝》:"分甘偏铃下,也到黑衣郎。"点颔,即点一点头。颔,下巴。《新唐书·郭子仪传》:"八子七婿,皆贵显朝廷,诸孙数十,不能尽识,至问安,但颔之而已。"

㉖和丸教子:即和熊胆为丸,喻母教子。唐柳公绰妻韩氏,常命苦参、黄连粉和熊胆为丸,赐诸子,每夜学习,含之以资勤苦。《新唐书·柳公绰传》:"子仲郢,字谕蒙,母韩,善训子……尝和胆丸,使夜咀咽,以助勤。"

㉗戏彩娱亲:老莱子,春秋时楚国隐士,避世乱,种田于蒙山下。相传老莱子年七十父母尚存。为求父母喜悦,常着彩衣,或取浆上堂故跌仆,因伏地故作小儿啼,或弄鸟鸟于父母侧。见《初学记·孝子传》《艺文类聚·列女传》。

㉘毛义捧檄(xí习):毛义,东汉庐江人,以孝行为人称道。府檄文至,以义为守令,义捧檄而入,喜动颜色,人皆贱之。后母死,义去官行服。公车征召,不至。人始知其先捧檄而喜是为母亲。见《后汉书·列传二十九·序》。

㉙伯俞泣杖:汉韩伯俞至孝,受母责打,感母力已衰,因而流泪。汉刘向《说苑·建本》:"伯俞有过,其母笞之,泣。其母曰:'他日笞子,未尝见泣。今泣何也。'对曰:'他日俞得罪,笞常痛,今母之力衰,不能使痛,是以泣也。'"

㉚倚门倚闾:比喻盼望子女归来的殷切心情。《战国策·齐策六》:"(王孙贾)母曰:'汝朝出而晚来,则吾倚门而望;汝暮出而不还,则吾倚闾而望。'"唐王维《送友人南归》:"悬知倚门望,遥识老莱衣。"闾,里巷的门。

㉛陟岵(zhì hù 智户)陟屺(qǐ 乞):喻游子思念父母。陟,望也。有草木之山为岵,无草木之山为屺。《诗·魏风·陟岵》:"陟彼岵兮,瞻望父兮。""陟彼屺兮,瞻望母兮。"这是说游子在外。登山而遥望其父母的处所。

㉜兄子如邻子:爱侄子如邻人之子。《孟子·滕文公上》:"孟子曰:'夫夷子,信以为人之亲其兄之子,为若亲其邻之赤子乎?'"

㉝吾翁即若翁:我的父亲就是你的父亲。若,你。《史记·项羽本纪》:"为高俎置太公其上,告汉王曰:'今不急下,吾烹太公。'……汉王曰:'吾翁即若翁,必欲烹而翁,则幸分我一杯羹。'"

㉞主器、令子:主器,太子。古代国君的长子主宗庙祭器,因称太子主器。后以称长子。《易·序卦》:"主器者,莫若长子。"令子,佳儿,对别人儿子的美称。《南史·任昉传》:"闻卿有令子,相为喜之。"子可克家,本指能治理家族的事务,后转用为能管理家业,能继承父祖事业之子,称为克家子。见《易·蒙》。

㉟充闾、跨灶:充闾,光大门户之意。《晋书·贾充传》:"贾充,字公闾……父逵,晚始生充,言后当有充闾之庆,故以为名字焉。"后用为贺人生子之词。跨灶,比喻子胜于父。因灶上有釜,父、釜音同,故子过于父曰跨灶。见三国魏王朗《杂箴》。

㊱宁馨、英物:宁馨,南朝宋时俚语,犹言如此,后用为对小儿的美称。《晋书·王衍传》:"王衍字夷甫,神情明秀,风姿祥雅……山涛目而送之:'何物老妪,生此宁馨儿。然误天下苍生者未必非此人也。'"英物,杰出人物。《晋书·桓温传》:"桓温字元子,宣城太守彝之子也。温生末期,而太原温峤见之曰:'此儿有奇骨,可试使啼。'及闻其声,曰:'真英物也。'彝以峤所赏,故遂名之曰温。"

㊲国器、掌珠:国器,指有治国才能的人。《史记·晋世家》:"楚成王曰:'晋公子贤而困于外久,从者皆国器。'"又称誉人子之词。宋胡继宗《书言故事·子孙类》:"称誉人子曰国器。"掌珠,极言珍爱。也作"掌中珠"、"掌上明珠"。用以比喻儿女或亲爱之人。南朝梁江淹《伤爱子赋》:"曾悯怜之惨悽,痛掌珠之爱子。"

㊳螽(zhōng 忠)斯蛰蛰(zhé 哲)、瓜瓞(dié 迭)绵绵:均指子孙众多。《诗·周南·螽斯》:"螽斯羽,揖揖兮。宜尔子孙蛰蛰兮。"严粲《诗辑》:"螽蝗生子最多,信宿即飞。"蛰蛰,《传》:"和集也。"揖揖,"会聚也。"瓜瓞,《诗·大雅·绵》:"绵绵瓜瓞,民之初生。"《疏》:"大者曰瓜,小者曰瓞。"绵绵,一代接一代繁盛貌。

㊴经遗世训句:汉韦贤,字长儒。其子玄成通晓经术,官至丞相。人曰:"遗子黄金满籯,不如一经。"宋文天祥《过零丁洋》:"辛苦遭逢起一经,干戈寥落四周星。"经,指儒家经典。汉代以明经射策取士。

㊵书擅时名句:王羲之书法出众,为其堂伯大将军王敦所器重。王敦对羲之曰:"汝是吾家佳子弟,当不减阮主簿。"阮主簿即阮裕,当时有盛名。见《晋书·王羲之传》《世说新语·赏誉》。佳子弟,才能出众的后辈。

㊶敬则句:鼓角,乐器,鸣之以壮声威。此指官位显赫。《南史·王敬则传》:"王敬则,临淮射阳人也,母为女巫,常谓人曰:'敬则生时胞衣紫色,应得鸣鼓角。'人笑之曰:'汝子得为人吹鼓角可矣。'"后来敬则于齐建元元年,出为都督南兖州刺史,封寻阳郡公,累官至太尉。觇,窥视。

㊷宗武句:这是规劝儿子的话。唐杜甫《又示宗武》:"觅句新知律,摊书解满床,试吟青玉案,莫羡紫罗囊。"《晋书·谢安传》附《谢玄传》:玄字幼度,少颖悟为谢安器重。玄好带紫罗囊,安患之,不思伤其意,因戏为赌,得囊而焚之。杜甫用谢玄比宗武,对宗武进行教诲。

㊸作述重光、后先辉映:作述重光,指父子俱贤。《礼记·乐记》:"父之作,子述之。"后因称父子为作述。《新旧唐书·宋之问传》:宋之问父令文,富文辞、工书法、有勇力,时人称为三绝。后宋之问以文章名世,其弟之悌以骁勇闻名,之逊精于草书,时人谓三兄弟各得其父之一绝。后先辉映,对前辈与后辈的赞语。唐狄仁杰之族孙狄兼谟,迁御史中丞,刚正有祖风。《新唐书·狄兼谟传》:"文宗曰:'卿梁公后,当嗣家声,不可不慎。'兼谟顿首谢。"

㊹焚裘服剑句:晋罗企生,字宗伯,豫章人。殷仲堪镇江陵,任企生为功曹,桓玄攻殷仲堪,殷败而企生被杀。桓玄早先曾以羔裘赠送罗母,企生的死讯至,罗母遂焚裘。见《晋书·良吏·罗企生传》。西汉王陵,沛人,曾聚党徒数千人,后率领归属汉王,项羽取陵母于军中,欲以此招王陵。陵母私下送使者曰:"愿为老妾语陵:'善事汉王,汉王长者,勿以老妾故持二心。'"遂伏剑而死。见《汉书·王陵传》。

㊺跃鲤杀鸡句:东汉广汉人姜诗,与其妻奉母至孝。母爱喝江水,江水离家六七里,其妻溯流取水。后屋侧涌出泉水,味如江水,每日跳出一双鲤鱼。见《后汉书·列女传·姜诗妻》。东汉陈留人茅容,年四十余,未入学。一日郭泰在其家留宿,茅容杀鸡作食。郭泰以为给己设,后茅容用以供母,自己以草蔬与客人共食。郭泰以容贤,因劝其入学,后学业大成。见《后汉书·郭泰传附茅容》。"茅

生”原本为“芳生”，误，据《后汉书》改。

㊻灵运两句：南朝宋谢灵运，为谢玄之孙，袭封康乐公，博览群书，工书画。后因不得意，便寄情山水，肆意遨游，各处题咏。见《宋书·谢灵运传》。宋苏轼《答马忠王》：“灵运子孙多是凤，荀家兄弟孰非龙。”赞美谢灵运的子孙俱有才名。阿私，即偏私。僧虔，王僧虔，在南朝齐为侍中、开府仪同三司，其诫子书：“王家门中优者则龙、凤，劣者犹虎、豹，失荫之后，岂龙虎之议。况吾不能为汝荫政，应各自努力耳！”见《南齐书·王僧虔传》。

㊼马援句：东汉名将马援，即伏波将军。唐马璘，扶风人，少孤，流荡无业。尝读《马援传》至“丈夫当死边野，以马革裹尸归”，慨然曰：“使吾祖勋业坠地乎？”后以战功官至检校尚书左仆射，封扶风郡王。见《旧唐书·马璘传》。

㊽祁奚句：祁奚，春秋时晋国大夫，晋成公时为中军尉。襄公三年，祁奚告老，晋侯问谁继承，祁奚先举其仇人解狐，将立解狐而解狐死。晋侯又问，祁奚又举其子祁午，立午为中军尉。时有外举不避仇，内举不避亲之称。见《左传·襄公三年》。

㊾触詟（zhé 折）句：战国赵左师触詟见赵太后，为其少子请官职。《战国策·赵策》：“师公曰：‘老臣贱息舒祺，最少，不肖，而臣衰，窃爱怜之，愿令得补黑衣之数，以卫王宫。昧死以闻。’……太后曰：‘大夫亦爱怜其少子乎？’对曰：‘甚于妇人。’”

㊿萧倣句：唐僖宗时宰相萧倣，其曾孙萧愿入后周官至吏部尚书。先是萧倣入相，接应宾客时，萧愿于阶下为儿童之戏，效传呼之声。倣谓客曰：“余岂敢以得位而喜，所幸奕世寿考，吾今又有曾孙在目前矣。”见《旧五代史·萧愿传》。“萧倣”，原本为“萧儆”，误，据《唐书》改。

(51)王霸句：东汉王霸少立高节，与令狐子伯为友。后子伯为楚相，使其子奉书于霸。其时王霸之子方耕作于田，投耒而归见令狐之子，沮丧不能仰视。霸见之有愧容。客去后，霸久卧不起。王霸妻曰：“君少修清节，不顾荣禄，今子伯之贵，孰与君之高？奈何忘宿志而惭儿女子乎？”见《后汉书·列女·王霸妻》。

(52)张凭句：晋张苍梧是张凭之祖，尝语凭父曰：“我不如汝。”凭父未解其意。苍梧曰：“汝有佳儿。”张凭时年数岁，敛手曰：“阿翁讵宜以子戏父。”见《世说新语·排调》。

(53)李峤贻讥、甘罗堪羡：李峤贻讥，指唐李峤与苏瓌均为武则天时大臣。两人之子俱于儿时入见皇帝，上命诵书。苏子曰：“木从绳则正，后从谏则圣。”峤子曰：“斮朝涉之胫，剖贤人之心。”上曰：“苏瓌有子，李峤无儿。”见唐李濬撰《松窗杂录》。甘罗堪羡，指秦甘罗年十二事秦相文信侯吕不韦。秦欲派张唐往燕，说燕攻赵。张唐不肯行，吕不韦遂荐甘罗。《史记·甘茂传》：“文信侯乃入言于始皇曰：‘营甘茂之孙甘罗，年少耳，然名家之子孙，诸侯皆闻之。今者张唐称疾不肯行,甘罗说而行之。'"见《史记·甘罗传》。

㊾公才公望句:喻儿孙得祖风。梁王暕,字思晦,临沂人。其父俭,为齐太尉。暕数岁而风神爽拔,有成人之度。其父作宰相,宾客盈门。客人见暕相貌曰:"公才公望,复在此矣。"见《梁书·王暕传》。云仍,远孙。《尔雅·释亲》:"晜孙之子为仍孙;仍孙之子为云孙。"

㊺率祖率亲句:恩义有亲有重。《礼记·大传》:"自仁率亲,等而上之,至于祖,名曰轻;自义率祖,顺而下之,至于祢,名曰重。一轻一重,其义然也。"率,循。意思是:用恩则父母重,祖轻;用义则祖重,父母轻。委蜕,虫类蛹化所蜕的外皮。《庄子·知北游》:"子孙非汝有,是天地之委蜕也。"言自然遗留,与己无涉。父死入庙称祢。

㊻杜氏之宝田、薛家之磐石:杜氏之宝田,宋四川杜孟,游太学,时值蔡京专权,孟遂思归曰:"忠孝吾家之宝,经史吾家之田。"时人称为宝田杜氏。见宋谢维新《合璧事类》。薛家之磐石,唐薛元超,高宗时为给事中,后为中书舍人、弘文馆学士。省中有磐石,其祖薛道衡为侍郎时,常据在此磐石上草制。元超每见其磐石,思念其祖,皆泫然流泪。见《新唐书·薛收传》。

㊼词辨句:唐员半千之孙员俶。唐玄宗开元时,员俶九岁入禁中,词辨流畅,谈者皆屈服其才。帝奇异曰:"半千孙固然。"见明张鼎思撰《琅玡代醉编二十》。

㊽强项句:强项,秉性刚直,不能低人下首。《后汉书·杨震传》:"帝不悦,曰:'卿,强项,真杨震子孙。'"

【今译】

什么叫五伦?君臣、父子、兄弟、夫妇、朋友;什么叫九族?高祖、曾祖、祖父、父亲、自己、儿子、孙子、曾孙、玄孙。始祖叫鼻祖;远孙叫耳孙。父子创造有成,叫"肯构肯堂";父子都有贤能,叫"是父是子"。祖父叫王父;父亲叫严君。父母好比椿萱,父母都在叫"椿萱并茂";子孙就像兰桂,子孙发达叫"兰桂腾芳"。桥木又高又向上,好像父亲的道理;梓木又矮又向下,好像儿子的卑屈。不装聋作哑,不能做公做婆;要得亲顺亲,才能做人做子。斡旋父亲的过失,叫"干蛊";自己养育的义子,叫"螟蛉"。生子当如孙仲谋,是曹操羡慕孙权的话;生子当如李亚子,是朱温叹服李存勖的话。用菽水来养亲,是穷士的快乐;用义方来教子,是父亲的严格。续做箕裘,是说儿子继承父业;扩大先业,是说儿子振扬家声。具庆下,是说明父母亲都在;重庆下,是说祖父母都在。留给后人有良法,这是垂裕后人的先辈;紧跟祖上的步伐,这是肖像贤人的子孙。称赞人养了好儿子,叫"麟趾呈祥";称当官的有好儿子,叫"凤毛济美"。隋杨广杀他的父亲自己当皇帝,还存什么天理?齐易牙杀他的儿子给齐桓公吃,哪里还有人心。每有甘味,必分一半,这是王羲之弄孙自乐;每来问安,只点下头,这是郭子仪子孙太多。和熊胆做丸,让儿子夜嚼助学,仲郢有这样的贤母;常穿五彩衣,是要使双亲高兴,老莱子真算是孝顺。毛义捧着公文高兴,因为母亲还在;伯俞挨打忽然流泪,感到母亲衰老。慈母望子归来,或是倚门或是倚闾;游子思念亲人,登山望父登山望母。对人家儿子,如同自己侄儿,这是爱情没有轻重;说我的父亲,就是你的父亲,这是名分没有两样。长子叫做主器;好儿可以兴家。儿子能光大门庭,叫做"充闾";儿子能超过父亲,叫做"跨灶"。宁馨、英物,是羡慕人家的儿子;国器、掌珠,是称赞人家的儿子。值得喜爱,是子孙很多,如像螽斯的蛰蛰;值得羡慕,是后人繁盛,如像瓜瓞的绵绵。

(增)传授经书,韦玄成高兴有贤父兄;擅长书法,王羲之不愧是好子弟。王敬则的母亲说他应得鸣鼓角,是预知儿子当有富贵;杜宗武的父亲要他带紫罗囊,是叮咛儿子切勿懒惰。宋之问得父亲一绝,真是"作述重光";狄兼谟刚正有祖风,却是"后先辉映"。企生的母烧了羔裘,王陵的母伏剑而死,都是贤母;姜诗舍旁跃出双鲤,茅生给母杀鸡作食,都是孝子。灵运子孙多是凤,苏轼这句话没有偏私;王氏后代半为龙,僧虔这句话不是自吹。马援的后代马璘扬威耀武,毕竟是子孙贤;祁奚将儿子举荐为继承人,只因为儿子好。触詟爱怜小儿,替他在太后前要官;萧俛最爱曾孙,喜他在阶下效传呼。王霸见儿子不如客人,露出愧容;张凭听祖父说有佳儿,知为戏语。李峤的儿子,被唐帝讥笑;甘茂的孙子,吕不韦称赞。"公才公望",是说子孙继承了祖风;"率祖率亲",那能说是天地的委蜕。杜孟的宝田在哪里?薛家的磐石还存在。员俶的词辨,有其祖的渊源;杨奇的刚直,有其祖的风烈。

兄 弟　新增文十一联

【原文】

天下无不是底父母；世间最难得者兄弟①。须联同气之欢；毋伤一本之谊②。玉昆金友,羡兄弟之俱贤③；伯埙仲篪,谓声气之相应④。兄弟既翕,谓之花萼相辉⑤；兄弟联芳,谓之棠棣竞秀⑥。患难相顾,似鹡鸰之在原⑦；手足分离,如雁行之折翼⑧。元方季方俱盛德,祖太邱称为难弟难兄⑨；宋郊宋祁俱中元,当时人号为大宋小宋⑩。荀氏兄弟,得八龙之佳誉⑪；河东伯仲,有三凤之美名⑫。东征破斧,周公大义灭亲⑬；遇贼争死,赵孝以身代弟⑭。煮豆燃萁,谓其相害⑮；斗粟尺布,讥其不容⑯。兄弟阋墙,即兄弟之斗狠⑰；天生羽翼,谓兄弟之相亲⑱。姜家大被以同眠⑲；宋君灼艾以分痛⑳。田氏分财,忽瘁庭前之荆树㉑；夷齐守义,共采首阳之蕨薇㉒。虽曰安宁之日,不如友生㉓；其实凡今之人,莫如兄弟。

（增）诗歌绰绰；圣训怡怡㉔。羯末封胡,俱称彦秀㉕；醍酥酪乳,并属珍奇㉖。陆机陆云,名共喧于洛邑㉗；季心季布,气并盖于关中㉘。刘孝标之绶方青㉙；马季常之眉本白㉚。文采则眉山轼辙㉛；才名则秦氏昕通㉜。欲成弟名,虽择肥美而何咎㉝；中分财产,宁取荒顿以为安㉞。一家之桐木称荣㉟；千里之龙驹谁匹㊱。上留田不及廉让江㊲；闭户挝何如唾面受㊳。推田相让,知延寿之化行㊴；洒泪息争,感苏琼之言厚㊵。三孔既推鼎立㊶；五张亦号明经㊷。爱敬宜法温公㊸；恭让当师延寿㊹。

注释

①最难得者兄弟:北朝齐苏琼为清河太守。有百姓乙普明兄弟争田,积年不断,各相据援,乃至百人。琼召普明兄弟,并对众人曰:"天下难得者兄弟,易求者田地,假令得地失兄弟心,如何?"因而下泪。众人莫不下泪。普明兄弟叩头而去,分居十年,遂还同住。见《北齐书·循吏传》。

②同气、一本:同气,有血缘关系的亲属。《后汉书·东平宪王苍传》:"况臣居宰相之位、同气之亲哉。"后多指同胞兄弟。一本,同一根源。《孟子·滕文公》:"且天之生物也,使之一本。"

③玉昆金友：称人兄弟之词。《南史·王铨传》："铨字公衡，美风仪，善占吐，尚武帝女永嘉公主，拜驸马都尉。虽学业不及弟锡，而孝行齐焉，时人以为铨锡二王为玉昆金友。"

④伯埙(xūn勋)仲篪(chí池)：埙篪，古时两种乐器。埙为陶制；篪为竹制。《诗·小雅·何人斯》："伯氏吹埙，仲氏吹篪。"埙篪能相和，后世用来比喻兄弟和睦。

⑤花萼相辉：比喻兄弟相亲。唐李白《赠从弟冽》："逢君发花萼，若与青云齐。"唐玄宗与兄弟极友爱，即位后在兴庆宫之西南建楼，其西楼题为"花萼相辉之楼"，常与诸王集宴娱乐于此。见《新唐书·让皇帝传》及唐李德裕次柳氏旧闻。翕(xī悉)：和顺。

⑥棠棣竞秀：比喻兄弟都贤。棠棣，木名，即今郁李。《诗·小雅·棠棣》："棠棣之华，鄂不韡韡，凡今之人，莫如兄弟。"因此，用棠棣比兄的情谊。

⑦鹡鸰(jí líng集铃)之在原：喻兄弟之间救急难。《诗·小雅·棠棣》："鹡鸰在原，兄弟急难，每有良朋，况也永叹。"

⑧雁行折翼：喻手足分离。雁行，指兄弟。《礼记·王制》："父之齿，随行；兄之齿，雁行；朋友不相逾。"意为兄弟出行，弟在兄后。

⑨难弟难兄：兄弟二人才德相当，难分高下。《世说新语·德行》："陈元方子长文，有英才，与季方子孝先，各论其父功德，争之不能决，咨于其祖太丘，太丘曰：'元方难为兄，季方难为弟。'"今已转为贬义，指差不多的货色。

⑩大宋小宋：北宋宋郊、宋祁兄弟。宋郊字公序，后改名庠。其弟祁，字子京。《宋史·宋庠传》："与兄同举进士，礼部奏祁第一，庠第三。章献太后不欲以弟先兄，乃擢庠第一，而置祁第十。人呼二宋，以大小别之。"

⑪八龙：东汉荀淑，字季和。桓帝时，补郎陵侯相。莅事明理，称为神君。有子八人：俭、绲、靖、焘、汪、爽、肃、敷，并有才名，时人称为荀氏八龙。见《后汉书·荀淑传》。

⑫三凤：唐薛收，字伯褒。唐初授陕东大行台金部郎中，后封汾阳县男。与从弟元敬、族弟德音齐名，世称河东三凤。收为长雏，德音为鸑鷟，元敬最少为鹓鶵。见《新唐书·薛收传》。

⑬周公大义灭亲：武王克商之后，使弟管叔鲜、蔡叔度，监纣之子武庚封国。二叔同武庚叛，周公东征三年，始擒二叔诛之。见《史记·周本纪》。《诗·豳风·破斧》："既破我斧，又缺我斨。周公东征，四国是皇。"即咏此事。

⑭赵孝以身代弟：东汉赵孝字长平，沛国人。王莽之世，天下大乱，人相食。其弟赵礼被饿贼所俘，孝闻之，即自缚往见曰：礼久饿羸瘦，不如孝肥饱，愿代弟命。贼惊异，并放还。明帝闻其行，拜谏议大夫，礼为御史中丞。见《后汉书·赵孝传》。

⑮煮豆燃萁:煮豆时用茎为燃料,比喻骨肉相残。《世说新语·文学》:"文帝尝令东阿王七步中作诗,不成者行大法。应声便为诗曰:'煮豆持作羹,漉菽以为汁,其在釜下燃,豆在釜中泣,本是同根生,相煎何太急。'帝深有惭色。"文帝,曹丕;东阿王,曹植。

⑯斗粟尺布:讥讽兄弟不相容。汉文帝时,其弟淮南王刘长谋反,事败后被废黜,徙居蜀郡严道,途中饿死。于是民间有尺布斗粟之歌,讥讽此事:"一尺布尚可缝,一斗粟尚可舂,兄弟二人不能相容。"见《史记·淮南衡山列传》。

⑰阋(xì细)墙:兄弟不和。《诗·小雅·棠棣》:"兄弟阋于墙,外御其侮。"兄弟虽内阋而外御侮也。后因称兄弟不和为阋墙。

⑱天生羽翼:比喻兄弟相助如天生的羽翼。《新唐书·睿宗诸子传》:"帝尝以书赐宪等曰:'……朕每言服药而求羽翼,如兄弟天生之羽翼乎?'"

⑲大被同眠:东汉姜肱与二弟友爱,共被而卧。《后汉书·姜肱传》:"姜肱,字伯淮,彭城广戚人也。家世名族,肱与二弟仲海、季江,俱以孝行著闻,其友爱天至,常共卧起。及各娶妻,兄弟相恋,不能别寝。"《注》:"兄弟同被而寝,不入房室。"后喻兄弟友爱。

⑳灼艾分痛:喻兄弟友爱。《宋史·太祖纪》:"太宗尝病亟,帝往视之,亲为灼艾。太宗觉痛,帝亦取艾自灸。"帝,即太祖赵匡胤;太宗,即赵光义。

㉑田氏分财句:京兆田真、田广、田庆三兄弟共议分产,资财皆平均。惟庭前有一紫荆树,欲砍成三片,尚未砍,树即枯死。三兄弟大惊,自谓人不如树,遂不分树,树应声而复活,枝繁叶茂。见旧题南朝梁东阳无疑《齐谐记》。唐许浑《题崔处士山居诗》:"荆树有花兄弟乐,桔株无实子孙忙。"

㉒夷齐守义句:商朝伯夷、叔齐兄弟二人,本孤竹君儿子。兄弟二人相互让位而逃到周国,闻武王伐纣,二人叩马谏阻。武王灭商之后,耻食周粟,隐于首阳山,采薇而食,后饿死。见《史记·伯夷传》。封建时代把他们当作守义典型。

㉓不如友生:不如朋友相亲。《诗·小雅·棠棣》:"丧乱既平,既安且宁,虽有兄弟,不如友生。"清姚际恒《诗经通论》:"此章言丧乱既平而且安宁矣,乃虽有兄弟反不如友生,盖此时兄弟已亡,所以周旋者唯友生而已。"

㉔诗歌绰绰两句:绰绰,宽裕。《诗·小雅·角弓》:"此令兄弟,绰绰有裕。"《孟子·公孙丑下》:"岂不绰绰然有余裕哉!"怡怡,和顺。《论语·子路》:"朋友切切偲偲,兄弟怡怡。"后用以指兄弟情谊。

㉕羯末封胡:称赞兄弟子侄之词。晋王凝之妻谢道韫轻视其夫,尝曰:"一门叔父,则有阿大(谢尚)、中郎(谢据);群从兄弟,则有封胡羯(一作遏)末;不意天壤之中乃有王郎。"见《世说新语·贤媛》及《晋书·王凝之妻谢氏传》。封、胡、羯、末为谢韶、谢朗、谢玄、谢渊四人的小字。宋陆游诗:"封胡羯末皆佳甚,剩喜团乐一笑新。"

㉖醍酥酪乳：乳中精品，均是美味，这里喻人品的精粹。《新唐书·穆宁传》："穆宁有四子，兄弟皆和粹。世以珍味目之：'赞，少俗，然有格，为酪；质，美而多入，为酥；员为醍醐；赏为乳腐。'"穆宁四子，即赞、质、员、赏四人。

㉗陆机陆云：两兄弟之名。陆机，西晋吴郡人，字士衡，祖父逊，父抗，为吴郡太守。吴灭，闭门读书十年。太康末年与弟云（字士龙）入洛阳，以文才名重一时。陆机诗文辞藻宏丽，讲求排偶，开六国文风之先。见《晋书·陆机传》。

㉘季心季布：两弟名。季布，楚人，为项羽将，多次困窘刘邦，项羽败亡，刘邦以千金悬赏捕布。后灌婴说服刘邦，召为郎中。布以任侠著名，重允诺，楚人有"得黄金百斤，不如得季布一诺"之谚语。季心，乃季布之弟，任侠而待人恭谨，以勇闻名，气盖关中。见《汉书·季布传》。

㉙刘孝标：南朝梁刘峻，字孝标，幼孤，好学安贫。梁武帝尝召见，刘对答不合意，不见用，乃著《辨命论》寄怀。死后，门人私谥曰玄靖先生。他在家园与兄弟作别时，曾有一首诗："四鸟怨离群，三荆悦同处，如今腰艾绶，东南各殊举。"绶，丝带；艾，青色。《梁书》《南史》有传。

㉚马季常：东汉马良，字季常，襄阳宜城人，兄弟五人并有才名。良眉毛中有白毛，乡里有谚云："马氏五常，白眉最良。"刘备为荆州牧，辟为从事，在蜀国，官至侍中。马稷，字幼常，即良之弟，随先主入蜀，为成都令、越嶲太守，才器过人。见《三国志·蜀志·马良传》。

㉛眉山轼辙：宋苏洵，眉州眉山（今四川眉山）人。有二子。轼，字子瞻；辙，字子由。父子三人均以文才著名。苏轼，自号东坡居士，后人又称苏东坡。苏轼文章纵横奔放，诗飘逸不群，词开豪放一派，书画亦有名。父子三人《宋史》有传。

㉜秦氏昈通：唐秦景通，晋陵人，与弟昈通，俱有名，皆精汉书，号为大秦君、小秦君。当时治汉书非其授者，以为无法。景通官至太子洗马兼崇贤馆学士。《新唐书·敬播传》后附有秦氏兄弟二人事略。

㉝欲成弟名句：东汉阳羡许武，太守第伦举武为孝廉，武以晏普二弟未显，欲使成名，乃分家产为三，自取肥田广宅，二弟所得悉劣。于是人以武为贪，二弟克让，后晏等得以选举，武乃会宗亲，流泪叙述分财之用心，并将财产全归二弟。见《后汉书·循吏·许荆传》。

㉞中分财产句：东汉汝南薛包，好学笃行，以孝闻名。与诸弟分产，分奴婢，包要老病者，曰："与我共事久，若不能使也。"分田庐，取荒顿者，曰："吾少时所治，意所恋也。"分器物取朽败者，曰："吾服食久，身口所安也。"弟以后数破产，包复分给。见北朝齐颜之推《颜氏家训》、宋朱子撰《小学·明伦》。

㉟桐木称荣：宋韩绛，字华，兄弟八人皆显贵。绛于宋哲宗时任镇江军节度使，开府仪同三司，封康国公。其所居府第中有梧桐，时京师中人称为桐木韩家。《宋史》有传。又见宋谢维新《合璧事类》。

㊱龙驹谁匹:《北史·卢昌衡传》:"昌衡,字子均,小字龙子,沉静有才识,风神淡雅,容止可法,博涉经史又工草、行书。从弟思道,小字释奴,宗中称英妙。昌与之俱被推重。故幽州语曰:'卢家千里,释奴龙子。'"以龙驹喻人才,史书多有,如晋吴闵鸿见陆云:"此儿若非龙驹,当是凤雏。"等等。

㊲上留田句:上留田,古乐府名。晋崔豹《古今注·音乐》:"上留田,地名也。其地人有父母死,不育其孤弟者,邻人为其弟作悲歌,以讽其兄,故曰《上留田》。"言其不恤兄弟也。廉让,水名,出四川平武县南。参见《地舆》"武乡文里"注。又《交州记》载,李祖仁兄弟十人,皆慈孝廉让,因此名其乡为廉让。

㊳闭户挝(zhuā抓)句:东汉召陵缪肜,兄弟四人皆同财产,兄弟娶妻之后,要求分家,肜闭户自挝,曰:"缪肜,汝修身谨行,学圣人之法,将以整齐风俗,奈何不能正其家乎?"弟及诸妇闻之,皆叩头谢罪,自此和睦相处。见《后汉书·缪肜传》。唾面受,忍辱不与人较。《新唐书·娄师德传》:"(娄师德)其弟守代州,辞之官,教之耐事。师德曰:'尔我荣宠过甚,人所忌也,何以自免?'弟曰:'人有唾面,洁之而已。'师德曰:'未也,洁之,是违其怒,正使自干耳。'"唾,口涎。

㊴推田相让:汉韩延寿,字长公,燕人。为汉左冯翊,行县至高陵,民有昆弟相与讼田。延寿感伤曰:"为郡表率,不能宣明教化,至今民有骨肉争讼。"遂闭门思过。于是争讼者互相自责,愿以田相合,再不争讼。见《汉书·韩延寿传》。

㊵洒泪息争:见前"最难得者兄弟"注。

㊶三孔:宋孔文仲,字经父;其弟武仲,字常父;平仲,字义甫。兄弟俱以才名播天下,时人称为三孔。宋黄鲁直有诗云:"二苏上连璧,三孔分鼎立。"三孔《宋书》皆有传。

㊷五张:唐张知謇,方城人。其弟知元、知晦、知泰、知默,兄弟五人皆以明经高第,晓吏治,清介有守。见《新唐书·张知謇传》。

㊸温公:宋司马光,字君实,后封温国公,故称司马温公。司马温公与其兄友爱甚笃。兄年八十,温公奉之如严父,保之如婴儿。见《宋书·司马光传》。

㊹延寿:北朝魏杨椿,字延寿;兄杨播,字延庆;弟杨津,字罗汉。三人友爱恭让,互相侍奉如父子。《北史·杨椿传》:"吾兄弟若在家,必同盘而食,若有近行不至,必待其还。亦有过中不食,忍饥相待……又愿毕吾兄弟不异居异财。"

【今译】

天下无不是的父母;世间最难得者兄弟。兄弟同气,需要和乐;兄弟同本,不要伤害。"玉昆金友",是羡慕兄弟都有孝行;"伯埙仲篪",是比喻兄弟和顺融洽。兄弟互相友爱,叫做"花萼相辉";兄弟彼此都贤,叫做"棠棣竞秀"。患难相顾,好比鹡鸰来到平地;兄弟分离,犹如雁行断了翅膀。元方季方都有盛德,父亲说他们是难兄难弟;宋郊宋祁都中状元,当时人叫他们大宋小宋。荀氏兄弟八人有才名,人称为荀氏八龙;薛氏兄弟三人有名声,人称为河东三凤。周公东征杀管叔蔡叔,是大义灭亲;赵孝自己缚住去见贼,愿以身代弟。"煮豆燃萁",是说兄弟相残害;"斗粟尺布",讥讽兄弟不相容。兄弟阋墙,是说兄弟在墙内狠斗;天生羽翼,是比喻兄弟亲爱帮助。姜肱用大被和兄弟同眠;宋太祖灼艾分兄弟的痛。田家分财产,庭前荆树忽然枯萎;夷齐不事周,两人在首阳山采薇。一旦安宁到来,兄弟虽然不如朋友;其实关系亲密,朋友还是不如兄弟。

(增)诗人歌颂宽裕;圣人训示和顺。羯末封胡,称谢氏兄弟都贤;醍酥酪乳,赞穆家兄弟和粹。陆机陆云,才名震动洛阳;季心季布,侠气传遍关中。刘孝标的绶带是青色;马季良的眉毛是白色。讲文采,要算眉山苏轼苏辙;谈才名,要算秦氏景通昉通。许武要兄弟成名,就不顾别人讥刺,自选肥田广宅;薛包与兄弟分产,就宁愿自己吃亏,只要老弱腐败。一家桐木,韩氏府第的荣称;千里龙驹,卢家兄弟谁能比。兄弟不和的上留田,不如兄弟推让的廉让江;自愧自责的闭户挝,怎比受辱不怒的唾面干。兄弟让田,是韩延寿的德行感化;洒泪息争,是齐苏琼的教导感人。孔文仲三兄弟,如像鼎立;张知謇五兄弟,都称明经。对兄敬爱要效法司马光;对弟恭让应学习杨延寿。

夫　妇　新增文八联

【原文】

　　孤阴则不生,独阳则不长,故天地配以阴阳;男以女为室,女以男为家,故人生偶以夫妇。阴阳和,而后雨泽降;夫妇和,而后家道成①。夫谓妻曰拙荆,又曰内子②;妻称夫曰藁砧,又曰良人③。贺人娶妻,曰荣偕伉俪④;留物与妻,曰归遗细君⑤。受室即是娶妻;纳宠谓人娶妾⑥。正妻谓之嫡;众妾谓之庶⑦。称人妻曰尊夫人;称人妾曰如夫人⑧。结发,系是初婚;续弦,乃是再娶⑨。妇人重婚,曰再醮;男子无偶,曰鳏居⑩。如鼓瑟琴,夫妇好合之谓;琴瑟不调,夫妇反目之词⑪。牝鸡司晨,比妇人之主事⑫;河东狮吼,讥男子之畏妻⑬。杀妻求将,吴起何其忍心⑭;蒸藜出妻,曾子善全孝道⑮。张敞为妻画眉,媚态可哂⑯;董氏对夫封发,贞节堪夸⑰。冀郄缺夫妇,相敬如宾⑱;陈仲子夫妇,灌园食力⑲。不弃糟糠,宋弘回光武之语⑳;举案齐眉,梁鸿配孟光之贤㉑。苏蕙织回文,乐昌分破镜,是夫妇之生离㉒;张瞻炊臼梦,庄子鼓盆歌,是夫妇之死别㉓。鲍宣之妻,提瓮出汲,雅德顺从之道㉔;齐御之妻,窥御激夫,可称内助之贤㉕。可怪者,买臣之妻,因贫求去,不思覆水难收㉖;可丑者,相如之妻,贪夜私奔,但识丝桐有意㉗。要知身修而后家齐,夫义自然妇顺。

　　(增)诗称偕老;易著家人㉘。或穿塘以窥宾㉙;或断机以勖学㉚。贾大夫之射雉,未足欢娱㉛;百里奚之烹雌,何嫌寂寞㉜?仍求故剑,宣帝不忘许后于多年㉝;忽著新衣,桓冲顿化成心于一旦㉞。吴隐之得淑女,奚惜负薪㉟;司马懿有贤妻,何辞执爨㊱?募死士以拒敌,谁同杨氏之坚持㊲;提数骑以拔围,孰比邵姬之勇往㊳?李益设防妻之计,常撒冷灰㊴;志坚摛送妇之词,任撩新发㊵。苟内则之无忝,自中馈之称能㊶。

注释

　　①孤阴则不生四句:古人以阴阳二气解释万物的化生,凡天地、日月、男女、君臣以至人身的脏腑、血气,无不分属阴阳。《易·系辞上》:"阴阳不测之谓神。"

《疏》:"天下万物,皆由阴阳或生或成,本由其所成之理,不可测量之谓神也。"又宋周敦颐《太极图说》:"乾道成男,坤道成女,二气交感,化生万物,万物生生而变化无穷焉。"所以阴阳二气相合,才能风雨调顺;夫妇相合才能家道兴旺。《汉书·董仲舒传》:"是以阴阳调而风雨时,群生和而万民殖。"

②拙荆、内子:旧时对人谦称自己的妻子,有拙荆、拙妻、山妻、荆妻、愚妻、内子、内人等多种称法。李白《题嵩山逸人元丹丘山居》:"拙妻好乘鸾,娇女爱飞鹤。"内子在春秋时本指卿大夫的嫡妻,内人则指妻妾。《左传·僖公二四年》:"(赵盾)以叔隗为内子。"《注》:"卿之嫡妻为内子。"《礼·檀弓下》:"内人皆行哭失声。"《注》:"内人,妻妾。"后来转为对人称己妻为内子、内人。唐白居易有《赠内子》诗。

③藁砧(gǎo zhēn 稿真)、良人:藁,也作稾,均称丈夫。《古乐府》:"藁砧今何在,山上复有山。"宋胡继宗《书言故事夫妇》:"夫曰藁砧。"唐李白《代美人愁镜》:"藁砧一别若箭弦,去有日来无年。"良人,《诗·唐风·绸缪》:"今夕何夕,见此良人。"

④伉俪:配偶,妻子。《左传·昭公二年》:"公如晋,及河,晋侯使士文伯来辞曰:'非伉俪也,请君无辱。'"《疏》:"言少姜是妾,非敌身对耦之人也。"古时伉俪,多指嫡妻,后用作夫妇的通称。

⑤细君:古时诸侯的妻称小君,也称细君。后为妻的通称。《汉书·东方朔传》:"归遗细君,又何仁也。"《注》:"细君,朔妻之名也。一说:细,小也,朔自比于诸侯,谓其妻曰小君。"后特指妾。

⑥受室、纳宠:受室,娶妻。《左传·桓公六年》:"今以君命奔齐之急,而受室以归,是以师昏也。"纳宠,即纳妾、娶妾。《左传·僖公十七年》:"齐侯好内(同纳),多内宠。"宠,爱也。

⑦嫡、庶:嫡,旧时称正妻叫嫡妻,与庶相对。《诗·召南·江有汜序》:"勤而无怨,嫡能悔过也。"唐陆德明《经典释文》:"嫡,正夫人也。"庶,与嫡相对而言的旁支。正妻之子称妾为庶母。

⑧如夫人:多用于称他人的妾。《左传·僖公十七年》:"齐侯好内,多内宠,内嬖如夫人者六人。"

⑨结发、续弦:结发,古时成婚之夕,男左女右,共髻束发。魏曹植《种葛篇》:"与君初婚时,结发恩义深。"唐白居易《太行路》:"与君结发未五载,忽从牛女为参商。"续弦,古以琴瑟比喻夫妻,妻死叫断弦。故称再娶叫续弦。明沈鲸《双珠记》:"我新丧偶,尚未续弦。"

⑩再醮、鳏居:再醮,再嫁。古时本为男女的通称。《北齐书·羊烈传》:"一门女不再醮。"宋楼钥《骆观国墓志铭》:"鳏居二十余年,不复再醮。"元、明以后专指女人夫死再嫁。鳏居,无妻曰鳏。《书·尧典》"有鳏在下,曰虞舜。"东汉刘熙

《释名·释亲属》:"无妻曰鳏。"

⑪如鼓瑟琴两句:琴瑟,乐器名。琴瑟同时弹奏,其音和谐,故比喻夫妻。夫妇和好,如琴瑟协调;夫妻不和,如琴瑟不协调。《诗·周南·关雎》:"窈窕淑女,琴瑟友之……窈窕淑女,钟鼓乐之。"反目,夫妻不和曰反目。《易·小畜》:"夫妻反目。"《疏》:"夫妻乖戾,故反目相视。"

⑫牝(pìn 聘)鸡司晨:母鸡报晓。旧时称妇女掌权为牝鸡司晨。《书·牧誓》:"牝鸡无晨,牝鸡之晨,唯家之索。"《新唐书·长孙皇后传》:"后与帝言,或及天下事,辞曰:'牝鸡司晨,家之穷也,可乎?'"

⑬河东狮吼:旧时称悍妇发怒。宋陈慥,字季常,妻柳氏,悍妒。苏轼曾作诗戏慥:"忽闻河东狮子吼,柱杖落手心茫然。"河东为柳姓郡望,狮子吼,佛家以喻威严。陈慥好佛,故苏轼借佛家语戏之。见宋洪迈《容斋随笔》。

⑭杀妻求将:喻不择残忍手段,以追求功名利禄。《史记·吴起列传》:"齐人攻鲁,鲁欲将吴起,吴起娶齐女为妻,而鲁疑之,吴起于是欲就名,遂杀其妻,以明不与齐也。鲁卒以为将。将而攻齐,大破之。"

⑮蒸藜出妻:《孔子家语》:"曾子后母,遇之无恩,供养不衰,其妻以藜蒸不熟,因出之。"唐王维《积雨辋川庄》:"蒸藜蒸黍饷东菑。"出妻,遗弃妻子。《孟子·离娄下》:"出妻屏子,终身不养焉。""蒸藜"原本为"蒸梨",今从《孔子家语》改。藜,野菜也。

⑯画眉:旧时用黛色描饰眉毛。西汉张敞,宣帝时为京兆尹。《汉书·张敞传》:"(敞)为妇画眉,长安中传张京兆眉怃。有司以奏敞,上问之,对曰:'臣闻闺房之内,夫妇之私,有过于画眉者。'帝爱其能,弗责备也。"

⑰封发:封束发髻。《新唐书·列女传》:"贾直言妻董,直言坐事贬岭南,以妻少,乃诀曰:'生死不可期,吾去,可亟嫁无须也。'董不答,引绳束发,封以帛,使直言署,曰:'非君手不解。'直言贬二十年乃还,署帛宛然。乃汤沐,发坠无余。"须,待也。

⑱相敬如宾:夫妻互相尊敬,如对待宾客。春秋时晋臼季出使他国,过冀邑,见郤(xì 细)缺耕于野,妻送食甚敬,相待如宾。臼季对文公曰:"能敬必有德,德以治民,君请用之。"公以郤缺为下军大夫。见《左传·僖公三十三年》。又《后汉书·庞公传》:"居岘山之南,未尝入城府,夫妻相敬如宾。"

⑲灌园食力:耕种自食其力。陈仲子,战国齐人。兄为齐卿,仲子以为不义,去楚国居於陵,自号於陵仲子。穷不苟求,不义之食不食。楚王闻其贤,欲聘为相。夫妻相率逃走,为人灌园,自食其力。见晋皇甫谧《高士传》。

⑳不弃糟糠:糟糠,对人谦称自己的妻子。东汉光武帝之姊湖阳公主新寡。帝欲嫁其姊于宋弘,令公主坐屏风之后,召弘问曰:"贵易交,富易妻,人情乎?"弘对曰:"臣闻贫贱之交不可忘,糠糟之妻不下堂。"帝顾谓公主曰:"事不谐矣。"见

《后汉书·宋弘传》。糟糠,意为贫苦时,共食糟糠。

㉑举案齐眉:旧时谓夫妻相敬有礼。汉孟光貌丑面黑,力能举石臼,德行高雅,年已三十不嫁。父问其故。孟光曰:"欲节操如梁鸿者。"梁鸿闻之,遂娶光为妻。光椎髻布衣操作,为梁鸿进食,于鸿前不敢仰视,举案齐眉。见《后汉书·梁鸿传》《列女传·梁鸿之妻》。案,即碗;或说为盛食品的托盘。

㉒苏蕙织回文两句:晋窦滔之妻苏蕙,字若兰。滔远戍流沙,蕙织锦作回文诗,劝滔归家。织锦彩色鲜丽,词极凄惋,纵横反复,凡八百四十六字。名为璇玑图。见《晋书·列女传》。乐昌,南朝陈太子舍人徐德言之妻乐昌公主。陈国面临灭亡时,徐对公主曰:"国破汝必入豪家,倘情缘未断,欲相见乎?"于是破镜与妻各执一半,约他年正月望日卖于都市,希望相见。及陈亡,乐昌没入杨素家。德言依期至京,见有苍头卖半镜,因引至其居,出半镜合之。题诗曰:"镜与人俱去,镜归人不归,无复嫦娥影,空留明月辉。"乐昌得诗,悲泣不食。素知之,召德言,还其妻。见唐孟棨《本事诗·情感》。

㉓张瞻炊臼梦两句:江淮王生善解梦。有贾客张瞻将归,梦炊于臼中,问王生。王生曰:"归不见妻,臼中炊,固无釜也。"贾至家,妻已死数月。后用炊臼之戚或炊臼之痛比喻丧妻。见唐段成式《酉阳杂俎》。庄子妻死,惠子往吊之,庄子正箕踞鼓盆而歌。见《庄子·至乐》。鼓盆,叩击瓦器。"炊臼"原本为"炊白",误。

㉔提瓮出汲:汉鲍宣,初曾求学于桓少君之父,父奇其清苦,以少君嫁之,嫁妆甚丰。鲍宣对少君曰:"少君生富,娇习美饰,而吾实贫贱,不敢当礼。"少君即着短衣布裳,共挽鹿车,与宣归乡里,拜姑礼毕,遂提瓮出汲。见《后汉书·列女传》。

㉕窥御激夫:春秋齐晏子为相,其御者之妻,窥见其夫洋洋自得。既而夫归,妻责之曰:"晏子长不满六尺,身相齐国,名显诸侯。今者,妾观其出,志念深矣,尝有以自下者。今子长八尺,乃为人仆御,然子之意,自以为是,妾是以求去也。"其夫后自抑损。晏子怪而问之,御以实告。晏子荐以为大夫。见《史记·管晏列传》。

㉖覆水难收:喻事已成定局,无法挽回。《后汉书·何进传》:"国家之事,亦何容易?覆水不可收。宜深思之。"多喻夫妻离异,难于复合。晋王嘉《拾遗记》:"太公初娶马氏,读书不事产,马氏求去。太公封齐,马求再合。太公取水一盆倾于地,令妇收水,惟得其泥。太公曰:'若能离更合,覆水定难收。'"又传,汉朱买臣家贫,尝负薪读书,其妻求去。臣曰:"吾至五十当富贵。"妻怒曰:"如公等终饿死沟中耳,何能富贵?"妻不能留,竟去。后买臣为会稽太守,入吴,遇其故妻,令后车载其妻入太守舍,置园中,给食之。居一月,妻自缢而死。见《汉书·朱买臣传》。(注者按:据《汉书·朱买臣传》,无买臣倾水以拒其故妻求复合之事。)

㉗丝桐有意:琴声中传达情意。汉司马相如与临邛令王吉相善。临邛富户卓王孙请王吉及相如赴宴。酒酣,王吉请相如鼓琴。时卓王孙女文君新寡,知琴,相如操凤求凰以挑之,文君心悦,夜奔相如,两人驰归成都。见《汉书·司马相如传》。丝桐,即琴。古人多用桐木制琴,练丝为弦。故称琴为丝桐。

㉘诗称偕老两句:偕老,共同生活到老,为祝贺夫妻之词。《诗·邶风·君子偕老》:"君子偕老,副笄六珈。"《诗·卫风·氓》:"及尔偕老。"家人,《易》卦名。又一家之人。《诗·周南·桃夭》:"之子于归,宜其家人。"

㉙穿墉(yōng庸)窥宾:晋山涛与嵇康、阮籍,契若金兰。山妻韩氏,觉与二人异于常交,问山涛,山涛曰:"我当年可以为友者,唯此二生耳。"妻曰:"负羁之妻,亦亲观狐赵,意欲窥之,可乎?"他日,二人来,妻劝山涛留宿二人。夜穿墉以视,达旦忘返。山涛问二人何如。其妻曰:"君才致殊不如,正当以识度相友耳。"山涛曰:"伊辈亦常以我度为胜。"见《世说新语·贤媛》。

㉚断机劝学:东汉乐羊子外出寻师就学,一年归来,妻问其故。乐羊子曰:"久行怀思,无他异也。"妻乃引刀趋机曰:"夫子积学,当日知其所亡,以就懿德,若中道归,何异断斯织乎?"羊子感其言,复还,发奋卒其学业。见《后汉书·列女传》。

㉛射雉:古代的一种田猎活动。雉,山鸡。《左传·昭公二十八年》:"昔贾大夫恶,娶妻而美,三年不言不笑,御以如皋,射雉,获之,其妻始笑而言。贾大夫曰:'才之不可以已,我不能射,汝遂不言不笑,夫今子少不飏,子若无言,吾几失子矣!'"

㉜烹雌:春秋时,虞人百里奚,少贫。后为虞国大夫。晋灭虞,百里奚逃至宛,为楚人所执。秦穆公闻其贤,以五羖羊皮赎回秦,授以国政,号五羖大夫。一日于堂上作乐,其所雇浣洗妇自言知音,呼其弹琴。妇歌曰:"百里奚,五羊皮,临别时,烹伏雌,炊扊扅,今富贵,忘我为。"百里奚寻问之,乃其离散之妻子。见《史记·秦纪》《风俗通》《古诗纪·百里奚妻歌》。

㉝仍求故剑:汉宣帝未立之前,娶许广汉女为妻。及立为帝,许女为婕妤。时公卿大夫议立霍光女为皇后,宣帝乃下诏征求其未显贵时故剑。大臣知宣帝不忘许氏之意,遂议以立许氏为皇后。见《汉书·外戚传》。后以故剑喻旧妻。

㉞忽著新衣:《世说新语·贤媛》:"桓车骑不好著新衣,浴后,妇故送新衣与车骑。大怒,催使持去。妇更持还,传语云:'衣不经新,何由得故。'桓公大笑著之。"桓车骑即桓冲,东晋大将,任车骑将军。

㉟吴隐之句:晋吴隐之,字处默,以儒雅闻名。后为晋陵太守,在郡清俭,妻自负薪。后为左卫将军,位虽清显而俭朴如故。冬月无被,尝洗衣披絮,勤苦同于庶民。见《晋书·良吏传》。

㊱司马懿句:司马懿在魏武帝曹操时,曾托言有风痹,辞魏武之命。一日家中

晒书,遇暴雨,不自觉起而收书,家中只一婢女见之。妻张氏见之,恐因此事泄致祸,遂杀婢以灭口,亲自执爨。见《晋书·后妃传》。爨(cuàn窜),烧火做饭。

㊲募死士句:唐德宗建中末年,李希烈陷汴州,谋袭击陈州,分兵攻各县,项城令李侃以城小贼锐,欲逃走,其妻杨氏曰:"寇至当守,力不足则死焉。君而逃,尚谁守。"侃曰:"兵少财乏若何?"妻曰:"县不守,则地贼地也,仓廪府库皆其积也,百姓皆其战士也,于国家何有?请重赏募死士,尚可济。"李侃于是募死士数百人,坚守县城,其妻亲为士卒执炊,县城遂得以保存。见《新唐书·列女传》。

㊳提数骑句:晋刘遐,广平益阳人,以功封泉陵公迁散骑常侍,监准北军中郎将。其妻为邵续之女,骁勇果敢。遐曾被石季龙所围,妻单人领数骑,救遐于万众之中。见《晋书·刘遐传》。

㊴李益句:唐李益,性多猜忌,防备妻妾,过于苛虐,曾在妻妾门户撒灰,传为笑谈。时人谓之妒痴。见《新唐书·李益传》、宋谢维新《合璧事类·夫妇》。"撒"原本为"撤",误。

㊵志坚句:唐杨志坚家贫,其妻求去,志坚与妻书曰:"金钗任意撩新发,鸾镜从他别画眉。此去便同行路客,相逢即是下山时。"其妻持诗见刺史颜真卿,要求另嫁。刺史判笞二十,任其改嫁。给志坚以帛粟。闻者悦服。见唐张固《云溪友议》。摛(chī痴),铺陈也,在此为抒写。

㊶内则、中馈:《内则》,《礼记》的篇名,内容为规定妇女在家庭内之言行,不许超越礼教。中馈,旧时指妇女在家主持饮食之事。《易·家人》:"无攸遂,在中馈。"东汉张衡《同声歌》:"绸缪主中馈,奉礼助丞尝。"后引申为指妻子,无妻叫中馈犹虚。

【今译】

孤立的阴气不能生万物,独自的阳气不能长万物,所以天地配合才有阴阳;男人娶女人才能成为室,女人嫁男人才算有了家,所以人生才会配成夫妇。阴阳二气相合,才能风调雨顺;夫妇双方和顺,才使家业兴旺。丈夫叫妻子为拙荆,又叫内子;妻子称丈夫为藁砧,又叫良人。祝贺别人娶妻,就说"荣偕伉俪";送食物给妻子,就说"归遗细君"。受家室就是娶妻;纳宠爱便是娶妾。正妻称为嫡;众妾叫做庶。称呼人家的妻叫尊夫人,称呼别人的妾叫如夫人。结发是说初婚;续弦是说再娶。妇人再嫁叫再醮,男人无妻叫鳏居。"如鼓瑟琴"是说夫妻和好;"琴瑟不调"是说夫妻不睦。"牝鸡司晨",比喻妇人掌家政;"河东狮吼",讥刺男人怕妻子。杀死妻子去求做大将,吴起心肠何等残忍;蒸藜不熟就遗弃妻子,曾子很能成全孝道。张敞给妻子画眉毛,讨好的态度实在可笑；董氏为丈夫封发髻，贞节的情操值得夸耀。冀郤缺夫妻，互相尊敬如待宾客；陈仲子夫妇，灌园种地自食其力。不能遗弃糟糠，这是宋弘回答汉光武帝的话；举案齐到眉毛，这是梁鸿娶到孟光这样贤妻。苏蕙织回文，乐昌分破镜，说的是夫妻的生离；张瞻梦炊白，庄子鼓盆歌，说的是夫妇的死别。汉鲍宣的妻子，提瓦罐汲水，很懂得顺从的道理；齐御夫的妻子，用话激丈夫，可称为贤能的内助。奇怪的是朱买臣的妻子，因贫穷就要求离开丈夫，不知道泼出去的水收不回来；可耻的是司马相如妻子，竟然夜里私自奔投相如，只晓得琴声中有求爱的情意。要知道修身才能齐家；夫义自然妇顺。

　　（增）诗经上说偕老，是说夫妻同到老；易卦上有家人，是说男女一家人。山涛的妻子，穿墙洞看丈夫朋友；乐羊的妻子，断织机来劝勉丈夫。贾大夫射中山鸡使妻一笑，不是真快乐；百里奚烹雌鸡来与妻分别，何等的凄凉。汉宣帝立皇后时要找旧剑，这是他不忘许氏；晋桓冲爱旧服又忽穿新衣，这是他化除成见。吴隐之有贤妻，背柴不辞苦；司马懿有贤妻，炊食不辞劳。招募勇士守城拒敌，谁能比李侃妻杨氏那样坚持；率领数骑破围救夫，那个比刘遐妻邵氏那样勇敢。李益用计防备妻子，常在门户撒灰；志坚写诗送求去之妻，说是任撩新发。女子能守内则不苟且，自然在中馈上称能干。

叔　侄　新增文六联

【原文】

　　曰诸父,曰亚父,皆叔伯之辈①;曰犹子,曰比儿,俱侄儿之称②。阿大中郎,道韫雅称叔父③;吾家龙文,杨昱比美侄儿④。乌衣诸郎君,江东称王谢之子弟⑤;吾家千里驹,苻坚羡苻郎为侄儿⑥。竹林,叔侄之称⑦;兰玉,子侄之誉⑧。存侄弃儿,悲伯道之无后⑨;视叔犹父,羡公绰之居官⑩。卢迈无儿,以侄而主身之后⑪;张范遇贼,以子而代侄之生⑫。

　　(增)谢密能成佳器⑬;刘孺可号明珠⑭。或献泛湖之图⑮;或称招隐之寺⑯。陆家精饭,有损素风⑰;杨氏铜盘,独喻诸子⑱。谢安石东山之费⑲;阮仲容北道之贫⑳。可为都督,王浑预评犹子之词㉑;必破吾门,宗炳先料比儿之语㉒。愚者宜归葱肆㉓;贤者得反金刀㉔。

注释

①诸父、亚父:诸父,同一宗族中伯叔辈的通称。《诗·小雅·伐木》:"既有肥羜,以速诸父。"《传》:"天子谓同姓诸侯,诸侯谓同姓大夫皆曰父。"亚父,敬称,表示仅次于父。《史记·项羽传》:"亚父南向坐。亚父者,范增也。""叔伯",原本为"叔父",从"大文本"改。

②犹子、比儿:犹子,兄弟之子。《礼记·檀弓》:"兄弟之子,犹子也。"比儿,比之于子也,故兄弟之子侄称比儿。

③阿大中郎:晋谢道韫称其夫王凝之叔父。见《兄弟》"羯末封胡"注。

④龙文:龙马。此处喻神童。杨愔幼年聪慧过人。其从父兄黄门侍郎杨昱对人曰:"此儿驹齿未落,已是我家龙文,更岁后,当求之千里外。"见《北齐书·杨愔传》。"杨昱",原本为"杨素",今从《北齐书》改。

⑤乌衣诸郎君:晋时王导、谢安诸贵族皆居于乌衣巷(今南京市东南、秦淮河南),其子弟世称乌衣郎。《南齐书·王僧虔传》:"此是乌衣诸郎坐处,我亦可试为耳。"

⑥吾家千里驹:千里驹,日行千里的良马。此处指英俊有为的青年。《晋书·苻坚载记》:"苻朗,字元达,坚之从兄子也,性宏大,神气爽迈,幼怀远志,不屑时荣。坚尝目之,曰:'吾家千里驹也。'"

⑦竹林:本喻亲密的朋友,后世又以喻叔侄关系。《晋书·山涛传》:"(涛)与

嵇康、吕安善,后遇阮籍,便为竹林之交,著忘言之契。"《世说新语·任诞》:"陈留阮籍、谯国嵇康、河内山涛……沛国刘伶、陈留阮咸、河内向秀、琅琊王戎。七人常集于竹林之下,肆意酣畅,故世谓竹林七贤。"竹林七贤中阮籍、阮咸为叔侄,后又因称叔侄曰贤竹林。

⑧兰玉:芝兰玉树,喻优秀子弟。《世说新语·言语》:"谢太傅(安)问诸子侄:'子弟亦何预人事,而正欲使其佳?'诸人莫有言者。车骑(谢玄)答曰:'譬如芝兰玉树,欲使其生于庭阶耳。'"

⑨存侄弃儿:晋邓攸,字伯道。为河东太守,石勒起兵,伯道与妻带子及弟之子逃,途中遇贼,子与侄不能两全,语妻曰:"吾弟早亡,惟有一息,理不可绝,止应我儿耳,幸而得存,我后当有子。"妻泣而从之。乃系子于树而去。后妻不复怀孕,卒无子嗣。时人哀之曰:"天道无知,使邓伯道无儿。"见《晋书·邓攸传》。

⑩视叔犹父:指侍奉叔父如同父亲一样。唐柳公绰在唐文宗时,官河东节度使,后至兵部尚书,其弟柳公权,官中书舍人,封河东郡公;绰子仲郢,官刑部尚书,封河东县男。公绰居官时,事其叔如父,及公卒,其子仲郢事公权亦如父,出遇公权,端笏而立。《新旧唐书》有传。历史上事叔如父者甚多,非止一二人。

⑪卢迈无儿句:唐卢迈,字子玄,官中书侍郎。清廉自守,治身循法。无子,或劝其娶姬妾。卢曰:"兄弟之子,犹子也,可以主后。"见《新唐书·卢迈传》。

⑫张范遇贼句:张范,字公仪,北朝魏人,为魏谏议大夫,张范之子陵、侄戬,均为山东贼所获,范亲到贼所请还。贼仅还陵。张范曰:"诸君相还儿,厚矣,夫人情虽爱其子,然吾怜戬之小,请以陵易之。"贼遂归还其子及侄。见《魏书·张范传》。

⑬谢密:南朝宋谢密,字弘微,官至尚书吏部郎中庶子。幼时"精神端审,时然后言,所继叔父混,名知人,见而异之,谓思(密父)曰:'此儿深中夙敏,方成佳品,有子如此足矣。'"见《宋书·谢弘微传》。

⑭刘孺:南朝梁刘孺,字孝稚,官至吏部尚书。孺幼聪敏,七岁能属文。"叔父刘慎,常置坐侧,谓宾客曰:'此儿,吾家之明珠也。'"见《梁书·刘孺传》。

⑮或献泛湖之图:陈恭公判亳州。生日,亲友多献老人星图,侄世修独献范蠡泛舟五湖之图,公感其意,即日纳节。见《倦游录》。纳节,即辞官。

⑯或称招隐之寺:唐李约与叔锜坐,盛赞招隐寺之标致。锜曰:"何殊州中。"对曰:"约所赏者,疏野耳。若远山将翠幕遮,古松用彩幅裹,腥鳣涴鹿,跑泉音乐,乱山鸟声,此则不如叔父大厅也。"锜大笑。见唐赵璘《因话录》。

⑰陆家精饭句:晋陆纳,字祖言,少有清操,崇尚节俭,生活朴素,官至吏部尚书加奉车都尉卫。《晋书·陆纳传》:"谢安尝欲诣纳而纳殊无供办,其兄子俶不敢问之,乃密为之具,安既至,纳所设唯茶果而已。俶遂陈盛馔、珍馐毕具。客罢,纳大怒曰:'汝不能光益父叔,乃复秽我素业耶!'于是杖之四十。"

⑱杨氏铜盘句：北朝魏杨愔，字遵彦。幼时与诸昆弟三十余人就学。《北史·杨愔传》："庭前有李树，实落地，群儿咸争之。愔颓然独坐，其季父昕适入学馆，见之大用嗟异，顾谓宾客曰：'此儿恬裕，有我家风。'宅内有茂竹，遂为愔于林边别葺一室，命独处其中，常铜盘具盛馔以饭之，因以督厉诸子曰：'汝辈但如遵彦谨慎，自得竹林别室，铜盘重肉之食。'"

⑲谢安石东山之费：晋谢安，字安石，东晋大臣，死赠太傅谥文靖。《晋书·谢安传》："于土山营墅，楼馆竹林甚盛，每携中外子侄，往来游集，肴馔亦屡费百金，世颇以此讥焉，而安殊不以屑意。"

⑳阮仲容北道之贫：晋阮咸，字仲容，为竹林七贤之一。《世说新语·任诞》："阮仲容、步兵（阮籍）居道南，诸阮居道北，北阮富，南阮贫。七月七日北阮盛晒衣，皆纱罗锦绮，仲容以竿挂大布犊鼻裈于中庭，人或怪之。答曰：'未能免俗耳，聊复尔耳。'"

㉑可为都督句：东晋司空王沉之子王浚，字彭祖，母赵氏，良家女，贫贱出入王沉家，遂生浚，沉初时不齿，亲党亦不知。其从父王浑，曾与其弟王澄、王汝等曰：卿等莫轻视彭祖，此儿平世不减方伯州牧，乱世可为都督三公。后王浚果为宁朔将军持节都督幽州诸军事。见《晋书·王沉传》。

㉒必破吾门句：南朝宋宗悫，字元干。叔父宗炳高尚不仕。悫年少时，炳问其志，宗悫答曰："愿乘长风破万里浪。"炳曰："汝不富贵，即破我家矣。"见《晋书·宗悫传》。

㉓愚者句：南朝梁东海范阳人吕僧珍，字元瑜，幼时家甚寒微。后于梁武帝时官至南兖州刺史，清廉公正，不私亲属，《南史·吕僧珍传》："从父兄子，先以贩葱为业，僧珍至，乃弃业求州官。僧珍曰：'汝等自有常分，岂可妄求叨越，当速反葱肆耳。'"

㉔贤者得反金刀：《晋书·慕容超载记》：慕容超字祖明，为南燕王慕容德兄慕容纳之子。慕容德南征留金刀而去。后慕容德诸子及超父均被苻昌所杀。超祖母因老，母因有孕得入狱，乘机逃入羌中而生超。"（其祖母）临终授超以金刀曰：'若天下太平，汝以东归，可以此刀还汝叔也。'"后果持金刀，归慕容德，德死超继南燕王位。

【今译】

　　诸父、亚父，是称叔伯辈的；犹子、比儿，是称呼侄儿的。阿大中郎，是谢道韫称叔父；我家龙文，是杨昱称赞侄儿。乌衣诸郎君，是江东人称王谢子弟；吾家千里驹，是苻坚称赞侄儿苻朗。"竹林"是叔侄别称；"兰玉"是赞誉子侄。存侄弃儿，人们悲邓伯道无后；事叔如父，大家赞柳公绰为人。卢迈无儿,以侄儿主身后事;张范遇贼,以儿死代侄之生。

(增)谢密的叔父谢混说密能成为佳器;刘孺的叔父说刘孺是刘家的明珠。给叔父祝寿,陈世修独献范蠡泛舟五湖图;与叔父议景,李约称赞招隐寺景致的野疏。陆俶私备精饭,坏了叔父的素风;杨玮铜盘盛食,用来督厉诸子侄。谢安在东山,花费而不自惜;阮咸住北道,清贫而能自安。王浑说侄儿王浚将来做都督;宗炳说侄儿宗悫必破吾家门。低能的侄儿,只能在葱肆卖葱;能干的侄儿,定可把金刀还叔。

师　生　新增文八联

【原文】

马融设绛帐,前授生徒,后列女乐①;孔子居杏坛,贤人七十,弟子三千②。称教馆曰设帐,又曰振铎③;谦教馆曰餬口,又曰舌耕④。师曰西宾,师席曰函丈⑤;学曰家塾,学俸曰束脩⑥。桃李在公门,称人弟子之多⑦;苜蓿长阑干,奉师饮食之薄⑧。冰生于水而寒于水,比学生过于先生;青出于蓝而胜于蓝,谓弟子胜于师傅⑨。未得及门,曰宫墙外望⑩;称得秘授,曰衣钵真传⑪。杨震是关西夫子⑫;贺循乃当世儒宗⑬,负笈千里,苏章从师之殷⑭;立雪程门,游杨敬师之至⑮。弟子称师之善教,曰如坐春风之中⑯;学业感师之造成,曰仰沾时雨之化⑰。

(增)民生在三⑱;师术有四⑲。执经问义,事若严君⑳;开馆授徒,不辞曲士㉑。史居左,经居右,士得真修㉒;道已南,易已东,人沾教泽㉓。赐宴月池之上,翼赞堪夸㉔;诵书帷帐之中,烽烟奚避㉕。忠臣录,孝子录,纲常互振;经义斋,治事斋,体用兼全㉗。东家之外更无丘,道德由文章炫出㉘;北斗以南惟有杰,事功从学术做来㉙。边孝先便便大腹,曾见嘲于弟子㉚;韩退之表表高标,宜共仰于吾儒㉛。应生独举官衔,岂事先生之礼㉜;李固不矜父爵,乃称弟子之良㉝。

注释

①马融:东汉马融,才高博洽,为世通儒,所教学生以千数,卢植、郑玄皆其学生。《后汉书·马融传》:"常坐高堂,施绛纱帐,前授生徒,后列女乐,弟子以次相传,鲜有入其室者。"

②孔子:春秋时孔丘,鲁国人,为我国历史上伟大的思想家、教育家。他周游列国,不为时君所用,归鲁后聚徒讲学,开私人讲学的风气。据说有弟子三千,身通六艺者七十二人。传说其聚徒讲学处为杏坛。《庄子·渔父》:"孔子游乎缁帷之林,休坐乎杏坛之上。"《释文》:"杏坛,司马(虎)云:泽中高处也。李(颐)云:坛也。"庄子寓言,并非实指。

③设帐、振铎:设帐,开馆执教。《聊斋志异·楮生》:"盖都中设帐者多以月计。"振铎,古代宣布政教法令时,振铎以警众,文事用木铎,武事用金铎。铎,有舌的大铃。《周礼·夏官·大司马》:"司马振铎,群吏作旗,车徒皆作鼓行。"后引伸

卷二·师生　85

为从事执教工作的代称。

④餬口、舌耕：餬口，生活艰难，勉力去谋求生活。《左传·隐公十一年》："寡人有弟，不能和协，而使餬其口于四方。"舌耕，旧时学者授徒，恃口谋生，犹农人之耕地得粮，故称舌耕。晋王嘉《拾遗记·后汉》："逮非力耕所得，诵经口倦，世所谓舌耕也。"

⑤西宾、函丈：西宾，同西席。古代宾主相见，以西为尊。《大戴礼·武王践阼》："王行西折而南，东面而立。师尚父西面。"后来家塾请师或官府幕职称西席，或西宾。函丈，《礼记·曲礼上》："席间函丈。"《注》："函，犹容也，讲问宜相对容丈，足以指画也。"又："席之制，广三尺三寸三分，则是所谓函丈也。"后用以称呼尊敬的人。

⑥家塾、束脩：家塾，周代以二十五家为闾，闾有巷，巷门边设家塾，用以教授居民子弟。《礼记·学记》："古之教者，家有塾。"后称聘请教师在家教授子弟为家塾。束脩，亦叫束修。脩，即脯。古代上下亲友之间赠送的礼物。《论语·述而》："自行束脩以上，吾未尝无诲焉。"后多指致送教师的酬金。《北史·冯伟传》："门徒束脩，一毫不受。"

⑦桃李：旧时以桃李果实多，比喻教授的门生多，或荐士之众。《资治通鉴·唐则天后久视元年》："或谓(狄)仁杰曰：'天下桃李，悉在公门矣。'"

⑧苜蓿（mù xù 目续）：植物名。唐薛令之，唐中宗神龙时进士，玄宗开元初为左辅阙兼太子侍读。时官署简淡，作诗曰："朝日上团圆，照见先生盘，盘中何所有，苜蓿长阑干。"后用苜蓿长阑干来形容教师清苦俭朴的生活。

⑨冰生于水两句：比喻学生超过老师。《荀子·劝学》："君子曰：'学不可以已，青，取之于蓝而青于蓝；冰，水为之而寒于水。'"

⑩宫墙：本指房屋的围墙。《论语·子张》："子贡曰：'……夫子之墙数仞，不得其门而入，不见宗庙之美，百官之富。'"后以宫墙指师门。

⑪衣钵：佛教僧尼的袈裟和食具。《金刚经》："尔时世尊食时，著衣持钵，……饭食讫，收衣钵。"后来禅宗初祖至五祖师徒之间传授道法，常给衣钵作为信证，称衣钵相传。《旧唐书·神秀传》："云自释迦相传，有衣钵为记，世相付授。"后又泛指师传的学问、技艺。

⑫关西夫子：东汉杨震，字伯起，华阴人，少好学，受欧阳尚书于太常桓郁，明经博学，无不穷研。当时诸儒称为"关西孔子杨伯起"。华阴在函谷关之西，故称关西。见《后汉书·杨震传》。

⑬当世儒宗：晋贺循，字彦先，博览群籍，尤精礼传，言行进止，必以礼让。东晋元帝建武初年为太常，朝廷有疑滞之事，皆询问于循，循均依经、礼而答。人称当时儒宗。见《晋书·贺循传》。

⑭负笈：背书游学。笈，书箱。《抱朴子·祛惑》："儒者万里负笈以寻其师。"

汉苏章,北海人,字游卿,儒生,王莽时去官不仕,负笈从师,不远千里。

⑮立雪程门:宋杨时、游酢见程颐的故事。杨时,潜心经学,熙宁九年中进士。《宋史·杨时传》:"见程颐于洛阳时盖年四十矣。一日见颐,颐偶瞑坐,时与游酢侍立不去。颐既觉,则门外雪深一尺矣。"后用为尊师重道的典故。

⑯如坐春风:春风比喻温和可亲的气氛或境界,后喻老师对弟子之谆谆教导。宋朱熹《近思录》:"朱公掞(光庭)见明道(程颐)于汝,归谓人曰:'光庭在春风中坐了一个月。'"

⑰时雨之化:比喻教化之于人,如及时雨之于草木。《孟子·尽心上》:"君子之所以教者五,有如时雨化之者。"《荀子·议兵》:"所过者化,若时雨之降。"

⑱民生在三:谓最受人敬重的三种人,即父、师、君。《国语·晋语》"民生于三,事之如一。父生之,师教之,君食之。非父不生,非食不长,非教不知,生之族也,故一事之。"《晋书·裴頠传》:"据在三之尊,怀所产之情。"

⑲师术有四:指为人师之道有四。《荀子·致仕》:"师术有四,而博习不与焉。尊严而惮,可以为师;耆艾而信,可以为师;诵说而不陵不犯,可以为师;知微而论,可以为师。"

⑳事若严君:事师如父。《魏书·常爽传》:"是时戎车屡驾,征伐为事,贵族子弟未遑学术。爽置馆温水之右,教授门徒七百余人,京师学业翕然复兴。爽立训甚有劝罚之科,弟子事之若严君焉。"

㉑曲士:寡闻陋见之人。《庄子·秋水》:"曲士不可语于道者,束于教也。"《释文》引晋司马彪:"曲士,乡曲之士。"唐柳宗元《与太学诸生书》:"师儒之席,不拒曲士。"

㉒左史右经:史书置左,经书置右。明宋濂《黄氏义门铭》:"视其庭斋,左史右经,踵武绳绳。"宋张载,字子厚,著名道学家,世称横渠先生。宋仁宗熙宁初为崇政院校书,不久,屏居南山下,与诸生讲学,左史右经,朝弦暮诵,所成就者甚多。见《宋史·张载传》。

㉓道已南,易已东:宋程颢,字伯淳,著名道学家,世号明道先生。杨龟山从其学,学成杨归,程送杨出门,谓客曰:"吾道南矣。"汉丁宽,字子襄,为梁孝王将军。初从田何学易,宽学成将归,谢何,何谓门人曰:"易已东矣。"见《汉书·儒林·丁宽传》。

㉔赐宴月池:唐高祖李渊镇守太原时,引张嗣宗为上客。张以经书授秦王李世民。后唐太宗即位,赐宴于月池。帝从容曰:"今日弟子何如?"张曰:"昔孔子门人三千,达者无子男之位。臣翼赞一人,乃王天下,计臣之功,过于宣圣。"见宋谢维新《合璧事类》。

㉕诵书帷帐:东汉张奂,字然明。桓帝时为使匈奴中郎将。时休屠各及朔方乌桓并同反叛,烧度辽将军门,引屯赤坑,烟火相望,兵众大恐,各欲亡去,奂安坐

帷中,与弟子讲诵自若。军士稍安。见《后汉书·张奂传》。

㉖忠臣录、孝子录:忠臣录,书名,宋曾巩撰。《故事成语考(注)》:"曾南丰集古忠臣为一录,孝子为一录。教授子弟曰:'忠孝,纲常最大者,汝曹其识之。'"

㉗经义斋、治事斋:宋胡瑗,字翼之,宋仁宗庆历中为苏、湖二州教授,学徒数千,置经义斋、治事斋,分别教授门徒。天下谓湖学多秀彦,其出而仕,多适用。见《宋史·胡瑗传》、宋朱子《小学·善行》。

㉘东家之外更无丘:孔子西邻有愚夫,不知孔子为圣人,乃曰:"彼东家丘。"见《孔子家语》。汉邴原游学,诣安丘孙崧,崧辞曰:"君乡里郑君,学者之师模,乃舍之,所谓以郑为东家丘。"原曰:"人各有志,所规不同,君谓仆以郑为东家丘,君以仆为西家愚耶。"崧辞谢。见《三国志·魏书·邴原传(注)》。

㉙北斗句:唐狄仁杰,字怀英。举明经,历高宗、中宗、睿宗三朝。卒谥文惠,追赠文昌右相,又追封梁国公。人谓:"狄公之贤,北斗以南一人而已。"见《新唐书·狄仁杰传》。

㉚边孝先:东汉边韶,字孝先,以文学知名,从学者数百人。常白日假寐,弟子私嘲之曰:"边孝先,腹便便,懒读书,但欲眠。"边闻之,应声对曰:"腹便便,五经笥;但欲眠,思经事。"见《后汉书·边韶传》。

㉛韩退之:唐韩愈,字退之。见《文臣注》《新唐书·韩愈传赞》:"自愈没,其言大行,学者仰之如泰山北斗。"

㉜应生句:东汉应劭,字仲远,灵帝时为太山太守,后归袁绍。在一次袁绍的宴会上,与郑玄相见,劭自赞曰:"故太山太守应仲远北面称弟子何如?"玄笑曰:"仲尼之门,考以四科,回赐之徒,不称官阀。"劭有惭色。见《后汉书·郑玄传》。

㉝李固句:东汉李固,字子坚,司徒李郃之子。《后汉书·李固传》:"(固)少好学,常步行寻师,不远千里。"《注》:"谢承书目:'改易姓名,杖策驱驴,负笈追师三辅,学五经积十余年,博览古今,……每到太学,密入公府,定省父母,不令同业诸生知是郃子。'"

【今译】

马融教学设绛帐,前面教学生,后面列女乐;孔子教学在杏坛,贤人有七十,弟子有三千。称人设馆教书,叫"设帐",又叫"振铎";自谦设馆教书,说"糊口",又说"舌耕"。称聘请的教师叫"西宾";称教师的座席叫"函丈"。在家设馆教书,叫家塾;给教师的学费,叫"束脩"。称赞别人学生很多,叫"桃李尽在公门";喻教师生活很清苦,说"苜蓿长满栏干"。学生超过老师,好比冰生于水,比水还要冷;也像青出于蓝,还比蓝更深。还未受老师教诲,说是"宫墙外望";已得到老师秘授,说是"衣钵真传"。东汉杨震,学生叫他为关西夫子;晋代贺循,人们称他是当世儒宗。苏章背着书箱,到千里之外寻师,可见从师的诚恳;杨游侍立师旁,门外已雪深一尺,足见对师的敬重。学生称赞老师善教,说是"如坐春风";学业成功感激老师,说是"仰沾时雨"。

(增)民生在三;师道有四。学生执经书,问疑义,侍奉老师像父亲;老师设教馆,教学生,不拒收乡下儿童。经史分开教学,是让学生学有专长;道已南易已东,是喜学问广布于人。唐太宗在月池上赐宴老师,是不忘翼赞功劳;张奂在幄帐中与学生读书,是为了稳定军心。分忠臣录、孝子录,为的是振饬纲常;置经义斋、治事斋,为的是体用兼备。东家之外,更无孔丘,他的道德是从文章中显出;北斗以南,只有仁杰,他的功业是在学术中做来。边孝先,便便大腹,曾被学生嘲笑;韩退之,品学高尚,很受儒士敬仰。应劭自荐官衔,不合见老师的礼节;李固不夸父职,确是称得上好子弟。

朋友宾主　新增文十二联

【原文】

　　取善辅仁,皆资朋友①;往来交际,迭为主宾②。尔我同心,曰金兰③;朋友相资,曰丽泽④。东家曰东主;师傅曰西宾⑤。父所交游,尊为父执⑥;己所共事,谓之同袍⑦。心志相孚曰莫逆⑧;老幼相交曰忘年⑨。刎颈交,相如与廉颇⑩;总角好,孙策与周瑜⑪。雷义之与陈重,胶漆相投⑫;元伯之于巨卿,鸡黍以待⑬。与善人交,如入芝兰之室,久而不闻其香;与恶人交,如入鲍鱼之肆,久而不闻其臭⑭。肝胆相照,斯为心腹之友⑮;意气不孚,谓之口头之交⑯。彼此不合,谓之参商;尔我相仇,如同冰炭⑰。民之失德,乾糇以愆⑱;他山之石,可以攻玉⑲。落月屋梁,相思颜色;暮云春树,相望丰仪⑳。王阳在位,贡禹弹冠以待荐㉑;杜伯非罪,左儒宁死不殉君㉒。分首判袂,叙别之辞㉓;拥篲扫门,迎迓之敬㉔。陆凯折梅逢驿使,聊寄江南一枝春㉕;王维折柳赠行人,遂唱阳关三叠曲㉖。频来无忌,乃云入幕之宾㉗;不请自来,谓之不速之客㉘。醴酒不设,楚王戊待士之意怠㉙;投辖于井,汉陈遵留客之心诚㉚。蔡邕倒屣以迎宾㉛;周公握发而待士㉜。陈蕃器重徐稚,下榻相延㉝;孔子道遇程生,倾盖而语㉞。伯牙绝弦失子期,更无知音之辈㉟;管宁割席拒华歆,谓非同志之人㊱。分金多与,鲍叔独知管仲之贫㊲;绨袍垂爱,须贾深怜范叔之窘㊳。要知主宾联以情,须尽东南之美㊴;朋友合以义,当展切偲之诚㊵。

注释

　　①取善辅仁:取朋友之长,以培养自己的仁德。《论语·颜渊》:"曾子曰:'君子以文会友,以友辅仁。'"

　　②迭为主宾:相互为主、宾关系。《孟子·万章下》:"舜尚见帝,帝馆甥于贰室,亦飨舜,迭为宾主。"

　　③金兰:朋友交情契合。《易·系辞上》:"二人同心,其利断金;同心之言,其臭如兰。"

　　④丽泽:喻朋友之间互相切磋。《易·兑》:"丽泽兑,君子以朋友讲习。"《疏》:"丽犹连也,两泽相连,润兑之盛,故曰丽泽兑也。"唐柳宗元《送崔子符罢举

诗序》：“丽泽之益，镞砺之事，空于耳而荒于心。”

⑤东主、西宾：旧时被雇佣的工人或被聘用的塾师对主人称东主或东家。《礼记·曲礼上》：“主人就东陛，客就西阶。”西宾，犹西席，旧时对家塾教师或幕友的敬称。唐柳宗元《重赠刘连州》：“若道柳家无子弟，往年何事乞西宾。”

⑥父执：父亲的友辈。《礼记·曲礼上》：“见父之执，不谓之进，不敢进。”《疏》：“谓执友与父同志者也。”唐杜甫《赠卫八处士》：“怡然敬父执，问我来何方。”

⑦同袍：旧时军人相称同袍或袍泽。《诗·秦风·无衣》：“岂曰无衣，与子同袍。”袍，长衣，像后来的斗篷。军人行军时日以当衣，夜以当被，言同袍比喻友爱。

⑧莫逆：同心相契，无所抵忤。《庄子·大宗师》："四人相视而笑，莫逆于心，遂相与为友。"唐李白《忆旧游寄谯郡元参军》："海内贤豪青云客，就中与君心莫逆。"

⑨忘年交：指不拘年纪大小或辈分高低而成为莫逆之交。史传中的例子不胜枚举。《南史·何逊传》："弱冠，州举秀才，南乡范云见其对策，大相称赞，因结为忘年交。"

⑩刎颈交：友谊深挚，可以同生死共患难。《史记·廉颇蔺相如列传》：蔺相如位居廉颇上，颇欲辱之，相如每引避。曰："秦不敢加兵于赵，以吾二人在也。吾所谓先国家后私仇也。""廉颇闻之，肉袒负荆，因宾客至蔺相如门，谢罪曰：'鄙贱之人，不知将军宽之至此也。'卒相与欢，为刎颈之交。"

⑪总角好：古代男女未成年时，前束发为两髻，形状如角，故称总角。《诗·卫风·氓》："总角之宴，言笑晏晏。"后借以指童年。三国时，吴国孙策，字伯符，周瑜，字公瑾，两人为总角之好。《三国志·吴志·周瑜传注》："（孙）策令曰：'周公瑾英俊异才，与孤有总角之好，骨肉之分。'"

⑫胶漆相投：喻情志亲密，友谊坚固，如胶漆粘合。东汉雷义与陈重至好，先是陈重举孝廉，欲让与雷义，太守不许。后雷义举茂才，欲让与陈重，刺史不听，义遂佯狂披发出走不应命。后二人同举孝廉，同拜尚书郎。乡里人曰："胶漆自谓坚，不如雷与陈。"见《后汉书·雷义传》。

⑬元伯句：东汉范式，字巨卿，少时游太学，与汝南张元伯为友。后二人均还家，式约二年当去拜望张母。至期，元伯杀鸡作黍以待。其母曰："二年之别，千里结言，尔何相信之审耶。"元伯曰："巨卿信士，必不乖违。"言未止，巨卿已至。升堂拜母，尽欢而别。

⑭与善人交两句：芝兰室喻贤士所居之处；鲍鱼肆，喻恶人所集之地。《孔子家语·六本》："商，好与贤己者处；赐，好与不如己者处。与善人居，如入芝兰之室，久而不闻其香，即与之俱化矣。与不善人居，如入鲍鱼之肆，久而不闻其臭，亦与之俱化矣。是以君子慎所与处也。"

⑮肝胆相照两句:朋友间真诚相待。宋文天祥《与陈察院文龙书》:"所恃知己肝胆相照,临书不惮倾倒。"心腹,知心之交。《后汉书·光武纪》:"朕推赤心于人腹中,宁肯毒尔耶。"唐杜审言与李峤、崔融、苏味道三人友好,时称心腹四交。

⑯口头交:表面相交,心无诚意。意气,此指情谊;不孚,不诚实,不信任。唐孟郊《择友》:"面结口头交,肚里生荆棘。"

⑰彼此不合两句:冰炭:冰冷、炭热,相反而不相容。汉东方朔《七谏·自悲》:"冰炭不可以相并兮,吾固知命之不长。"《韩非子·显学》:"夫冰炭不同器而久,寒暑不兼时而至。"《后汉书·傅燮传》:"邪正之人,不宜共国,亦犹冰炭,不可同器。"参商,见《天文》注。

⑱民之失德句:《诗·小雅·伐木》:"民之失德,乾糇以愆。"意为:失去情义那些人,干粮待客不真诚。

⑲他山之石句:《诗·小雅·鹤鸣》:"它山之石,可以攻玉。"本意为异国的贤才,可以用来理国,如得宝玉琢以成器。后用以喻朋友能规劝自己之过失。

⑳落月屋梁两句:表现了杜甫对李白的深挚的思念之情。杜甫《春日忆李白》:"渭北春天树,江东日暮云。"又《梦李白》:"落月满屋梁,犹疑照颜色。"

㉑弹冠:用指弹去冠上的灰尘,即整洁衣冠,喻将出来作官。汉王吉,字子阳,为益州刺史,其友贡禹弹冠相庆,等待王吉举荐。《汉书·王吉传》:"吉与贡禹为友,世称'王阳在位,贡禹弹冠',言其取舍同也。"弹冠又演化为弹冠相庆,指将作官而互相庆贺,多用于贬义。宋苏洵《管仲论》:"一日无管仲,则三子者可以弹冠相庆矣。"

㉒杜伯句:杜伯,周宣王大夫,无罪被杀。杜伯之友左儒曾在宣王前辩杜无罪,宣王大怒。儒曰:"臣宁明君之过,以正杜伯之无罪。"杜伯被杀,左儒亦死。见刘向《说苑·立节》。后宣王射猎于园圃,车数百乘,从者数千,日中见杜伯乘白马素车执弓矢追射周宣王。后立庙祭祀。见《墨子·明鬼》。

㉓分首、判袂:分首,即离别,与分袂相同。《颜世家训·风操》:"欢笑分首。"南朝梁沈约《襄阳白铜鞮》:"分首桃林岸,送别岘山头。"判袂,即分袂,别离。

㉔拥篲(huì 卉)扫门:篲,竹扫帚。持帚扫门以迎贵宾。《史记·高祖纪》:"太公拥篲,迎门却行。"《史记·孟子荀卿列传》:"邹子重于齐,……如燕,昭王拥篲先驱,请列弟子之座而受业。"

㉕陆凯折梅句:一枝春,指梅花。晋陆凯与范晔友好。时范晔在长安,陆凯在江南,适逢谢孚去长安下公文,路经陇头,陆凯折梅一枝,并诗一首以送晔:"折梅逢驿使,寄与陇头人,江南无所有,聊赠一枝春。"见《太平御览》引南朝宋盛弘之《荆州记》。"一枝春",原本为"一春枝",误。

㉖王维折柳句:唐王维在渭城送别友人元二使安西(地名),写下了一首著名的诗:"渭城朝雨浥轻尘,客舍青青柳色新,劝君更尽一杯酒,西出阳关无故人。"

后来编入乐府,成为最流行、传唱最久的歌曲。三叠,古歌曲反复咏唱某一句,叫三叠。宋苏轼《仇池笔记·阳关三叠》:"第一句不叠,余三句皆再唱。"

㉗入幕之宾:比喻十分亲近,又引申为参预机谋。晋谢安与王坦之曾至桓温处议事,温让郗超卧帐中暗听。风动帐开,谢安笑曰:"郗生可谓入幕之宾矣。"见《晋书·郗超传》《世说新语·雅量》。

㉘不速之客:未经邀请而自来的客人。速,邀请。《易·需》:"有不速之客三人来。"

㉙醴酒不设:喻待人的礼貌差了。《汉书·楚元王传》:"元王既至楚,以穆生、白生、申公为中大夫……初,元王敬礼申公等,穆生不嗜酒,元王每置酒,常为穆生设醴。及王戊即位,常设,后忘设焉。穆生退曰:'可以逝矣,醴酒不设,王之意怠。不去,楚人将钳我于市。'"醴酒,甜酒。

㉚投辖于井:汉陈遵性嗜酒,每次大饮,宾客满堂,即关门,取宾客车辖投入井中,虽有急事,也不能去。见《汉书·陈遵传》。辖,车厢两端的键,无辖车不能行。后以投辖为留客的典故。

㉛倒屣迎宾:古人家居,脱鞋席地而坐,客人来,急忙出迎,把鞋子倒穿了。《三国志·魏志·王粲传》:"(蔡邕)闻王粲在门,倒屣迎之。"后用倒屣喻迎宾的热情。唐王维《辋川别业》:"披衣倒屣且相见,相欢语笑衡门前。"

㉜握发待士:正在洗头,闻贤士至,不敢怠慢,攥着头发出迎。喻为国事勤劳,求贤殷切。《韩诗外传》:"成王封伯禽于鲁,周公诫之曰:'吾于天下,亦不轻矣,然一沐三握发,一饭三吐哺,犹恐失天下之士。'"见《史记·鲁周公世家》。三国魏曹植《君子行》:"周公下白屋,吐哺不及餐,一沐三握发,后世称圣贤。"

㉝下榻相迎:接待贵宾。东汉豫章太守陈蕃,平素不接待宾客,为郡中名士徐稚到来,特设一榻,徐稚去就把榻挂起来。见《后汉书·徐稚传》。唐王勃《滕王阁序》:"人杰地灵,徐孺下陈蕃之榻。"

㉞倾盖而语:盖,车盖。路上相遇停车,车盖相交。因称一见如故为倾盖。《孔子家语·致思》:"孔子之郯,遭程子于涂,倾盖而语,终日甚亲,顾谓子路曰:'取束帛以送先生。'"

㉟伯牙绝弦句:春秋时,伯牙善鼓琴,钟子期善听。伯牙鼓琴,志在登高山,钟子期曰:"善哉,巍巍兮若泰山。"志在流水,钟子期曰:"善哉,洋洋兮若江河。"后钟子期死,伯牙以世无知音,遂破琴绝弦,终身不复鼓琴。见《列子·汤问》《吕氏春秋·本味》。

㊱管宁割席句:三国魏管宁与华歆曾同席读书,有乘轩冕过门者,管宁读书如故,华歆则放下书出看。宁割席分坐曰:"子非吾友也。"见《世说新语·德行》。后用来比喻朋友绝交。

㊲分金多与句:春秋时管仲与鲍叔最友好,二人经商所得之利,管仲辄多取。

《史记·管晏列传》:“管仲曰:‘吾始困时,尝与鲍叔贾,分财利多自与,鲍叔不以我为贪,知我贫也。”

㊳绨袍垂爱句:战国魏人范雎,字叔,先事魏中大夫须贾,后随须贾出使齐国,齐王闻雎口辩,赐之金,贾疑雎以魏事阴告齐。归告魏相,范雎受笞几至死。魏人郑安平救之,变姓名为张禄,与秦使王稽入秦,秦昭王以雎为相。后须贾为魏使至秦,雎敝衣微行见贾,贾惊问曰,吾以汝为死矣,今尚在,所作何事。雎曰:为人佣赁。贾以己绨袍赠之。见《史记·范雎列传》。

㊴尽东南之美:宾客和主人都是东南的优秀人物。唐王勃《滕王阁序》:“台隍枕夷夏之交,宾主尽东南之美。”

㊵切偲(cāi 猜)之诚:切磋、勉励的诚意。《论语·子路》:“朋友切切偲偲。”省略为切偲。切,恳切;偲,勉励督促。

【今译】

取善辅仁,全靠朋友;往来交际,各做主宾。你我同心叫“金兰”;朋友切磋叫“丽泽”。主人叫东主;老师叫西宾。父亲的朋友称父执;自己的同事叫同袍。心志相合叫“莫逆”;老幼相交叫“忘年”。蔺相如和廉颇,有生死与共的交情,叫“刎颈交”;孙伯符和周瑜,小的时候就很亲密,叫“总角交”。雷义和陈重的友情,像胶和漆那样投合难分;元伯与巨卿的约会,虽隔两年备好鸡黍以待。与好人相交,如同进入芝兰的屋子,历久不闻其香;与恶人相交,如同进入鲍鱼的市场,历久不闻其臭。真诚相待,才算是心腹朋友;意气不合,可说是口头之交。彼此不合,好比参商;彼此结仇,如同冰炭。人失情义,连干粮都不备,待客实在太薄情;他山的石,可以用来琢玉,交友能得到好处。“落月屋梁”,是杜甫梦见李白的容颜;“暮云春树”,是杜甫想望李白的仪容。王阳当了官,贡禹弹冠相庆等推荐;杜伯并无罪,左儒宁为友死不殉君。分首判袂,是离别的说法;拥篲扫门,是要迎接贵宾。陆凯折梅花给驿使,作诗说“聊赠一枝春”;王维折柳条给友人,就唱出“阳关三叠曲”。常来无顾忌,叫做“入幕之宾”;不请自来的,叫做“不速之客”。不再设醴酒,楚王戊对士太怠慢;投辖于井中,汉陈遵留客很殷勤。听说王粲到来,蔡邕倒穿鞋子去迎接;知道贤士来访,周公握着头发去接待。陈蕃敬重徐稚,下榻招待;孔子路遇程子,倾盖交谈。伯牙失去子期,不再鼓琴,因为没有知音;管宁看清华歆,分开座席,因为不是同志。分余利多给管仲,是鲍叔知道管仲家里贫穷;把绨袍赠给范睢，是须贾可怜范睢生活窘迫。须知宾主是用情来联系的，应集合东南名士；朋友是用义来结交的，应有切磋的诚意。

【原文】

（增）仲尼老子，可谓通家①；管子鲍叔可称知己②。伯桃并粮于共事，甘殒流离③；子舆裹饭于同侪，不忘贫贱④。向嵇偶锻于柳中⑤；元白衔杯于花下⑥。程普见容于周瑜，若饮醇醪自醉⑦；周举得亲于黄宪，不披绵纩犹温⑧。贵贱不忘，素犬丹鸡定约⑨；生死与共，乌牛白马盟心⑩。面前便失人，刘巴不与张飞语⑪；事后方思友，周顗还厝王导悲⑫。吕安动遐思，千里命寻嵇之驾⑬；子猷怀雅兴，三更泛访戴之舟⑭。尹敏班彪，岂云面友⑮；山涛阮籍，是谓神交⑯。孔融座中常满，必然有礼招徕⑰；毛仲堂上全无，定是乏才感召⑱。式饮式食，敢曰无鱼；必敬必恭，何尝叱狗⑲？韩魏公堂前有士，风流态度，得赠女奴⑳；李文定门下何人，新巧诗联，乃逢天子㉑。熊非清渭逢何暮，无任凄怆㉒；客有可人期不来，岂胜慨叹㉓！

【注释】

①通家：世代有交谊之家。东汉李膺为河南尹，非当世名人或通家皆不见。孔融年仅十岁，见李膺曰："我是李君通家子弟。"膺问融何所由。融对曰："先君孔子与君先人李老君同德比义，而相师友，则融与君累世通家。"见《后汉书·孔融传》。

②知己：最了解自己的人。鲍叔牙有疾，管仲曰："生我者父母，知我者鲍子。鲍子死，天下不与我知矣！"见《韩诗外传》。又汉刘向《说苑·复恩》："管仲曰：'生我者父母，知我者鲍子也。士为知己者死，而况为之哀乎？'"

③伯桃并粮：左伯桃，战国燕人，与羊角哀为友。二人闻楚王贤，去楚求仕，路遇雨雪，估计两人不能同生，于是伯桃将衣粮并与角哀，自入空树中死。角哀独行至楚为官，显名当世。后角哀葬伯桃，为显朋友之名，遂自杀。后称二人为死友。《后汉书·申屠刚传》注引《烈士传》。

④子舆裹饭：子舆与子桑为友，遇霖雨十日。子舆裹饭送与子桑。《庄子·大宗师》："至子桑之门，则若歌若哭，鼓琴曰：'父耶，母耶！天乎，人乎！'子舆曰：'子之歌，何故若是？'子桑曰：'吾思乎使我至此极者。'"

⑤向嵇：晋向秀与嵇康。向秀，字子期；嵇康，字叔夜。嵇康修养性服食之事，弹琴咏诗以自足，曾为中散大夫。最初，康家贫，曾与向秀共锻于大树下，以自给。

见《晋书·嵇康传》。

⑥元白：唐元稹与白居易。元稹，字微之；白居易，字乐天。元和四年，元稹奉使去东川，白居易在长安与弟弟在李杓直家饮酒，席上思念元稹，写下《同李十一醉忆元九》："花时同醉破春愁，醉折花枝当酒筹。忽忆故人天际去，计程今日到凉州。"

⑦程普句：三国吴人程普，字德谋。与周瑜（字公瑾）均为吴国的大臣。《三国志·吴志·周瑜传》注引《江表传》："普颇以年长，数陵侮瑜，瑜折节容下，终不与校。普后自敬服而亲重之。乃告人曰：'与公瑾交，若饮醇醪，不觉自醉。'"醇醪，醇厚的美酒。

⑧周举句：东汉周举，字宣光。黄宪，字叔度，学问深宏，当时士大夫无不敬服。周举尝曰："吾时月不见黄叔度，则鄙吝之心已复生矣。一见黄叔度，令人不绵自暖。"见《后汉书·黄宪传》《世说新语·德行》。

⑨素犬丹鸡定约：晋周处《风土记》："越俗率朴，初与人交，封土坛，祭以白犬丹鸡，盟曰：'君乘车，我戴笠，他日相逢下车揖；君担担，我跨马，他日相逢为君下。'"

⑩乌牛白马盟心：三国时，刘备、关羽、张飞三人桃园结义。《雅俗故事读本·朋友宾主》："今无白马乌牛之祀。"《注》："刘备与关羽、张飞三人在桃园中结为兄弟，杀白马以祀天，杀乌牛以祭地。不愿同年同月同日生，只愿同年同月同日死。"

⑪刘巴不与张飞语：三国时蜀人刘巴不与张飞交谈。《三国志·蜀志·刘巴传注》："张飞尝就巴宿，巴不与语。诸葛亮谓巴曰：'飞虽武人，恭慕足下，宜少降意。'巴曰：'大丈夫处世，当交四海英雄，如何与兵子共语乎。'"

⑫周颛还厘王导悲：晋周颛，字伯仁，少有重名。元帝时为尚书左仆射。王导之从父兄生敦谋反，王导待罪，周颛上表救王导而王导不知。后王敦得志，问王导周颛如何？王导不答。王敦遂杀周颛。后王导见周颛营救自己的表章，泣曰："吾虽不杀伯仁，伯仁由我而死，幽冥之中负此良友。"见《晋书·周颛传》。

⑬吕安句：晋吕安，字中悌，与嵇康友善，服嵇康高致。尝千里驾车访嵇康。《世说新语·简傲》："嵇康与吕安善，（吕）每一相思，千里命驾。"

⑭子猷句：晋王子猷与戴安道友好。《世说新语·任诞》："王子猷居山阴，夜大雪，觉眠，开室命酌酒……忽忆戴安道，时戴在剡，即便夜乘小舟就之，经宿方至，造门不前而返。人问其故。王曰：'吾本乘兴而行，兴尽而返，何必见戴。'"

⑮尹敏、班彪：东汉尹敏，字幼季；班彪，字叔皮，两人友善。《后汉书·尹敏传》："（尹）与班彪亲善，每相遇辄日旰忘食，夜分不寐。自以为钟期伯牙、庄周惠施之相得也。"面友，相交不真诚的朋友。汉杨雄《法言·学行》："朋而不心，面朋也；友而不心，面友也。"

⑯山涛、阮籍:晋山涛、阮籍均为竹林七贤之一,见《叔侄》"竹林"注。晋袁宏《山涛别传》:"陈留阮箱、谯国嵇康,并高才远识……涛初不识,一与相遇,便为神交。"神交,精神之交。指以道义相交,推心置腹。《三国志·吴志·诸葛瑾传》注引《江表传》:"孤与子瑜可谓神交。"

⑰孔融句:孔融,字文举,东汉鲁国人,孔子二十世孙,曾任北海太守,后居家,喜才爱士,宾客常盈门。常叹曰:"坐上客常满,樽中酒不空,吾无忧矣。"见《后汉书·孔融传》。

⑱毛仲句:毛仲,即王毛仲,高丽人,事唐玄宗于东宫,因诛萧至忠等有功,进辅国大将军。毛仲曾向玄宗说他家无佳宾。玄宗曰:"知汝不能致者,宋璟也。"明日,悉令宰相去毛仲宅。宋璟日中方至,饮未尽一卮。遂称腹痛离去。新旧《唐书》有传。

⑲式饮式食两句:式,规格,法则。战国时齐孟尝君田文在薛,招致诸侯宾客,以故倾天下之士,食客数千人。有客名冯煖,以食无鱼、出无车、无以为家,三次作长铗归来之歌。孟尝君礼遇之,悉如其所求。见《史记·孟尝君列传》。厨中食列三等,上等食肉,中等食鱼,下等食菜。"食之比门下之鱼客。"见《烈士传》。叱狗,大声呵斥狗。《礼记·曲礼上》:"尊客之前,不叱狗。"

⑳韩魏公句:宋韩琦,字稚圭,英宗时封魏国公。天资忠朴,折节下士,无论贵贱,均待之以礼,尤重选拔人才。在中山时,有门客越墙宿娼,公闻之,作诗曰:"殷勤洗濯加培植,莫遣狂枝乱出墙。"客复诗曰:"主人若肯怜高节,莫为狂枝赠斧戕。"公遂赠客一女奴。韩琦《宋史》有传。

㉑李文定句:宋李迪,字复古,真宗时官资政殿大学士、同平章事,章献太后时,正色危言,时称贤相,死后,谥号文定。文定死时,章献皇后来奠,见屏间有文定客王奇汉诗。皇后喜悦,当即召见,并许赴殿试。王奇汉有谢诗曰:"不拜春官为座客,亲奉天子作门生。"李迪、章献皇后,《宋史》有传。

㉒熊非清渭句:宋石曼卿在豹隐堂留诗中的一句。宋赵槩,字叔平,仁宗时官至枢密使参知政事。未官时,曾游学涟水,郡守曾召至门下。后显贵,人名其堂曰豹隐堂。石延年,字曼卿,有诗云:"熊非清渭逢何暮,龙卧南阳去不还。年少客游今郡守,蔚然疑在立谈间。""熊非清渭逢何暮",意思是得志太迟。赵槩,《宋史》有传。

㉓客有可人句:宋陈师道诗中的句子。陈师道,字履常,少时苦志力学,但绝意仕进。工诗文,与黄庭坚并称。为人高介有节,安贫乐道。一度任秘书省正字,人称后山先生。他曾有诗曰:"书当快意读易尽,客有可人期不来。世事相逢但如此,好怀百岁几时开。"可人,使人满意的人、能干的人。"客有可人期不来",意思是得意之事,常常迟迟不来。陈师道,《宋史》有传。

【今译】

（增）孔子和老子，可说是通家；管仲和鲍叔，可称为知己。伯桃把粮并给羊角哀，甘心去死以免朋友流离；子舆包了饭送给子桑，困难时不忘记贫贱朋友。向秀和嵇康曾在柳树下打铁；元稹和白居易在花下吃过酒。程普敬服周瑜，说与周瑜相交，好比吃了醇酒，不觉自醉；周举佩服黄宪，说一见到叔度，好比不穿绵衣，也觉温暖。杀白狗赤鸡来定"贵贱不忘"的约；宰乌牛白马来结"生死与共"的交。刘巴不和张飞在一起讲话，面前便失去了好人；王导翻着周颛救己的表文，事后才思念到朋友。吕安想到嵇叔夜，虽然远在千里，马上驾车去寻；子猷想起戴安道，那怕已经三更，立即乘船去访。尹敏和班彪，岂是表面朋友；山涛和阮籍，真正精神相交。孔融座上宾客常满，定是用礼招来；毛仲堂上没有佳客，因为无才感召。饮食有规格，不敢说无鱼；尊客必敬恭，哪敢去叱狗。韩魏公有个门客，态度风流，送他一个女奴；李文定有个门客，联句新巧，得到皇太后赏识。"熊非清渭逢何暮"，无限凄凉；"客有可人期不来"，不胜感叹。

婚　姻　新增文七联

【原文】

　　良缘由夙缔;佳偶自天成①。蹇修与柯人,皆是媒妁之号②;冰人与掌判,悉是传言之人③。礼须六礼之周;好合二姓之好④。女嫁曰于归⑤;男婚曰完娶。婚姻论财,夷虏之道;同姓不婚,周礼则然⑥。女家受聘礼,谓之许缨;新妇谒祖先,谓之庙见⑦。文定纳采,皆为行聘之名⑧;女嫁男婚,谓之向平之愿⑨。聘仪曰雁币;卜妻曰凤占⑩。成婚之日曰星期⑪;传命之人曰月老⑫。下采即是纳币;合卺系是交杯⑬。执巾栉,奉箕帚,皆女家自谦之词⑭;娴姆训,习内则,皆男家称女之说⑮。绿窗是贫女之室;红楼是富女之居⑯。桃夭谓婚姻之及时;摽梅谓婚期之已过⑰。御沟题叶,于祐始得宫娥⑱;绣幙牵丝,元振幸获美女⑲。汉武对景帝论妇,欲将金屋贮娇⑳;韦固与月老论婚,始知赤绳系足㉑。朱陈一村而结好;秦晋两国以成婚㉒。蓝田种玉,雍伯之缘㉓;宝窗选婿,林甫之女㉔。驾鹊桥以渡河,牛女相会㉕;射雀屏而中目,唐高得妻㉖。至若礼重亲迎,所以正人伦之始㉗;诗首好逑,所以崇王化之原㉘。

　　(增)鱼水合欢,情何款密㉙;丝萝有托,意甚绸缪㉚。牵乌羊以为礼,自是古风㉛;选碧鹳以成婚,正为佳匹㉜。因亲作配,温峤曾下镜台㉝;从简去华,仲淹欲焚罗帐㉞。刘景择婿杜广,厩卒何惭㉟;挚恂定配马融,门徒有幸㊱。义重恩深,楚女因婚报德㊲;情孚意契,汉君指腹联姻㊳。贫乏奁仪,隐之之婢卖犬㊴;婿皆贤士,元叔之女乘龙㊵。俊逸裴航,蓝桥捣残玉杵㊶;风流萧史,秦楼吹彻琼箫㊷。

:::注释:::

①良缘两句:即前世就结下的姻缘。夙缔、佳偶:夙,早也;缔,结也。佳,美好;偶,配偶。

②蹇修、柯人、媒妁:蹇修,相传古时善为人作媒的人。屈原《离骚》:"解佩纕以结言兮,吾令蹇修以为理。"柯人,媒人。《诗·豳风·伐柯》:"伐柯如何,匪斧不克。取妻如何,匪媒不得。"后称为人做媒叫伐柯。媒妁,婚姻介绍人。《孟子·滕文公下》:"不待父母之命,媒妁之言,钻穴隙相窥,逾墙相从,则父母国人

皆贱之。"

③冰人、掌判：冰人，媒人。《晋书·索纨传》："孝廉令狐策梦立冰上，与冰下人语。纨曰：'冰上为阳，冰下为阴，阴阳事也。士如归妻，迨冰未泮，婚姻事也。君在冰上与冰下人语，为阳语阴，媒介事也。君当为人作媒，冰泮而婚成。'"掌判，《周礼·地官·媒氏》："掌万民之判。"《注》："判，半也。得耦为合，主合其半，成夫妇也。"后因称媒人为掌判。

④六礼：旧时婚姻有六礼：纳采、问名、纳吉、纳征、请期、迎亲。见《仪礼·士昏礼》："下达纳采，用雁。"

⑤于归：女子出嫁。《诗·周南·桃夭》："之子于归，宜其家人。"

⑥夷虏之道：夷虏，旧时对异族的贬称。晋王通《文中子》："婚姻而论财，夷虏之道也。君子不入其乡。"《周礼》："同姓不婚，教亲也。"

⑦许缨、庙见：许缨，许婚。《礼记·曲礼上》："女子许嫁，缨。"《注》："女子许嫁系缨，有从人之端也。"庙见，到宗庙参拜祖先。古婚礼，妇到夫家，次日天明，始见夫之父母；若父母死，则于三月后到庙中参拜，称庙见。《礼记·曾子问》："三月而庙见，称来妇也。"

⑧文定、纳采：文定，择吉日纳币定婚。《诗·大雅·大明》："文定厥祥，亲迎于渭。"纳采，婚姻六礼之一，男方送求婚的礼物，即行聘。见《仪礼·士昏礼》。

⑨向平之愿：东汉向长，字子平，隐居不仕，读《易》至《损益卦》，喟然叹曰："吾已知富不如贫，贵不如贱，但未知死何如生耳。"于是在家人男女娶嫁完毕之后，与同好北海禽庆，游五岳名山，不知所终。见《后汉书·逸民传》。

⑩雁币、凤占：雁币，雁和币，古时用作婚嫁时的聘礼。在婚姻六礼中，纳征用币，其余用雁。取雁不再偶，行列有序之义。唐杨衡《夷陵郡内叙别》："雁币任野薄，恩爱像义深。"凤占，卜妻。《左传·庄公二十二年》："初懿氏卜妻敬仲，其妻占之曰：'吉。'是谓凤凰于飞，其鸣锵锵。……"

⑪星期：古时称成婚日曰星期。《诗·唐风·绸缪》："绸缪束薪，三星在天，今夕何夕，见此良人。"

⑫月老：即月下老人。唐李复言《续幽怪录·定婚店》："韦固夜经宋城，遇一老人倚囊而坐，向月检书。固问所检何书？答曰：天下之婚牍。又问囊中赤绳？答曰：以系夫妻之足，虽仇家异域，此绳一系，终不可避。"后称主管男女婚姻之神为月下老人，也称媒人。省称月老。

⑬合卺(jǐn 紧)：旧时婚礼，夫妻饮交杯酒。把瓠分成两个瓢，叫卺。新夫妇各拿一瓢来饮酒。《礼记·昏仪》："共牢而食，合卺而酳。"酳(yìn 饮)，食毕用酒漱口。

⑭巾栉、箕帚：巾栉，巾以拭手，栉以梳发。古代贵族以侍巾栉为婢妾之事，后用侍巾栉作为妻子的谦词。《左传·僖公二十二年》："寡君之使婢子侍执巾栉，

以固子也。"箕帚,指家内洒扫之事。《国语·吴语》:"勾践请盟:一介嫡女,执箕帚以晐姓于王宫。"后以执箕帚为妻子的谦词或代称。晐,备也。

⑮娴姆训、习内则:娴姆训,即熟悉姆的教训。姆,古时以妇道教女子的女教师。《仪礼·士昏礼》:"姆纚笄宵衣在其右"《注》:"姆,妇人五十无子,出不复嫁,能以妇道教人者。"习内则,学习内则。内则,《礼记》篇名,内容为规定妇女在家的言行,不许超越礼教。《礼记·内则》《疏》引郑玄《目录》:"以闺门之内,轨仪可则,故曰内则。"

⑯绿窗、红楼:唐白居易《秦中吟·议婚》:"绿窗贫家女,衣上无珍珠。红楼富家女,金缕绣襦罗。"

⑰桃夭、摽(biào 鳔)梅:桃夭,《诗经》篇名,以桃花盛开喻男女及时婚嫁。《诗·周南·桃夭》:"桃之夭夭,灼灼其华,之子于归,宜其室家。"摽梅,指梅子已熟而落。《诗·召南·摽有梅》:"摽有梅,其实七兮。求我庶士,迨其吉兮。"喻女子已到结婚年龄。摽,抛掷或坠落。

⑱御沟题叶:御沟题叶的故事,在唐宋人小说中较多,事实基本相同而人物各异。今按本书中所说为于祐的事。唐僖宗时,宫女韩翠蘋题诗于红叶上,放于御沟,士人于祐在沟外拾得,于是复题一叶放于沟内,亦为韩女所得。后十年,丞相韩泳为于祐作媒,女即韩翠蘋。礼成,泳曰:汝二人应谢媒。蘋曰:一联诗句随流水,十载幽思满素杯。今日恰成鸾凤友,方知红叶是良媒。见宋刘斧《青琐高议·流红集》。

⑲绣幔牵丝:相传唐宰相张嘉贞,欲纳郭元振为婿,张有五女,使其五女各持一丝线于幔后,使元振于幔前牵之,郭牵得一红线,得第三女,大有姿色。见五代王仁裕《开元天宝遗事》。后以促成婚姻为牵丝或牵线。

⑳金屋贮娇:汉武帝为太子时,长公主欲将女配武帝,问曰:"阿娇好否?"武帝曰:"好,若得阿娇,当作金屋贮之。"见汉班固《武帝故事》。金屋,指极华丽的屋子。唐李商隐《茂陵》:"玉桃偷得怜方朔,金屋修成贮阿娇。"后来称男子有外宠叫金屋藏娇。

㉑赤绳系足:见前"月老"注。

㉒朱陈、秦晋:朱陈,村名。唐白居易《朱陈村》:"一村唯两姓,世世为婚姻。"后用作缔结婚姻的代称。秦晋,春秋时秦晋两国世为婚姻,后称两姓联姻为秦晋之好。唐白行简《李娃传》:"明日命媒氏通二姓之好,备大礼以迎之,遂如秦晋之偶。"

㉓蓝田种玉:杨伯雍居终南山,常汲水于岭山供人饮。有一人饮后给雍石子一斗,说选好地种之,可得好玉和佳妇。杨种石得玉。右北平徐公有娇女,人求婚多不许。杨往求,徐言如得白璧一双即可。杨于种玉处得璧五双,遂娶徐女。见晋干宝《搜神记》。

㉔宝窗选婿:唐李林甫有六女,于堂壁间开一横窗,蒙上绛纱,凡有子弟进谒者,令女子窗下自选。见五代王仁裕撰《开元天宝遗事》。

㉕驾鹊桥以渡河句:见《天文》"牛女"注。

㉖射雀屏:唐高祖李渊皇后窦氏,父窦毅先时在北周为上柱国,入隋后为定州总管。《新唐书·后妃传》:"(毅)曰:'此女有奇相,见识不凡,何可妄与人。'因画二孔雀屏,问请婚者使射二矢,阴约中目则许之。射者阅数十,皆不合。高祖最后射中各一目,则许之。"

㉗人伦之始:人伦的开始。人伦,即阶级社会里人的等级关系,旧时所谓人伦,基本的是指君臣、父子、夫妇、兄弟、朋友,称五伦。《礼记·昏义》:"男女有别而后夫妇有义,夫妇有义而后父子有亲。"《礼记·中庸》:"君子之道,造端乎夫妇。"

㉘诗首好逑:《诗经》第一篇《关雎》:"窈窕淑女,君子好逑。"王化之原:为天子德化之本原。《晋书·文苑传》:"移风俗于王化,崇孝敬于人伦。"

㉙鱼水:多指君臣相遇,这里指夫妇。《管子·小问》:"齐桓公使管仲求宁戚,宁戚应之曰:'浩浩乎!'管仲不知……婢子曰:'诗有之,浩浩者水,育育者鱼。未有室家,而安召我居。宁子其欲室乎!'"

㉚丝萝:即菟丝和女萝。《诗·小雅·頍弁》:"茑与女萝,施于松柏。"菟丝、女萝皆蔓生,缠绕于树木,不易分开。后诗文中常用以比喻男女结成婚姻。《古诗十九首》:"与君为新婚,菟丝与女萝。"

㉛牵乌羊句:宋孔淳之,性高尚,与王敬泓为友,敬泓以女嫁淳之子,淳牵乌羊提壶为彩礼,人怪其礼太薄。淳之答曰:"此田父礼也。"

㉜碧鹳:唐裴宽之绰号。韦诜有女,欲嫁裴宽,对妻曰:"常求佳婿,今得矣。"次日,使其家族往观之。裴宽衣碧色,又瘦又长,族人见之皆笑,呼为碧鹳雀。诜曰:"爱其女必以为贤公侯妻也,何可以貌求人,卒妻宽。"见《唐书·裴宽传》。

㉝因亲作配句:晋温峤丧妻欲娶,其堂姑有一女甚有姿慧,属峤觅婿,峤有自婚之意。曰:"佳婿难得,但如峤比云何。"后数日,峤曰:"已觅得婚处。门第粗可,婿身名宦。尽不减峤。"因下玉镜台一枚。姑大喜。成婚之日,女以手披纱扇,抚掌大笑曰:"我固疑是老奴,果如所卜。"见《世说新语·假谲》。

㉞从简去华句:范仲淹,字希文,北宋名臣。死后赠兵部尚书,谥文正。生活俭朴,非宾客不重肉,妻子衣食,仅能自充。其子娶妇将归,仲淹闻有以罗为帐幔者,不悦曰:"吾家素清俭,安得乱吾家法。若有人持来,吾当焚之于庭。"范仲淹《宋史》有传。

㉟刘景择婿:前赵杜广,初为刘景麾卒。景问其意,杜广申叙有条。景执其手曰:吾久负贤者。归告其妻曰:为女求夫二十年,不觉麾中有麒麟。于是以女妻之。后广为殷州刺史。见《中国人名大辞典》。

㊱挚恂句：东汉挚恂，京兆人，博通百家，不应朝廷征聘，隐于南山，教授儒学，名重关西。马融，扶风人，少有俊才，从挚恂受业，博通经籍，恂爱其才，以女嫁之。后马融成为一世大儒。见《后汉书·挚恂传》及《后汉书·马融传》。

㊲因婚报德：用婚姻报答恩德。春秋时钟建为楚国大夫，吴军攻楚，进入郢都，楚昭王逃奔去郧，钟建背负楚昭王之妹季芈跟随。后王将嫁季芈，季芈辞曰："所以为女子，远丈夫也。钟建负我矣。"昭王遂将季芈嫁给钟建，并任钟为管音乐的大夫。见《左传·定公四至五年》。

㊳指腹为婚：胎儿还未出生就下婚约，这样的事历史上很多。贾复，字君文，随光武，屡立战功，封胶东侯。《后汉书·贾复传》："（贾）北与王校战于真定，大破之，腹伤创甚……光武大惊曰：'……其妇有孕，生女耶，我子娶之；生男耶，我女嫁之，不令其忧妻子也。'"孚，诚信；契，投合。

㊴贫乏奁仪句：东晋谢石请吴隐之为卫将军主薄。吴隐之将嫁女，谢石知其家贫，嫁女必困乏，下令给其厨账以助经营。使者至吴家，见其婢女正牵狗出卖，其余别无一物。见《世说新语补》、明郑暄《昨非庵日纂》，亦记其事。

㊵婿皆贤士句：东汉孙儁，字文英，与李膺（字元礼）俱娶太尉桓焉（字叔元）女为妻。时人称桓叔元两女俱乘龙，言得婿如龙也。见《艺文类聚》引张方《楚国先贤传》。此事唐徐坚等撰《初学记》引《魏志》，孙儁则为黄尚，桓焉作桓温。后美称别人女婿曰乘龙。唐杜甫《李监宅》："门阑多喜色，女婿近乘龙。"

㊶俊逸裴航句：《太平广记》卷五。"裴航"条引裴铏《传奇》：唐长庆中秀才裴航，游鄂渚，佣舟还都。同载有樊夫人，国色也。乃赂其婢投以诗。樊答诗曰："一饮琼浆百感生，玄霜捣尽见云英，蓝桥便是神仙窟，何必崎岖上玉京。"后航过蓝桥驿，得遇云英，以玉杵为聘，捣百日药，遂娶云英为妻。云英乃樊夫人云翘之妹也。后夫妻均入山仙去。

㊷风流萧史句：萧史，传说为秦穆公时善吹箫的人。汉刘向《列仙传》："（萧史）善吹箫，能致孔雀、白鹤丁庭。穆公有女，字弄玉，好之，公遂以女妻焉。日教弄玉作凤鸣。居数年，吹似凤声，凤凰来止其屋。公为作凤台，夫妇止其上。不下数年，一旦弄玉乘凤、萧史乘龙升天而去。"

【今译】

美满姻缘原是早结；美好伴侣乃是天成。蹇修、柯人，是做媒人的称号；冰人、掌判，是传话人的称呼。六礼齐备才能完婚；两姓联姻定是好合。女子嫁人叫于归；男子娶妻叫完娶。婚姻讲财礼，这是夷虏的陋习；同姓不相娶，这是周礼的法则。女家接受聘礼，叫做"许缨"；新妇拜见祖先，称为"庙见"。"文定"、"纳采"，都是男家下聘的说法；

女嫁、男婚,可说了却向平的心愿。下聘的礼物,叫雁币;占卜求妻子,叫凤占。结婚的日子,叫做星期;传宿命的人,称为月老。致送彩礼,称为纳币;合瓢饮酒,叫做交杯。"执巾栉,奉箕帚",是女方自己谦逊的言词;"娴姆训,习内则",是男方称赞女方的说法。绿窗是贫女的居室;红楼是富女的闺房。桃夭,比喻女子婚嫁及时;摽梅,是说女子婚姻已晚。在御沟留上题诗的红叶,于祐因此得到官女;在堂上绣幙外牵了红丝,郭元振竟得到美妇。武帝对长公主说娶妇,将用金屋来贮阿娇;韦固与月老谈婚姻,才知赤绳系着夫妇。朱陈一村,世代结好;秦晋两国,多次联姻。在蓝田种玉,杨雍伯有缘得佳妇;设红窗选婿,李林甫女儿自选夫。乌鹊在天河上架桥,让牛郎织女渡河相会;射孔雀屏中两雀目,唐高祖因此得到贤妻。《礼记》重视迎亲礼节,因为夫妇是人伦之始;《诗经》首先歌咏好逑,因为婚姻是王化之本。

(增)像鱼水那样合欢,两情何等亲密;像丝萝那样相托,双方何等缠绵。结婚牵乌羊做彩礼,这是古风;相女婿得到碧鹳雀,正是佳配。温峤因亲订婚,曾下玉镜台;仲淹崇简去华,要烧丝罗帐。刘景选杜广为女婿,不为厮卒而羞惭;挚恂拿女嫁给马融,只要门徒有俊才。恩义深重,楚季芈以婚姻报恩德;情意投合,汉光武指腹定下婚姻。吴隐之嫁女,缺乏嫁奁,叫婢女牵狗卖;桓叔元择婿,重视文才,人说两女乘龙。风流潇洒的裴航,在蓝桥捣药,娶了云英;善于吹箫的萧史,在凤楼吹箫,得到弄玉。

女　子　新增文十五联

【原文】

　　男子秉乾之刚；女子配坤之顺①。贤后称女中尧舜；烈女称女中丈夫②。曰闺秀，曰淑媛，皆称贤女③；曰阃范，曰懿德，并美佳人④。妇主中馈，烹治饮食之名；女子归宁，回家省亲之谓⑤。何谓三从，从父，从夫，从子；何谓四德，妇德，妇言，妇工，妇容⑥。周家母仪，太王有周姜，王季有太妊，文王有太姒⑦；三代亡国，夏桀以妹喜，商纣以妲己，周幽以褒姒⑧。兰蕙质，柳絮才，皆女人之美誉⑨；冰雪心，柏舟操，悉孀妇之清声⑩。女貌娇娆，谓之尤物；妇容姣媚，实可倾城⑪。潘妃步朵朵莲花⑫；小蛮腰纤纤杨柳⑬。张丽华发光可鉴⑭；吴绛仙秀色可餐⑮。丽娟气馥如兰，呵处结成香雾⑯；太真泪红于血，滴时更结红冰⑰。孟光力大，石臼可擎⑱；飞燕身轻，掌上可舞⑲。至若缇萦上书而救父⑳；卢氏冒刃而卫姑㉑。此女之孝者。侃母截发以延宾㉒；村媪杀鸡而谢客㉓。此女之贤者。韩玖英恐贼秽而自投于秽㉔；陈仲妻恐陨德而宁陨于崖㉕。此女之贞者。王凝妻被牵，断臂投地㉖；文叔妻誓志，引刀割鼻㉗。此女之烈者。曹大家续完汉帙㉘；徐惠妃援笔成文㉙。此女之才者。戴女之练裳竹笥；孟光之荆钗布裙㉚。此女之贫者。柳氏秃妃之发㉛；郭氏绝夫之嗣㉜。此女之妒者。贾女赠韩寿之香㉝；齐女致袄庙之毁㉞。此女之淫者。东施效颦而可厌㉟；无盐刻画以难堪㊱。此女之丑者。自古贞淫各异，人生妍丑不齐，是故生菩萨，九子母，鸠盘荼，谓妇态之变更可畏㊲；钱树子，一点红，无廉耻，谓青楼之妓女殊名㊳。此固不列于人群，亦可附之以博笑。

注释

①男子秉乾两句：男子秉天阳刚之气，女子配地阴柔之顺。《易·说卦》："乾，天也，故称呼父；坤，地也，故称呼母。""乾，健也；坤，顺也。"乾，象征阳性、刚健；坤，象征女性，柔顺。

②女中尧舜：宋哲宗即位，时年十岁，由仁宗高皇后摄政，尊为太皇太后。临政九年，罢王安石，用司马光及文彦博等人，废新法，复旧制，戒除苛政，一时政治安定，时人称为女中尧舜。见《宋书·后妃传》。

③闺秀、淑媛：闺秀，旧时称富家官宦之女。晋谢道韫，嫁王家，张玄妹嫁顾家。有济尼游王顾两家，人问两位夫人的优劣。济尼曰："王夫人神情散朗，故有林下风气；顾家妇清心玉映，自是闺房之秀。"见《世说新语·贤媛》。淑媛，淑，美好；媛，美女。三国曹植《与杨祖德书》："盖有南城之容，乃可以论于淑媛。"

④阃（kǔn 捆）范、懿德：阃范，称赞妇女的品德为阃中之模范。阃，阃门，妇女之居处。《孔子家语·本命》："教令不出阃门，事在供酒食而已，无阃外之非仪也。"懿德，美德。魏晋以后多用为对妇女的美称。同阃范。

⑤中馈、归宁：中馈，旧时指妇女在家主持饮食之事。《易·家人》："无攸遂，在中馈。"南朝陈徐陵《玉台新咏·同声歌》："绸缪主中馈，奉礼助蒸尝。"后引申为指妻子。归宁，回家省亲。《诗·周南·葛覃》："害浣害否，归宁父母。"归宁原本通指男女，后专指妇女回娘家。

⑥三从、四德：旧时，封建统治阶级奴役妇女的教条。三从，即幼从父，嫁从夫，夫死从子；四德，即在德、言、工、容等四个方面，对妇女的要求。见《礼记·郊特牲》《昏义》。

⑦周家母仪句：周代几个后妃，为妇之仪表。汉刘向《列女传》："太姜，太王之妃，生太伯、仲雍、王季，贞顺率道，无有过失，太王谋事迁徙，必与太姜；太妊，王季之妃，文王之母，端一诚庄，惟德之行。及其有娠，目不视恶色，耳不听淫声，口不出敖言，能以胎教而生文王；太姒，文王之妃，武王之母，旦夕勤劳，以尽妇道，号曰文母。"

⑧三代亡国句：桀为夏朝最后一个皇帝，妹喜为夏桀之宠妃，有施氏之女，美于色，薄于德，桀常置妹喜于膝头，言听计从，昏乱失道。后汤伐夏，放逐桀与妹喜，死于南巢。见《史记·夏本纪》及《汉书·外戚传序》颜师古注。纣为商朝最后一个皇帝，宠爱妲己，惟妲己之言是从，作淫声，厚赋税，筑鹿台，以酒为池，悬肉为林，使男女倮相逐其间，为长夜之饮；制炮烙之刑，剖大臣比干之心。周武王率天下诸侯伐纣，纣败，登鹿台自焚而死，斩妲己。见《史记·殷本纪》。周幽王宠爱褒姒，废申后及太子，立褒姒为后。褒姒不好笑，幽王欲其笑，万方故不笑，于是幽王为烽燧，诸侯率兵皆至，至而无寇，褒姒乃大笑。后申侯联合西夷犬戎攻幽王，王举烽燧，征诸侯兵，兵不至，幽王被杀于骊山之下，犬戎虏褒姒，取周之赂而去。见《史记·周本纪》。

⑨兰蕙质、柳絮才：兰蕙质，兰与蕙花开香气清幽，用以喻女性清幽高雅的品质。南朝梁江淹《潘黄门悼亡》："明月入绮窗，仿佛想蕙质。"元马致远《青杏子·姻缘曲》："标格江梅清秀，腰肢宫柳轻柔，宜止兰心蕙性。"柳絮才，指晋谢道韫的故事。谢安在下雪时与子侄辈讲论文义，问白雪纷纷何所似，其侄谢朗说："洒盐空中差可拟？"侄女谢道韫说："未若柳絮因风起。"安大笑乐。见《世说新语·语言》。宋苏轼有诗句："柳絮才高不道盐。"指此事。

⑩冰雪心、柏舟操:冰雪心,心地纯洁如冰雪。《古诗·节妇吟》:"瑶池古冰雪,为妾作心肝,死者倘复生,剖与良人看。"柏舟操,《诗·鄘风·柏舟》《小序》说:卫世子共伯早死,父母迫其妻共姜改嫁,姜作诗自誓。孀妇:寡妇。后称妇丧夫为柏舟之痛,夫死不嫁为柏舟之节。

⑪尤物、倾城:原指特色人物。《左传·昭公二十八年》:"叔向欲娶于申公巫臣氏。其母曰:'……汝何为哉,夫有尤物,足以移人,苟非德义。则必有祸。'叔向不敢娶。"《注》:"尤,异也。"后特指绝色的美女。倾城,本指倾覆邦国。《诗·大雅·瞻仰》:"哲夫成城,哲妇倾城。"多用指美女。汉武帝时,李延年有妹,姿色殊美。延年侍于武帝,酒酣作歌曰:"北方有佳人,绝世而独立,一顾倾人城,再顾倾人国,宁不知倾城与倾国,佳人难再得。"武帝因召入宫。见《汉书·外戚传·李延年》。后用倾城倾国来形容绝色的女子。

⑫潘妃句:南朝齐东昏侯,宠潘妃,凿金为莲花,贴于地上,令潘妃行走于上,曰:"此步步生莲花也。"见《南史·齐东昏侯纪》。后专以金莲指女子纤足。

⑬小蛮句:唐白居易有女侍,一名小蛮,一名樊素。小蛮善舞,樊素善歌。白居易曾写诗曰:"樱桃樊素口,杨柳小蛮腰。"见唐孟棨《本事诗·事感》。

⑭张丽华句:南朝陈后主宠妃。张妃发长七尺,鬒黑如漆,其光可鉴,特聪慧有神采,进止闲华,容色端丽。见《南史·后妃传下·张贵妃》。

⑮吴绛仙句:晋陆机《日出东南隅行》:"鲜肤一何润,秀色若可餐。"隋炀帝宫妃吴绛仙,有宠,号崆峒夫人。吴绛仙善画蛾眉,炀帝尝倚帘顾看,曰:"古人言秀色可餐,如绛仙者,真可疗饥矣。"见《侍儿小名录》。后以秀色可餐极言女子之美。

⑯丽娟:汉武帝所幸的宫人,年十四,玉肤柔软,吹气胜兰。每唱歌由李延年和之,于芝生殿,唱回风之曲,庭中花皆翻落。武帝置丽娟于明离帐中,恐污其体,又常以衣带缚丽娟之袂,恐随风而去。见东汉郭宪撰《别国洞冥记》。

⑰人真:即杨人真,唐玄宗贵妃。杨贵妃初承恩召,与父母相别,泣涕登车,时天寒,泪结为红冰。见五代王仁裕《开元天宝遗事下》。

⑱孟光句:见《夫妇》"举案齐眉"注。

⑲飞燕句:赵飞燕,汉武帝的皇后。飞燕体态轻盈,能于掌中起舞。见旧本题汉伶元撰《飞燕外传》《汉书·外戚传》。

⑳缇萦救父:见《朝廷》"汉文除肉刑"注。

㉑卢氏冒刃句:唐郑义宗妻卢氏,盗抢劫其家,人皆逃避,其婆母老而难行,卢氏冒刃立于其侧保护,被贼人鞭打,至死不去。见《新唐书·列女传·郑义宗妻卢》。

㉒侃母句:侃母,晋陶侃之母。初陶侃家贫,其友范逵来访,陶母湛氏撤卧荐以供马食,剪发出卖,置酒肴以待客人,逵闻之,叹曰:"非此母不生此子。"因荐侃

为孝廉,后为太尉。见《世说新语·贤媛》《晋书·陶侃传》。

㉓村媪句:汉武帝曾微服出行至柏谷村,亭长不纳,宿于旅店,人疑是盗。旅店主人欲执之。妪对翁曰:"我观此丈夫,乃非常人也。"于是杀鸡作食以待。见东汉班固《汉武故事》。

㉔韩玖英句:唐韩仲成女韩玖英,遇贼被执,恐为贼所辱,于是自投入于粪中,口饮粪汁,贼遂舍之而去。

㉕陈仲妻句:唐张叔明之妹,嫁与陈仲为妻。一次与二嫂在途中遇贼,恐为贼所辱,相对而言曰:"妇人以洁身为高,岂可委身取辱。"遂跳岩而死。

㉖王凝妻句:五代王凝为虢州司户,死于任内,其妻李氏携子负凝之骸骨回原籍,中途投宿,主人不纳,牵其臂而去。李氏大哭,用斧斩断己臂。开封府尹闻之,厚恤李氏,鞭挞其主人。

㉗文叔妻句:曹文叔之妻,名令,夏侯文宁之女。早寡无子,恐家人嫁己,遂断发截耳,以此自誓。后其父接之归家,劝其改嫁。令乃以刀砍鼻,誓不再嫁。

㉘曹大家句:曹大家(音姑),即汉班固之妹班昭,博学高才,嫁与曹世叔,早寡。班固著汉书八表及天文志,未成而卒。汉和帝诏命昭续成此书,数召入宫,皇后及贵人皆以师礼事之,号为曹大家。见《后汉书·列女传·曹世叔妻》。

㉙徐惠妃:唐徐孝德之女名惠,生五月能言,四岁通《论语》《诗》,八岁援笔成文,太宗闻而异之,召为才人。后太宗崩,哀慕成疾,不肯进药曰:"帝遇我厚,得先狗马侍园寝吾志也。"复为诗连珠以见意,于永徽元年卒,时年二十四岁,赠贤妃。见《新唐书·后妃传·徐贤妃》。

㉚戴女两句:东汉戴良,字叔鸾,尚侠气,优游不仕。有五女皆贤,有求婚者,即便许嫁,疏裳布被,竹笥木屐以送嫁。五女能遵其教训,皆有隐者之风。见《后汉书·逸民传·戴良》。孟光,见《夫妇》:"举案齐眉"注。

㉛柳氏句:唐任瑰,字玮,从高祖起兵,屡立战功,官至徐州总管,贞观四年卒。其妻柳氏性妒忌,先是太宗赐瑰美女二人,柳氏欲烂其发使秃。太宗闻之,令置二女于别室。任瑰,《唐书》有传。

㉜郭氏句:晋贾充,字公闾,官至司空侍中尚书令,《晋书·贾充传》:"妻郭槐性妒忌,子黎民年三岁,乳母抱之当阁,黎民见充入喜笑,充就而拊之,槐望见,谓充私乳母,即鞭杀之。黎民恋念,发病而死。后又生男,过期复为乳母所抱,充以手摩其头,郭疑乳母,又杀之,儿亦思慕而死。充遂无胤嗣。"

㉝贾女句:贾女即贾充之女。《晋书·贾充传》:"(韩寿)美姿貌、善容止,贾充辟为司空掾,充每宴宾僚,其女辄于青璅中窥之,见寿而悦焉……遂潜修音好,厚相赠结,呼寿夕入,寿劲捷过人,逾垣而至。家中莫知……时西域有贡奇香,一著人则经月不歇,帝贵之,惟以赐充……充女密盗以遗寿,充僚属与寿燕处,闻其芬馥,称之于充。自是充意知女与寿通……考问女之左右,具以状对,充秘之,遂

以女妻寿。"此句"此女之淫者","淫者",原本为"妒者",误。

㉞齐女句:北齐有公主,为乳母陈氏抚养,陈氏之子日与公主抚弄玉环。后陈子年长,遂不许入宫。公主暗约陈于元旦祆庙相会。陈氏子先至,久等不觉熟睡。公主后至,以昔日所弄玉环投陈子之怀而去。陈子觉醒,心火忽炽,遂焚其庙。见南朝宋刘敬叔《异苑》。

㉟东施效颦(pín 贫):颦,皱眉。古越国美女西施,因患心脏病而捧心皱眉,同村丑女以为美,亦捧心皱眉,而丑益增。见《庄子·天运》。庄子只说丑人,未指是谁。后《太平寰宇记》载诸暨县巫溪有西施、东施家,遂指丑女为东施。

㊱无盐刻画:战国无盐,齐宣王之后。无盐邑有女钟离春,貌极丑,四十未嫁,自见齐宣王,陈四殆之义。宣王纳为后。见汉刘向《列女传》。《晋书·周颉传》:"(颉)少有重名,神采秀彻。庾亮尝语周颉曰:'诸人咸以君方乐广。'颉曰:'何乃刻画无盐,唐突西施也。'"刻画,描摹。谓以丑妇比美人,比拟得不伦不类。

㊲生菩萨、九子母、鸠盘荼:唐裴炎,妻悍妒,曾言人妻有三可畏,少之时,视如生菩萨;及儿女满前,视之如九子母;至五六十岁,薄施妆粉,或青或黑,视之如鸠盘荼。见宋王谠《唐语林》。九子母,鬼女,生子最多;鸠盘荼,魔女之丑者。

㊳钱树子、一点红:钱树子,俗称摇钱树。唐开元时,乐伎许和子,深受唐玄宗尝识。临死,对其母曰:"阿母,钱树子倒矣!"见唐段安节《乐府杂录》。一点红,俗称妓女。青州推官刘俘尝云:"座上若有一点红,斗筲之器成千钟。"见《壬斋诗话》。

【今译】

　　男子像乾的刚健;女子像坤的柔顺。贤明的皇后,称为女中尧舜;贞烈的女子,称为女中丈夫。"闺秀"、"淑媛",是对贤女的称呼;"闺范"、"懿德",是对佳人的称赞。妇女主持饮食之事,叫做"中馈";女子回家看望父母,称为"归宁"。什么叫做三从,从父、从夫、从子;什么叫做四德,妇德、妇言、妇工、妇容。周朝有国母的榜样,是太王妻太姜,王季妻太妊,文王妻太姒;使三代亡国的女人,是夏桀宠妃妹喜,殷纣宠妃妲己,周幽妃宠褒姒。"兰蕙质"、"柳絮才",是赞美有文才的女子;"冰雪心"、"柏舟操",是颂扬最贞节的寡妇。女人容貌娇娆,叫做"尤物";女人绝色娇媚,说是"倾城"。潘妃行走,步步生莲花;小蛮腰细,纤纤像杨柳。张丽华的头发,可当镜照;吴绛仙的美色,可以充饥。丽娟呵出的气,如兰花的香,可以结成香雾;太真流出的泪,如血一样红,立刻结成红冰。孟光气力大,可以举起石臼;飞燕身子轻,能在掌上跳舞。至于像淳于缇萦上书救父;卢氏甘冒刀刃救姑。这是女中孝顺的。陶侃母剪发来款待客人；村中妪杀鸡来酬谢客人。这是女中贤惠的。韩玫英怕受贼侮辱，自己弄脏自己；陈仲妻怕损害妇德，宁可自己跳岩。这是女子中贞节的。王凝的妻臂被人牵，自己用斧砍断手臂；文叔的妻立志不嫁，自己用刀割破鼻子。这是女子中刚烈的。曹大家继续写完汉书；徐惠妃下笔就能成文。这是女子中有文才的。戴良女儿的嫁奁，是布衣竹箱；孟光的打扮穿着，是荆钗布裙。这是女子中贫穷的。柳氏要烂秃侍妾的头发；郭氏使丈夫没有后嗣。这是女子中狠妒的。贾充之女，偷香赠给韩寿；齐之公主，使袄庙被焚毁。这是女中淫乱的。东施效法皱眉；无盐由人刻画。这是女子中丑陋的。自古以来，女人贞节淫乱不同，美丽丑陋各异。所以"生菩萨"、"九子母"、"鸠盘荼"，是说女人模样变化的可怕；"钱树子"、"一点红"、"无廉耻"，是青楼中妓女不同的名称。这些本来不配列入人群，但也可以博得大家一笑。

【原文】

（增）蔡女咏吟，曾传笳谱①；薛姬裁制，雅号针神②。蛾眉队里状元，崇嘏文章洒洒③；红粉班中博士，兰英才思翩翩④。城号夫人，牢不可破⑤；军称娘子，锐而莫摧⑥。是谁佳冶唾如花，赵家飞燕⑦；若个娉婷颜似玉，秦氏文鸾⑧。徐贤妃却天子召，露沁新诗⑨；谢道韫解小郎围，风生雄辩⑩。人说骊姬专国色⑪；我云薛女是香珠⑫。慧姬振铎为严傅，颇称巾帼先生⑬；老妇吹篪当健儿，须谓裙钗将士⑭。看舞剑而工书字，必是心灵⑮；听弹琴而辨绝绞，无非性敏⑯。爱欲海，未可沉埋男子躯⑰；温柔乡，岂应老葬君王骨⑱。还讶桃叶女，横波眼最好⑲；更思孙寿娥，坠马鬓偏妍⑳。李子豪雄，红拂顿生敲户念㉑；寇公费用，茜桃应有惜缣心㉒。诗人老去莺莺在，情意绸缪；公子归来燕燕忙，私惊款洽㉓。端端体态果然端；皎皎姿容何等皎㉔。语言偷鹦鹉之舌，声律动人；文章炫凤凰之毛，英华绝俗㉕。可谓笑时花近眼；每看舞罢锦缠头㉖。

注释

①蔡女句：蔡女。东汉蔡琰，字文姬，蔡邕之女，博学而又知音律，嫁卫仲道，后为胡骑所获，居胡地二十年。曹操以金璧赎之归汉，作胡笳十八拍。后再嫁董

祀为妻。见《后汉书·列女传·董祀妻》。

②薛姬句:薛姬,魏文帝美人薛灵芸,文帝为之改名夜来。夜来妙手针工,虽处于深帷之内,不用灯烛之光,裁制立成,非夜来缝制,帝则不服,宫中号为针神。见晋王嘉《拾遗记》。

③蛾眉句:黄崇嘏(gǔ古),前蜀临邛人,工词翰,又善琴棋,妙书画。幼失父母,与老姬同居,为男子装,因失火下狱,蜀相周庠重其才,召为掾,复荐摄府司户参军,胥吏畏服。庠欲以女妻之,崇嘏呈涛自白以谢。诗中有"慕府若容为坦腹,愿天速变作男儿"之句。庠大惊。后归隐,不知所终。见《历代画史汇传六十八》。蛾眉,蚕蛾的触须,弯曲而细长,如女人长而美的眉毛。也借为美女的代称。洒洒,连绵不绝貌。

④红粉句:韩兰英,南齐吴郡人,有文辞。南朝宋孝武帝时献《中兴赋》,被选入宫。入齐,武帝以为博士,教六宫书学,以其年老多识,呼为韩公。见《江宁府志》。翩翩,轻盈、生动。

⑤夫人城:在湖北襄阳县西北。晋朱序镇守襄阳,苻丕来攻,序母韩氏登城巡视,指出西北角首当其冲,遂领侍婢及城中女子,于角斜筑城防御。苻攻西北角,城果溃,于是固守新筑之城,苻攻不下,遂退走。襄阳称为夫人城。见《晋书·朱序传》。

⑥娘子军:以妇女组成的军队。唐平阳公主嫁与柴绍,高祖起兵,公主招南山亡命之徒数百人以应高祖。后高祖渡河,公主率精兵万人,与秦王李世民会师渭北。柴绍与公主各置幕府,分定京师,号为娘子军。见《新唐书·平阳公主传》。

⑦唾如花:汉成帝后赵飞燕与其妹婕妤同坐,误唾于婕妤袖上。婕妤曰:"姊唾染入绀袖,正似石华,假使尚方为之,未必能如此。以为石花广袖。"见旧题汉伶元《飞燕外传》。

⑧颜似玉:唐刘长卿有赠秦文鸾诗:"文鸾潇洒美如玉,眉画春山螺黛绿。"

⑨徐贤妃句:徐贤妃见前"徐惠妃"注。太宗曾召妃,久不全,太宗怒,因进诗曰:"朝来临镜台,妆罢暂徘徊,千金买一笑,一召岂能来。"见《全唐诗》。

⑩谢道韫句:谢道韫见前"柳絮才"注。《晋书·列女传·王凝之妻》:"凝之弟献之,尝与宾客谈议,词理将屈。道韫遗婢白献之曰:'欲为小郎解围。'乃施青绫步幛自蔽,申献之前议,客不能屈。"

⑪骊姬:亦作丽姬。春秋时骊戎女,晋献公伐骊戎,获骊姬,立为夫人。《公羊传·僖公六年》:"骊姬,国色也,献公甚爱之。"

⑫薛女:薛瑶英,唐元载之妾。幼时,其母以香丸喂之,至长,笑语皆生香,元载号曰香珠,甚爱之。

⑬巾帼先生:即女中先生。晋韦逞母宋氏世以儒学著名。母年八十仍传父业,乃就宋氏家立讲座,书生百余人,隔绛纱帐幔以授业,时称韦氏宋母。巾帼,代

称妇女。见《晋书·列女传》。

⑭裙钗将士:即女将士。北魏杨衒之《洛阳伽蓝记》:"后魏河间王琛有妓女三百人,皆国士。有婢朝云,善吹篪,能为团扇歌、垄上声。琛为秦州刺史,诸羌外叛,屡讨不降。琛令朝云假为贫姬,吹篪而乞,诸羌闻之,悉皆流泪,相率归降。语曰:'快马健儿,不如老姬吹篪。'"篪,古代一种用竹管做成的乐器。裙钗,妇女穿裙插钗,因称妇女为裙钗。

⑮看舞剑句:卫夫人。晋卫恒从女(一说恒妹),李矩妻,名铄,字茂猗,工书法,师钟繇,擅长隶书及正书。王羲之、王献之书法,皆卫夫人所传。据说卫夫人尝看剑舞,见其回环击刺之状,大悟其诀,遂工于书。见明陶宗仪《辍耕录》、唐张怀瓘《书断》。

⑯听弹琴句:蔡文姬六岁时,蔡邕夜中弹琴,弦绝,姬曰:"第二弦。"邕复故断一弦以问之,姬曰:"第四弦。"并不差谬。见宋孔平仲《续世说》。

⑰爱欲海:佛家语,亦略称爱海。爱欲即贪欲,谓贪欲深如海。《华严经》:"破烦山,竭爱欲海。"

⑱温柔乡:谓美人闺房。汉伶元《飞燕外传》:"后是夜进合德,帝大悦,以辅属体,无所不靡,谓为温柔乡。曰:'吾老是乡矣,不能效武皇帝更求白云乡也。'"宋苏轼《次韵李邦直感旧诗》:"婉婉有时来入梦,温柔何日听还乡。"

⑲桃叶女:晋王献之妾。王献之曾于桃叶渡口赠诗曰:"桃叶复桃叶,渡江不用楫。但渡无所苦,我自来接汝。"后此渡遂名为桃叶渡。地址在今江苏江宁城秦淮口。见宋张敦颐《六朝事迹编类》、宋祝穆《方舆胜览》。

⑳堕马髻:女人发髻名,其发偏在一方。东汉梁冀妻孙寿娥,善为妖态,作愁眉、啼妆、堕马髻、折腰步、龋齿笑,以取媚梁冀。《后汉书·梁冀传》。南朝陈江总《梅花落》:"妖姬堕马髻,未插江南珰。"

㉑红拂:隋杨素侍妓,姓张名出尘。李靖以布衣进见杨素,时姬妾罗列,出尘执红拂,有绝色,唯以目视靖。其夜李靖回旅舍,出尘奔靖处曰:"妾杨家红拂妓也,丝萝愿托乔木。"乃与李靖去太原。见明张凤翼《红拂记》。

㉒茜桃:宋寇准之妾,能诗词。一次寇公赠歌妓一束绫,歌妓意不足。茜桃作诗曰:"一曲清歌一束绫,情人何事意嫌轻。不知织女寒窗下,几度抛梭织得成。"见《侍儿小名录》。

㉓莺莺、燕燕:莺莺,崔莺莺。唐张生游于蒲州,于普救寺遇孀妇崔氏,崔氏命女莺莺出拜,莺莺颜色绝异,光彩照人。后张生与莺私会于西厢。张生离开普救寺后竟抛弃莺莺。多年后张生过莺莺处求见,莺莺写诗拒之。见唐元稹《会真记》。燕燕,指赵飞燕。汉成帝尝微行,过阳阿主家,见飞燕而悦之,遂召入宫。有童谣曰:"燕燕尾涎涎,张公子时相见。"帝微行尝与张放同行,人曰张公子。见《汉书·外戚》《飞燕外传》。后宋张子野年老欲买妾,苏轼有诗:"诗人老去莺莺

在,公子归来燕燕忙。"

㉔端端、皎皎:端端,李姓,妓女名。唐崔涯与张祐齐名,每题一诗于娼肆,誉之则车马继来,毁之则杯盘失错。曾嘲李端端云:"黄昏不语不知行,鼻似烟囱耳似铛,独把象牙梳插髻,昆仑山上月初生。"端端因此心忧成病,乞更改之,二人更改云:"觅得骅骝披绣鞍,善和坊里取端端,扬州近日浑相诧,一朵能行白牡丹。"于是大贾豪富竞至其户。见唐范摅《云溪友议》。唐白居易曾为一妓女取名皎皎。以种类不明,取古诗"皎皎河汉女"之义以讥之。

㉕语言偷鹦鹉之舌两句:唐时,蜀之名妓薛涛,元稹有诗《寄赠薛涛》:"锦江滑腻蛾眉秀,幻出文君与薛涛,言语巧偷鹦鹉舌,文章分得凤凰毛。纷纷辞客多停笔,个个公卿欲梦刀,别后相思隔烟水,菖蒲花发五云高。"见《全唐诗》。

㉖可谓笑时两句:唐杜牧有赠妓诗:"百宝妆腰带,真珠络臂鞲。笑时花近眼,舞罢锦缠头。"锦缠头,赏赐给歌舞妓的礼物。

【今译】

(增)蔡文姬知音律,谱写了胡笳十八拍;薛灵芸工剪裁,汉宫称赞她是针神。蛾眉队里的状元,黄崇嘏的文章流畅;红粉班中的博士,韩兰英的才思敏捷。朱序母筑的夫人城,牢不可破;柴绍妻领的娘子军,锐不可当。那个唾液吐出来像花,是赵飞燕;那个容貌娇美得像玉,是秦文鸾。徐贤妃拒受皇帝召幸,进献新诗;谢道韫帮助小叔解围,论辩有力。骊姬特别美丽,人称国色;薛女笑语生香,人叫香珠。韦母设帐教学,人称女先生;老妇吹篪退敌,人称女将士。看剑舞后书法越佳,必定心思灵巧;听琴声能分辨弦断,真是感觉敏捷。佛家说的爱欲海,未必沉溺男儿身躯;成帝爱的温柔乡,哪能埋葬君王之骨。惊讶桃叶女,横波眼最美好;更想孙寿娥,堕马髻更妍丽。李靖的雄豪,使红拂妓生了晚上敲户的念头;寇公的费用,让茜桃妾动了爱惜缣帛的心思。诗人老去莺莺在,是形容张生与崔莺的情意绸缪;公子归来燕燕忙,是指的成帝与飞燕的私情款曲。端端的体态,果然是端;皎皎的姿容,多么的皎。薛涛说话好比鹦鹉舌头的圆转,声音韵律动人;薛涛的文章好像凤凰羽毛的华美,绚丽超过寻常。妓女笑起来好像花近眼;妓女舞罢后就要锦缠头。

外　戚　新增文十联

【原文】

　　帝女乃公侯主婚,故有公主之称①;帝婿非正驾之车,乃是驸马之职②。郡主县君皆宗女之谓③;仪宾国宾,皆宗婿之称④。旧好曰通家;好亲曰懿戚⑤。冰清玉润,丈人女婿同荣⑥;泰山泰水岳父岳母两号⑦。新婿曰娇客;贵婿曰乘龙⑧。赘婿曰馆甥;贤婿曰快婿⑨。凡属东床,俱称半子⑩。女子号门楣,唐贵妃有光于父母⑪;外甥称宅相,晋魏舒期报于母家⑫。共叙旧姻,曰原有瓜葛之亲⑬;自谦劣戚,曰忝在葭莩之末⑭。大乔小乔,皆姨夫之号⑮;连襟连袂,亦姨夫之称⑯。蒹葭依玉树,自谦借戚属之光⑰;茑萝施乔松,自幸得依附之所⑱。

　　（增）卢李之亲;苏程之戚⑲。王茂弘呼何充以麈尾⑳;杨沙哥引崔嫂以油幢㉑。林宗贷钱,宁以贫穷为病㉒;彦达分秩,不将富贵自私㉓。直卿果重亲情,相邀会食;潘岳能敦戚谊,每令弹琴㉔。王通执内弟之丧㉕;行冲称外家之宝㉖。骑驴以追姑婢,仲容不顾居丧㉗;披扇而笑老奴,温峤自为媒妁㉘。介妇冢妇,不敢并行㉙;先生后生,原为同出㉚。智能散宝,为侄弃军㉛;兆卜张弧,因姬遣嫁㉜。聂政非无贤姊㉝;屈平亦有女婺㉞。莫嫌萧氏之姻㉟;宜学郝家之法㊱。

注释

　　①公主:帝王、公侯的女儿。《事物纪原·帝王后妃部·公主》:《春秋公羊传》曰:"天子嫁女于诸侯,至尊不自主婚,必使诸侯同姓者主之,谓之公主。盖国事也。"但唐徐坚等撰《初学记》则谓:"按周时天子之女称王姬,不闻有公主之称,同姓主婚之事亦不见经传。"公主称始见于战国。《史记·吴起列传》:"公叔为相,尚魏公主。"此为诸侯之女出嫁者。汉制,皇帝女称公主,皇帝姊妹称长公主,皇帝之姑称大长公主。

　　②驸马:官名,汉武帝时置驸马都尉,掌驸车之马,多由宗室及外戚子孙担任。魏晋以后,帝婿例加驸马都尉称号,非实官。

　　③郡主、县君:东汉时公主,有县公主、乡亭公主,至晋始有郡公主。唐制,太子女为郡主,亲王女为县君。明清则亲王女为郡主,郡王女为县主。县君,晋时妇女的封号。唐、宋、元皆以五品官母、妻为县君,但宋徽宗后,废郡、县君,改称夫

人、淑人等。明清只有宗室之女称县君,位于郡主、县主之次。

④仪宾、国宾:仪宾,明制定亲王、郡王的女婿为仪宾。《续通典·礼·公主下降仪》:"明年又定公主郡主封号婚仪及驸马仪宾品秩。"国宾,作为宗室之婿的称号,则无据。(注者:"宾"疑为"婿"。)

⑤懿亲、通家:懿亲,也作至亲;称皇室亲族、外戚。周襄王将以狄伐郑,富辰谏曰:"召穆公纠合宗族于成周,作棠棣之诗曰:'兄弟阋于墙,外御其侮。'如是则兄弟虽有小忿,不废懿亲。"见《左传·僖公二十四年》。《晋书·苻坚载记》:"王猛以宏材纬军国,苻融以懿戚赞经纶。"通家,见《朋友宾主》注。

⑥冰清玉润:像冰一样晶莹,如玉一般润泽。南朝宋刘义庆《世说新语·言语》刘孝标注引《卫玠别传》:"裴叔道曰:'妻父有冰清之姿,婿有璧润之望。'"原指乐广和其女婿两人品行洁白。后常比喻人品高洁。明高濂《玉簪记》:"他是冰清玉润,怎能肯随波逐尘。"

⑦泰山泰水:旧时称妻父为泰山。唐段成式《酉阳杂俎》:"(唐)明皇封禅泰山,张说为封禅使。说女婿郑镒,本九品官,旧例,封禅后自三公以下皆迁转一级,惟郑镒因说骤迁五品,兼赐绯服。玄宗见镒官位腾跃,怪而问之,镒无词以对。黄幡绰曰:'此泰山之力也。'"泰水,旧时称妻母为泰水。宋晁补之《晁氏客语》:"呼妻父为泰山……又有呼妻母为泰水。"清梁章巨《称谓录》:"案此即因妻父称泰山而推之,知此称宋时已然耳。""泰山泰水",原本为"泰水泰山"。

⑧娇客、乘龙:旧时对人女婿的美称。娇客,宋黄庭坚《次韵子瞻和王子立风雪败书屋有感》:"妇翁不可挞,王郎非娇客。"宋陆游《老学庵笔记》:"吴益以爱婿为娇客。"乘龙,见《婚姻》注。赘婿,原本为"留婿"。

⑨馆甥、快婿:馆甥,旧时对女婿的又一称呼。《孟子·万章下》:"舜尚见帝,帝馆甥于贰室。"《注》:"礼,谓妻父曰外舅,谓我舅者,吾谓之甥。尧以女妻舜,故称舜甥。"后因称女婿为馆甥。快婿,满意的女婿。《魏书·刘昞传》:"向闻先生欲求快女婿,昞其人也。"后因称女婿为快婿。

⑩东床、半子:女婿的又一称呼。南朝宋刘义庆《世说新语·雅量》:"郗太傅在京口,遣门生与王丞相(导)书,求女婿……门生归白郗曰:'王家诸郎亦皆可嘉,闻来觅婿,咸自矜持,唯有一郎在东床上坦腹卧,如不闻。'郗公曰:'此正好!'访之,乃是逸少(羲之),因嫁女与焉。"后称人女婿为令坦或东床。半子,《新唐书·回鹘传》:"昔为兄弟,今婿,半子也。"

⑪门楣:门上横梁,借指门第。唐陈鸿《长恨歌传》:"(杨妃)叔父昆弟皆列位清贵,爵为通侯,姊妹封国夫人……故当时歌谣有云:'生女勿悲酸,生男勿欢喜。'又曰:"男不封侯女作妃,看女却为门上楣。"

⑫宅相:旧时称外甥为宅相。《晋书·魏舒传》:"(舒)少孤,为外家宁氏所养。宁氏起宅,相宅者云:'当出贵甥。'……舒曰:'当为外氏成此宅相。'"即魏舒

表示今后努力图显贵,以证实舅宅当出贵甥的相法。后用此作外甥的典故。"宅相",原本为"相宅",误。

⑬瓜葛之亲:瓜和葛均为蔓生植物,比喻互有牵连,多指亲戚。东汉蔡邕《独断》:"四姓小侯皆侯家妇,凡与先帝先后有瓜葛者……皆会。"晋王导尝与王悦下棋,相争道。导笑曰:"讵得尔?相与似有瓜葛。"见《世说新语·排调》。

⑭葭莩(jiā fú家浮)之末:喻关系很疏远。葭莩,芦苇中的薄膜。《汉书·中山靖王传》:"今群臣非有葭莩之亲,鸿毛之重,群居党议,朋友相为,使夫宗室摈却,骨肉冰释。"后泛称戚属为葭莩。

⑮大乔小乔:为三国时乔公的两个女儿。乔一作桥。《三国志·吴志·周瑜传》:"(孙)策欲取荆州,以瑜为中护军,领江夏太守,从攻皖,拔之。时得乔公二女,皆国色也,策自纳大乔,瑜纳小乔。"唐杜牧《赤壁》:"东风不与周郎便,铜雀春深锁二乔。"

⑯连襟、连袂:均为姊妹丈夫的互称。宋马永卿《懒贞子·亚婿》:"《尔雅》:'两婿相谓为亚。'《注》云:'今江东人呼同门为僚婿,严助传呼友婿,江北人呼连袂,又呼连襟。'"

⑰蒹葭依玉树:谓美丑不类。后为借人之光的谦称。南朝宋刘义庆《世说新语·容止》:"魏明帝使后弟毛曾与夏侯玄共坐,时人谓蒹葭依玉树。"《注》:"魏志曰:'玄为黄门侍郎,与毛曾并坐,玄甚耻之,曾悦形于色,明帝恨之,左迁玄为羽林监。'"

⑱茑萝施乔松:茑萝,蔓生植物。《诗·小雅·頍弁》:"茑与女萝,施于松柏。"比喻兄弟亲戚缠绕依附之意。

⑲卢李、苏程:卢李,指唐卢纶与李益。二人均为大历十才子中之杰出者。纶与益为内兄弟。见《容斋随笔》。宋苏轼与程德儒为表兄弟。苏曾有《上表弟程德儒生日诗》。

⑳王茂弘句:王茂弘即晋王导,晋元帝时为丞相,历任三朝,官至太傅。其姊之子何充,曾去王导家,导用麈尾指床呼充共坐曰:"此是君坐也。"后充亦为显官。见《晋书·何充传》。

㉑杨沙哥句:唐杨汝士,小字沙哥,白居易妻兄。曾为东川节度使。白居易《杨六尚书新授东川节度使代妻戏贺兄嫂二绝》其一:"刘纲与妇共升仙,弄玉随夫亦上天。何似沙哥领崔嫂,碧油幢引向东川。"见《新唐书·杨汝士传》《全唐诗》。

㉒林宗贷钱:东汉郭太,字林宗,家世贫贱,早孤。母欲使给事县廷。林宗曰:"大丈夫焉能处斗筲之役乎?"遂辞,去成皋从屈伯彦学。三年业毕,博通故籍,善谈论,美音制。见《后汉书·郭太传》。《别传》说他去成皋时,向姊夫贷钱五千,并日而食,衣不蔽体,以盖幅自障出入。

㉓彦达分秩:宋庾彦达为益州刺史,携带其姊赴任,分自己禄秩之半,以供其姊膳食之资。见《宋书》(录原注)。

㉔潘岳能敦戚谊句:晋阮瞻,字千里,阮咸之子。性清虚寡欲,自得于怀,读书不甚研求,而默识其要。善于弹琴,求听者不问贵贱均弹之。内兄潘岳,令其鼓琴,终日达夜,无不悦之色。由是识者叹其恬淡不可荣辱。见《晋书·阮籍传附阮瞻传》。

㉕王通句:隋王通,绛州龙门人,隋朝时大儒,初为蜀郡司户书佐,大业末年,弃官归隐,依著书讲学为业。著有《元经》《中说》,皆为儒称道。死后,门人薛收等共议,谥号文中子。见《旧唐书·王勃传》。文中子,丧内弟,自己不饮酒食肉。见宋谢维新《合璧事类》。

㉖行冲句:《新唐书·韦述传》:"元行冲,(韦)景骏姑子也,为时儒宗,常载书数车自随。(景骏之子)述入其室观书,不知寝食,行冲异之,试与语前世事,详谛如指掌。然使属文,授纸辄就。行冲曰:'外家之宝也。'"

㉗骑驴以追姑婢句:《世说新语·任诞》:"阮仲容先幸姑家鲜卑婢,及居母丧。姑当远移,初云:'当留婢。'即发,定将去。仲容借客驴着重服自追之,累骑而返。曰:'人种不可失。'即遥集之母也。"

㉘披扇而笑老奴句:见《婚姻》"因亲作配"注。

㉙介妇、冢妇:介妇,众子之妻;冢妇,嫡长子之妻。《礼记·内则》:"介妇请于冢妇……舅姑若使介妇,毋敢敌偶于冢妇,不敢并行,不敢并命,不敢并坐。

㉚先生、后生:《尔雅·释亲》:"女子同出,先生为姒,后生为娣。"《注》:"同出,谓俱嫁一夫。"又:"娣妇谓长妇为姒妇。"除上述外,又对妾称娣。《诗·大雅·韩奕》:"诸娣从之,祁祁如云。"《传》:"诸娣,众妾也。"

㉛智能散宝句:汉高后死,吕产吕禄兄弟谋作乱,犹豫未有所决。吕禄出游,过其姑吕须处。吕须,樊哙之妻也。须怒曰:"溃为将而弃军,吕氏今无处矣。"乃悉出珠玉宝器,散堂下,曰:"无为他人守也。"见《汉书·高后纪》。

㉜兆卜张弧句:春秋晋献公嫁妹,占卜不吉。《左传·僖公十四年》:"初,晋献公筮嫁伯姬于秦,遇归妹之睽。史苏占之曰:'不吉。'……归妹睽孤。寇张之弧,侄从其姑。""寇张之弧"《传》:"遇寇难而有弓矢之警,皆不吉之象。"

㉝聂政非无贤姊:聂政有好姐姐。战国时聂政为严仲子报仇,行刺韩相侠累,之后自皮面抉眼出肠而死,以免被人认出而连累其姊聂荣。韩暴聂政尸于市,悬赏千金以求有识之者,久之无人能识。聂政姊闻之立即赴韩之市,伏尸大哭,曰:"是轵深井里聂政也。妾奈何畏殁身之诛,终灭贤弟之名。"乃大呼天者三,死于政之旁。见《史记·刺客列传》。

㉞女媭:多谓为屈原之姊。战国楚屈原《离骚》:"女媭之婵媛兮,申申其詈予。"王逸《楚辞章句》"女媭,屈原姊也。"女媭究竟是什么人,有侍妾、侍女、女伴

多种说法。但从《离骚》文例来看,应是屈原虚构的一位"老大姐"式的人物。

㉟莫嫌句:唐高宗女太平公主欲嫁与光禄卿薛曜之子薛绍,天后(即则天皇后)以薛绍兄薛顗之妻萧氏,顗弟绪之妻成氏非贵族,欲出之。曰:"我女岂可使与田舍女为妯娌耶!"或曰:"萧氏,萧瑀之侄孙,国家旧姻。"乃止。萧瑀,太宗时大臣,其子萧锐曾娶太宗之女襄城公主。见《资治通鉴·唐高宗开耀元年》。

㊱宜学句:晋司徒王浑之妻钟氏,为太傅钟繇之曾孙,王浑弟湛之妻郝氏,皆有才德。钟氏门第虽高,妯娌二人相处极亲爱,钟不以贵陵郝,郝不以贱下钟。时人称钟夫人之礼,郝夫人之德。见南朝宋刘义庆《世说新语·贤媛》。

【今译】

皇帝女儿,由公侯主婚,故称公主;皇帝女婿,掌驸车之马,故称驸马。称呼皇帝宗室之女,叫郡主、县主;称呼皇帝宗氏之婿,叫仪宾、国宾。几世交好,叫通家;亲情密切,叫懿戚。"冰清玉润",是岳父女婿都光荣;"泰山泰水",是岳父岳母的名号。新婚的女婿,叫"娇客";尊贵的女婿,叫"乘龙"。招赘的女婿,叫"馆甥";贤才的女婿,叫"快婿"。东床是女婿的别号,凡是东床,都是半子。女子称门楣,因为杨贵妃使他父母光荣;外甥叫宅相,因为晋魏舒想给母家报恩。共叙旧亲,就说原有瓜葛之亲;自谦远亲,就说仅在葭莩之末。"大乔、小乔",是姨夫的称号;"连襟、连袂",也是称呼姨夫。借重亲戚,自谦兼葭依附在玉树上,得到依靠,自谦茑萝攀附在松柏上。

(增)李益卢纶是内兄弟;苏轼德儒是表兄弟。王茂弘用麈尾叫何充来共坐;杨沙哥用油幢引崔嫂去东川。郭林宗向舅借钱,不是忧虑贫穷;庾彦达分禄给姊,富贵并不自私。直卿邀亲戚会食,是重视亲情;阮瞻为潘岳弹琴,是敦厚戚谊。文中子死了内弟,不尝酒肉之味;元行冲赞扬表侄,说是外家之宝。阮仲容不顾居母丧,骑驴追赶姑母之婢;温峤妻披着纱扇笑,因为温峤自做媒人。介妇和冢妇不敢并行,介妇就是众妇,冢妇就是嫡妇;两女同嫁一夫生的女儿,先生的叫女姒,后生的叫女娣。吕禄的姑姑,因为侄儿抛弃军务就散宝,是有见识的;晋献公嫁女,因为占得张弧之卦不吉利,就侄从其姑。聂政不是没有贤姊;屈原也有一个好姐。不要嫌弃萧氏的姻亲;应该效法郝氏的礼法。

老寿幼慧 新增文十二联

【原文】

不凡之子,必异其生①;大德之人,必得其寿②。称人生日,曰初度良辰③;贺人逢旬,曰生申令旦④。三朝洗儿,曰汤饼之会⑤;周岁试婴,曰晬盘之期⑥。男生辰,曰悬弧令旦;女生日,曰设帨佳辰⑦。贺人生子,曰嵩岳降神⑧;自谦生女,曰缓急非益⑨。生男曰弄璋;生女曰弄瓦⑩。梦熊梦罴,男子之兆;梦虺梦蛇,女子之祥⑪。梦兰协吉兆,郑燕姞生穆公之奇⑫;英物试啼声,晋温峤知桓公之异⑬。姜嫄生稷,履大人之迹而有娠⑭;简狄生契,吞玄鸟之卵而协孕⑮。麟吐玉书,天生孔子之瑞⑯;玉燕投怀,梦孕张说之奇⑰。弗陵太子,怀胎十四月而始生⑱;老子道君,在孕八十一年而始诞⑲。晚年生子,谓之老蚌生珠⑳;暮岁登科,正是龙头属老㉑。贺男寿,曰南极星辉㉒;贺女寿,曰中天婺焕㉓。松柏节操,美其寿元之耐久㉔;桑榆暮景,自谦老景之无多㉕。矍铄称人健康;聩眊自谦衰颓㉖。黄发儿齿,有寿之征㉗;龙钟潦倒,年高之状㉘。日月逾迈,徒自伤悲;春秋几何?问人寿算㉙。称少年,曰春秋鼎盛;羡年高,曰齿德俱增㉚。行年五十,当知四十九年之非;在世百年,那有三万六千日之乐㉛?百岁曰上寿,八十曰中寿,六十曰下寿㉜;八十曰耋,九十曰耄,百岁曰期颐㉝。童子十岁就外傅,十三舞勺,成童舞象㉞;老者六十杖于乡,七十杖于国,八十杖于朝㉟。后生固为可畏㊱;而高年尤是当尊㊲。

(增)漫道豫章之小,已具梁栋之观㊳。项橐童牙作师,却知学富;甘罗髫口为相,勿论年雏㊴。列俎豆而习礼仪,孟氏冲年乃尔㊵;执干戈以卫社稷,汪踦小子能然㊶。寇公七岁咏山,已卜具瞻气象㊷;司马五龄击瓮,即占拯溺才猷㊸。步处敏于诗,我道公权过子建㊹;坐间言自别,人称谢尚是颜回㊺。勿谓卢家儿,案上翻残墨汁㊻;尚嘉羊氏子,桑中探出金环㊼。亩丘人,问年不少;绛县老,历甲何多㊽。李耳出函谷,为令尹演道经五千言㊾;子牙钓渭滨,为周家定国基八百载㊿。是谁运动老阳,生子却无日影㉛。若个学成玄法,烧丹剩有霞光㉜。荣启期能扩襟怀,行歌乐土㉝;疏太傅乞归骸骨,饮饯都门㉞。猃狁侵周,方叔迈年奏三捷㊺;先零叛汉,充国颓龄请一行㊻。李白药才新而齿则宿㊼;卢蒲嫳发短而心甚长㊽。

注释

①不凡之子:称人的儿子不同寻常。东汉陈蕃,年十五时,携带父信去见功曹薛勤,薛勤观察了陈蕃。次日,薛勤去陈蕃家回访,蕃父出迎。薛勤曰:"足下有不凡子,吾来候之,不从卿也。"见《汝南先贤传》。

②大德之人句:《礼记·中庸》:"故大德,必得其位,必得其禄,必得其寿。"

③初度:初生的时节。《离骚》:"皇览揆余初度兮,肇赐余以嘉名。"

④生申:如申伯和甫侯的降生。《诗·大雅·嵩高》:"嵩高维岳,峻极于天,维岳降神,生甫及申。"逢句:逢十;令旦,吉日。

⑤汤饼之会:汤饼,即今之汤面。《新唐书·后妃·玄宗皇后王氏传》:"陛下独不念阿忠脱紫牛臂,易斗面,为生日汤饼邪。帝悯然动容。"唐刘禹锡《送张盥》:"尔生始悬弧,我作座上宾,引筋举汤饼,祝词天麒麟。"

⑥晬盘:旧俗在婴儿周岁时,以盘盛纸笔刀箭等物,任其抓取,以占其将来之志趣,谓之试儿,又叫试晬、抓周。盛物之盘叫晬盘。参阅北齐颜之推《颜氏家训·风操》。

⑦悬弧、设帨:悬弧,古代风俗,生儿子在家门左面挂一张弧。弧,木弓。生女儿,在门右设帨。帨,佩巾。见《礼记·内则》:"子生,男子设弧于门左,女子设帨于门右。"《注》:"表男女也。弧者,示有事于武也;帨,事人之佩巾也。"后庆男子生日叫悬弧令旦;祝女子生日叫设帨佳辰。

⑧嵩岳降神:见《朝廷》"嵩岳效灵"注。

⑨缓急非益:紧要关头没有好处。汉淳于公有五女而无男。有罪当刑,骂曰:"生子不生男,缓急非有益也。"见《汉书·刑法志》。参见《朝廷》"汉文除肉刑"注。

⑩弄璋、弄瓦:弄璋,古时称生男曰弄璋。璋,宝玉。《诗·小雅·斯干》:"乃生男子,载寝之床,载衣之裳,载弄之璋。"弄瓦,古时称生女曰弄瓦。瓦,纺锤。《诗·小雅·斯干》:"乃生女子。载寝之地,载衣之裼,载弄之瓦。"

⑪梦熊梦罴(pí 疲)、梦虺(huǐ 悔)梦蛇两句:梦见熊和罴将生男子,梦见虺和蛇将生女子。《诗·小雅·斯干》:"维熊维罴,男子之祥;维虺维蛇,女子之祥。"古人认为熊、罴是阳物:虺、蛇是阴物。

⑫梦兰句:春秋时郑文公妾燕姞,梦天使赐予兰,曰:"余为伯儵,余而祖也。以是而为子。"后文公见燕姞,与之兰而遂幸焉。后果生穆公。见《左传·宣公三年》。

⑬英物句:见《祖孙父子》"英物"注。

⑭姜嫄生稷:周的先祖后稷,其母姜嫄是有邰氏之女,为帝喾元妃。相传姜嫄外出于野,见巨人之迹,心忻然践之怀孕。后生下一子,以为不祥,弃之于隘巷,马牛过者皆避之不践,徙置之于林中,山林中许多人把他移走,又弃于渠中冰上,飞鸟又以其羽翼覆盖之。姜嫄以为神,遂收养之。因初欲弃之,故名曰弃。后帝尧闻之,举弃为农师。见《史记·周本纪》。

⑮简狄生契:契为商之先祖。契之母曰简狄,是有娀氏之女,为帝喾次妃,传说三人在水中沐浴,见飞来一只玄鸟,丢下一枚鸟蛋,简狄取而吞之,因此怀孕而生契。见《史记·商本纪》。

⑯麟吐玉书句:据说孔子未出生时,有麟吐玉书于阙里人家,上有文曰:"木精之子,系衰周而素王。"其母征在贤明,用绣绂系麟角,隔一宿而麟去。至鲁哀公十四年,有人在耕田时获麟,拿去见孔子,见系角之绂尚存,孔子知命将终,乃抱麟解绂,涕泪滂沱。见晋王嘉撰《拾遗记》。

⑰玉燕投怀句:唐张说之母,梦一玉燕自东南飞来,投入怀中而有孕,生张说。果为宰相。见五代王仁裕《开元天宝遗事》。

⑱弗陵太子句:刘弗陵,即汉昭帝。汉武帝的婕妤赵氏,居钩弋宫,大受宠幸。元始三年,赵婕妤生下昭帝,号钩弋子,孕身十四月乃生。武帝曰:"闻昔尧十四月而生,今钩弋亦然。"乃命其所生之门为尧母门。见《汉书·外戚传》。

⑲老子道君句:老子,即老聃,民间又呼为李老君。关于老子其人,传说较多,迄无定论。《史记·老庄申韩列传》:"老子者,楚苦县厉乡曲仁里人也。姓李名耳,字伯阳,谥曰聃。周守藏室之史也。"《索隐》:"葛玄云:'李氏女所生,因母姓也。'又云:'生而指李树,因以为姓。'许慎云:'聃,耳漫也,故名耳,字聃,今作字伯阳,非正也。'"《酉阳杂俎·玉格》:"老君在胎八十一年,剖左腋而生,生而白首。"又《玄妙内篇》:"李母怀胎八十一年,逍遥李树下,乃割左腋而生。"《路史》:"李伯阳甫生而能语,黄面皓首,故谓之老子。"又一说:老聃即周之太史儋,或即老莱子。

⑳老蚌生珠:称誉老年得子。东汉韦甫休有两子名元将、仲将,兄弟并美。孔融与韦甫休作书曰:"前日元将来,渊才亮茂,雅度宏毅,伟世之器也。昨日仲将又来,懿性真实,文敏笃诚,保家之主也。不意双珠近出老蚌,甚珍贵之。"见《孔融与韦甫休书》。《元史·陆邛传》:"尝谓子彰曰:'吾以卿老蚌,遂出明珠。'"

㉑龙头属老:龙头,科举及第之首位,即状元。宋梁灏,八十二岁始状元及第。写谢启曰:"白首穷经,少伏生之八岁;青云得路,多太公之二年。"又写谢恩诗曰:"天福三年来应举,雍熙二载始成名。饶他白发巾中满,且喜青云足下生,看榜已无朋辈在,归家唯有子孙迎,也知少年登科好,争奈龙头属老成。"见《孔氏谈苑》。

㉒南极星辉:寿星发出光辉,用此祝贺男寿。寿星即老人星,又称南极星。《史记·天官书》:"狼比地有大星,曰南极老人。"《注》:"正义曰:'老人一星在弧

南,一曰南极。'"《观象玩占》:"老人一星弧矢南,一曰南极老人,主寿考,一曰寿星。"

㉓中天婺焕:婺星在中天焕发光彩,因以祝女寿。婺星,即女宿,二十八宿之一,又名须女,有四星。《左传·昭公十年》:"有星出于婺女。"

㉔松柏节操:以松柏之长青喻人之长寿。东晋顾悦之与简文帝同年而发早白。简文帝问曰:"卿何以先白?"顾悦之对曰:"蒲柳之姿,望秋而落,松柏之质,经霜弥茂。"见《世说新语·言语》。

㉕桑榆暮景:桑榆,喻老年。《初学记》:"淮南子云:'日西垂,景在树端,谓之桑榆。'"《后汉书·孟尝传》:"且年岁有讫,桑榆行尽,而忠贞之节,永谢圣诗。"《文选·刘铄·拟古诗》:"愿垂薄暮景,照妾桑榆时。"《注》善曰:"日在桑榆,以喻人之将老。"

㉖矍铄(jué shuò 嚼朔)、聩瞀(kuì mào 愧帽):矍铄,喻老而勇健。《后汉书·马援传》:"(援)时年六十二,帝悯其老未许。援自请曰:'臣尚能披甲上马。'帝令试之。援据鞍顾盼,以示可用。帝笑曰:'矍铄哉,是翁也。'"《注》:"矍铄,勇貌。"聩瞀,聩,耳聋;瞀,目昏。聩瞀,也就是昏聩、衰老、糊涂之意。

㉗黄发儿齿:谓人有长寿。《诗·鲁颂·閟宫》:"黄发台背,寿胥与试。"《笺》:"皆寿征也。"又:"既多受祉,黄发儿齿。"儿齿,老人齿落后复生之齿。用以指人长寿。晋陶渊明《桃花源记》:"黄发垂髫,并怡然自乐。"

㉘龙钟潦倒:状老年人之衰态。唐裴度未显达时,寄寓洛阳,尝乘蹇驴,上天津桥。有老人倚桥柱曰:"适忧蔡州未平,须待此人为将。"仆述其事。度曰:"见我龙钟,相戏耳。"见《谈剧录》。李华《卧疾舟中赠别序》:"潦倒龙钟,百疾丛体。"《广韵》:"龙钟,竹名,世言龙钟,谓其年老,如竹之枝叶摇曳,不自禁持。"

㉙日月逾迈、春秋几何:日月逾迈,喻日月已过,不复再来。《书·秦誓》:"我心之忧,日月逾迈,若弗云来。"《传》:"如我之忧,欲改过自新,如日月并行过,不复云来,虽欲改过,恐及之,无所益。"春秋几何,指年龄。《战国策·秦策五》:"吕不韦乃说秦王弟阳泉君曰:'王之春秋高,一日山陵崩,太子用事,君危于累卵,而不寿于朝生。说有可以一切而使君富贵千万岁,其宁于太山四维,必无危亡之患矣。'"《史记·李斯传》:"且陛下富于春秋,未必尽通诸事。"后问人多大年纪,就说春秋几何?

㉚春秋鼎盛、齿德俱增:春秋,指年龄。鼎盛,昌盛,正当兴盛之时。贾谊《陈政事疏》:"天子春秋鼎盛,行仪未过,德泽有加焉。"齿德,指年岁和道德。齿,年龄。《左传·文公元年》:"君之齿,未也。"《注》:"齿,年也,言尚少。"

㉛行年五十两句:《淮南子·原道训》:"故蘧伯玉年五十而知四十九年非。"唐李白《襄阳歌》:"百年三万六千日,一日须倾三百杯。"

㉜百岁曰上寿句:《庄子·盗跖》:"人上寿百岁,中寿八十,下寿六十。除病

瘦死丧忧患,其中开口而笑者,一月之中不过四五日而已。"

㉝八十曰耋句:《礼记·曲礼上》:"人生十年曰幼,学。二十曰弱,冠。三十曰壮,有室。四十曰强,而仕。五十曰艾,服官政。六十曰耆,指使。七十曰老,而传。八十九十曰耄。七年曰悼,悼与耄,虽有罪不加刑焉。百年曰期颐。"关于耋,有不同说法。《诗·秦风·车邻》:"逝者其耋。"《毛传》:"耋,老也,八十曰耋。"又《左传·僖公九年》:"以伯舅耋老,加劳,赐一级,无下拜。"杜预注:"七十曰耋。"

㉞童子十岁就外傅三句:《礼记·内则》:"(童子)九年,教之数目;十年出就外傅,居宿于外……十有三年,学乐诵诗,舞勺。成童,舞象,学射御,二十而冠。"舞勺,古代文舞的一种。《疏》:"舞勺者,勺,籥也。言十三之时学此舞籥之文舞也。"后称未成年为舞勺之年。舞象,古代武舞的一种。《疏》:"成童,谓十五以上,舞象,谓武舞也。熊氏云:'用干戈之小舞也。'"

㉟老者六十杖于乡三句:《礼记·王制》:"五十杖于家,六十杖于乡,七十杖于国,八十杖于朝。九十者,天子欲有问焉,则就其室,以珍从。"杖,拐杖。

㊱后生可畏:称赞有志气有作为的青年。后生,少年;畏,敬畏、佩服。《论语·子罕》:"后生可畏,焉知来者之不如今也。"

㊲高年当尊:年高应受到尊敬。《孔子家语·哀公问政》哀公问于孔子曰:"二三大夫,皆劝寡人隆敬高年,其义可得闻乎?孔子曰:"昔者有虞氏贵德而尚齿,夏后氏贵爵而尚齿,殷人贵富而尚齿,周人贵亲而尚齿,其义如此。"齿,年龄。

㊳漫道句:南齐王僧绰之子王俭,幼时笃学,手不释卷,宾客相称美。丹阳尹袁粲闻其名,及见之曰:"宰相之门也,松柏豫章虽小,已有栋梁气矣。"见《南史·王俭传》。栋梁,喻能为国担重任者。

㊴项橐(tuó 沱)两句:秦甘罗,甘茂之孙,年十二事秦,相文信侯吕不韦。吕不韦请张唐往相燕,张唐不肯行,甘罗自请往燕。《史记·樗里子甘茂传》:"甘罗曰:'臣请行之。'吕不韦叱曰:'去,我身自请之而不肯,汝焉能行之。'甘罗曰:'夫项橐生七岁为孔子师,今臣生十二岁于兹矣,君其试臣,何遽叱乎?'"后甘罗说赵王割五城与秦广河间地。甘罗还报,始皇封甘罗为上卿。

㊵列俎豆句:孟母三迁教子。孟子幼年时,其家近墓地,遂为嬉戏埋葬哭泣之事;孟母迁居市旁,孟子又嬉戏为商人炫卖之事;孟母又迁居于学宫之旁,孟子则嬉戏为设俎豆、揖让进退。孟子长大后,学六艺,成为大儒。见刘向《列女传》。"列俎豆",原本为"别俎豆",据"大文本"改。

㊶执干戈句:春秋时,鲁哀公十一年,齐国攻打鲁国,战于郎地。鲁童子汪踦战死。鲁人欲以成人之礼葬之。问于孔子。孔子曰:"能执干戈以卫社稷,虽欲勿殇也,不亦可乎?"即应以成人之礼葬之。见《礼记·檀弓下》。

㊷寇公七岁咏山:宋寇准七岁时写成咏华山之诗:"只有天在山,更无山与

齐,举头红日近,回首白云低。"其师见诗,谓其父曰:"贤郎怎不作宰相。"《宋史·寇准传》:"准少英迈,通春秋三传,年十九举进士。"具瞻,众人俱瞻仰。《诗·小雅·节南山》:"赫赫师尹,民具尔瞻。"

㊸司马五龄击瓮:宋司马光五岁时,与群儿游戏于园中,一儿堕入大水瓮中,群儿皆惊走。司马光以石击破大瓮,水立即泄出,其儿因此得救。见宋释惠洪《冷斋夜话》。

㊹步处敏于诗句:唐柳公权,年十二便工辞赋,元和初年即登进士。文宗令其写诗,权应声成文,诏令再赋,复无停思。文宗曰:"子建七步,尔乃三焉。"见《新唐书·柳公权传》。

㊺坐间言自别句:晋谢尚,谢鲲之子,鲲曾携其送客。客中有人曰:"此儿一座之颜回也。"谢尚应声曰:"座无尼父,焉别颜回。"宾客皆叹异。见《晋书·谢尚传》。

㊻勿谓卢家儿句:唐卢仝有《示添丁》诗:"忽来案上翻墨汁,涂抹诗书如老鸦。"见《玉川子集》。

㊼尚嘉羊氏子句:《晋书·羊祜传》:"祜年五岁时,令乳母取所弄金环,乳母曰:'汝先无此物。'祜即指邻人李氏东垣桑树中探得之。主人惊曰:'此吾亡儿所失物也,云何持去?'乳母俱言之。李氏悲惋,时人异之,谓李氏子即羊祜之前身也。

㊽亩丘人、绛县老两句:亩丘人,齐桓公见亩丘人年老,问曰:"尔年几何?"对曰:"臣年八十三矣。"公曰:"美哉,寿也。"见《韩诗外传》。绛县老,绛县老人曰:"臣小人也,不知纪年。臣生之岁,正月甲子朔,四百有四十五甲子矣。"见《左传·襄公三十年》。

㊾李耳出函谷句:李耳,即老子。李耳见周氏衰颓,乃西出,至函谷关,关令尹喜求老子著书。于是著书上下篇,言道德之意五千言而去,不知所终。见《史记·老庄申韩列传》。《索隐》引《列异传》:"老子西游,关令尹喜望见其紫气浮关,而老子果乘青牛而至。"

㊿子牙钓渭滨句:吕尚,又名姜尚,字子牙,钓于渭水之滨,年已老矣。文王将出猎,占卜曰:所获非龙非彪,非虎非罴,所获霸王之辅。于是文王出猎,遇吕尚于渭水之阳,与语而大悦曰:自吾先君太公望子久矣,故号为太公望,同车而归,立为师。后吕尚佐周灭商,以功封于齐。见《史记·齐太公世家》。

㊶是谁运动老阳句:汉时,陈留有富翁,年九十而娶女生男。长子以为非父之子,争财产数年不决。丞相丙吉曰:"曾闻真人无影,老阳子亦无影,又不耐寒。"时正值八月,遂取同年小儿俱裸体,独此子啼寒,又并令于日中行走,果无影。长子方服。见唐马总《意林》引《风俗通》,与《天中记》文字略有异同。

㊷若个学成玄法句:汉淮南王刘安,爱道术,有八老人来至门下,授王以炼丹

之法。于是王炼成，全家服之皆飞升仙去，留药器于庭中，鸡犬舐啄之，尽得升天。鸡鸣于天上，犬吠于云中。见晋葛洪撰《神仙传》。

(53)荣启期句：孔子游泰山，见荣启期，鹿裘带索，鼓而歌。孔子问何以为乐，荣启期答曰："天生万物，惟人为贵，吾得为人一乐也；男尊女卑，吾得为男二乐也；人世不见日月，有不免襁褓者，吾年九十三乐也。贫者士之常，死者人之终，处常得终当何忧哉？"见《列子·天瑞》。

(54)疏太傅句：汉疏广，字仲翁，宣帝时为太傅，其兄之子疏受为少傅。广对受曰："知足不辱，知止不殆，功遂身退，天之道也。今仕宦至二千石，宦成名立，如此不去，俱有后悔。"广与受于是乞求归老。公卿大夫，故人邑子设祖道供张于东都门外，送者车数百辆，辞决而去。道路观者皆曰："贤哉，二大夫。"或叹息为之泣下。见《汉书·疏广传》。

(55)猃狁侵周句：周宣王卿士方叔率军征伐猃狁，一月而三捷。《诗·小雅·采芑》即是歌颂方叔克敌致胜。《诗·小雅·采芑》："蠢尔蛮荆，大邦为仇，方叔元老，克壮其猷。"又"如霆如雷，显允方叔，征伐猃狁，蛮荆来威"。猃狁，我国北方的一个少数民族。

(56)先零叛汉句：见《武职》"赵将军"注。时赵充国年已七十余。

(57)李百药句：唐李百药，字重规。初仕隋，后归唐，官至宗正卿。文采沈郁，尤长于诗。太宗曾与百药偕赋帝京篇，叹李文之工，曰："卿何身老而才之壮，齿宿而意之新乎？"李时年已七十。见《新唐书·李百药传》。

(58)卢蒲嫳句：春秋齐人卢蒲嫳，庆封之属大夫，曾佐庆封灭崔氏当国。昭公三年，齐侯田于莒，卢蒲嫳见，泣且请曰："余发如此种种，余奚能为。"子雅曰："彼其发短而心甚长，其或寝处我矣。"见《左传·昭公三年》。发短心长，谓年虽老而计虑深远。

【今译】

不平凡的人，出生就不同；有大德的人，必然享高寿。称人初生之日，叫"初度良辰"；贺人满十生日，叫"生申令旦"。小儿生下三天洗浴，叫"汤饼会"；满一周岁试他志趣，叫"晬盘期"。男子的生日，叫"悬弧令旦"；女人的生日，叫"设帨佳辰"。祝贺别人生子，就说"嵩岳降神"；自谦生个女儿，叫做"缓急非益"。生男叫做"弄璋"；生女叫做"弄瓦"。梦见熊和罴，是生男子的预兆；梦见虺和蛇，是生女子的兆头。梦见天赐兰花，郑燕姞果然生下郑穆公；试啼声知英物，晋温峤知道桓温不寻常。姜嫄践巨人足印怀孕，生下周之始祖稷；简狄吞玄鸟的蛋怀孕，生下殷之始祖契。见麒麟吐出玉书，是天使孔子降生的祥瑞；梦玉燕投入怀抱，是张说母亲怀孕的奇异。赵婕妤怀胎十四个月，生下汉昭帝弗陵；李耳母怀孕八十一年，生下老人李老君。贺人老年得子，叫"老蚌生珠"；自己老年登科，说"龙头属老"。贺男人老年过寿，叫做"南极星辉"；贺女人老年过寿，称为"中天婺焕"。松柏树耐寒冷，所以称人长寿，叫"松柏节操"；桑榆是日落处，自谦年岁不多，叫"桑榆暮景"。矍铄是老而勇健，称人健康叫"矍铄"；龁眊是耳聋眼花，自谦衰老叫"龁眊"。"黄发儿齿"，这是高寿的征兆；"龙钟潦倒"，这是老年的状态。"日月逾迈"，虚度年华的悲伤；"春秋几何"，问人有多大年纪。称赞别人年少，叫"春秋鼎盛"；称羡别人年高，叫"齿德俱增"。人到五十岁，应该知道四十九年的错处；活到一百岁，那里有三万六千日的快乐。百岁叫上寿，八十叫中寿，六十叫下寿；八十叫耋，九十叫耄，百岁叫期颐。儿童满十岁，就外出从师，到十三岁，就习文舞，到十五岁就习武舞；老人满六十，可以在乡间扶杖；满七十，可以在国中扶杖；满八十，可以在朝廷上扶杖。后来的年轻人固然值得敬畏；有年纪的老人尤其应该尊敬。

（增）别说豫章树太小，实际可作栋梁材。项橐凭他孩子的口齿作孔子的老师，是才学丰富；甘罗用他年少的口才当秦国宰相，不在于年轻。戏列俎豆，学习礼仪，孟子少年就这样作；手执干戈，保卫国家，汪踦小子就是能干。寇准七岁时就写咏华山的诗，已预兆宰相的气象；司马光五岁时击破大瓮救人，生来具有这等才智。柳公权三步能成诗，人说他才过子建；晋谢尚出言惊满座，人称他座中颜回。不说卢家儿，打翻桌上的墨汁；还喜羊家子，找出桑中的金环。亩丘老人回答的年纪，的确不小；绛县老人经历的甲子，真是太多。骑牛出函谷关，老子写下道德经五千多言；钓鱼在渭水滨，太公为周朝开八百年国基。是谁运动老阳，生下儿子，没有日影；那个学成道术，炼成仙丹，剩下霞光。荣启期胸怀豁达，歌唱此生有三乐；疏太傅功成引退，亲友在都门饯行。狎犹侵犯周期，老卿士方叔连打三次胜仗；西羌先零叛汉，老将赵充国自愿为国出征。李百药年纪虽老，才思很新颖；卢蒲嫳头发虽短，心计很深长。

身　体　新增文十三联

【原文】

　　百体为血肉所存①；五官有贵贱之别②。尧眉分八采③；舜目有重瞳④。耳有三漏，大禹之奇形⑤；臂有四肘，成汤之异体⑥。文王龙颜而虎眉⑦；汉高斗胸而龙准⑧。孔子之顶若圩；文王之胸四乳⑨。周公反握，作兴周之相⑩；重耳骈胁，为霸晋之君⑪。此皆古圣之英姿，不凡之贵品。至若发肤不敢毁伤，曾子常以守身为大⑫；待人须当量大，师德贵于唾面自干⑬。谗口中伤，金可铄而骨可销⑭；虐政诛求，敲其骨而吸其髓⑮。受人牵制，曰掣肘⑯；不知羞愧，曰厚颜⑰。好生议论，曰摇唇鼓舌⑱；共话衷肠，曰促膝谈心⑲。怒发冲冠，蔺相如之英气勃勃⑳；炙手可热，唐崔铉之贵势炎炎㉑。貌虽瘦而天下肥，唐玄宗之自谓㉒；口有蜜而腹有剑，李林甫之为人㉓。赵子龙一身是胆㉔；周灵王初生有须㉕。来俊臣注醋于囚鼻，法外行凶㉖；严子陵加足于帝腹，忘其尊贵㉗。已有十年不屈膝，惟郭公能慑强藩㉘；岂为五斗遽折腰，故陶令愿归故里㉙。断送老头皮，杨璞得妻送之诗㉚；新剥鸡头肉，明皇爱贵妃之乳㉛。纤指如春笋；媚眼若秋波㉜。肩曰玉楼；眼名银海㉝。泪曰玉箸；顶曰珠庭㉞。歇担曰息肩；不服曰强项㉟。丁谓为人拂须，何其谄也㊱？彭乐截肠决战，不亦勇乎㊲？剜肉医疮，权济目前之急㊳；伤胸扪足，计安众士之心㊴。汉张良蹑足附耳㊵；黄眉翁洗髓伐毛㊶。尹继伦，契丹称为黑面大王㊷；傅尧俞，宋后称为金玉君子㊸。土木形骸，不自妆饰㊹；铁石心肠，秉性坚刚㊺。叙会晤，曰得挹芝眉㊻；叙契阔，曰久违颜范㊼。

注释

①百体：身体的各部分。《礼记·乐记》："使耳目鼻口心知百体，皆由顺正，以行其义。"

②五官有贵贱之别：指五官各有所司，皆为心所统属。《荀子·天论》："耳目鼻口形能各有接，而不相能也。夫是之谓天官……心居中虚，以治五官。夫是之谓天君。"

③尧眉八采：传说帝尧之眉其彩色有八。《淮南子·修务训》："尧眉八采，九

窍通洞而公正无私,一言而万民齐。"采,同彩。

④舜目重瞳:传说帝舜之目有两个眸子。《史记·项羽本纪赞》:"太史公曰:吾闻之周生曰舜目盖重瞳子。"又《淮南子·修务训》:"舜二瞳子,是谓重明,作事成法,出言成章。"

⑤三漏:即三孔。传说夏禹的耳朵有三个孔。《淮南子·修务训》:"禹耳参(同三)漏,是谓大通,兴利除害,疏河决江。"

⑥四肘:四个小关节。传说商汤一臂有四个关节。《竹书纪年注》:"以乙日生汤,号天乙,丰下锐上,皙而有髯。勾声而扬声,长九尺,臂有四肘,是为成汤。"又《春秋元命苞》:"汤臂四肘,是谓神刚,像月推移,以绥四方。"

⑦龙颜虎眉:龙颜,即眉骨突起。《史记·周纪》:"西伯曰文王。"《正义》引《帝王世纪》:"文王龙颜虎眉,身长十尺,有四乳。"

⑧斗胸隆准:斗胸,胸张出;隆准,鼻高。《史记·高祖纪》:"高祖为人隆准而龙颜。"《正义》引《河图》:"帝刘季,口角载胜、斗胸、龟背、龙股,长七尺八寸。"

⑨孔子之顶若圩两句:圩,中间低,四旁高。传说孔子之顶中低旁高。《史记·孔子世家》:"鲁襄公二十二年而孔子生,生而首上顶圩。"四乳,《淮南子·修务训》:"文王四乳,是谓大仁。"王充《论衡·骨相》:"文王四乳。"

⑩周公反握:传说周公的手可回掌握其腕。《故事成语考》引《相法》:"周公两手如绵,可以反握。"

⑪重耳骈胁:传说晋公子重耳胁骨相连如一骨。重耳,晋文公之名;骈胁,胁骨相连。春秋时,晋公子重耳出亡,到曹国,曹共公闻其骈胁,欲裸观其胁。使其浴,迫近而观之。曹僖负羁之妻曰:"吾观晋公子之从者,皆足以相国,若以相,夫子必反其国,反其国,必得志于诸侯,得志于诸侯,而诛无礼,曹其首也。子盍早自贰焉。"于是僖负羁在送餐的盘中藏宝玉送给重耳,重耳受餐而退还其宝玉。见《左传·僖公二十三年》。后重耳回国,称霸诸侯,是为晋文公。

⑫至若发肤不敢毁伤句:《孝经·开宗明义》:"身体发肤,受之父母,不敢毁伤,孝之始也。"守身,洁身自爱,不为外物所移。《孟子·离娄上》:"事孰为大,事亲为大;守孰为大,守身为大。"《疏》:"曾子养曾晳,至事亲若曾子可也。"

⑬唾面自干:见《兄弟》"唾面受"注。

⑭逸口中伤句:逸言可以杀伤人。《史记·张仪列传》:"张仪说魏王曰:'臣闻之,积羽沉舟,群轻折轴,众口铄金,积毁销骨。'"所谓众口铄金,喻舆论影响的强大。《国语·周语》:"故谚曰:'众心成城,众口铄金。'"《注》:"铄,销也。众口所毁,虽金石犹可销也。"

⑮虐政诛求句:苛虐之政,对人民无休止地残酷地剥削、压榨,犹如敲骨吸髓。《孟子·公孙丑》:"民之憔悴于虐政,未有甚于此时者。"宋释普济《五灯会元》:"昔人求道,敲骨吸髓,刺血济饥。"

⑯掣(chè 彻)肘:牵掣留难,喻阻碍他人作事。《吕氏春秋·具备》:"宓子贱治亶父,恐鲁君之听谗人而令己不得行其术也。将辞而行,请近吏二人于鲁君……宓子贱令吏二人书,吏方将书,宓子贱从旁时掣摇其肘,吏书之不善,则宓子贱为之怒。吏甚患之,归报于君曰:'宓子使臣书而时掣摇臣之肘。'……鲁君叹息曰:"宓子以此谏寡之不肖也。"

⑰厚颜:不知羞耻。《诗·小雅·巧言》:"巧言如簧,颜之厚矣。"南齐孔稚圭《北山移文》:"岂可使芳杜厚颜,薛荔无耻。"

⑱摇唇鼓舌:卖弄口才。《庄子》一书,寓言故事较多,其中有一则故事说:孔子去见盗跖,盗大怒,指孔子为巧伪人。并大骂孔子:"作言造语,妄称文武。多辞缪说,不耕而食,不织而衣,摇唇鼓舌,擅生是非,以迷天下之主,使天下学士不反其本,妄作孝悌而侥幸于封侯富贵者也。"见《庄子·盗跖》。

⑲促膝:古人席地而坐或据榻相对而坐,挨得近时,膝与膝就相接近,叫促膝。《抱朴子·疾谬》:"促膝之狭坐,交杯觞于咫尺。"南朝梁何逊《从镇江州与故游别》:"相悲各罢酒,何时更促膝。"

⑳怒发冲冠:形容盛怒的情态。战国时赵王得和氏璧,秦昭王欲夺之,假言用十五城与赵交换和氏璧。赵王明知秦诈,但屈于压力,派蔺相如为使臣,捧璧入秦。相如至秦,秦王坐章台见相如,得璧后传示美人及左右,左右皆呼万岁。蔺相如见秦王并无偿赵十五城之意。相如"乃前曰:'璧有瑕,请指王。'王授璧相如,因持璧却立倚柱,怒发上冲冠。"见《史记·廉颇蔺相如传》。

㉑炙手可热句:火焰灼手。喻权势和气势极盛。唐崔铉,字台硕,唐宣宗时官至尚书左仆射兼门下侍郎,封博陵郡公。(崔铉)所善者郑鲁、杨绍复、段瓌、薛蒙,颇参议论。时语曰:"郑杨段薛,炙手可热,欲得命通,鲁绍瓌蒙。"见《新唐书·崔铉传》。

㉒貌虽瘦句:唐玄宗时,韩休为黄门侍郎同中书门下平章事,直言敢谏。玄宗苑中出猎,或张乐稍过,都必问左右曰:"韩休知否?"尝临镜自照,默然不乐。左右曰:"自韩休入朝,陛下无一日欢,何自戚戚不遂去之。"玄宗曰:"吾虽瘠天下肥矣。"见《新唐书·韩休传》。

㉓口蜜腹剑:喻言语甜蜜,心地狠毒。《资治通鉴·唐纪玄宗天宝元年》:"李林甫为相,凡才望功业出己右及为上所厚,势位将逼己者,必百计去之,尤忌文学之士,或阳与之善,啗以甘言而阴陷之。世谓李林甫'口有蜜,腹有剑。'"

㉔一身是胆:极言英勇无畏。《三国志·蜀志·赵云传》裴松之注引《赵云别传》:"先主明旦自来,至云营围视昨战处,曰:'子龙一身都是胆也!'作乐饮宴至暝,军中号云为'虎威将军'。"先主,刘备。子龙,赵云的字。

㉕初生有须:传说周灵王生而有须,甚神圣,因而诸侯服享,一世休和。见东汉应劭《风俗通》,又见《史记·周纪》《集解》引《皇览》曰:"灵王生而有髭而神,

故谥灵王。"

㉖来俊臣句：来俊臣，唐武则天时的酷吏，性极残忍，滥杀无辜。《新唐书·酷吏·来俊臣传》："俊臣鞫囚，不问轻重皆注醯于鼻，掘地为牢，或寝以匽溺，或绝其粮，囚至龁絮以食，大抵非死，终不得出。"醯(xī 西)，醋。

㉗严子陵句：东汉严光，字子陵，早年曾与汉光武帝刘秀同游学。光武即位，子陵变姓名，隐身不见。《后汉书·逸民传·严光传》："（帝）复引光入，论道旧故，相对累日。帝从容问光曰：'朕何如昔时。'对曰：'陛下差增于往。'因共偃卧，光以足加帝腹上。明日太史奏：'客星犯御座甚急。'帝笑曰：'朕故人严子陵共卧耳。'"

㉘已有十年不屈膝句：《旧唐书·郭子仪传》："田承嗣方跋扈魏州，傲狠无礼，子仪尝遣使至，承嗣西望拜之，指其膝谓使者曰：'兹膝不屈于人若干岁矣，今为公拜。'"田承嗣，唐代藩镇。《新唐书》《旧唐书》均有传。

㉙岂为五斗遽折腰：晋陶渊明，在做彭泽令时，不愿为微薄的俸禄卑恭屈膝奉迎上司。《晋书·陶潜传》："郡遣督邮至县，吏曰：'应束带见之。'潜叹曰：'吾不能为五斗米折腰，拳拳事乡里小人邪！'"以后"不为五斗米折腰"，成为不愿做官或弃官的典故。

㉚断送老头皮：丢掉老命之意。宋赵令畤《侯鲭录》："（宋）真宗东封，访天下隐者，得杞人杨朴，能为诗。召封，自言不能。上问：'临行有人作诗送卿否？'朴言：'独臣妻有一首云：更休落魄贪杯酒，亦莫猖狂爱咏诗。今日捉将官里去，这回断送老头皮。'上大笑，放还山。"

㉛新剥鸡头肉：喻美人的乳房白嫩。《杨妃外传》："杨妃出浴，露一乳。明皇扪弄曰：'软温新剥鸡头肉。'安禄山在旁曰：'润滑由来塞上酥。'妃笑曰：'信是胡儿只识酥。'"元宋元《鲸背吟乳岛》："端相不似鸡头肉，莫遣三郎解抹胸。"鸡头，芡实。《吕氏春秋·恃君》："芡，鸡头也，一名雁头，生水中。"

㉜春笋、秋波：春笋因其纤细，常用以喻女子的手指。南唐李煜《捣练子》词："斜托春腮春笋嫩，为谁和泪倚阑干？"秋波，秋天的水波，常用来形容女人的眼波，喻其清如秋水。《楚辞·宋玉·招魂》："嬉光眇视，目曾波些。"《注》："眺视曲眄，目采盼然，白黑分明，若水波而重华也。"宋苏轼《百步洪》："佳人未肯回秋波，幼舆欲语防飞梭。"

㉝玉楼、银海：道家称肩曰玉楼，眼曰银海。宋苏轼《雪后书北台壁诗》："冻合玉楼寒栗起，光摇银海眩生花。"《注》："王荆公云：'道家以项肩骨为玉楼，眼为银海。'"又见宋赵令畤《侯鲭录》。

㉞玉箸、珠庭：玉箸，喻美人之泪。唐白居易、宋孔传《白孔六帖》："魏甄后面白，泪双垂如玉箸。"梁武陵王《闺妾寄征人》："敛色金星聚，萦悲玉箸流。"唐李白《闺情》："玉箸日夜流，双双落朱颜。"珠庭，喻人的天庭圆满。《陈书·高祖纪》：

"高祖珠庭日角,龙行虎步。"又见《唐书·李珏传》:"李绛谓李珏曰:'日角珠庭,非庸人相。'"

㉟息肩、强项:息肩,喻解除重负,犹如卸下负担,使得休息。见《左传·襄公二年》:"郑成公卒,子驷请息肩于晋。《注》:"欲避楚役,以负担喻。"又《后汉书·光武帝纪》:"天下疲耗,思乐息肩。"强项,秉性刚直,不能低首下人。东汉董宣为洛阳令,时湖阳公主苍头,白日杀人,宣俟公主出,捕苍头于公主前杀之。公主还宫,诉于光武帝,光武帝大怒,召宣入,令小黄门持之,使宣叩头谢主,宣不从,强使顿之,宣两手据地,终不肯俯。帝勅曰:"强项令出。"见《后汉书·董宣传》。

㊱丁谓:宋淳化进士,真宗时官至昭文馆大学士,封晋国公。《宋史·寇准传》:"初丁谓出准门,至参政,事准甚谨,尝会食中书,羹污准须,谓起徐拂之。准笑曰:'参政国之大臣,乃为长官拂须耶!'谓甚愧之,由是倾构日深。"

㊲彭乐:北齐人,字兴。骁勇善骑射。初随杜洛周,后投降尔朱荣。又从高欢出山东,尝与宇文泰相战,因醉入深,被刺肠出,纳之不尽,截去复战,身受数伤而还。见《北史·彭乐传》。

㊳剜肉医疮:唐聂夷中《伤田家》:"二月卖新丝,五月粜新谷。医得眼前疮,剜却心头肉。"

㊴伤胸扪足:汉高祖刘邦四年冬十月与项羽相持于广武,项羽欲与刘邦直接挑战。刘邦遂历数项羽十罪。项羽大怒,伏弓弩射中刘邦,刘邦伤胸却扪足曰:"虏中吾指。"因伤重伏马上,张良强令刘邦起行劳军,士卒得以安定。见《汉书·高帝纪》。

㊵蹑足附耳:蹑足,踏足。附耳,以口近耳窃语。韩信平定齐地,使人言于汉王,欲自主为假齐王。"当是时楚方急围汉王于荥阳,使者至,发书,汉王大怒,骂曰:'吾困于此,旦暮望商来佐我,乃欲自立为王。'张良、陈平伏后,蹑汉王足。因附耳语曰:'汉方不利,宁能禁信之自王乎,不如因立,善遇之使自立为守,不然变生。'汉王亦悟,因复骂曰:'大丈夫定诸侯,即为真王耳,何以假为。'"见《汉书·韩信传》。

㊶洗髓伐毛:仙人黄眉翁的故事。传说汉东方朔游洪濛之泽,有黄眉老翁告朔曰:"吾却食吞气,已九千余岁,目中瞳子,色皆青光,能见幽隐之物。三千岁一反骨洗髓,二千岁一剥皮伐毛。自吾生,已三洗髓,五伐毛矣。"见旧题东汉郭宪《别国洞冥记》。

㊷尹继伦:宋太祖时,为殿直,太宗时为北面缘边郡巡检使,大败契丹兵,契丹自是不敢寇边。因继伦面黑,契丹呼为黑面大王。见《宋史·尹继伦传》。

㊸傅尧俞:宋人,字钦之。初为监察御史,后为中书侍郎,重厚寡言,待人无城府。及卒,宋神宗及太皇太后均亲临致祭。太皇太后语辅臣曰:"傅侍郎清直一节,始终不变,金玉君子也"。见《宋史·傅尧俞传》。

㊹土木形骸：形体像土木一样自然。比喻人的本来面目，不加修饰。《世说新语·容止》："刘伶身长六尺，貌甚丑悴，而悠悠忽忽，土木形骸。"又"嵇康身长七尺八寸，风姿特秀"。《注》："康别传曰：'康长七尺八寸，伟容色，土木形骸，不加饰厉，而龙章凤姿，天质自然。'"

㊺铁石心肠：喻心性刚毅，不动感情；或喻见识坚定不受迷惑。唐宋璟为玄宗宰相，秉性刚直。皮日休曾著《梅花赋》，其序云："余尝慕宋广平（璟）之为相，贞姿劲质，刚态毅状，疑其铁肠石心，不解吐婉媚辞。"又《旧唐书·玄宗纪》史臣曰："以百口百心之谗谄，蔽两耳两目之聪明，苟非铁肠石心，安得不惑！"

㊻挹芝眉：芝眉，亦可作芝宇，为旧时书信中称人容颜的敬词。唐元德秀，字紫芝，不仕隐居山中，岁饥，日或不食，以弹琴自娱。房琯每见德秀，叹息曰："见紫芝眉宇，使人名利之心都尽。"见《新唐书·元德秀传》。挹，酌取。

㊼契阔、颜范：契阔，离合、聚散，偏指离散。《诗·邶风·击鼓》："死生契阔，与子成说。"颜范，谓人之容貌可为模范。旧时书信中的敬词。

【今译】

身体的各个部分，都由血肉组成；耳目鼻口形五官，皆由心所统属。帝尧眉毛有八彩；帝舜眼睛有两瞳。大禹的耳朵有三孔；成汤的臂膊有四肘。周文王有龙样的额，虎样的眉；汉高祖有斗样的胸，龙样的鼻。孔夫子的头像一个圩；周文王的胸有四个乳。周公的手能反握，是兴周的相；重耳的两肋相连，做霸晋的君。这些都是古圣的奇相，不平凡的贵品。至如肤发不敢毁伤，曾子常以爱护身体为大事；待人应该有大度量，师德把唾面自干看得贵重。逸言伤人，犹如铄金锁骨；苛政虐民，如像敲骨吸髓。被人牵制叫掣肘；不知羞耻叫厚颜。到处发议论叫摇唇鼓舌；共谈心里话叫促膝谈心。秦王不还璧，蔺相如怒发冲冠，显得英气勃勃；崔铉有权势，与同僚人论国事，真是炙手可热。我貌虽瘦而天下却肥，是唐玄宗说自己；口里有蜜而腹中有剑，喻李林甫为人奸。蜀国赵子龙，一身都是胆；周朝的灵王，生下就有须。来俊臣违法行凶，把醋灌进囚犯的鼻里；严子陵忘了尊贵，把足放在光武帝肚上。已有十年不下拜，只有郭子仪能使强藩折服；不为五斗米弯腰，那是陶渊明不去迎接督邮。不要"断送老头皮"，这是杨朴妻送别的诗句；好像"新剥鸡头肉"，这是明皇爱贵妃乳的话。女人的手指像春笋；女人的眼神像秋波。肩，又称为玉楼；眼，又叫做银海。眼泪叫玉箸；头顶叫珠庭。放下重担，叫做息肩；不肯低头，称为强项。丁谓给寇莱公拂须，何等谄媚；彭乐截去肠子决战，好不勇敢。剜肉来医疮，权且救眼前的急；伤胸却摸足，为安定众士的心。汉张良为刘邦谋划，踩他的足，附他的耳；黄眉翁讲他年岁大，说三洗髓，又五伐毛。契丹怕尹继伦，称他为黑面大王；宋后悼傅尧俞，说他是金玉君子。“土木形骸”，比喻自然而不装饰；“铁石心肠”，是说刚直而不阿私。房琯羡叹紫芝眉宇，后人称相会叫“得挹芝眉”；世人敬重君子容貌，后来称叙别叫“久违颜范”。

【原文】

请女客，曰奉迓金莲；邀亲友，曰敢攀玉趾[①]。侏儒谓人身矮[②]；魁梧称人貌奇[③]。龙章凤姿，庙廊之彦[④]；獐头鼠目，草野之夫[⑤]。恐惧过甚，曰畏首畏尾[⑥]；感佩不忘，曰刻骨铭心[⑦]。貌丑曰不飏[⑧]；貌美曰冠玉[⑨]。足跛曰蹒跚[⑩]；耳聋曰重听[⑪]。期期艾艾，口呐之称[⑫]；喋喋便便，言多之状[⑬]。可嘉者，小心翼翼[⑭]；可鄙者，大言不惭[⑮]。腰细曰柳腰[⑯]；身小曰鸡肋[⑰]。笑人齿缺，曰狗窦大开[⑱]；讥人不决，曰首鼠偾事[⑲]。口中雌黄，言事多而改移[⑳]；皮里春秋，心中自有褒贬[㉑]。唇亡齿寒，谓彼此之失依[㉒]；足上首下，谓尊卑之颠倒[㉓]。所为得意，曰吐气扬眉[㉔]；待人诚心，曰推心置腹[㉕]。心慌曰灵台乱；醉倒曰玉山颓[㉖]。睡曰黑甜；卧曰息偃[㉗]。口尚乳臭，谓世人年少无知[㉘]；三折其肱，谓医士老成谙练[㉙]。西子捧心，愈见增妍；丑妇效颦，弄巧反拙[㉚]。慧眼始知道骨[㉛]；肉眼不识贤人[㉜]。婢膝奴颜，谄容可厌[㉝]；胁肩谄笑，媚态难堪[㉞]。忠臣披肝，为君之药[㉟]；妇人长舌，为厉之阶[㊱]。事遂心曰如愿[㊲]；事可愧曰汗颜[㊳]。人多言，曰饶舌[㊴]；物堪食，曰可口[㊵]。泽及枯骨，西伯之深仁[㊶]；灼艾分痛，宋祖之友爱[㊷]。唐太守为臣疗病，亲剪其须[㊸]；颜杲卿骂贼不绝，贼断其舌[㊹]。

注释

①金莲、玉趾：金莲，见《女子》“潘妃句”注。玉趾，敬词，即贵步之意。春秋时齐孝公伐鲁，鲁僖公使展喜犒齐师曰：“寡君闻君亲举玉趾，将辱敝邑，使下臣犒执事。”见《左传·僖公二十六年》。

②侏儒：亦作朱儒，称身材特别短小的人。《左传·襄公四年》：“臧纥救鄫侵邾，败于狐骀……国人诵之曰：‘……我君小子，朱儒是使，朱儒朱儒，使我败于

郑。'"《注》:"臧纥短小,故曰朱儒"。汉东方朔嫌俸禄太薄,于是欺骗侏儒曰:上以尔辈无用,欲尽杀之。侏儒大恐啼泣,闻武帝出,均号泣顿首,武帝问何为,侏儒对曰:"朔言上欲尽诛臣等"。武帝召问东方朔何恐侏儒。朔对曰:朔生亦言,死亦言。侏儒长三尺余,奉一囊粟,钱二百四十;臣朔长九尺余,亦奉一囊粟,钱二百四十。朱儒饱欲死,臣朔饥欲死。臣言可用,幸异其体,不可用罢之,无令但索长安米"。武帝大笑,因使朔待诏金马门。见《汉书·东方朔传》。

③魁梧:身材高大。《史记·留侯世家》:"太史公曰:'余以为其人,计魁梧奇伟,至见其图,状貌如妇人好女。'"又《史记·孟尝君传》:"(孟尝君过赵)赵人闻孟尝君贤,出观之。皆笑曰:'始以薛公为魁然也,今视之,乃眇小丈夫耳。'孟尝君闻之怒,客与俱者下,斫击杀数百人,遂灭一县以去。"

④龙章凤姿:形容神采非凡,或喻出身高贵。《新唐书·太宗本纪》:"(太宗)四岁,有书生谒高祖曰:'公在相法贵人也,然必有贵子。'及见太宗曰:'龙凤之姿,天日之表,其年几冠,必能济世安民。'书生已辞去。高祖惧其语泄,使人追杀之,而不知其所往。"参见《土木形骸》注。

⑤獐头鼠目:旧时相术家称头削骨露者为獐头,眼凹睛圆者为鼠目,均为寒贱之相。《旧唐书·李揆传》:"初,揆秉政,侍中苗晋卿累荐元载为重官。揆自恃门望,以载地寒,意甚轻易,不纳,而谓晋卿曰:'龙章凤姿之士不见用,獐头鼠目之子乃求宫。'"

⑥畏首畏尾:怕前怕后,喻人顾忌太多。《左传·文公十七年》:"晋侯不见郑伯,以为贰于楚也。郑子家使执讯而与之书,以告赵宣子……古人有言曰:'畏首畏尾,身其余几。'"《注》:"言首尾有畏,则身中不畏者少"。

⑦刻骨铭心:也作铭心刻骨,铭心,铭记在心,永志不忘;刻骨,感受深切入骨,多指恩德或仇怨。二辞相连用,意有记之于心,永生难忘。唐柳宗元《谢除柳州刺史表》:"铭心镂骨,无报上天。"宋胡继宗《书言故事·感佩类》:"叙感德之深,云铭心镂骨"。

⑧不飏:亦作不扬,指貌丑。《左传·昭公二十八年》:"今子少不飏。"唐裴度《自题写真赞》:"尔才不长,尔貌不飏。"

⑨冠玉:装饰在帽子上的玉。《史记·陈丞相世家》:"绛侯灌婴等咸谗陈平曰:'平虽美丈夫,如冠玉耳。其中未必有也。'"《集解》引《汉书音义》:"饰冠以玉,光好外见,中非所有。"陈平,阳武人。少时家贫,好读书。为人长,美色。富人张负谓其子张仲曰:"吾欲以女孙予陈平"。张仲曰:"平贫不事事,一县中尽笑其所为,独奈何予女乎?"负曰:"人固有好,美如陈平而长贫贱者乎?"卒与女。见《史记·陈丞相世家》。

⑩蹒跚:足有疾,走路一瘸一拐。唐皮日休《上真观》:"天钧鸣响亮,天禄行蹒跚"。宋范成大《病中夜坐呈致远》:"便当采药西山去,脚力蹒跚怕远游。"

⑪重听:耳聋。汉枚乘《七发》:"虚中重听,恶闻人声。"汉时,黄霸为颍川太守,许丞为长史,年老、耳聋,郡督邮请黄霸逐之。霸曰:"许丞廉吏,虽老,尚能拜起迎送,丞颇重听,何伤?"见《汉书·黄霸传》。

⑫期期艾艾:均是口吃的重言。汉周昌为御史大夫,为人强力敢直言。高祖欲废太子而立戚姬子如意,昌力争。高祖问昌有何说,昌在盛怒之下曰:"臣口不能言,然臣期期知其不可,陛下欲废太子,臣期期不奉诏。"高祖大笑,遂止废立之事。见《汉书·周昌传》。《史记·正义》:"昌以口吃,每语故重言期期"。三国魏大将邓艾,每自称,必重言艾艾。晋文王司马昭戏之曰:"卿云艾艾,定是几艾?"艾对曰:"凤兮凤兮,故是一凤。"见《世说新语·言语》。

⑬喋喋便便:喋喋,多话。汉张释之随文帝登虎圈,文帝问上林尉禽兽薄,十余问尉不能答。虎圈啬夫代尉对答甚详,文帝欲任啬夫为上林尉。"释之前曰:'陛下以绛侯周勃何如人也。'上曰:'长者。'又问:'东阳侯张相如何人也。'上复曰:'长者。'释之曰:'夫绛侯、东阳称为长者,此两人言事不能出口,岂效此啬夫喋喋利口捷给哉。'"文帝遂不任啬夫为上林尉。见《汉书·张释之传》便便,善于讲话的样子。《论语·乡党》:"其在宗庙朝廷,便便言,唯谨尔"。

⑭小心翼翼:恭敬谨慎的样子。《诗·大雅·大明》:"维此文王,小心翼翼。"《笺》:"小心翼翼,恭慎貌。"《管子·弟子职》:"先生施教,弟子是则……朝益暮习,小心翼翼。"

⑮大言不惭:出言夸大而不知愧。《史记·高祖纪》:"刘季固多大言,少成事"。清周召《双桥随笔》:"从来山上方士,故挟其技以骄人,大言不惭,真如粪土耳。"

⑯柳腰:见《女子》"小蛮腰"注。

⑰鸡肋:喻身体小而弱。《晋书·刘伶传》:"(伶)尝醉与俗人相忤,其人攘袂奋拳而往。伶徐曰:'鸡肋不足以安尊拳。'其人笑而止。"

⑱狗窦:供狗出入的墙洞。《汉书·东方朔传》:"大口无毛者,狗窦也。"《世说新语·排调》:"张吴兴年八岁而缺齿,先达知其不常,戏之曰:'君口中何以为狗窦?'张应声答曰:'正使君辈从此中出入耳。'"后即以狗窦嘲笑缺齿。

⑲首鼠偾(fèn奋)事:迟疑不定。宋陆佃《埤雅·释虫》:"旧说鼠性疑,出穴多不果,故持两端谓之首鼠。"《史记·田蚡传》:"(田蚡)怒曰:'与长孺共一老秃翁,何为首鼠两端?'"偾事,败事。《礼记·大学》:"此谓一言偾事,一人定国。""首鼠",原本为"鼠首",从"大文本"改。

⑳口中雌黄:随口更改说得不恰当的话。晋王衍,字夷甫,善玄谈,义理有所不妥时,随即更改,当时人号为口中雌黄。见《晋书·王衍传》。古时用黄纸写字,有错即用雌黄涂改。后来把不顾事实乱说叫信口雌黄。

㉑皮里春秋:言人表面不作评论,内心自有褒贬。《晋书·褚裒传》:"裒少有

简贵之风……谯国桓彝见而目之曰:'季野有皮里春秋。'"又见《世说新语·赏誉》。

㉒唇亡齿寒:唇缺则齿外露,比喻利害相关。《左传·僖公五年》:"晋侯复假道于虞以伐虢。宫之奇谏曰:'虢,虞之表也。虢亡,虞必从之……谚所谓辅车相依,唇亡齿寒者,其虢虞之谓也。'"也作唇竭齿寒、唇揭齿寒。

㉓足上首下:喻尊卑颠倒。汉贾谊《治安策》:"足反居上,首颠居下,倒悬如此,犹谓国有人乎?"

㉔吐气扬眉:亦作扬眉吐气。喻久困之后,一旦舒怀抱。唐李白《与韩荆州书》:"今天下以君侯为文章之司命,人物之权衡,一经品题,便作佳士。而君侯何惜阶前盈尺之地,不使白扬眉吐气,激昂青云耶?"

㉕推心置腹:喻以至诚待人。汉光武帝与铜马军大战,悉降其众,封其渠帅为列侯。《后汉书·光武帝纪》:"降者犹不自安。光武知其意,勒令各归营勒兵,乃自乘轻骑,按行部阵。降者更相语曰:'萧王推赤心置人腹中,安得不投死乎?'由是皆服。悉将降人分配诸将,众遂数十万。故关西号光武为铜马帝。"

㉖灵台、玉山:灵台,心也。《庄子·庚桑楚》:"不可内于灵台。"《释文》:"郭(象)云:'心也。'谓心有灵智能任持也。"玉山,比喻人品德仪容之美。《晋书·裴秀传》:"见裴叔则如近玉山,映照人也。"又《世说新语·容止》:"山公(涛)曰:'嵇叔夜(康)之为人也,岩岩若孤松之独立;其醉也,傀俄若玉山之将崩。'"

㉗黑甜、息偃:黑甜,酣睡或昼寝。宋苏轼《发广州》:"三杯软饱后,一枕黑甜余。"自注:"俗以睡为黑甜。"宋张元幹《赋漳南李几仲安斋》:"先生睡美黑甜处,那鸣钟鼓朝鸣楼。"息偃,亦作息宴,即安息。《诗·小雅·北山》:"或尽瘁事国,或息偃在床。"偃,仰卧。汉班固《西都赋》:"乘茵步辇,惟此息宴。"

㉘口尚乳臭:口中尚有乳味,喻幼稚。魏王豹作乱,汉王刘邦命韩信击之。刘邦问郦食其曰:"魏大将谁也?"郦食其对曰:"柏直。"刘邦曰:"是儿口尚乳臭,安能当吾韩信。"见《汉书·高帝纪》。

㉙三折其肱(gōng工):《左传·定公十三年》:"冬,十一月。荀跞、韩信、魏曼多奉公以伐范氏、中行氏,弗克。二子将伐公。齐高强曰:'三折肱,知为良医。唯伐君为不可,民弗与也,我以伐君为此矣。'"意为多次折断手臂,就能懂得医治断臂的方法。后用以喻阅历多,有经验,造诣深。宋张侃《岁时书事》:"年来三折肱,逢人漫称好。"

㉚西子捧心两句:见《女子》"东施效颦"注。

㉛慧眼:佛教所说五眼之一,犹慧目。《无量寿经》:"慧眼见真,能度彼岸。"《金刚经》:"如来有慧眼。"今泛指敏锐的眼力。

㉜肉眼:肉身之眼,佛家所说五眼之一。《涅槃经》:"天眼通非碍,肉眼碍非通。"唐玄奘《赞弥勒四体文》:"凡夫肉眼未曾识,为现千尺一金躯。"五代王定保

撰《唐摭言》:"郑光业策试夜,有同试之人突入,笑语曰:'可相容否?'光业为之辍半铺之地。其人曰:'烦取一勺水,更托煎一碗茶。'光业欣然为之取水煎茶。居二日,光业状元及第,其人启谢曰:'既烦取水,更便煎茶,当时不识贵人,凡夫肉眼,今日俄为后进,穷相骨头。'"

㉝婢膝奴颜:又作奴颜婢膝、奴颜婢色,形容低声下气,谄媚奉承的形状。唐陆龟蒙《散人歌》:"奴颜婢膝真乞丐,反以正真为痴狂。"

㉞胁肩谄笑:收缩肩膀,假装笑脸,形容阿谀谄媚。《孟子·滕文公下》:"曾子曰:'胁肩谄笑,病于夏畦。'"夏畦,夏天在田里劳动的人。

㉟披肝:亦即披肝沥胆,喻竭诚相见,尽所欲言。《汉书·路温舒传》:"故大将军受命武帝,股肱汉国,披肝胆,决大计,黜亡义,立有德,辅天而行,然后宗庙以安,天下咸宁。"宋司马光《体要疏》:"虽访问所不及,犹将披肝沥胆,以效其区区之忠。"《孔子家语》:"良药苦口利于病,忠言逆耳利于行。"

㊱妇人长舌,为厉之阶:妇人多言,(或搬弄是非),是为祸害的阶梯。《诗·大雅·瞻卬》:"妇有长舌,维厉之阶。"《笺》:"长舌,喻多言。"

㊲如愿:符合心意。宋范成大《次韵子文雨后思归诗》:"万事安能尽如愿,且来相伴压糟床。"神话传说彭泽湖湖神青洪君有婢女名如愿。庐陵有商人欧明道,每经彭泽湖,均以舟中所有投入湖中。一次过湖上,有一吏来请曰:"青洪君感君有礼,特来相邀。"明道有些胆怯。吏曰:"无怯,如青洪君有赠送,勿取,但要如愿耳。"明如其所言,青洪君出一婢名如愿与之。明道携归,所求无所不得,家致巨富。见清钱谦益《初学集》引《录异传》。

㊳汗颜:惭愧而出汗。唐韩愈《祭柳子厚文》:"不善为斫,血指汗颜;巧匠旁观,缩手袖间。"

㊴饶舌:多言、多嘴。《北齐书·斛律光传》:"周将军韦孝宽忌光英勇,乃作谣言,令间谍漏其文于邺……祖珽因续之曰:'盲眼老公背上下大斧,饶舌老姆不得语。'"唐白居易《酬严给事》:"不缘啼鸟春饶舌,青锁仙郎何得知。"又宋释道源《景德传灯录·寒山子》载:闾丘胤为丹阳牧,一日忽然头痛。丰干咒水喷之,立愈。胤甚奇怪,求一言以示此去安危。丰干曰:"到任可谒文殊普贤。在国清寺执爨泥器者,寒山、拾得也。"胤后访见此二人,围炉笑语。寒山复执闾丘胤手,笑而言曰:"丰干饶舌。"久而放之。

㊵可口:滋味适口。《庄子·天运》:"三皇五帝之礼义法度,其犹相梨橘柚耶?其味相反,而皆可于口。"宋杨万里《夜饮以白糖嚼梅花》:"剪雪作梅只堪嗅,点蜜如霜新可口。"

㊶泽及枯骨:传说周文王施行仁政,因凿池沼,发现一具枯骨,即命人埋葬。天下人闻之曰:"文王贤矣,泽及枯骨,又况于人乎?"《后汉书·张禹传》注又刘向《新序·杂事五》。

㊷灼艾分痛:见《兄弟》"宋君灼艾"注。

㊸唐太宗为臣疗病:《旧唐书·李勣传》:"勣时遇暴疾,验方云:'须灰可以疗之。'太宗乃自剪须为其和药。及愈,勣顿首见血,泣以恳谢。帝曰:'吾为社稷计耳,不烦深谢。'"

㊹颜杲(gāo高)卿骂贼句:唐颜杲卿为常山太守,安史之乱中,颜坚守常山,与史思明大战六昼夜,终因井竭,粮食、弓矢皆尽而城陷。颜杲卿被执,送至洛阳见安禄山,颜瞋目大骂不绝,禄山大怒,用钩断其舌,杲卿喷血而死。见《旧唐书·颜杲卿传》。

【今译】

　　女人的行步叫金莲,所以请女客的敬词叫"奉迓金莲";贵客的行步叫玉趾,所以请男客的敬词叫"敢攀玉趾"。侏儒是说人身材短小;魁梧是说人身材高大。具有"龙章凤姿",必为国家栋梁之材;生得"獐头鼠目",定是平凡无用之人。过于害怕,叫做"畏首畏尾";感恩不忘,叫做"刻骨铭心"。相貌丑陋,叫做其貌不飏;相貌美好,叫做美如冠玉。足跛叫做蹒跚;耳聋叫做重听。"期期艾艾"是说口吃;"喋喋便便"形容话多。小心翼翼,值得称赞;大言不惭,实在可鄙。腰细,称做柳腰;身瘦,叫做鸡肋。讥笑人牙齿缺,叫做"狗窦大开";讥笑人不决断,叫做"首鼠偾事"。话出口随意更改,叫做"口中雌黄";自己胸中有主见,叫做"皮里春秋"。利害相关,叫做"唇亡齿寒";尊卑颠倒,叫做"足上首下"。"扬眉吐气",是比喻人得意;"推心置腹",是说待人诚恳。心叫灵台,所以心慌叫"灵台乱";容如玉山,所以醉倒叫"玉山颓"。睡叫"黑甜";卧叫"息偃"。"口尚乳臭",是说人年少无知;"三折其肱",是称医诊多识广。西子捧着心,愈加好看;丑妇皱着眉,分外丑陋。慧眼才能识得道骨;肉眼自然不见贤人。奴颜婢膝的形状,使人讨厌;胁肩谄笑的媚态,令人难堪。忠臣直言,是君王的良药;妇人多语,是祸乱的阶梯。事情遂心叫如愿;事有惭愧叫汗颜。说话多叫饶舌;物好吃叫可口。周文王施行仁政,枯骨沾他恩泽;宋太祖友爱兄弟,灼艾分弟痛苦。唐太宗为李勣治病,剪下自己胡须;颜杲卿大骂安禄山,被贼割去舌头。

【原文】

　　不较横逆,曰置之度外①;洞悉虏情,曰已入掌中②。马良有白眉,独出乎众③；阮籍作青眼，厚待乎人④。咬牙封雍齿，计安众将之心⑤；含泪斩丁公，法正叛臣之罪⑥。掷果盈车，潘安仁美姿可爱；投石满载，张孟阳丑态堪憎⑦。事之可怪，妇人生须；事所骇闻，男人诞子⑧。求物济用，谓燃眉之急⑨；悔事无成，曰噬脐何及⑩？情不相关，如秦越人之视肥瘠⑪；事当探本，如善医者只论精神。无功食禄，谓之尸位素餐⑫；谫劣无能，谓之行尸走肉⑬。老当益壮，宁知白首之心；穷且益坚，不坠青云之志⑭。一息尚存，此志不容少懈⑮；十手所指，此心安可自欺⑯？

（增）高台曰头、广宅云面⑰。顿殊于众，须号于思⑱，迥异乎人⑲，指生骈拇。何平叔面犹傅粉⑳，秦襄公颜若渥丹㉑。古尚书头尖如笔，便擅英称㉒；张太仆腹大如瓠，更垂好誉㉓。可作生民主，刘曜垂五尺之髯㉔；能为帝者师，张良掉三寸之舌㉕。维翰一尺面，宰相奇形㉖；比干七窍心，忠臣异蕴㉗。英雄当自别，金云寇莱公鼻息如雷㉘；俊杰却非凡，始信王浚仲目光若电㉙。垂肩大耳，刘先主毕竟兴王㉚；盖胆毛深，德谦师自当成佛㉛。岳公刺背间之字，愈见心忠㉜；英布黥面上之痕，何嫌貌丑㉝？苏生正直，膝岂容佞士作枕头㉞；林蕴精忠，项不使顽奴为砥石㉟。彦回之髯如戟，岂为乱阶㊱；李瞻之胆如升，不亏大节㊲。张睢阳鼓烈气，握拳透爪；鲁仲连喷义声，嚼齿穿龈㊳。党进虽然大腹，非多算之人也㊴；李纬徒有好须，不足齿之伦与㊵。

注释

①置之度外：不放在心上。东汉刘秀既杀王莽，自立为帝，是为光武帝。时隗嚣仍据甘肃称上将军，公孙述据四川称帝。光武多年征战，积苦兵间，谓诸将曰："且当置此两子于度外耳。"见《后汉书·隗嚣传》。《南齐书·竟陵文宣王子良传》："是时上新亲政，水旱不时，子良密启曰：'……惟荒服恃远，后宾固亦恒事。自青德启运，款关受职，置之度外，不足絓言。'"

②已入掌中：有把握得到胜利，或喻情况了如指掌。东晋安帝义熙五年，刘裕北伐南燕，大军越过大岘山，燕兵不出。裕举手指天，喜形于色。左右曰："公未见敌而先喜，何也？"裕曰："兵已过险，士有必死之志；余粮栖亩，人无匮乏之忧。虏已入吾掌中矣。"见《资治通鉴·晋安帝义熙五年》。

③白眉：见《兄弟》"马季常之眉"注。

④青眼：眼睛青色，其旁白色，正视则见青处，邪视则见白处。晋阮籍不拘礼教，能为青白眼。凡俗之士往见，以白眼对之。阮籍母丧，嵇喜来吊，籍作白眼；嵇

喜之弟嵇康携酒挟琴来吊，籍大喜，乃见青眼。见《晋书·阮籍传》又《世说新语·简傲》引《晋百官名》。后谓对人重视曰青眼，对人轻视曰白眼。

⑤咬牙封雍齿：汉初，刘邦大封功臣已二十余人，其余日夜争功而不决，未能行封。刘邦于洛阳南宫复道望见诸将往往数人偶语，因问张良何语。张良曰："此谋反耳。"邦曰："为将奈何。"良曰："上平生所憎群臣所共知谁最甚者。"邦曰："雍齿与我有故怨，数窘辱我。"良曰："今急先封雍齿，以示群臣，群臣见雍齿先封，则人人自坚矣。"于是封雍齿为什方侯。群臣皆喜曰："雍齿且封侯，我属无患矣。"见《汉书·张良传》。

⑥含泪斩丁公：《史记·季布列传》："季布母弟丁公为楚将，丁公为项羽逐窘高祖彭城西，短兵接。高祖急顾丁公曰：'两贤岂相厄哉。'于是丁公引兵而还，汉王遂解去。及项王灭，丁公谒见高祖，高祖以丁公徇军中，丁公为项王臣不忠，使项王失天下者，乃丁公也。遂斩丁公。"

⑦掷果盈车两句：晋潘岳，字安仁。《别传》说其姿容甚美，风仪闲畅。晋裴启《语林》："安仁至美，每行老妪以果掷之满车；张孟阳至丑，每行小儿以瓦石掷之，亦满车。"又《世说新语·容止》："潘岳妙有姿容，好神情。少时挟弹出洛阳道，妇人遇者，莫不连手共萦之；左太冲绝丑，亦复效岳遨游，于是群妪齐共乱唾之，委顿而返。"两说不同。

⑧事之可怪两句：北宋宣和六年，京城开封酒市中，一朱姓男人之妻，年四十而忽然生须，长六七寸宛然如男子；又有一卖青果男人，怀孕，临产，产婆不能取，易七人始娩，后即逃去。见《宋史·五行志》。

⑨燃眉之急：喻事态紧迫。《文献通考·市耀》："元祐初，温公（司马光）入相，诸贤并用，革新法之病民者，如救燃眉，青苗、助役其尤也。"燃眉与烧眉同义。宋普济《五灯会元》："僧问蒋山佛慧：'如何是急切一句。'慧曰：'火烧眉毛。'"

⑩噬脐何及：自咬肚脐，喻不可及，又喻后悔已晚。又《左传·庄公六年》："楚文王伐申，过邓，邓祁侯曰：'吾甥也。'止而享之。骓甥、聃甥、养甥请杀楚子，邓侯弗许。三甥曰：'亡邓国者必此人也。若不早图，后君噬脐，其及图之乎，图之，此为时矣。'邓侯曰：'人将不食吾余。'……弗从。还年，楚子伐邓，十六年，楚复伐邓，灭之。"北齐颜之推《颜氏家训·省事》："虽得免死，莫不破家，然后噬脐，亦复何及。"

⑪秦越人之视肥瘠：春秋时秦越两国，一在西北，一在东南，相去极远，故以秦越比喻关系疏远或不相关。唐韩愈《争臣论》："今阳子（城）在位不为不久矣，而未尝一言及于政，视政之得失，若越人视秦人之肥瘠，忽焉不加喜戚于其心。"

⑫尸位素餐：居位食禄而不理事。尸位，如尸之位。古时凡祭，以一人端坐而为祭之主，曰尸。只享祭而不作事。《书·五子之歌》："太康尸位以逸豫，灭厥德，黎民咸贰。"汉王充《论衡·量知》："无道艺之业，不晓政治，默作朝廷，不能言

事,与尸无异,故曰尸位。"素餐,白吃米饭《诗·魏风·伐檀》:"彼君子兮,不素餐兮。"《汉书·朱云传》:"今朝廷大臣,上不能匡主,下无以益民,尸位素餐。"

⑬行尸走肉:活的僵尸,喻徒具形体而毫无作为或理想的人。晋王嘉《拾遗记》:"(任末)临终诫曰:'夫人好学,虽死犹存,不学者,虽存,谓之行尸走肉。'"

⑭老当益壮,穷且益坚:年虽老而志更壮烈;处境愈穷困,志节愈应坚定。《后汉书·马援传》:"(援)转游陇汉间,尝谓宾客曰:'丈夫为志,穷当益坚,老当益壮。'"唐王勃《滕王阁序》:"老当益壮,宁知白首之心;穷且益坚,不堕青云之志。"

⑮一息尚存:只要还有一口气。《论语·泰伯》:"死而后已,不亦远乎!"宋朱熹《集注》:"一息尚存,此志不容少懈,可谓远矣!"

⑯十手所指:被众人指点着。《礼记·大学》:"曾子曰:'十目所视,十手所指,其严乎!'"意为一个人常常被十目注视着,十手指点着,这难道不很可怕吗?

⑰高台、广宅:高台,头的别名,清厉醒关槐《事物异名录·形貌·头》:"《黄庭经》:'高台通天临中野。'《注》:'头为高台。'"又《内经》:"太一流珠安昆仑。"《注》:"头为昆仑。"广宅,佛经云,面位列五官。故云广宅。

⑱于思:多须之貌。春秋时,郑公子归生受命于楚伐宋,宋国华元率兵抵御,大败被俘后逃归。城者讴曰:"睅其目,皤其腹,弃甲而复。于思、于思,弃甲复来。"见《左传·宣公二年》。

⑲骈拇:足大拇指与第二指相连为一指。《庄子·骈拇》:"骈拇枝指,出乎性哉。"唐成玄英《疏》:"骈,合也,大也,谓足大拇指与第二指相连,合为一指也。枝指者,谓手大拇指旁枝生一指成六指也。"后以骈拇、枝指喻多余无用之物。

⑳面犹傅粉:面白犹如抹了粉。《世说新语·容止》:"何平叔美姿仪,面至白,魏明帝疑其傅粉。正夏月,与热汤饼,既啖,大汗出,以朱衣自拭,色转皎然。"何平叔,即何晏,是三国时著名玄学家。唐李端《赠郭驸马》:"薰香荀令偏怜少,傅粉何郎不解愁。"

㉑颜若渥丹:指颜面如厚渍之丹,红润而有光泽。《诗·秦风·终南》:"颜如渥丹,其君也哉。"

㉒头尖如笔:后魏古弼的头尖如笔状。《魏书·古弼传》:"(弼)少忠谨,善骑射,以功赐爵灵寿侯,位历吏部尚书……弼头尖,太祖命之曰笔尖,时人呼为笔公。数进直谏,帝曰:'笔公可谓社稷之臣。'"

㉓腹大如瓠:肚子大如葫芦。汉御史大夫张苍,肚大如葫芦。《汉书·张苍传》:"张苍,阳武人也,好书律历。秦时为御史主柱下方书,有罪亡归。及沛公略地过阳武,苍以客从攻南阳,苍当斩,解衣伏锧,身长大肥,白如瓠,时王陵见而怪其美士,乃言沛公,赦勿斩。"

㉔五尺之髯:两颊之毛长达五尺。刘曜,字永明,匈奴人,后为十六国时前赵

皇帝。《晋书·刘曜载记》："(曜)身长九尺三寸,垂手过膝,生而眉白,目有赤光,须髯不过百余根而皆五尺,性拓落高亮而与众不群。"

㉕三寸之舌:喻能言善辩,以语言胜人。《史记·留侯世家》:"留侯(张良)乃称曰:'家世相韩,及韩灭,不爱万金之资为韩报仇强秦,天下振动。今以三寸舌为帝者师,封万户,位列侯,此布衣之极,于良足矣,愿弃人间事,欲从赤松子游耳。'"

㉖一尺面:面长一尺,相术家以为贵相。《北史·皇甫玉传》:"子儒曰:'人有七尺之形,不如一尺之面;一尺之面不如一寸之眼。大将军睑薄昒速,非帝王相也。'"《五代史·桑维翰传》:"(桑维翰)为人丑怪,身短而面长,尝临镜自奇曰:'七尺之身,不如一尺之面。'"桑维翰,五代后晋大臣,历任礼部侍郎,知枢密院事,迁中书侍郎、同中书门下平章事。后封魏国公。

㉗七窍心:有七孔的心。古时相传圣人之心有七孔。《史记·殷纪》:"纣愈淫乱不止,微子数谏不听,乃与太师少师谋,遂去。比干曰:'为人臣者不得以死争。'乃强谏纣,纣大怒曰:'吾闻圣人心有七窍。'剖比干观其心。"

㉘鼻息如雷:形容鼾声很大。鼻息,鼻孔呼吸时的气息。北宋时,契丹侵宋围瀛州,直犯贝魏,朝野震骇,寇准力促真宗亲征。车驾欲至澶渊。朝中看法不一,独寇准赞成上意。上方乘舆渡河,虏骑充斥城下,人情恟恟,上使人微觇准所为,而准方酣寝于中,鼻息如雷。真宗曰:"渠安枕如此,必有胜算,吾何忧。"见宋沈括《梦溪笔谈·人事》。参见《宋史·寇准传》。

㉙目光若电:眼光神采奕奕。《晋书·王戎传》"戎(字濬仲)幼而颖悟,神采秀彻,视日不眩。裴楷见而目之曰:'戎眼烂烂如岩下电。'年六七岁,于宣武场观戏,猛兽在槛中,呼吼震地,众皆惊走,戎独立不动,神色自若。"

㉚垂肩大耳:耳大垂于肩。蜀汉先主刘备耳大垂肩,吕布骂其为"大耳儿"。《三国志·蜀志·刘先主传》:"先主不甚乐读书,喜狗马音乐,美衣服,身长七尺五寸,垂手过膝,顾自见其耳。"

㉛盖胆毛深:元时高僧德谦大师,原本杨氏之子,号福元。博学多识,居万宁、崇恩二寺。一僧拜师曰:"三日不相见,莫作旧时看。"师拨开胸云:"你道我这里,有几茎盖胆毛。"僧默然无语。见《德谦大师语录》。盖胆毛,即胸脐毛。

㉜岳公刺背间之字:宋岳飞,在背上刺有尽忠报国四字。岳飞,字鹏举,为北宋末年抗金名将,时以南宋高宗和丞相秦桧为代表的投降派,力主与金求和,主战最力而军威最盛者莫如岳飞。秦桧遂以莫须有的罪名,诬飞欲反,岳飞父子俱遇害。《宋史·岳飞传》:"初命何铸鞫之,飞裂裳以背示铸,有'尽忠报国'四大字,深肤理。"

㉝英布黥面上之痕:汉英布曾受黥面之刑。黥,用刀在面颊处刻字,再涂以黑汁。《史记·黥布列传》:"鲸布者,六(安)人也,姓英氏。秦时为布衣少年,有客

相之曰：‘当刑而王。’及壮，坐法黥，布欣然笑曰：‘人相我当刑而王，几是乎！’”

㉞苏生句：苏生，三国魏人苏则。少时以博学闻名，后任酒泉、金城太守，有威名。《三国志·魏志·苏则传》：“（苏则）征拜侍中，与董昭同僚，昭尝枕则膝而卧，则推下之曰：‘苏则之膝，非佞人之枕也。’”

㉟林蕴句：唐林蕴，字梦复，任礼部员外郎，出为邵州刺史。《新唐书·林蕴传》：“（初）西川节度使韦皋辟为推官。刘辟反，蕴晓以逆顺，不听，复遗书切谏，辟怒，械于狱，且杀之。将就刑，大呼曰：‘危邦不入，乱邦不居，得死为幸矣。’辟惜其直，阴戒刑人抽剑磨其颈以胁服之。蕴叱曰：‘死即死，我颈乃顽奴砥石邪！’辟知不服，舍之。”

㊱彦回句：南朝褚渊，字彦回。初仕宋明帝时任尚书右仆射，后仕齐封南康郡公，加尚书令。《南史·褚渊传》：“景和中，山阴公主淫恣，窥见彦回悦之，以白帝，帝召彦回西上阁宿，十日公主夜就之，备见逼迫，彦回整身而立，从夕至晓，不为移志。公主谓曰：‘君须髯如戟，何无丈夫意。’彦回曰：‘回虽不敏，何敢首为乱阶。’”乱阶，祸乱的来由。

㊲李瞻句：南朝梁李瞻，东阳人。侯景作乱，李瞻起兵抗击侯景，兵败被杀。《南史·侯景传》：“李瞻起兵，为景所执，送诣建业，景先出之市中，断其手足，刻析心腹，破出肝肠。瞻正色整容，言笑自若。见其胆者乃如升焉。”

㊳张睢阳两句：唐张巡，开元中进士，出为清河令。天宝中安禄山反，张巡起兵讨贼，每战必胜，至睢阳，与太守许远合守危城，被贼十余万人围攻，城陷被杀。《旧唐书·张巡传》：“巡神气慷慨，每与贼战，大呼誓师，眦裂血流，牙齿皆碎……子奇以大刀剔巡口，视其齿存者不过三数。（注者按：此两句原文所述，与史书不合。查阅新旧唐书《张巡传》均无骂贼至握拳透爪的记载。关于握拳透爪见于《晋书·卞壶本传》：卞壶拒苏峻，父子战死。其后盗发壶墓，尸僵，而手握拳，爪甲穿透手背。而宋苏轼《东坡题跋·偶书》云：“张睢阳（巡）生犹骂贼，嚼齿穿龈；颜平原（真卿）死不忘君，握拳透掌。”此事见唐郑綮撰《开天传信记》：“颜真卿既死，贼（李希烈）平，家迎其丧，启殡视之，棺朽而肌肉如生，握拳不开，爪透手背，远近惊异。”又鲁仲连，战国齐人。亦称鲁连。高节不仕，喜为人排难解纷。游于赵，秦围赵急，魏使新垣衍请帝秦，仲连力言不可，会信陵君率魏兵救赵，秦军退走；后燕将据聊城，齐攻之岁余不下，仲连遗书燕将，聊城乃下。齐王欲爵之，仲连逃隐海上。其事见于《史记·鲁仲连传》和《战国策·赵策》，无鲁仲连骂贼至嚼齿穿龈之事。）

㊴党进虽然大腹：宋党进肚大而少计谋。《宋史·党进传》载，党进骁勇善战，太祖乾德四年领彰信军节度兼侍卫步军都指挥使。尝食饱扪腹叹曰：“吾不负汝。”左右曰：“将军不负此腹，此腹乃负将军。”意为少出谋虑。

㊵李纬徒有好须：谓李纬无能，只有好须。《新唐书·房玄龄传》：“帝在翠微

宫以司农卿李纬为民部尚书,会有自京师来者。帝曰:'玄龄闻纬尚书谓何?'曰:'唯称纬好须,无他语。'帝遂改为太子詹事,讨还玄龄守京师。"

【今译】

　　不去计较横逆,就说"置之度外";明了敌人内情,如像"已入掌中"。马良生着白眉,在弟兄中才能出众;阮籍会作青眼,为着厚待他的客人。咬着牙封雍齿,安定众人的心;含着泪斩丁公,是将叛臣正法。潘安仁姿容可爱,妇女投给他的果子满车;张孟阳相貌很丑,小孩掷向他的石头满载。事情最怪,妇人生须;骇人听闻,男人生子。求物以应急用,就说"燃眉之急";懊悔事情不成,就说"噬脐何及"。彼此不相关,好比秦人看越人的肥瘠;论事要探本,就像良医看病那种精神。没有功劳只食俸禄,叫做"尸位素餐";没有学问又无能力,叫做"行尸走肉"。年纪虽老志气更壮盛,难道白了头还要改变心节;人处穷困应更加坚强,决不丧失直上青云的志气。只要还有一口气,志向不可稍有懈怠;十个指头在指着,心地里那能够自欺。

　　(增)头,又叫"高台";面,又叫"广宅"。与大众不相同,胡须比常人多叫"于思";与常人不一样,拇指二指相连叫"骈拇"。何平叔面很白,好像敷了粉;秦襄公面很红,如厚渍的丹。古弼头尖如笔,太祖戏呼他为笔头;张苍腹大像瓠,王陵惊奇使他遇赦。刘曜垂五尺的髯,作了生民主;张良凭三寸的舌,当了王者师。桑维翰的面长,当了宰相;比干心有七孔,真是贤臣。寇准在帐中鼻息如雷,真是英雄本色;王戎的目光熠熠如电,的确俊杰不凡。刘先主耳大垂肩,毕竟当了王;德谦师盖胆毛深,自然成了佛。岳飞背上刺字,更见忠心;英布面上受刑,怎嫌貌丑。苏则正直,怎容忍膝盖给佞臣当枕头;林蕴精忠,那能把颈项给刑人作砥石。彦回的须硬如戟,怎为祸乱的阶梯;李瞻之胆大如升,不亏损尽忠大节。张巡守睢阳,鼓起烈气,握拳透爪;鲁仲连骂贼,愤恨之极,嚼齿穿龈。党进肚子很大,但是不出计谋;李纬胡须很好,可是没有才能。

衣 服 新增文十二联

【原文】

　　冠称元服①；衣曰身章②。曰弁曰冔曰冕，皆冠之号③；曰履曰舄曰屣，悉鞋之名④。上公命服有九锡⑤；士人初冠有三加⑥。簪缨缙绅，仕宦之称⑦；章甫缝掖，儒者之服⑧。布衣即白丁之谓；青衿乃生员之称⑨。葛屦履霜，诮俭啬之过甚⑩；绿衣黄里，讥贵贱之失伦⑪。上服曰衣，下服曰裳；衣前曰襟，衣后曰裾⑫。敝衣曰褴褛⑬；美服曰华裾⑭。襁褓乃小儿之衣⑮；弁髦亦小儿之饰⑯，左衽是夷狄之服⑰；短后是武夫之衣⑱。尊卑失序，如冠履倒置⑲；富贵不归，如锦衣夜行⑳。狐裘三十年，俭称晏子㉑；锦帐四十里，富羡石崇㉒。孟尝君珠履三千客㉓；牛僧孺金钗十二行㉔。千金之裘，非一狐之腋㉕；绮罗之辈，非养蚕之人㉖。贵者重裀叠褥㉗；贫者裋褐不完㉘。卜子夏甚贫，鹑衣百结㉙。公孙弘甚俭，布被十年㉚。南州冠冕，德操称庞统之迈众㉛；三河领袖，崔浩羡裴骏之超群㉜。虞舜制衣裳，所以命有德㉝；昭侯藏敝袴，所以待有功㉞。唐文宗袖经三浣㉟；晋文公衣不重裘㊱。衣履不敝，不肯更为，世称尧帝㊲；衣不经新，何由得故，妇劝桓冲㊳。

注释

　　①元服：冠，帽子。《仪礼·士冠礼》："令月吉日，始加元服。"《汉书·昭帝纪》："元凤四年春正月丁亥，帝加元服。"《注》："元者，首也。冠者首之所著，故曰元服。"

　　②身章：衣服。古时衣服是表明贵贱之章采。《左传·闵公二年》："狐突曰：'衣，身之章也。'"《注》："章，贵贱。"《身章摄要》："衣服，身之章也。古者未有丝麻，故多以鸟兽之羽皮为衣，自羲皇而降，衣裳之制，乃始兴焉。"

　　③弁、冔(xǔ许)、冕：都是帽子的别称。弁，古代男子穿礼服时所戴的冠称弁。冕，古代帝王、诸侯、卿大夫所戴之礼帽，后专指皇冠，故登王位叫加冕。相传黄帝始作冕。《左传·桓公二年》："衮冕黻珽。"《疏》："冕，冠也，世本云：黄帝作冕。"冔，殷代称冕为冔。也写作冔。《礼记·郊特牲》："周弁、殷冔、夏收。"

　　④履、舄(xì系)、屣(xǐ洗)：都是鞋子的别称。单底叫履，复底叫舄。《庄子·山木》："衣敝履穿，贫也，非惫也。"屣，也是鞋。《吕氏春秋·观表》："视舍天

卷二·衣服　　145

下若舍屣。"又《身章摄要》;"朝服曰履,祭服曰舄,燕服曰屦。"

⑤九锡:传说古代帝王尊礼大臣所给的几种器物。《汉书·武帝纪》:"乃加九锡。"为九锡见于书面的最早记载。九锡名目有几种,大同小异,排列次序也不一致。今按《公羊传·庄公元年》何休传据《礼纬》:"车马、衣服、乐则、朱户、纳陛、虎贲、弓矢、斧钺、柜鬯。"汉末献帝加曹操九锡,即采用《礼纬》之说,历代相沿。

⑥三加:古代男子行冠礼,初加缁布冠,次加皮弁,再次加爵弁,称为三加。《礼记·冠义》:"适子冠于阼,以著代也。醮于客位,三加弥尊,加有成也。"

⑦簪缨:簪,头上之笄,缨,系冠之带,均古代官吏的冠饰,后用以喻显贵。唐张说《湼湖山寺》:"若使巢由同此意,不将萝薜易簪缨。"搢绅。见《文臣》注。

⑧章甫、缝掖:章甫,殷时之冠,即缁布冠。《仪礼·士冠礼》:"章甫,殷道也。"《注》:"章,明也。殷质,言以表明丈夫也。"缝掖,亦作逢掖。宽袖的单衣,古时儒生所穿,后以缝掖代称儒生。《礼记·儒行》:(孔)丘少居鲁,衣缝掖之衣;长居宋,冠章甫冠。"《注》:"逢,犹大也,大掖之衣,大袂禅衣也。"《后汉书·王符传》:"时人为之语曰:'徒见二千石,不如一缝掖。'言书生道义之交为贵也。"

⑨白丁、青衿:白丁,犹言白身,即没有功名的人,《隋书·李敏传》:"隋文帝谓乐平公主曰:'李敏何官?'对曰:'一白丁耳。'"唐刘禹锡《陋室铭》:"谈笑有鸿儒,往来无白丁。"青衿,青领,古时学子所服。《诗·郑风·子衿》:"青青子衿,悠悠我心。"后称士子为青衿。《魏书·李崇传》:"养黄发以询格言,育青衿而敷典式。"

⑩葛屦:用葛制成的鞋,为夏季穿用。《诗·魏风·葛屦》:"纠纠葛屦,可以履霜。"《传》:"夏葛屦,冬皮屦,葛屦非所以履霜。"《笺》;"葛屦贱,皮屦贵,魏俗,至冬犹谓葛屦可以履霜,利其贱也。"

⑪绿衣黄里:古时以黄色为正色,绿色为闲色。以闲色为衣,以正色为里(裳),喻尊卑、贵贱颠倒失序。《诗·邶风·绿衣》:"绿兮衣兮,绿衣黄裳。"《序》:"绿衣,卫庄姜伤己也,妾上僭,夫人失位而作是诗也。"

⑫衣、裳、襟、裾:上曰衣。《诗·秦风·无衣》:"岂曰无衣,与子同袍。"《诗·邶风·绿衣》:"绿衣黄裳。"《传》:"上曰衣,下曰裳。"裳,裾也,古时男女皆服。襟,亦作衿,古时衣的交领。《尔雅·释器》:"衣皆谓之襟。"后指衣的前幅。《庄子·齐物论》:"丽之姬,艾封人之子也,晋国始得之,涕泣沾襟。"裾,衣服的后襟。《尔雅·释器》:"被谓之裾。"《注》:"衣后襟也。"也指衣的前襟及大襟。《淮南子·齐俗》:"楚庄王裾衣博袍,令行乎天下。"也指衣袖。汉扬雄《方言》:"袿谓之裾。"《注》:"衣后裾也,或作袪。"《广雅》云:'衣袖。'"

⑬褴褛:衣服破敝。汉扬雄《方言》:"南楚凡人贫衣被丑敝,谓之须捷……或谓之褴褛。故《左传》曰:'筚路褴褛,以启山林。'殆谓此也。"《梁书·唐绚传》:

"在省,每寒月见省官褴褛,辄遗以襦衣。"

⑭华裾:美丽的衣服。华,美观。唐李贺《赋高轩过》:"华裾织翠青如葱,金环压辔摇玲珑。"

⑮襁褓:亦作缲褓,背小儿的布带和布兜。《史记·卫青传》:"臣青子在缲褓中,未有勤劳,上幸列地封为三侯,非臣待罪行间所以劝士力战之意也。"《汉书·宣帝纪》:"曾孙虽在襁褓,犹坐收系郡邸狱。"后引申为婴儿时期。

⑯弁髦:弁,缁布冠;髦,幼童垂于眉际的头发。古代男子成人,行冠礼,三加之后即不再用缁布冠,剃去垂髦,理发为髻。后用弁髦喻无用之物。《左传·昭公九年》:"文武成康之建母弟,以蕃屏周,亦其废队是为,岂如弁髦,而因以敝之。"

⑰左衽:衽,衣襟。古代少数民族的服装前襟向左,不同于中原一带人民的右衽。《尚书·毕命》:"四夷左衽,罔不成赖。"后用以指受外族的统治。《论语·宪问》:"微管仲,吾其被发左衽矣。"《三国志·蜀志·廖立传》:"闻诸葛亮卒,垂泣叹曰:'吾终为左衽矣!'"

⑱短后:衣之后幅较短,便于动作。《庄子·说剑》:"吾王所见剑士,皆蓬头突鬓垂冠,胡曼之缨,短后之衣,瞋目而语难。"《文选·张协·七命》:"舆台笑短后之服。"《注》:"翰曰:'危冠、短后服,戎士衣也。'"

⑲冠履倒置:头戴冠,脚穿鞋,以喻上下之分。如两者倒置,则上下失序,尊卑颠倒。《后汉书·杨震传附杨赐》:"冠履倒易,陵谷代处。"

⑳锦衣夜行:喻富贵而无人知晓。锦衣,美服。《诗·秦风·终南》:"君子至止,锦衣狐裘。"《传》:"锦衣,彩衣也。"《陈奂传疏》:"锦衣为显贵之服矣。"《史记·项羽本纪》:"项羽引兵,西屠咸阳……收其货宝妇女而东,人或说项王,曰:'关中阻,山河四塞,地肥饶,可都以霸。'项王见秦宫室皆已烧残破,又心怀思欲东归,曰:'富贵不归故乡,如衣锦夜行,谁知之者。'"

㉑狐裘三十年:一狐裘穿用三十年,喻节俭。《孔子家语》:"孔子曰:'晏平仲祭其祖先,而豚肩不掩豆,一狐裘三十年,贤大夫也。而难为下。'"晏平仲,即晏婴,春秋时,齐国贤相。狐裘,用狐腋下白毛所制之皮衣,古代极为珍视。

㉒锦帐四十里:谓奢侈豪华。《晋书·石苞传附石崇传》:"(崇)与贵戚王恺、羊琇之徒以奢靡相尚,恺以饴沃釜,崇以蜡代薪,恺作紫丝布步帐四十里,崇作锦步帐五十里以敌之。崇涂屋以椒,恺用赤石脂。崇恺争豪如此。"又见于《世说新语·汰侈》。(注者按:原本为"锦帐四十里",《晋书》《世说新语》均为"锦帐五十里"。)

㉓珠履:缀珠之履。《史记·春申君传》:"赵使欲夸楚,为瑇瑁簪,刀剑室以珠玉饰之,请命于春申客。春申君客三千人,其上客皆蹑珠履以见赵使,赵使大惭。"唐杜牧《春申君》:"三千宾客皆珠履,欲使何人杀李园。"(注者按:此句原本

为"孟尝君珠履三千客",查《史记·孟尝君传》未有此明载,只言:"食客数千人,无贵贱一与文等。"原本不知何据。)

㉔金钗十二行:谓一人戴十二金钗。后以称人姬妾甚多。金钗,金花钗,即金钿,旧时妇女的首饰。唐白居易《长恨歌》:"唯将旧物表深情,钿合金钗寄将去。"梁武帝《河中之水歌》:"洛阳女儿名莫愁,头上金钗十二行。"唐牛僧孺自夸服钟乳千金,甚得力,而歌舞之妓颇多。白居易戏赠诗曰:"钟乳三千两,金钗十二行。"见宋黄鉴《谈苑》。

㉕千金裘:珍贵的皮裘。《史记·孟尝君传》:"此时孟尝君有狐白裘,值千金,天下无双。"唐李白《将近酒》:"五花马,千金裘,呼儿将出换美酒,与尔同销万古愁。"因狐裘是用狐腋下的白毛皮缝缀而成,故一裘非一狐之腋。汉刘向《说苑》:"千金之裘,非一狐之腋,廊庙之材,非一木之枝也。"

㉖绮罗:素底织纹起花的丝织物,为富贵人家所穿着。宋张俞《蚕妇》:"昨日入城市,归来泪满襟,遍身绮罗者,不是养蚕人。"

㉗裀(yīn 因):夹衣;褥子、床垫。汉司马相如《美人赋》:"裀褥重陈,角枕横施。"

㉘裋(shù 术)褐:粗布衣服。《汉书·贡禹传》:"家资不满万贯,钱妻子糠豆不赡,裋褐不完。"《注》:"裋者,谓僮竖所著布长襦也。褐,毛布之衣也。"

㉙卜子夏句:卜商,字子夏,春秋时卫人,孔子的弟子。长于文学,相传曾讲学于西河,序诗传易,为魏文侯师,有子早死,痛哭失明。见《史记·仲尼弟子传》。鹑衣,衣服破旧褴褛,因鹑尾秃,故名。荀子《大略》:"子夏贫,衣若悬鹑。"

㉚公孙弘:汉菑川薛人,字季。武帝时由御史大夫升任丞相,封平津侯。《史记·公孙弘传》:"常称以为人主病不广大,人臣病不俭节,弘为布被,食不重肉。后母死,服丧三年,每朝会议,开陈其端,令人主自择,不肯面折庭争。于是……上大悦之。"

㉛南州冠冕句:《三国志·蜀志·庞统传》:"庞统,字士元,襄阳人也,少时朴钝,未有识者。颍川司马徽清雅,有知人鉴。统弱冠往见徽,徽采桑于树上座,统在树下共语,自昼至夜,徽甚异之,称统为南州士之冠冕。由是渐显。"

㉜三河领袖句:北魏裴骏,幼即聪慧,亲属称为神驹。弱冠通涉经史。《北史·裴骏传》:"太武帝亲讨盖吴,引见骏,骏陈叙事宜,帝大悦,谓崔浩曰:'裴骏有当世才,其忠义可嘉。'补中书博士。浩亦深器骏,目为三河领袖。"

㉝虞舜制衣裳:相传衣裳为虞舜所作。《书·益稷》:"予欲观古人之象,日、月、星、辰、山、龙、华、虫、作会、宗彝、藻、火、粉、米、黼、黻、絺、绣,以五彩彰施于五色,作服。"

㉞昭侯藏敝裤:战国韩昭侯有敝裤,命藏之。待者曰:"何不赐左右。"昭侯曰:"吾闻明主受一嚬一笑,兹裤岂特嚬笑哉,吾必待有功,故藏之。"敝裤,破裤。

见《韩非子·内储说上》

㉟袖经三浣:言衣已洗过三次。《唐书·柳公权传》:"(文宗)常与六学士对便殿,帝称汉文帝恭俭,因举袂曰:'此三浣矣。'学士皆贺,独公权无言。帝问之,对曰:'人主当进贤,退不肖,纳谏诤,明赏罚,服浣濯之衣,此小节耳,非有益治道者。'"浣,洗也。

㊱衣不重裘:谓不重著皮裘。《尹文子·大道上》:"昔晋国苦奢,文公以俭矫之,乃衣不重帛,食不异肉。无几时,人皆大布之衣,脱粟之饭。"不重帛,不重著丝制之衣。重帛,一说为重裘。

㊲衣履不敝句:据说帝尧生活俭朴,衣服、鞋子不破,不肯更新。《帝尧本纪》:"布衣掩形,鹿裘御寒,衣履不敝,不更为也。"

㊳衣不经新句:见《夫妇》"忽著新衣"注。

【今译】

　　帽子戴在头上,所以叫元服;衣裳穿在身上,所以叫身章。弁、冔、冕都是帽子的别号;履、舄、屣都是鞋子的别名。皇帝赐与大臣的服用有九种,故称九锡;礼制规定士人的加冠有三次,故叫三加。簪缨、缙绅,是对官吏的别称;章甫、缝掖,是称儒士的衣服。布衣说的是白丁;青衿就是称秀才。冬天穿葛履,是笑人吝啬太甚;绿衣用黄里,是讥人贵贱颠倒。上服叫衣,下服叫裳;衣前叫襟,衣后叫裾。衣服破旧,叫做褴褛;衣服华美,称为华裾。褓褓是婴儿的布兜;弁髦是幼童的帽子。夷狄的衣服,衣襟在左;武人的衣服,后面较短。尊卑失了次序,好比帽子和鞋子倒过来放;富贵不归故乡,好比穿了锦衣在晚上行走。一件狐裘穿了三十年,节俭要称晏子;用锦步帐围了四十里,奢华要算石崇。孟尝君穿珠履的门客有三千;牛僧孺戴金钗的姬妾真不少。价值千金的裘衣,不只一狐的腋;身穿绮罗的女子,不是养蚕的人。富贵的人,夹衣褥子重重叠叠;贫穷的人,粗布衣服破烂不堪。卜子夏很穷,鹑衣纽了百结;公孙弘最俭,布被用了十年。庞统才智出众,司马德操称他为南国冠冕;裴骏才干不凡,崔浩羡慕说他是三河领袖。虞舜制做衣裳,是为了赏赐有德之人;昭侯保藏破裤,是用来等待有功之臣。唐文宗衣袖洗了三次;晋文公衣着不穿重裘。衣和鞋不破就不更换,世人称颂尧帝;衣服不经过新怎会旧,妇人劝说桓冲。

【原文】

　　王氏之眉贴花钿,被韦固之剑所刺①;贵妃之乳服诃子,为禄山之

卷二·衣服　149

爪所伤②。姜氏翕和,兄弟每宵同大被③;王章未遇,夫妻寒夜卧牛衣④。缓带轻裘,羊叔子乃斯文主将⑤;葛巾野服,陶渊明真陆地神仙⑥。服之不衷,身之灾也⑦;缊袍不耻,志独超欤⑧?

（增）制芔作法冠⑨;裁荷为隐服⑩。王乔属仙令,舄飞天外之凫⑪;李后是娇姝,钗化宫中之燕⑫。肌生银粟,是谁寒赠紫驼尼⑬;肩耸玉楼,有客暖捐红衲袄⑭。精忠膺主眷,狄仁杰披金字之袍⑮;阴德有天知,裴晋公还纹犀之带⑯。军中狐帽,沈庆之镇压貔貅⑰;滩上羊裘,严子陵傲睨轩冕⑱。通天带,顿输严续之姬⑲;鹔鹴裘,为贳相如之酒⑳。高人能洁己,飘飘挂神武之冠㉑;过客共摩肩,济济看马嵬之袜㉒。晋怀以青衣行酒,事丑万年㉓;光武以赤帻起兵,名芳千古㉔。有女遗王濛之新帽㉕;何人换季子之敝裘㉖。韦绶寝覆缬袍,荣施若此㉗;祭遵贫衣布裤,廉洁何如㉘?晋帝不忍浣征袍,留彼嵇侍中之血㉙;唐士未须裁道服,重他张孝子之縑㉚。汉王制竹簝之冠,威仪自别㉛;闵子衣芦花之絮,孝行纯全㉜。

注释

①王氏之眉贴花钿句:晋韦固少孤,欲早娶妇而终未成。一次赴约,途经宋城,天尚未明,遇一老人向月捡书。韦固问之,知为人间之婚牍。又问囊中何物,老人曰:"赤绳子耳,以系夫妇之足,虽仇家异域,此绳一系,终不可改。"韦固问己妻何人,老人曰:"君妻才三岁,此店北卖菜陈妪女耳。"韦固往视,甚丑,使奴刺女,剑中眉间。后十四年,韦固参相州军事。刺史王泰以女妻之,年十六七,眉间常贴花钿,韦固问之。女曰:"妾郡守之侄女也,父卒于宋城,时方襁褓,乳母卖菜以给朝夕,眉间为贼所刺,伤痕尚在也。"见唐李复言《续幽怪录》。

②贵妃之乳服诃子:唐玄宗时,杨贵妃与安禄山私通,禄山手抓伤杨妃之乳。杨妃恐帝见之,遂作锦绣服以掩其胸乳,名为诃子。见宋高承《事物纪原·衣裘带服部·诃子》。

③姜氏翕和句:见《兄弟》"大被同眠"注。翕(xì 吸),合、聚。

④王章未遇句:汉王章,字仲卿,官至京兆尹。《汉书·王章传》:"初,章为诸生,学长安,独与妻居。章疾病无被,卧牛衣中,与妻诀涕泣。其妻呵怒之曰:'仲卿京师尊贵在朝廷,人谁逾仲卿者。今疾病困阨,不自激昂,乃反涕泣,何鄙也。'后章仕宦,历位及为京兆,欲上封事。妻又止之曰:'人当知足,独不念牛衣中涕泣时邪!'章曰:'非女子所知也。'书遂上,果下廷尉狱。"

⑤缓带轻裘句:晋羊祜,字叔子。魏末任相国从事中郎。晋王朝建立,封钜平

侯,都督荆州诸军事。《晋书·羊祜传》:"祜在军,常轻裘缓带,身不披甲,铃阁之下,侍卫者不过数十人,而颇以田猎废政。尝欲夜出,军司徐胤执棨当营门曰:'将军都督万里,安可轻脱,将军之安危亦国家之安危也,胤今日若死,此门乃开耳!'祜改容谢之。"轻裘缓带,轻暖的裘,宽松的衣带。形容雍容闲适的风度。

⑥葛巾野服句:晋陶潜,字渊明;或曰名渊明,字元亮。志趣高洁,不慕荣利。其诗冲穆淡雅,文亦超逸高古。曾为彭泽令,在官八十余日,岁终,郡遣督邮至县,吏告其应束带见之。潜曰:"我岂为五斗米折腰向乡里小儿。"即日解印绶去职,赋《归去来辞》。居家安贫乐道,葛巾野服,嗜酒忘怀。尝自谓羲皇上人。见《晋书·陶潜传》《宋书·陶潜传》。葛巾,用葛织成的布做的头巾。野服,田野人之服。

⑦服之不衷:衣服不正当,不合适。《左传·僖公二十四年》:"郑子华之弟子臧出奔宋,好聚鹬冠。郑伯闻而恶之,使盗诱之。八月,盗杀之于陈宋之间。君子曰:'服之不衷,身之灾也。'诗曰:'彼已之子,不称其服,子臧之服,不称也夫。'"鹬冠,翠鸟羽制成之冠。

⑧缊袍不耻:穿着破旧的丝绵袍而不觉为耻。《论语·子罕》:"子曰:'衣敝缊袍,与衣狐貉者立,而不耻者,其由也欤?'"缊,旧丝绵絮。

⑨法冠:本为楚王之冠,后秦御史及汉王使节、执法者也戴此冠。《后汉书·舆服制》:"法冠,一曰柱后。高五寸,以𫄸为展筒,铁柱卷,执法者服之……或谓之獬豸冠。獬豸,神羊,能别曲直,楚王尝获之,故以为冠。"

⑩隐服:隐者之服。屈原《离骚》:"制芰荷以为衣兮,集芙蓉以为裳。不吾知其亦已兮,苟余情其信芳。"

⑪王乔属仙令句:《后汉书·方术·王乔传》:"王乔者河东人也,显宗世为叶令。乔有神术,每月朔望常自县诣台朝,帝怪其来数而不见车骑,密令太史伺望之,言其临至,辄有双凫从东南飞来。于是候凫至,举罗张之,但一只鸟焉。乃诏上方诊视,则四年中所赐(王)尚书官属履也。"

⑫李后是娇姝句:原本注:汉武帝李夫人有姿色,帝爱之,赐以白玉钗,藏之匣中,一日开匣,忽化玉燕而去。据旧题汉郭宪《别国洞冥记》载:武帝元鼎元年,起招仙阁于甘泉宫西,神女留玉钗以赠帝,帝以赐赵婕妤。至昭帝元凤时,宫人犹见此钗。黄琳欲之,既发匣,钗化为白燕飞升上天而去。后宫人学作玉钗,因名玉燕钗。

⑬银粟、紫驼尼:银粟,因寒冷肌肤上起的白粟。紫驼尼,骆驼毛所织之呢。宋黄庭坚《陈荣绪惠示之字韵诗》:"饥蒙青精饭,寒赠紫驼呢。"驼,或作陀。

⑭肩耸玉楼:道家称肩项骨为玉楼,眼为银海。宋赵时令《侯鲭录》:苏东坡在黄州日,作雪诗云:冻合玉楼寒起粟,光摇银海眩生花。时人不解。后王荆公云:道家以两肩为玉楼,以目为银海也。

⑮精忠鹰主眷句:唐武则天赠狄仁杰金字袍事。《新唐书·狄仁杰传》:"万岁通天(武则天年号)中,契丹陷冀州,河北震动,擢仁杰为魏州刺史,前刺史惧贼至,驱民保城,修守具。仁杰至曰:'贼在远,何自疲民,万一虏来,吾自辨之,何预若辈,悉纵就田,虏闻亦引去。'……俄转幽州都督,赐紫袍龟带,后(武则天)自制金字十二于袍,以旌其忠,召拜鸾台侍郎,复同凤阁鸾台平章事。"

⑯阴德有天知句:唐裴度,字中立,河东闻喜人,神观爽迈,操守坚贞。据说尝游香山寺,一女因求得文犀玉带以急救其父,入寺求神,将玉带挂于门楣,求神后遗玉带而去,裴度持玉带追还之。后度于贞元登进士,累官中书侍郎同平章事。平吴元济乱,封晋国公。人以为阴德所致。见五代王定保《唐摭言》《新唐书·裴度传》。

⑰军中狐帽句:南朝宋沈庆之于军中常戴狐皮帽。沈庆之,字弘先,吴兴武康人,仕宋累功为建威将军,讨平诸蛮。孝武即位,论功封始兴郡公,进侍中、太尉。庆之与隋王诞、隋郡太守宗悫等人讨沔北诸山蛮,威震诸山。庆之患头风,好著狐皮帽,群蛮恶之,呼为苍头公。每见庆之军,辄畏惧曰:"苍头公已复来矣。"庆之引军自茹丘山,出检诚,大破诸山。见《宋书·沈庆之传》。

⑱滩上羊裘句:谓严子陵披羊裘隐于富春江、七里滩,不应光武帝诏。见《地舆》"七里滩"注。

⑲通天带句:即通天犀带,带上饰有通天犀角。五代南唐人严续,官至司空同平章事,裴皞,官给事。严续有美姬,裴皞有通天犀带,均为世之尤物,严出姬,裴出带,呼卢相赌,裴胜得姬,严续怅然,见宋郑文宝《南唐近事》。

⑳鹔鹴裘句:以鹔鹴鸟羽毛制成的裘。鹔鹴,亦作鹔鹴,长颈绿身,其形似雁。旧题汉刘歆撰《西京杂记》:"司马相如初与卓文君还成都,居贫愁懑,以所著鹔鹴裘就市人阳昌贳酒,与文君为欢。"贳,赊也。

㉑高人能洁己句:南朝齐人陶弘景,字通明,丹阳秣陵人,幼有异操,十岁得葛洪《神仙传》,昼夜研寻,便有养生之志。未弱冠,齐高帝作相引为诸王侍读。家贫求宰县,未遂。永明十年脱朝服挂神武门,上表辞禄。诏许之,后隐于句容之句曲山。见《南史·隐逸·陶弘景传》。

㉒过客共摩肩句:唐玄宗天宝十五年,安禄山陷潼关,玄宗偕杨贵妃西去蜀避难,军行至马嵬,军士不前,杀杨国忠,并求诛贵妃。高力士缢妃于佛堂前之梨树下。妃子死日,马嵬有一妪得锦袜一只。相传过客争相以钱求看,每看须百钱。妪前后得钱无数。见唐冯贽《记事珠》、宋乐史撰《杨太真外传》。

㉓晋怀以青衣行酒:晋怀帝着青衣巡行给人斟酒劝饮。晋怀帝永嘉四年,前赵刘聪攻陷晋都洛阳,俘晋怀帝,以帝为会稽公。永嘉七年春正月,刘聪大会,使怀帝著青衣行酒。侍中庾珉号哭,聪恶之,后怀帝被杀于平阳。见《晋书·孝怀帝纪》。

㉔光武以赤帻起兵：东汉光武初起兵时，自著绛衣大冠，而诸将士皆服赤帻。赤帻，赤色束发的头巾。见《后汉书·光武纪》。

㉕有女遗王濛之新帽：晋王濛，字仲祖。濛少时放纵不羁，不为乡曲所重。晚节始克己励行，有风流美誉，姿容甚美，不修小节而以清约见称。家贫帽破。自入市买之，市中女悦其貌，遂赠其新帽。见《晋书·王濛传》。

㉖何人换季子之敝裘：季子，战国苏秦之字。《战国策·赵策》："李兑送苏秦明月之珠、何氏之璧、黑貂之裘、黄金百镒，苏秦得以为用，西入于秦。"《战国策·秦策》："苏秦始将连横说秦惠王……书十上而说不行。黑貂之裘敝，黄金百金尽，资用乏缺，去秦而归。"

㉗缬(xié 鞋)袍：印染有花纹的丝袍。《唐书·韦绶传》："(绶)德宗时以左补阙为翰林学士，密政多所参逮。帝常幸其院，韦妃从，会绶方寝，学士郑纲欲驰告之，帝不许。时大寒，以妃蜀缬袍覆而去，其待遇者此。"

㉘布裤：布制之裤。裤，胫衣，套裤。东汉祭遵，字弟孙，颍川颍阳人，随光武帝屡立战功，建武二年春拜征虏将军，封颍阳侯。祭遵为人廉洁，节约，克己奉公，凡得赏赐，尽分给士卒，家无私财，身衣布裤，用布被，夫人裳不加缘。见《后汉书·祭遵传》。

㉙嵇侍中：晋嵇绍，字延祖，嵇康之子，晋惠帝时官为侍中。八王之乱中，王师败于汤阴，百官及侍卫纷纷溃散，唯绍以身捍卫惠帝御辇，箭如雨集，绍遂死于帝侧，血溅御服，帝深为哀叹。及乱事平定，左右请帝浣衣，帝曰："此嵇侍中血，勿去。"见《晋书·嵇绍传》。

㉚唐士句：唐士指韩思彦，韩思彦字英远，邓州南阳人。高宗时为监察御史。汴州张僧彻，守先人庐墓三十年，皇帝诏旌表其间，张请思彦作墓志，送缣二百，彦不受。时年岁凶歉，彦家穷甚，僧彻固请，彦乃接受一匹，命其家曰："此孝子缣，不可轻用。"见《新唐书·韩思彦传》。

㉛竹籈：竹皮、笋壳。《史记·高祖纪》："高祖为亭长，乃以竹皮为冠，令求盗之薛治之，时时冠之，及贵常冠，所谓刘氏冠乃是也。"《集解》："应劭曰：'以竹始生皮作冠，今鹊尾冠是也。求盗者，旧时亭有两卒，一为亭父，掌开闭扫除，一为求盗，掌逐捕盗贼。薛鲁国县也，有作冠师，故往治之。'"

㉜芦花絮：以芦为絮。春秋时鲁国闵子骞，孔子弟子。少时，事后母孝而后母待之虐。冬天，后母给所生二子棉衣，而给闵子骞及其弟芦花衣。后骞为父驾车，因天寒手失革带，父怒而笞之，抚其背，方知衣单。父欲出其妻，子骞对父曰："母在一子单，母去四子寒。"父乃止，后母亦悔，待诸子如一。见《艺文类聚·人部·孝》又《太平御览·孝子传》为："母在一子寒。母去三子单。"

【今译】

王氏女眉间贴上花钿，是被韦固剑刺伤的；杨贵妃乳房罩上诃子，是安禄山手抓破的。姜氏弟兄情谊很深,每晚同盖一床大被;王章夫妇未得遇时,冬天只盖一件牛衣。羊叔子缓带轻裘,真是儒将风度;陶渊明葛巾野服,可称陆地神仙。衣服穿得不适宜,给自身带来灾祸;旧袍穿着不觉耻,是志气超越别人。

　　(增)用獬豸做的帽子,是执法人的冠;用芰荷做的衣裳,是隐逸者的服。王乔有仙术,他的鞋子化为双凫从天外飞来;李后有姿色,他的玉钗化为玉燕从宫中飞去。肌肤冷起粟子,是谁赠送他紫驼呢;肩头冷得耸起,有人还脱掉红衲袄。狄仁杰披上金字袍,他的忠诚受武后的眷注;裴晋公送还纹犀带,他的阴德自然上天知道。沈庆之在军中戴狐帽,威慑山蛮;严子陵在滩上穿羊裘,傲视王侯。韦皋用通天带赌博,赢了严续的宠姬;相如拿鹔鹴裘换酒,解了文君的愁闷。陶洪景将冠挂在神武门上,可见品格高尚。杨贵妃遗袜留在马嵬驿,过客争相观看。晋怀帝身着青衣劝酒,遗丑万年;汉光武头裹赤帻起义,流芳千古。王濛貌美,有女人送他新帽;苏秦命乖,谁人给他换破裘。皇帝给韦绶盖上花纹丝袍,何等荣宠;祭遵公而忘私自己穿布裤,何等廉洁。晋惠帝不肯洗涤征袍,为留着嵇侍中的血迹;韩思彦不肯裁缣作服,是重视张僧彻的孝行。汉高祖戴竹皮帽子,别有威仪;闵子骞穿芦花棉衣,孝行纯全。

幼学故事琼林全译·卷三

人 事 新增文十二联

【原文】

　　大学首重夫明新①;小子莫先于应对②。其容固宜有度③;出言尤贵有章④。智欲圆而行欲方,胆欲大而心欲小⑤。阁下足下,并称人之辞⑥;不佞鲰生,皆自谦之语⑦。恕罪曰宽宥;惶恐曰主臣⑧。大春元,大殿选,大会状,举人之称不一;大秋元,大经元,大三元,士人之誉多殊⑨。大掾史,推美吏员⑩;大柱石,尊称乡宦⑪。贺入学,曰云程发轫⑫;贺新冠,曰元服初荣⑬。贺人荣归,谓之锦旋⑭;作商得财,谓之稇载⑮。谦送礼曰献芹⑯;不受馈曰反璧⑰。谢人厚礼曰厚贶;自谦礼薄曰菲仪⑱。送行之礼,谓之赆仪⑲;拜见之赀,名曰贽敬⑳。贺寿仪曰祝敬㉑;吊死礼曰奠仪㉒。请人远归,曰洗尘㉓;携酒送行,口祖饯㉔。犒仆夫,谓之旌使㉕;演戏文,谓之俳优㉖。谢人寄书,曰辱承华翰㉗;谢人致问,曰多蒙寄声㉘。望人寄信,曰早赐玉音㉙;谢人许物,曰已蒙金诺㉚。具名贴曰投刺㉛;发书函曰开缄㉜。思慕久,曰极切瞻韩㉝;想望殷,曰久怀慕蔺㉞。相识未真,曰半面之识㉟;不期而会,曰邂逅之缘㊱。登龙门,得参名士㊲;瞻山斗,仰望高贤㊳。一日三秋,言思慕之甚切㊴;渴尘万斛,言想望之久殷㊵。睽违教命,乃云鄙吝复萌㊶;来往无凭,则曰萍踪靡定㊷。虞舜慕唐尧,见尧于羹,见尧于墙㊸;颜渊学孔圣,孔步亦步,孔趋亦趋㊹。曾经会晤,曰向获承颜接辞㊺;谢人指教,曰深蒙耳提面命㊻。求人涵容,曰望包荒㊼;求人吹嘘,曰望汲引㊽。求人荐引,曰幸为先容㊾;求人改文,曰望赐郢斫㊿。借重鼎言,是托人言事㉛;望移玉趾,是浼人亲行㉜。

> [!注释]

①明新:明德、新民。儒家认为,人生来具有善良的德行,即明德。革新民心,使人弃旧图新,即新民。《礼记·大学》:"大学之道,在明明德,在新民,在止于至善。"

②应对:对答。《论语·子张》:"子夏之门人小子,当洒扫应对进退,则可矣。"古代规定了非常烦琐的应对之礼。如《礼记·曲礼上》:"待坐于先生,先生问焉。请业则起,请益则起。父召无诺,先生召无诺,唯而起。"

③其容固宜有度:指人的举止应合乎法度。《礼记·玉藻》:"君子之容舒迟,见所尊者齐遬。足容重、手容恭、目容端、口容止、声容静、头容直、气容肃、立容德、色容庄、坐如尸。"

④出言尤贵有章:语言要有文采。《诗·小雅·都人士》:"其容不改,出言有章。"

⑤智欲圆二句:智谋要圆通灵活,举止要端正不苟;行事要大胆,思虑要周密。《淮南子·主术训》:"凡人之论,心欲小而志欲大,智欲圆而行欲方,能欲多而事欲鲜。"又《旧唐书·孙思邈》:"胆欲大而心欲小,智欲圆而行欲方。"

⑥阁下、足下:对人的敬称。唐赵璘《因话录》:"古者三公开阁,郡守比古之邦伯,亦有阁。所以世之书题有阁下之称。……今又布衣相呼,尽曰阁下。"足下,古代下对上或同辈敬称。宋高承《事物纪原·公式姓讳部·足下》:春秋时晋国介之推,逃禄而隐于绵山,晋文公求之不出,命人烧其山,之推抱树烧死,文公抚木哀嗟,伐其树制履著之,每念其功,俯视其履曰:"悲乎足下!"足下之称,当始此。《战国策·燕策》:"苏代谓燕昭王:'足下以为足,则臣不事足下矣。'"《史记·季布传》:"曹丘至,即揖季布曰:'……且仆楚人,足下亦楚人也,仆游扬足下之名于天下,顾不重邪?何足下距仆之深也。'"

⑦不佞、鲰(zhòu邹)生:皆对人自谦之词。不佞,即不才。《左传·成公十三年》:"君若不施大惠,寡人不佞,其能以诸侯退矣。"鲰生,浅薄无知之人。《史记·项羽列传》:"(沛公)曰:'鲰生叫我曰:距关,无内诸侯,秦地可尽王也。'"《集解》:"伏虔曰:'鲰音浅。鲰,小人貌也。'"后用为自谦之词,犹小生。

⑧主臣:表示恭敬惶恐之词,也直接用作惊恐。《史记·陈丞相世家》:"平谢曰:'主臣,陛下不知其驽下,使待罪宰相。'"《集解》:"张晏曰:'若今人谢曰惶恐也。马融《龙虎赋》曰:勇怯见之,莫不主臣。'"

⑨大春元两句:旧时科举制度中,考试名列第一者称元。明清两代每三年一次在各省(包括京师地区)举行考试,名为乡试,又称解试,取中者为举人,第一名

称解元。因为考试时间在八月,故又称秋闱、秋试。各省取中的举人在乡试的次年春天,到京城参加会试。由皇帝特派正副总裁主持考试,录取者名叫贡士,第一名称会元。因为时期为春天,故又称会试为"春试"或"春闱"。贡士得应殿试,由皇帝对会试合格者在殿廷上举行考试,所以殿试又称廷试。殿试成绩分为一甲、二甲、三甲。一甲三名,赐进士及第,第一名称状元,也称殿元,第二名称榜眼,第三名称探花;二甲赐进士出身。第一名称传胪;三甲赐同进士出身。所以大春元(会试在春)、大殿选(殿廷上所选)、大会状(兼会元、状元)、大秋元(乡试在秋)、大经元(五经科之首)、大三元(兼解元、会元、状元),都是对举人、士子恭维预贺的言词。

⑩掾(yuàn院)史:分曹治事的属吏、胥吏。自汉以来,中央及各州县皆置掾史,如廷掾、公府掾、狱掾、佐史、令史等。曹,古时分职治事的官署或部门。

⑪柱石:即栋梁之意。喻担当国家重任的人,如柱支梁,如石承柱。《汉书·霍光传》:"(田)延年曰:'将军为国柱石,审此人不可,何不建白太后,更选贤人而立之。'"

⑫云程发轫(rèn刃):云程,即云路,犹言青云之路,比喻宦途。南朝宋鲍照《侍郎满辞阁》:"金闺云路,从兹自远。"发轫,启程。轫,刹车木,行车必先去轫。屈原《离骚》:"朝发轫于苍梧兮,夕余至乎县圃。"

⑬元服:见《衣服》"元服"注。此句"新冠",原本为"斯冠",误,据"大文本"改。

⑭锦旋:即锦还,谓衣锦还乡。唐李白《送张遥之寿阳幕府》:"勖尔效才路,功成衣锦还。"

⑮稇(kǔn捆)载:稇,束也,谓束财物而归。与满载而归同义。《国语·齐语》:"诸侯之使,垂櫜而来,稇载而归。"

⑯献芹:又称芹献。《列子·杨朱》:"昔人有美戎菽、甘枲茎、芹萍子者,对乡豪称之,乡豪取而尝之,蜇于口,惨于腹,众哂而怨之,其人大惭。"后以上书建议而自谦言不足取,或赠人礼物,自谦礼物微薄,均称为献芹或芹献。唐杜甫《槐叶冷淘》:"献芹则小小,荐藻明区区。"

⑰反璧:谢绝或退还别人的馈赠。也作璧谢、敬璧、璧还。《左传·僖公二十三年》:"晋重耳至曹,(僖负羁)乃馈盘飧,置璧焉。公子受飧反璧。"反璧,表示不贪其宝。参见《身体》"重耳骈胁"注。

⑱厚贶(kuàng况)、菲仪:厚贶,即厚赐。贶,赐予,加惠。《诗·小雅·彤弓》:"我有嘉宾,中心贶之。"《传》:"贶,赐也。"菲仪,菲,薄也,仪,送人的礼品。菲仪,即薄礼。

⑲赆(jìn尽)仪:以财物赠送行者,称赆。《孟子·公孙丑》:"行者必以赆,辞曰馈赆,予何为不受。"

⑳贽敬：贽，初见尊长时所送的礼品。《左传·庄公二十四年》："男贽，大者玉帛，小者禽鸟，以章物也；女贽，不过榛、栗、枣、脩，以告虔也。"

㉑祝敬：即华封三祝之意。见《朝廷》"华封三祝"注。

㉒奠仪：设酒食以祭称为奠。《诗·周南·采蘋》："于以奠之，宗室牖下。"

㉓洗尘：宴请远来之客，言洗涤其所冒之风尘。又称洗泥、濯足。宋苏轼《和钱穆父送别并求顿递酒次韵》："贮闻东府开宾阁，便乞西湖洗塞尘。"

㉔祖饯：设宴饯别出行之人。传说黄帝之子累祖（一说共工氏之子修）好远游，死于道，后人祭之，以为行神，或称道神。行者必祭之，祭毕，送者和行者饮于其侧，名曰祖饯。见东汉应劭《风俗通义·祀典》。《后汉书·高彪传》："时京兆第五永为督军御史，使督幽州，百官大会，祖饯于长乐观。"

㉕旌使：旌奖其来人。旌，表彰，稿赏。使，来人。《左传·庄公二十八年》："且旌君伐。"

㉖俳（pái 牌）优：古代以乐舞作谐戏的艺人。楚有优孟，晋有优施，秦有优旃，皆能发谑言以回人意。是为俳优之始。《荀子·王霸》："俳优、侏儒、妇女之请谒以悖之。"

㉗华翰：对别人书信的敬称，言其词翰华美。唐刘禹锡《谢窦相公启》："每奉华翰，赐之衷言，果蒙新恩，重忝清贯。"

㉘寄声：口头转达问候。《汉书·赵广汉传》："广汉尝记召湖都亭长，湖都亭长西至界上，界上亭长戏曰：'至府，为我多谢问赵君。'亭长既至，广汉与语，问事毕，谓曰：'界上亭长寄声谢我，何以不为致问？'"

㉙玉音：对人言辞的敬称，言其贵重。《诗·小雅·白驹》："勿金玉尔音，而有遐心。"魏曹子建《七启》："将敬涤耳，以听玉音。"

㉚金诺：楚谚："得黄金百斤，不如季布一诺。"见《兄弟》"季心季布"注。

㉛投刺：刺，名帖。古代无纸，刺名字于竹木之上。故递名帖求见，曰投刺。《梁书·诸葛璩传》："璩安贫守道，悦礼敦诗，未尝投刺邦宰，曳裾府寺。"抛弃名帖，表示弃官归隐，亦称投刺。南朝梁武帝《孝思赋序》："便投刺解职，以遵归路。"

㉜开缄：缄，封也。开缄，即开封。唐韦应物《酬张协律》："公府适烦倦，开缄莹新篇。"韩愈《和卢雪夫送盘谷子》："开缄忽睹送归作，字向纸上皆轩昂。"

㉝瞻韩：思慕别人的敬辞。唐韩朝宗为荆州刺史，好士荐贤。李白《与韩荆州书》曰："白闻天下谈士相聚而言曰：'生不用封万户侯，但愿一识韩荆州。何令人之景慕，一至于此。'"

㉞慕蔺：羡慕贤者。汉司马相如，少时不好读书，学击剑，其亲名之为犬子。后相如学成，慕蔺相如之为人，遂改名相如。见《史记·司马相如传》。唐李白《赠饶阳张司户燧》："慕蔺岂曩古，攀嵇是当年。"嵇，嵇康。

㉟半面之识:初相识或相识不深。《后汉书·应奉传》注引谢承书云:"奉年二十时,尝诣彭城相袁贺。贺时出行闭门,造车匠于内开扇出半面视奉,奉即委去。后数十年于路见车匠,识面呼之。"唐白居易《与元九书》:"初应进士时,中朝无缌麻之亲,达官无半面之旧。"

㊱邂逅(xiè hòu蟹后):不期而遇。《诗·郑风·野有蔓草》:"有美一人,清扬婉兮。邂逅相遇,适我愿兮!"

㊲登龙门:比喻得到有名望的人接待和援引而提高身价。《后汉书·李膺传》:"膺独持风裁,以声名自高,士有被其容接者,名为登龙门。"《注》:"以鱼为喻也。龙门,河水所下之口,在今绛州龙门县。辛氏《三秦记》曰:'河津一名龙门,水险不通,鱼鳖之属莫能上,江海大鱼薄集龙门下数千,不得上,上则为龙。'"唐李白《与韩荆州书》:"一登龙门,则身价十倍。"

㊳山斗:泰山、北斗之省称,亦称泰斗。《新唐书·韩愈传·赞》:"自愈没,其言大行,学者仰之如泰山、北斗云。"后以山斗比喻德高望重或有卓越成就而为众人敬仰的人。

㊴一日三秋:形容对人思念很切。《诗·王风·采葛》:"一日不见,如三秋兮。"三秋,三个秋天。南朝梁何逊《为衡山侯与妇书》:"路迩人遐,音尘寂绝,一日三秋,不足为喻。"

㊵渴尘万斛:极言其盼望之深。唐卢仝访含曦上人,未遇,题诗曰:"三入寺,曦未来,辘轳无人井百尺,渴心归去生尘埃。"见卢仝《玉川子集》。斛,量器名,古代以十斗为一斛,南宋末年,改五斗为一斛。万斛,极言尘埃甚多。

㊶鄙吝复萌:浅俗而计较得失之心又萌发。谦词。东汉黄宪,字叔度,汝南慎阳人,为人宽洪大度,时论为颜子复生。同郡陈蕃与周举常相谓曰:"时月之间,不见黄生,则鄙吝之萌复存乎心。"见《后汉书·黄宪传》《世说新语·德行》。

㊷萍踪靡定:行踪无定。宋陆游《答交代杨通判启》:"瓜戍及期,幸仁贤之为代;萍踪无定,恨候望之未遑。"浮萍生水上,根无所依,随风飘移。

㊸虞舜慕唐尧句:《后汉书·李固传》:"昔尧殂之后,舜仰慕三年,坐则见尧于墙,食则睹尧于羹,斯所谓聿追来孝,不失臣子之节者。"后用羹墙为思慕之词。

㊹颜渊学孔圣句:即亦步亦趋。《庄子·田子方》:"颜渊问于仲尼曰:'夫子步亦步,夫子趋亦趋,夫子驰亦驰,夫子奔亦绝尘,而回瞠若夫后矣。'"原指学生向老师学习,后用来指专一模仿或追随别人。

㊺承颜接辞:获得相见和交谈。敬辞。《汉书·隽不疑传》:"窃伏海滨闻暴公子威名旧矣,今乃承颜接辞。凡为吏太刚则折,太柔则废,威行施之以恩,然后树功扬名,永终天禄。"

㊻耳提面命:喻教诲恳切。《诗·大雅·抑》:"匪面命之,言提其耳。"《疏》:"我又非但对面命语之,我又亲提撕其耳,庶其志而不忘。"宋刘克庄《拟撰科诏回

奏》:"幸以翰墨小技,待罪视草,词意有未稳处,仰荷明主亲洒奎画,不啻耳提面命。"

㊽包荒:求人包容。《易·泰》:"包荒,用冯河。"(闻一多谓包读为匏,包荒为瓠瓜的声转。包荒冯河,就是用瓠瓜渡河。)后来以包荒喻容忍。唐李白《雪谗诗赠友人》:"包荒匿瑕,蓄此烦丑。"

㊽汲引:引进。《汉书·楚元王传(附刘向上封事)》:"昔孔子与颜渊、子贡更相称誉,不为朋党;禹、稷与皋陶相汲引,不为比周。"后以汲引喻提拔。

㊾先容:本意为先加修饰。《史记·邹阳传》:"蟠木根柢,轮囷离诡,而为万乘器者何?则以左右先为之容也。"后引申为事先致意或推荐介绍。《旧唐书·张行臣传》:"观古今用人,必因媒介;若行成者,朕自举之,无先容也。"

㊿郢斫(yíng zhuó 营茁):请人改文的敬辞。《庄子·徐无鬼》:"郢人垩慢其鼻端,若蝇翼,使匠石斫之。匠石运斤成风,听而斫之,尽垩而鼻不伤。"后喻技巧高超。斫,砍削。

㊼鼎言:谓其言重。战国时,毛遂自荐与平原君至楚,定约而归。平原君曰:"毛先生一至楚而使赵重于九鼎大吕,毛先生以三寸之舌,强于百万之师,胜不敢复相士。"见《史记·平原君列传》。

㊽玉趾:见《身体》"玉趾"注。

【今译】

大学的道理,开头讲明新;小子的本分,首先在应对。人的举止,应当合符法度;人的语言,也必须有章法。智须圆通,行要方正;胆子要大,心却要细。"阁下"、"足下"是对人的尊称;"不佞"、"鲰生"是自己的谦称。宽恕,是求人宽恕赦罪;惶恐,像臣子面君的恐惧。"大春元"、"大殿选"、"大会状"是对举人不同的称呼;"大秋元"、"大经元"、"大三元"是对士人中选的别称。"大掾史",赞美吏员。"大柱石",尊称乡官。祝贺人入学,叫"云程发轫";祝贺人新冠,叫"元服初荣"。祝贺人荣归,叫做"锦旋";祝经商赢利,叫做"捆载"。送礼物,自谦叫"献芹";不受赠,就说是"反璧"。感谢别人厚赠,叫"厚贶";自谦送人礼薄,叫"菲仪"。给人出行送礼,叫"赆仪";拜见长者之物,叫"贽敬"。贺寿的礼物,叫"祝敬";吊丧的礼物,叫"奠仪"。宴请回乡的人,叫"洗尘";宴请出行的人,叫"祖饯"。犒赏差人,叫做"旌使";表演戏文,叫做"俳优"。感谢别人给我寄信,就说"辱承华翰";感谢别人转达问话,就说"多蒙寄声"。望人来信,就说"早赐玉音";谢人许物,就说"已蒙金诺"。投送名片叫"投刺";打开书信叫"开缄"。唐李太白仰慕韩荆州,后人表达思慕已久,就说"极切瞻韩";司马长卿羡慕蔺相如,后人叙述想望殷切,就说"久怀慕蔺"。相见不真,叫做"半面之识";相见凑巧,叫做"邂逅之缘"。登龙门,比喻得到李膺的接见;瞻山斗,是说敬佩韩愈的文章。"一日三秋",是说思念很深;"渴尘万斛",比喻想望殷切。不见贤者几天,就说"鄙吝复萌";来去没有定时,就说"萍踪靡定"。虞舜思慕唐尧,饮食时,见尧于羹,坐着时,见尧于墙;颜渊效法孔子,孔子步,颜渊也步,孔子趋,颜渊也趋。曾经见过面,就说"向获承颜接辞";感谢人指教,便说"深蒙耳提面命"。求人包容,说"望包荒";求人推荐,说"望汲引"。求人荐引,就说"幸为先容";求人改文,就说"望赐郢斫"。托人说事,叫做"借重鼎言";请人亲来,就说"望移玉趾。"

【原文】

多蒙推毂,谢人引荐之辞①;望为领袖,托人首倡之说②。言辞不爽,谓之金石语③;乡党公论,谓之月旦评④。逢人说项斯,表扬善行⑤;名下无虚士,果是贤人⑥。党恶为非,曰朋奸⑦;尽财赌博,曰孤注⑧。徒了事,曰但求塞责⑨;戒明察,曰不必苛求⑩。方命是逆人之言⑪;执拗是执己之性⑫。曰觊觎,曰睥睨,总是私心之窥望⑬;曰倥偬,曰旁午,皆言人事之纷纭⑭。小过必察,谓之吹毛求疵⑮;乘患相攻,谓之落阱下石⑯。欲心难厌如溪壑⑰,财物易尽若漏卮⑱。望开茅塞,是求人之教导⑲;多蒙药石,是谢人之箴规⑳。芳规芳躅,皆善行之可慕㉑;格言至言,悉嘉言之可听㉒。无言曰缄默㉓;息怒曰霁威㉔。包拯寡色笑,人比笑为黄河清㉕;商鞅最凶残,尝见论因而渭水赤㉖。仇深曰切齿㉗;人笑曰解颐㉘。人微笑曰莞尔㉙;掩口笑曰胡卢㉚。大笑曰绝倒㉛;众笑曰哄堂㉜。留位待贤,谓之虚左㉝;官僚共署,谓之同寅㉞。人失信曰爽约,又曰食言㉟;人忘誓曰寒盟,又曰反汗㊱。铭心镂骨,感德难忘㊲;结草衔环,知恩必报㊳。自惹其灾,谓之解衣抱火㊴;幸离其害,真如脱网就渊㊵。两不相入,谓之枘凿㊶;两不相投,谓之冰炭㊷。彼此不合曰龃龉㊸;欲进不前曰趑趄㊹。落落,不合之词㊺;区区,自谦之语㊻。竣者,作事已毕之谓㊼;醵者,敛财饮酒之名㊽。

注释

①推毂:比喻举荐人才或助人成事,犹如助人推车毂。毂,车轮轴。《史记·魏其武安侯传》:"魏其武安俱好儒术,推毂赵绾为御史大夫,王臧为郎中令。"

②领袖:能提挈他人或为人表率的人。《晋书·魏舒传》:"文帝深器重之,每朝会坐罢,目送之曰:'魏舒堂堂,人之领袖也。'"晋孙盛《晋阳秋》:"裴秀,有风操,十余岁时,人为之语曰:'后进领袖有裴秀。'"

③金石语:金与石喻坚固。谓言出如金石之坚,不可转移。《管子·揆度》:"善为国者,如金石之相举。"

④月旦评:谓品评人物。《后汉书·许劭传》:"初,劭与(从兄)靖,俱有高名,好共核论乡党人物,每月辄更其品题,故汝南俗有'月旦评'焉。"又"曹操微时常卑辞厚礼求为己目,劭鄙其人而不肯对。操乃伺隙胁劭,劭不得已曰:'君清平之奸贼,乱世之英雄。'操大悦。"《注》:"目,命品藻为题目。"

⑤逢人说项斯:唐人项斯,字子迁,江东人。初未著名时,以文章进见杨敬之。杨敬之赠诗云:"几度见诗诗尽好,及观标格过于诗,生平不解藏人善,到处逢人说项斯。"诗达长安,次年即擢上第。见《唐诗纪事·项斯》。后因称为人说好话为说项。明张羽《寄刘仲鼎山长》:"向人恐说项,何地可依刘。"

⑥名下无虚士:谓有盛名则非虚士。南朝陈姚察,字伯审,吴兴武康人,十二岁便能属文。太建初年,察为宣明殿学士,除散骑侍郎左通直,不久兼任通直散骑常侍,报聘于北周。江左耆旧先在关右者咸相倾慕,沛国刘臻窃于公馆访汉书疑事十余条,察并为剖析,皆有经据。臻谓所亲曰:"名下定无虚士。"见《陈书·姚察传》虚士,盗虚声而得名之士。

⑦朋奸:朋比为奸。《新唐书·李纬传》:"趋利之人,常为朋比,同其私也。"朋比,依附勾结。

⑧孤注:北宋时,契丹入侵澶州,宰相寇准劝宋真宗督兵亲征,以励士气。真宗至澶州前线,宋军士气大振,契丹惧,乃请命而退。师还,真宗益加厚待寇准。王钦若潜于真宗曰:陛下欲知夫博乎!输钱欲尽,乃尽出所有钱,谓之孤注,前者澶州之役,陛下为准之孤注也。"真宗遂罢寇准相,出知陕州。见《宋史·寇准传》。

⑨塞责:尽其责任。《史记·项羽本纪》:"赵高素谀日久,今事急,亦恐二世诛之,故欲以法诛将军(章邯)以塞责。"《韩诗外传》:"卞庄子曰:'前与母处,是以战而北也;今母殁矣,请塞责。'"后谓作事敷衍了事,与塞职同义。

⑩苛求:苛刻的要求。《荀子·富国》:"苛关市之征以难其事。"

⑪方命:违命、抗命。《书·尧典》:"方命圮族。"方命,逆命;圮,败也;族,类也。《孟子·梁惠王》:"方命虐民,饮食若流。"

⑫执拗:固执而拗戾。宋王安石变旧制,立新法。由于受到保守派反对,新法

推行迭受阻碍。神宗熙宁九年,王安石被辞退。神宗问司马光曰:"安石何如人?"司马光曰:"人言安石奸邪,则毁之太过,但不晓事,又执拗耳,此其实也。"见宋朱熹《三朝名臣言行录》。

⑬觊觎(jì yú 际娱):非分的希望或企图。《后汉书·杨秉传》:"宜绝横拜,以塞觊觎之端。"睥睨(bì nì 毕泥):窥伺。北齐颜之推《颜氏家训·诫兵》:"睥睨宫闱,幸灾乐祸。"又作"俾倪"、"辟倪"、"埤堄"。

⑭倥偬:事多而繁忙,或穷困。又作倥傯。《楚辞·九叹·思古》:"悲余生之无欢兮,愁倥偬于山陆。"旁午:交错、纷繁。《汉书·霍光传》:"受玺以来二十七日,使者旁午,持节诏诸官署征发,凡千一百二十七事。"《注》:"如淳曰:'旁午,分布也。'师古曰:'一纵一横为旁午,犹言交横也。'"唐刘晏,字士安,曹州南华人。玄宗封禅泰山,晏始八岁,献颂辞。玄宗惊奇,命宰相张说试之。说曰:"国瑞也。"即召刘晏入宫,授太子正字。贵妃抱刘晏于膝上,为施粉黛,与之巾栉。公卿邀请旁午,号神童,名震一时。见《新唐书·刘晏传》,参见唐郑处诲撰《明皇杂录》。

⑮吹毛求疵:故意挑剔。《韩非子·大礼》:"不吹毛而求小疵,不洗垢而察难知。"《汉书·中山靖王刘胜传》:"有司吹毛求疵。"也作"吹毛索疵"、"吹毛求瑕"。

⑯落阱下石:乘人之危,加以陷害。唐韩愈《柳子厚墓志铭》:"一旦临小利害,仅如毛发比,反眼若不相识;落陷阱,不一引手救,反挤之,又下石焉者,皆是也。"今多写为"落井下石"。

⑰溪壑:本指溪谷与沟壑。《国语·晋语八》:"叔鱼生,其母视之,曰:'是虎目而豕喙,鸢肩而牛腹,溪壑可盈,是不可餍也,必以贿死。'"后以溪壑之心比喻无餍之欲。《旧五代史·李专美传》:"臣思明宗之际……纲纪大坏,纵有无限之财赋,不能满骄军溪壑之心。"

⑱漏卮:渗漏的酒器。《淮南子·氾论》:"今大雷水足以溢壶榼,而江河不能实漏卮。"汉桓宽《盐铁论·本议》:"故川源不能实漏卮,山海不能赡溪壑。"

⑲茅塞:为茅草堵塞。比喻人心为物欲所蔽。《孟子·尽心下》:"山径之蹊间,介然用之而成路,为间不用,则茅塞之矣。今茅塞子之心矣。"后比喻思路不通或愚昧无知。多作为自谦之词。

⑳药石:药,方药;石,砭石;皆用以治病。汉枚乘《七发》:"客曰:今太子之病,可无药石针刺灸疗而已,可以要言妙道说而去也。"后用以比喻规戒。规戒的话称为药石之言。《旧唐书·高季辅传》:"贞观十七年授右庶子,上疏切谏时政得失,特赐钟乳一剂,曰:'进药石之言,故以药石相报。'"

㉑芳规芳躅:谓前代贤哲的法度和行迹。芳,谓有贤德之人。规,法度。躅,足迹、行迹。《史记·石奋传索隐述赞》:"敏行讷言,俱嗣芳躅。"

㉒格言至言:格言,有教育意义可作为准则的话;至言,至理之言。《三国志·魏志·崔琰传》:"盖闻盘于游田,书之所戒;鲁隐观鱼,春秋讥之;比周孔子格言,二经之明义。"《庄子·知北游》:"至言去言,至为去为。"唐成玄英《疏》:"至理之言,无言可言,故去言也。"

㉓缄默:闭口不言。《孔子家语·观周》:"孔子观周,遂入太祖后稷之庙,庙堂右阶之前有金人焉,三缄其口而铭其背曰:'古之慎言人也。'"《宋史·张洎传》:"倘君父焦劳于上,臣子缄默于下,不能引大体以争,则忠良之心,有所不至矣。"

㉔霁威:收敛威严。《汉书·魏相传》:"(丙吉)与相书曰:'愿少慎事自重,臧器于身。'相心善其言,为霁威严。"《新唐书·魏征传》:"征状貌不逾中人,有志胆,每犯颜进谏,虽逢帝甚怒,神色不徙,而天子亦为霁威。"

㉕包拯句:《宋史·包拯传》:"拯立朝刚毅,贵戚宦官为之敛手,闻者皆惮之,人以包拯笑比黄河清。童稚妇女亦知其名,呼曰包待制。京师为之语曰:'关节不到,有阎罗老包。'"

㉖商鞅句:战国时,商鞅相秦,用法严酷,曾临渭水决罪囚犯,渭水尽赤,为相十年,人多怨之。见《资治通鉴·周纪·显王三十一年》。

㉗切齿:咬紧牙齿,表示极端痛恨。《韩非子·守道》:"人主甘服于玉堂之中,而无瞋目切齿之患。"

㉘解颐:开颜欢笑。《汉书·匡衡传》:"无说诗,匡鼎来;匡说诗,解人颐。"宋周密《齐东野语·解颐》:"匡说诗,解人颐,盖言其善于讲诵,能使人喜而至于解颐也。"唐李白《赠徐安宜》:"讼息但长啸,宾来或解颐。"颐,颔颌,笑则两颐开,故称解颐。

㉙莞尔:微笑貌。《论语·阳货》:"子之武城,闻弦歌之声,夫子莞尔而笑,曰:'割鸡焉用牛刀。'"

㉚胡卢:亦作卢胡。掩口而笑。《后汉书·应劭传》:"夫睹之者掩口卢胡而笑。"明陆世廉《西台记二》:"今日里相逢歧路,生和死总付一胡卢。'"

㉛绝倒:俯仰大笑。宋欧阳修《归田录二》:"间以滑稽嘲噱,形于风刺,更相酬酢,往往哄堂绝倒,自谓一时盛事。"又解释为佩服。《晋书·卫玠传》:"琅邪王澄(字平子)有高名,每闻玠言,辄叹息绝倒。故时人为之语曰:'卫玠谈道,平子绝倒。'"

㉜哄堂:众人同时大笑。唐御史台以年资最高的一人主杂事,称杂端。平时公堂会食,杂端坐南榻,主薄坐北榻,不苟言笑。遇杂端有失笑时,在坐其他人跟着笑。叫做哄堂。见唐赵璘《因话录》、宋曾慥《类说》。

㉝虚左:古时乘车以左位为尊,空着以待贵宾,谓之虚左。《史记·信陵君传》:"公子(信陵君)为人仁而下士……有隐士曰侯嬴,年七十,家贫为大梁夷门

监者。公子闻之往请欲厚遗之,不肯受,曰:'臣修身洁行数十年,终不能以监门困故而受公子财。'公子乃置酒大会宾客坐定。公子从车骑,虚左,自迎夷门侯生。侯生摄敝衣冠,直上载公子上坐,不让。"

㉞同寅:《书·皋陶谟》:"同寅协恭和衷哉。"寅,敬。同寅协恭,即同具敬畏之心。后称同僚曰同寅。宋张镃《送李季言知抚州》:"同寅心契每难忘,林野投闲话最长。"

㉟爽约、食言:爽约,失约。唐李商隐《为张周封上杨相公启》:"郭伋还州,尚不欺于童子,文侯校猎,宁爽约于虞人。"爽,失也,败坏也。食言,背弃诺言。《书·汤誓》:"尔无不信,朕不食言。"

㊱寒盟、反汗:寒盟,背约。《左传·哀公十二年》:鲁哀公会吴于橐皋之地。吴使太宰嚭请寻盟。鲁使子贡对曰:"盟,所以固信也。寡君以为苟有盟焉,弗可改也已。若犹可改,日盟何益。今吾子曰:'必寻盟。'若可寻也,亦可寒也。"《注》:"寻,重也;寒,歇也。"反汗,《汉书·楚元王传附刘向》:"易曰:'涣汗其大号。'言令出如汗,汗出而不反者也。今出善令,未能逾时而反,是反汗也。"原指汗出不能反,后称人行事翻悔或不守诺言为"反汗"。

㊲铭心镂骨:见《身体》"刻骨铭心"注。

㊳结草、含环:春秋时,晋大夫魏武子有爱妾。武子病,命其子魏颗,死后嫁其妾,临终时又命魏颗以妾殉葬。武子卒,魏颗不从命而嫁妾。后魏颗与秦力士杜回战,见一老人结草使回仆地,遂获之。颗夜梦老人曰:"余,尔所嫁妇人之父也。"后用为报恩之典故。含环,即神话黄雀含环故事。汉杨宝年九岁,至华阴山,见一黄雀为鸱枭所搏坠地。宝取归,置巾箱中,饲以黄花。百余日。毛羽成,乃飞去。其夜有黄衣童子向宝曰:"吾西王母使者,蒙君拯救,实感仁恩。今赠白环四枚,令君子孙洁白,位登三公。一如此环。"见南朝梁吴均《续齐谐记》。

㊴解衣抱火:谓自取其害。晋安帝义熙十三年,刘裕伐后秦主姚泓。魏主嗣问崔浩:"刘裕伐姚泓,果能克乎?"浩曰:"克之。"浩又曰:"裕克秦而归,必篡其主。关中华、戎杂错,风俗劲悍;裕欲以荆、杨之化施之函秦,此无异解衣抱火,张罗捕虎;虽留兵守之,人情未洽,趋向不同,适足为寇敌之资耳。"见《资治通鉴·晋安帝义熙十三年》。

㊵脱网就渊:如鱼之脱离纲罟而入深渊,用以喻人之幸免灾祸而得生存。梁丘迟《与陈伯之书》:"屈法伸思,吞舟是漏。"

㊶枘(ruì 锐)凿:榫头和卯眼。屈原《离骚》:"不量凿而正枘兮,固前修以菹醢。"宋玉《九辩》:"圆凿而方枘兮,固知其鉏铻而难入。"以方榫而插圆孔,难以插入。后省去方圆二字,用枘凿喻两不相合。宋刘克庄《赠施道州》:"拮据自笑营巢拙,枘凿明知合辙难。"

㊷冰炭:冰冷炭热,如水与火,互不相容。汉东方朔《七谏》:"冰炭不可以相

并兮,吾固知乎命之不长。"

㊸龃龉:牙齿参差不齐,不相配合。喻意见不合,不融洽。汉扬雄《太玄·亲》:"其志龃龉。"唐白居易《达理》:"谁能坐此苦,龃龉于其中。""龃龉"又作"鉏铻","岨峿"。

㊹趑趄(zī jū 兹居):亦作"次且"。且前且退,犹豫不进。《易·夬》:"臀无肤,其行次且。"唐韩愈《送李愿归盘谷序》:"足将进而趑趄,口将言而嗫嚅。"

㊺落落:形容孤独不遇或喻见解孤立,无可与谋。《后汉书·耿弇传》:"将军前在南阳建此大业。常以为落落难合;有志者事竟成也。"李贤注:"落落,犹疏阔也。"晋左思《咏史》:"落落穷巷士,抱影守空庐。"

㊻区区:小也、少也。《左传·襄公十七年》:"宋国区区。"《孔丛子·论势》:"以区区之众,居二敌之间,非良策也。"又犹拳拳,忠爱专一的意思。古乐府《孔雀东南飞》:"新妇谓府吏,感君区区怀。"又自谦之词。明归有光《山舍示学者》:"则区区与诸君论此于荒山寂寞之滨,其不为嗤笑者几希?"

㊼竣:退立。《国语·齐语》:"有司已于事而竣。"韦昭注:"竣,伏退也。"后引申为完毕。如竣工、完竣。

㊽醵(jù 聚):凑钱饮酒。《礼记·礼器》:"周礼其犹醵与?"郑玄注:"合钱饮酒为醵。"《史记·货殖传》:"至若家贫亲老,妻子软弱,岁时无以祭祀进醵,饮食被服不足以自通。"《集解》引徐广:"醵,会聚食。"

【今译】

谢人推荐,就说"多蒙推毂";托人承头,说是"望为领袖"。说话实际,叫做"金石语";乡党公论,叫做"月旦评"。逢人说项斯,是说彰扬友人的善行;名下无虚士,是说名下有真才实学。结党为非,叫做"朋奸";倾财赌博,叫做"孤注"。只图了事,叫做"但求塞责";不须明察,叫做"不必苛求"。不听别人的话,叫"方命";固执自己的意见,叫"执拗"。叫"觊觎",叫"睥睨",是指分外希求;叫"倥偬",叫"旁午",是说事情纷繁。硬找别人的小过,叫做"吹毛求疵";急难时攻击别人,叫做"落阱下石"。欲望不满足,好比溪壑难填;财物容易尽,好比漏卮外流。求人指教,就说"望开茅塞";谢人规劝,就说"多蒙药石"。"芳规"、"芳躅"是可以仿效的善行;"格言"、"至言",是可作模范的好话。没有话说,叫"缄默";消除怒气,叫"霁威"。包拯不苟笑,偶尔一笑,人比为黄河清;商鞅不仁道,处决囚犯,竟使渭河变红。冤仇很深,就说"切齿";他人发笑,就说"解颐"。微微笑叫"莞尔";掩口笑叫"胡卢"；大声笑叫"绝倒"；众人笑叫"哄堂"。留下尊位待贤人叫"虚左"；同一个衙门办事叫"同寅"。"爽约"、"食言"，是说人失去信用；"塞责"、"反汗"，是说人忘了誓言。感德不忘，就说"铭心镂骨"；知恩必报，就说"结草衔环"。自惹灾难，好比人"解衣抱火"；幸免灾祸，就如鱼"脱网就渊"。"枘凿"是说双方不合；"冰炭"是说双方不容。彼此不合叫"龃龉"；欲前不前叫"趑趄"。"落落"是说人寡合；"区区"是自谦很小。"竣"是工作做完；"醵"是凑钱会餐。

【原文】

　　赞襄其事，谓之玉成①；分裂难完，谓之瓦解②。事有低昂，曰轩轾③；力相上下，曰颉颃④。凭空起事，曰作俑⑤；仍踵前弊；曰效尤⑥。手口共作；曰拮据⑦；不暇修容，曰鞅掌⑧。手足并行曰匍匐⑨；俯首而思曰低徊⑩。明珠投暗⑪，大屈才能；入室操戈⑫，自相鱼肉。求教于愚人，是问道于盲⑬；枉道以干主，是炫玉求售⑭。智谋之士，所见略同⑮；仁人之言，其利甚溥⑯。班门弄斧，不知分量⑰；岑楼齐末，不识高卑⑱。势延莫遏，谓之滋蔓难图⑲；包藏祸心，谓之存心叵测⑳。道旁作舍，议论多而难成㉑；一国三公，权柄分而不一㉒。事有奇缘，曰三生有幸㉓；事皆拂意，曰一事无成㉔。酒色是耽，如以双斧伐孤树㉕；力量不胜，如以寸胶澄黄河㉖。兼听则明，偏听则暗，此魏征之对太宗㉗；众怒难犯，专欲难成，此子产之讽子孔㉘。欲逞所长，谓之心烦技痒㉙；绝无情欲，谓之槁木死灰㉚。座上有江南，语言须谨㉛；往来无白丁，交接皆贤㉜。将近好处，曰渐入佳境㉝；无端倨傲，曰旁若无人㉞。借事宽役曰告假㉟；将钱嘱托曰夤缘㊱。事有大利，曰奇货可居㊲；事宜鉴前，曰覆车当戒㊳。外彼为此曰左袒㊴；处事两可曰模棱㊵。敌甚易摧，曰发蒙振落㊶；志在必胜，曰破釜沉舟㊷。曲突徙薪无恩泽，不念预防之力大；焦头烂额为上客，徒知救急之功宏㊸。贼人曰梁上君子㊹；强梗曰化外顽民㊺。竹头木屑，皆为有用之物㊻；牛溲马勃，可备药笼之资㊼。五经扫地㊽，祝钦明自亵斯文；一木撑天㊾，晋王敦未可擅动。题凤题午㊿，讥友讥亲之隐词；破麦破梨㊱，见夫见子之奇梦。

【注释】

　　①玉成：原意为爱之如玉，必琢磨以成其器。后用为成全之意。宋张载《西

铭》:"富贵福泽,将厚吾之生;贫贱忧戚,庸玉汝于成也。"

②瓦解:喻崩溃之势如瓦片碎裂。《淮南子·泰族训》:"纣之地,左东海,右流沙,前交趾,后幽都,师起容关至浦水。士亿有余万,然皆倒矢而射,傍戟而战。武王左操黄钺,右执白旄以麾之,则瓦解而走,遂土崩而下。纣有南面之名,而无一人之德,此失天下也。"

③轩轾:轻重、高低。《诗·小雅·六月》:"戎车既安,如轾如轩。"车舆前高后低(前轻后重)称轩,前低后高(前重后轻)称轾。《后汉书·马援传》:"夫居前不能令人轾,居后不能令人轩,与人怨不能为人患,臣所耻也。"

④颉颃(xié háng 胁杭):鸟向上向下飞。《诗·邶风·燕燕》:"燕燕于飞,颉之颃之。"《传》:"飞而上曰颉;飞而下曰颃。"后引申为上下不定、不相上下或抗衡。《后汉书·史弼传论》:"史弼颉颃严吏,终全平原之党。"《注》:"颉颃,犹上下也。"《晋书·文苑传序》:"潘夏连辉,颉颃名辈。"

⑤作俑:制作从葬的木偶人。上古束草为人,用以从葬,其形只略似人。后用俑从葬,其形则太似人。《孟子·梁惠王》:"仲尼曰:'始作俑者,其无后乎!为其像人,而用之也。'"后引用以比喻首开恶例。

⑥效尤:学坏样子。《左传·庄公二十年》:"王子颓享五大夫,乐及偏舞。郑伯闻之。见虢叔曰:'寡人闻之,哀乐失时,殃咎必至。今王子颓歌舞不倦,乐祸也。'"《左传·庄公二十一年》:"郑伯杀王子颓及五大夫,郑伯享王于阙西辟,乐毕。原伯曰:'郑伯效尤,其亦将有咎。'"

⑦拮据:本指鸟之作巢,口足劳苦。《诗·豳风·鸱鸮》:"予手拮据。"《笺》:"口足为事曰拮据。"后比喻艰难困顿,境况窘迫。

⑧鞅掌:事多烦劳。《诗·小雅·北山》:"或王事鞅掌。"《传》:"鞅掌,失容也。"《疏》:"言事烦鞅掌然,不暇为容仪也。"后以职事劳烦为鞅掌。三国魏嵇康《与山巨源绝交书》:"必不耐烦,而官事鞅掌,机务缠其心,世故繁其虑。"唐白居易《寄杨六》:"公门苦鞅掌,昼日无闲隙。"

⑨匍匐:伏地而行。《诗·大雅·生民》:"诞实匍匐,克岐克嶷。以就口食,蓺之荏菽"《孟子·滕文公》:"赤子匍匐将入井,非赤子之罪也。"

⑩低徊:徘徊。《史记·孔子世家赞》:"余读孔氏书,想见其为人。适鲁,观仲尼庙堂,车服礼器,诸生以时习礼其家。余低徊留之,不能去。"古书写作"低回"或"低佪"。屈原《九章·抽思》:"低徊夷犹,宿北姑兮。"

⑪明珠投暗:喻怀才不遇。《史记·邹阳传》:"臣闻明月之珠,夜光之璧,以暗投之于道路,人无不按剑相眄者,何则?无因而至前也。"又作明珠暗投。唐李白《留别贾舍人至》:"远客谢主人,明珠难暗投。"

⑫入室操戈:比喻以对方的论点反驳对方。《后汉书·郑玄传》:"时任城何休好《公羊传》,遂著《公羊墨守》《左氏膏肓》《穀梁废疾》。玄乃发《墨守》、针《膏

肓》，起《废疾》。休见而叹曰：'唐成入吾室，操吾矛。以伐我乎？'"唐成，郑玄字。入室操戈本此。后演化出另一成语"同室操戈"，谓自家人动刀枪，喻兄弟争斗或内部纷争。

⑬问道于盲：向瞎子问路。比喻向一无所知的人求教。唐韩愈《答陈生书》："足下求速化之术，不于其人，乃以访愈；是所谓借听于聋，求道于盲，未见其得也。"明顾炎武《与友人论学书》："比往来南北，颇承友朋推一日之长。问道于盲。"又作"求道于盲"。

⑭炫玉求售：喻自炫才能，以求录用。《论语·子罕》："子贡曰：'有美玉于斯，韫匵而藏诸？求善贾而沽诸？'子曰：'沽之哉！沽之哉！我待贾者也。'"宋朱熹《集注》引晋范宁《注》："士之待礼，犹玉之待沽也。若伊尹之耕于野，伯夷、太公之居于海滨，世无成汤、文王则终焉而已，必不枉道以从人，炫玉而求售也。"枉道，不用正道以求容取媚。

⑮所见略同：见解相似或大略相同。《资治通鉴·汉献帝建安十五年》："(周)瑜上疏于(孙)权曰：'刘备以枭雄之姿，而有关羽、张飞熊虎之将，必非久屈为人用者。……今猥割土地以资业之，聚此三人俱在疆场，恐蛟龙得云雨，终非池中物也！'刘备闻之，叹曰："天下智谋之士，所见略同。时孔明谏孤莫行，其意亦虑此也。"

⑯其利甚溥：功用或利益很广大。《左传·昭公三年》："(齐)景公繁于刑，有鬻踊者，(晏婴)故对曰：'踊贵屦贱。'既已告于君，故与叔向语而称之。景公为是省于刑。君子曰：'仁人之言，其利溥哉！'"

⑰班门弄斧：喻在行家门前卖弄本领。唐柳宗元《王氏伯仲唱和诗序》："操斧于班、郢之门，斯强颜耳。"宋欧阳修《与梅圣俞书》："昨在真定，有诗七八首，今录去，班门弄斧，可笑可笑。"鲁班，古之巧匠。

⑱岑楼齐末：喻人不知高低。《孟子·告子》："不揣其本，而齐其末，方寸之木可使高于岑楼。"岑楼，尖顶高楼。

⑲滋蔓难图：势力强大难于对付。《左传·隐公元年》："祭仲曰：'姜氏何厌之有，不如早为之所，毋使滋蔓，蔓，难图也。蔓草犹不可除，况君之宠弟乎？'"滋蔓，滋长蔓延，喻势力强大起来。

⑳包藏祸心：暗藏害人之心。《左传·昭公元年》："楚公子围聘于郑，且娶于公孙段氏，伍举为介，将入馆，郑人恶之，使行人子羽与之言，乃馆于外。既聘，将以众逆。子产患之，使子羽辞曰……子羽曰：'小国无罪，恃实其罪，将恃大国安靖已，而无乃包藏祸心以图之。'"叵测，难测，不可测。

㉑道旁作舍：比喻众说纷纭，莫衷一是。又作作舍道边。《后汉书·曹褒传》："(章帝)召玄武司马班固，问改定礼制之宜。固曰:"京师诸儒，多能说礼，宜广召集，共议得失。帝曰：'谚言，作舍道边，三年不成，会礼之家，名为聚讼，互生

疑异,笔不得下。昔尧作大章,一夔足矣。'"

㉒一国三公:谓政令出于多头,事权不一,使人无所适从。《左传·僖公五年》:"(士蒍)退而赋曰:'狐裘龙茸,一国三公,吾谁适从。'"三公,指晋献公和公子夷吾、重耳。

㉓三生有幸:谓有夙缘或因缘前定。唐代宗大历末年,李源与洛阳惠林寺僧圆观友善,一次二人自荆江上峡,见妇女数人负罂汲水。圆观望而泣下,曰:"其中孕妇姓王者,是吾托身之所。更后十二年,中秋月夜,杭州天竺寺外与公相见之期也。"是夕,圆观亡而孕妇产。后十二年秋八月,李源至余杭赴其所约,有牧童歌《竹枝词》者,即圆观转世之身也。歌曰:"三生石上旧精魂,赏月吟风不要论。惭愧情人远相访,此身虽异性长存。"见唐袁郊《甘泽谣·圆观》。后人附会,将杭州天竺寺后的山石指为三生石,说李源、圆观相会于此。

㉔一事无成:一件事也没作成。唐白居易《除夜寄微之》:"鬓毛不觉白髿髿,一事无成百不堪。"髿(sān 三)髿,毛发长的样子。

㉕双斧伐孤树:喻嗜酒色而致身体衰颓,缩短寿命。《元史·阿沙不花传》:"阿沙不花见帝(武宗)容色日悴,乃进曰:'八珍之味不知御,万金之身不知爱,此古人所戒也。陛下不思祖宗倚托之重,天下仰望之切,而惟曲蘖是沉,姬嫔是好。是犹两斧伐孤树,未有不颠仆者也。'"

㉖寸胶澄黄河:谓以少许之胶,难以澄黄河之浊流。喻力小难成大事。《抱朴子·嘉遯》:"寸胶不能治黄河之浊,尺水不能却萧丘之热,是以身名并全者甚稀,而先笑后号者多有也。"

㉗兼听则明,偏听则暗:多方听取意见,才能明辨是非;只听一方面的意见,往往因真相不明,判断错误。汉王符《潜夫论·明暗》:"君之所以明者,兼听也;其所以暗者,偏信也。是故人君通必兼听,则圣日广矣;庸说偏信,则愚日甚矣。"《资治通鉴·唐太宗贞观二年》:"上问魏征曰:'人主何为而明,何为而暗?'对曰:'兼听则明,偏听则暗。'"

㉘众怒难犯,专欲难成:众怒难以冒犯,专欲难以成功。《左传·襄公十年》:"(郑)子孔当国,为载书,以位序听政辟。夫诸司门子弗顺,将诛之。子产止之,请为之焚书……子产曰:'众怒难犯,专欲难成,合二难以安国,危之道也。不如焚书以安众。'"

㉙心烦技痒:擅长某种技能,而急欲逞其所长。晋潘岳《射雉赋》:"屏发布而累息,心烦而技痒。"

㉚槁木死灰:意志消沉,毫无生气。《庄子·齐物论》:"南郭子綦隐机而坐,仰天而嘘,嗒焉似丧其偶。颜成子游立侍乎前,曰:'何居乎?形固可使如槁木,而心固可使如死灰乎?'"也作"死灰槁木"。宋苏轼《观妙堂记》:"沉寂湛然,无有喧争;嗒然其中,死灰槁木。"

㉛座上有江南:江南,指江南客。唐郑谷《座上贻歌者》:"座上亦有江南客,莫向春风唱鹧鸪。"《古乐府》有《鹧鸪曲》,江南游子,闻则思归。此句意为,座上有江南客,不要唱鹧鸪曲,使人动思归之情。

㉜白丁:平民,没有功名的人。《隋书·李敏传》:"(隋文帝)谓(乐平)公主曰:'李敏何官?'对曰'一白丁耳。'"唐刘禹锡《陋室铭》:"谈笑有鸿儒,往来无白丁。"

㉝渐入佳境:喻境况渐好或兴会渐浓。晋顾恺之食甘蔗,常自尾至本。人问其故,曰:"渐入佳境。"见《世说新语·排调》《晋书·顾恺之传》。

㉞旁若无人:虽有人在侧,但视若无人,形容傲慢,不把身边人放在眼里。《史记·荆轲传》:"高渐离击筑,荆轲和而歌于市中,相乐也,已而相泣,旁若无人者。"《世说新语·任诞》注引《名士传》:"阮籍丧亲不率常礼,裴楷往吊之,遇籍方醉,散发箕踞,旁若无人。"

㉟告假:借事来宽减公务,即今之请假。汉制病满三月,当免官。汲黯多病,病且满三月,武帝常赐汲黯告假者数次,终未愈。见《汉书·汲黯传》。

㊱夤缘:凭借关系,进行钻营,或送礼攀附权贵,希其引进。旧题东汉黄宪《天禄阁外史·污吏》:"宠嬖而行私,夤缘而钓誉。"唐韩愈《古意》:"我欲求之不惮远,青壁无路难夤缘。"

㊲奇货可居:珍奇的货物可以囤积起来,以待高价出售。战国末年,秦子楚(名异人,夏妃所生)为质于赵,赵不予礼遇,生活困顿,很不得意。阳翟大商人吕不韦在赵都邯郸作生意,见到子楚,曰:"此奇货可居。"秦太子妃,华阳夫人无子,吕不韦与异人谋划,托华阳之姊,说华阳立异人为嗣。后异人回到秦国,即位为庄襄王,吕不韦受任为相,食邑十万户,有家僮万人,号文信侯。见《史记·吕不韦传》。

㊳覆车当戒:以往失败的教训,可为后来之戒。《荀子·成相》:"前车已覆,后未知更何觉时。"《韩诗外传》:"或曰:'前车覆而后车不戒,是以后车覆也。'"汉贾谊《治安策》:"前车覆,后车戒。秦世所以亟绝者,其辙迹可见。然而不避,是后车又当覆也。"

㊴左袒:脱左袖,露出左臂。《仪礼·士丧礼》:"主人出,南面左袒。"后演化为袒护一方的或左袒或右袒。汉应邵《风俗通义·两袒》:"俗说齐人有女,二人求之,东家子丑而富,西家子好而贫。父母疑不能决,问其女,定所欲适。'难指斥言者,偏袒令我知之。'女便两袒,怪问其故。云:'欲东家食,西家宿。'此为两袒者也。"后以"东食西宿"比喻贪利之人,企图兼有两利。

㊵模棱:对问题正反两面含含糊糊,不明确表态。《新唐书·苏味道传》:"(味道为相)常谓人曰:'决事不欲明白,误则有悔,模棱持两端可也,'世号'摸棱手'。"棱,四方木,模之可左可右。

㊶发蒙振落:揭去蒙盖物,振落枯叶。比喻轻而易举。《史记·汲黯传》:"淮南王谋反,惮黯曰:'好直谏,守节死义,难惑以非,至如说丞相(公孙)弘,如发蒙振落耳。'"

㊷破釜沉舟:比喻下定决心,义无反顾。秦将章邯破项梁义军,渡河围赵。楚怀王遣宋义、项羽救赵,宋义留四十六日不进,项羽乃斩义,悉引兵渡河,皆沉船,破釜甑,烧庐舍,持三日粮,以示士卒必死,无一还心,大破秦军数十万于巨鹿。见《史记·项羽本纪》。

㊸曲突徙薪两句:《汉书·霍光传》:"臣闻客有过主人者,见其灶直突,傍有积薪,客谓主人,更为曲突,远徙其薪,不者且有火患。主人嘿然不应。俄而家果失火,邻里共救之,幸而得息。于是杀牛置酒,谢其邻人,灼烂者在于上行,余各以功次坐,而不录言曲突者。人谓主人曰:'乡主听客之言,不费牛酒,终亡火患。今论功而请宾,曲突徙薪亡恩泽,焦头烂额为上客耶?'主人乃寤而请之。"突,烟囱。后用"曲突徙薪"喻防患于未然;用"焦头烂额"喻处境狼狈、窘迫。"曲突徙薪",原本为"曲突徒薪",误。

㊹梁上君子:窃贼的代称。《后汉书·陈实传》:"时岁荒民俭,有盗夜入其室,止于梁上。实阴见,乃起自整拂,呼命子孙,正色训之曰:'夫人不可不自勉。不善之人未必本恶,习以成性,遂至于此。梁上君子者是矣!'盗大惊,自投于地。"

㊺强梗、化外:强横阻梗,也指强徒。唐韩愈《原道》:"为之政以率其怠倦,为之刑以锄其强梗。"化外,旧时称政令、教化达不到的地方。

㊻竹头木屑句:《世说新语·政事》:"陶公(侃)作荆州时,敕船官悉录锯木屑,不限多少。咸不解此意。后正会值积雪,始晴,厅事前除雪后犹湿,于是悉用木屑覆之,都无所妨。官用竹皆令录厚头,积之如山。后桓宣武(恒温)伐蜀,装船悉以作钉。"

㊼牛溲马勃句:唐韩愈《进学解》:"玉札丹砂,赤箭青芝。牛溲马勃,败鼓之皮,俱收并蓄,待用无遗者,医师之良也。"玉札,即地榆;丹砂,朱砂;赤箭,天麻;青芝,龙芝。以上为贵重药物。牛溲,车前草;马勃,马屁菌。以上为贱价药物。

㊽五经扫地:喻丧尽文人体面,犹斯文扫地。《新唐书·祝钦明传》:"帝与群臣宴,钦明自言能八风舞,帝许之。钦明体肥丑。据地摇头腕目,左右顾眄,帝大笑。吏部侍郎卢藏用叹曰:'是举五经扫地矣!'"

㊾一木撑天:一作"一木破天",喻事机尚未成熟。晋吴猛游江左,适会王敦作乱。敦曰:"孤梦将一木上破其天,孤禅帝位,果十全乎?"吴猛曰:"木上破天,是未字也,明公未可妄动,晋柞固未衰耳。"见《太平广记·神仙》。

㊿题凤题午:题凤,《世说新语·简傲》:"嵇康与吕安善,每一相思,千里命驾。安后来,直康不在,喜(康兄)出户延之不入。题门上作凤字而去。喜不觉,

犹以为欣。故作凤字,凡鸟也。"是吕安讥喜为凡鸟。题午,《谈林》:"昔有访友不遇者,写午字于户而去。识者曰:'午字。乃牛不出头,讥之也。'"

(51)破麦破梨:昔宁波一妇人,因兵乱与夫及子相失,寄食于尼。夜梦使人磨麦,又见莲花落尽。尼解之曰:"磨麦,见夫面也;莲花落尽,莲子见也。"后果见其夫、子。破梨,杨进贤为南阳刺史,登舟遇风,失其子。夫妇相思甚切。忽夜梦与儿剖梨,因自解曰:"剖梨,分离也。"明日,述于友,友曰:"剖梨则见子牟。"不旬日,果得子。(出处不详,录原注)

【今译】

助人成事叫"玉成";分裂不全叫"瓦解"。事体有高有低,叫做"轩轾";力量不相上下,叫做"颉颃"。首先作恶,叫"作俑";跟着作恶,叫"效尤"。手口共劳叫"拮据";劳苦失容叫"殃掌"。用手足爬行,叫"匍匐";低着头想事叫"低徊"。"明珠投暗",是说有大才的人受屈;"入室操戈",是说自家人互相残害。向无知的人请教,好比"问道于盲";不以正道求录用,就像"炫玉求售"。智士的见解,大致相同;仁人的说话,其利很广。"班门弄斧",是说人不知道分量;"岑楼齐末",是说人不晓得高低。势力强大起来,叫做"滋蔓难图";心里存着恶念,叫做"存心叵侧"。在路旁修房子,议论纷纷无所适从;一国内有三公,政出多门不能统一。事情有奇缘,就说"三生有幸";事都不顺意,就说"一事无成"。耽于酒色,好比拿两把斧头砍一株树;力量不足,好比用一寸胶去澄清黄河。听各方面的话,对事就明,听一方面的话,对事就暗,这是唐朝魏征回答太宗的话;众人的怒气,不可冒犯,个人的专断,不能成功,这是郑国子产讽谏子孔的话。急于表现自己的特长,就说"心烦技痒";丝毫没有生活的情欲,叫做"槁木死灰"。座上如有江南客,就不要唱鹧鸪曲;往来的人无白丁,交往的都是贤人。做事将要顺利,就说"渐入佳境";无端瞧不起人,就像"旁若无人"。借有事减免工作,叫"告假";送钱权贵求引荐,叫"夤缘"。事情可获大利,叫"奇货可居";做事看看从前,叫"覆车当戒"。帮助这方,反对那方,叫做"左袒"。处理事情,可这可那,叫做"模棱"。拂去物上尘土,振落树上枝叶,叫做"发蒙振落",比喻打败敌人很容易;打破做饭的锅,凿沉所有船只,叫做"破釜沉舟",表示战胜敌人的决心。建议弯烟囱、搬柴草的人无恩泽,不知道防火的作用大;那些焦了头、烂了额的人为上客,只知道救火的功劳宏。窃贼叫"梁上君子";强梗叫"化外顽民"。竹头木屑都是有用的东西;牛溲马勃都是治病的药物。"五经扫地"是说祝钦明有辱斯文;"一木撑天"是叫晋王敦不要擅动。题写凤字午字,是讥刺亲戚朋友的暗话;梦见破麦破梨,是相见丈夫儿子的兆头。

【原文】

毛遂片言九鼎,人重其言①;季布一诺千金,人服其信②。岳飞背涅尽忠报国③;杨震惟以清白传家④。下强上弱,曰尾大不掉⑤;上权下夺,曰太阿倒持⑥。当今之世,不但君择臣,臣亦择君⑦;受命之主,不独创业难,守成亦不易⑧。生平所为,皆可对人言,司马光之自信⑨;运用之妙,惟存乎一心,岳武穆之论兵⑩。不修边幅,谓人不饰仪容⑪;不立崖岸,谓人天性和乐⑫。蕞尔么麽,言其甚小⑬;卤莽灭裂,言其不精⑭。误处皆缘不学⑮;强作乃成自然⑯。求事速成曰蹴等⑰;过于礼貌曰足恭⑱。假忠厚者,谓之乡愿⑲;出人群者,谓之巨擘⑳。孟浪由于轻浮㉑;精详出于暇豫㉒。为善则流芳百世;为恶则遗臭万年㉓。过多曰稔恶㉔;罪满曰贯盈㉕。尝见冶容海淫;须知慢藏海盗㉖。管中窥豹,所见无多㉗;坐井观天,知识不广㉘。无势可乘,英雄无用武之地㉙;有道则见,君子有展采之思㉚。求名利达,曰捷足先得㉛;慰士迟滞,曰大器晚成㉜。不知通变,曰徒读父书㉝;自作聪明,曰徒执己见。浅见曰肤见;俗言曰俚言㉞。识时务者为俊杰㉟;昧先几者非明哲㊱。村夫不识一丁㊲;愚者岂无一得㊳。拔去一丁,谓除一害㊴;又生一秦,是增一仇㊵。戒轻言,曰恐属垣有耳㊶;戒轻敌,曰勿谓秦无人㊷。同恶相帮,谓之助桀为虐㊸;贪心无厌,谓之得陇望蜀㊹。当知器满则倾;须知物极必反㊺。喜嬉戏,名为好弄;好笑谑,谓之诙谐㊻。谗口交加,市中可信有虎㊼;众奸鼓噪,聚蚊可以成雷㊽。萋斐成锦,谓潜人之酿祸㊾;含沙射影,言鬼蜮之害人㊿。

【注释】

①片言九鼎:见《武职》"碌碌无奇"注。
②一诺千金:见本章"金诺"注。
③尽忠报国:见《身体》"岳公刺背间之字"注。

④清白传家:谓前人以廉洁范行,留给子孙。《后汉书·杨震传》:"(杨震)性公廉,不爱私谒,子孙常蔬食步行。故旧长者或欲令为开产业,震不肯,曰:'使后世称为清白吏子孙,以此遗之,不亦厚乎?'"

⑤尾大不掉:尾大而摆动不灵,不能指挥控制。春秋时,楚灭蔡,楚灵王欲封公子弃疾为蔡公,问于申无宇,无宇回答曰:"末大必折,尾大不掉,君所知也。"见《左传·昭公十一年》。也作末大不掉。唐柳宗元《封建论》:"余以周之丧久矣,徒建空名于公侯之上耳。得非诸侯之强盛,末大不掉之咎欤!"

⑥太阿倒持:比喻把大权授人,自己反受其害。《汉书·梅福传》:"倒持太阿,授楚其柄。"《注》:"太阿,剑名,欧冶所铸也。……喻倒持剑,而以把授与人也。"原作"倒持泰阿"。

⑦君择臣,臣亦择君:《后汉书·马援传》:"(马援对光武帝)曰:'当今之世,非独君择臣也,臣亦择君矣。……天下反覆盗名者,不可胜数,今见陛下,恢廓大度,同符高祖,乃知帝王自有真也。'帝甚壮之。"

⑧创业难,守成亦不易:唐吴兢《贞观政要·论君道》:"太宗谓侍臣曰:'帝王之业,草创与守成孰难?'尚书左仆射房玄龄对曰:'天地草昧,群雄竞起,攻破乃降,战胜乃克。由此言之,草创为难。'魏征对曰:'帝王之起,必承衰弱,覆彼昏狡,百姓乐推,四海归命,天授人与,乃不为难。然既得之后,志趣骄逸……以斯而言,守成则难。'太宗曰:'……今草创之难,既已往矣,守成之难,当思与公等慎之。'"

⑨生平所为,皆可对人言:《宋史·司马光传》:"(光)自言:'吾无过人者,但平生所为,未尝不可对人言耳。'诚心自然天下敬信,陕洛间皆化其德。"

⑩运用之妙,存乎一心:《宋史·岳飞传》:"(宗)泽大奇之,曰:'尔勇智才艺,古良将不能过,然好野战,非万全计。'因授以阵图。飞曰:'阵而后战,兵法之常,运用之妙,存乎一心。'泽是其言。"

⑪不修边幅:指不注意衣著、仪表。《后汉书·马援传》:"公孙不吐哺走迎国士,与图成败,反修饰边幅,如偶人形。此子何足久稽天下士乎?"北齐颜之推《颜氏家训·序致》:"肆欲轻言,不修边幅。"

⑫不立崖岸:不高傲,使人容易接近。唐郑群天性和乐,与士大夫游不尝变节。唐韩愈《郑君墓志铭》:"不为翕翕热,不为崖岸斩绝之行。"

⑬蕞尔、么麽:蕞尔,小貌。《左传·昭公七年》:"郑虽无腆,抑谚曰蕞尔国,而三世执其政柄。"《三国志·魏志·贾诩传》:"吴蜀虽蕞尔小国,依阻山水……据险守要,泛舟江湖,皆难卒谋也。"么麽,微小,多指微不足道之人。汉班彪《王命论》:"勇如信布,强如梁籍,成如王莽,然卒润镬伏质,烹醢,分裂,又况么麽尚不及数子,而欲阘奸天位者乎?"《鹖冠子·道端》:"无道之君,任么麽,动即烦浊。"

⑭卤莽灭裂:做事草率苟且,粗鲁莽撞。《庄子·则阳》:"长梧封人问子牢曰:'君为政焉勿卤莽,治民焉勿灭裂。昔予为禾,耕而卤莽之,则其实亦卤莽而报予;芸而灭裂之,其实亦灭裂而报予。"唐陆德明《释文》引司马彪曰:"卤莽,犹麤粗也,谓浅耕稀种也;灭裂,断其草也。"成玄英《疏》:"卤莽,不用心;灭裂,轻薄也。"卤莽灭裂,亦作鲁莽灭裂。

⑮误处皆缘不学:汉高祖生平误处甚多,唐仲友断曰:误处皆缘不学,改处皆由敏悟。见宋唐仲友《诸史精义》。

⑯强作:勉强而作。战国时魏安釐王问高士于孔斌。斌曰:"其鲁仲连乎。"王曰:"强作之者,非体自然也。"斌曰:"人皆作之,作之不止乃成君子,作之不变,习与成性,乃自然耳。"见秦孔鲋《孔丛子·执节》。

⑰躐等:不循次序,越级而进。《礼记·学记》:"幼者听而弗问,学不躐等也。"唐杜牧《雪中书怀》:"向来躐等语,长作陷身机。"

⑱足恭:过度谦恭。《论语·公冶长》:"巧言令色足恭,左丘明耻之,丘亦耻之。"

⑲乡愿:言行不符,欺世盗名的伪善者。《论语·阳货》:"乡原,德之贼也。"原,同愿。

⑳巨擘:大拇指,比喻杰出人物。《孟子·滕文公下》:"于齐国之士,吾必以仲子为巨擘焉。"也泛指各行业中特出人物。

㉑孟浪:疏略,轻率。《庄子·齐物论》:"夫子以为孟浪之言,而我以为妙道之行也。"宋司马光《涑水记闻》:"有成都进士李戒投书见访云:'戒少学圣人之道。自谓不在颜回孟轲之下。'其词孟浪,高自称誉,大率如此。"

㉒暇豫:悠闲逸乐或闲暇。《国语·晋语》:"主孟啖我,我教之暇豫事居。"晋何晏《景福殿赋》:"鸠经始之黎民,辑农功之暇豫。"

㉓流芳百世两句:原作流芳后世。《晋书·桓温传》:"(温)雄武专朝,窥觎非望,或卧对亲僚曰:'为尔寂寂,将为文景所笑。'众莫敢对。既而抚枕起曰:'既不能流芳后世,不足复遗臭万载耶!'"又见《世说新语·尤悔》。

㉔稔恶:积恶。唐柳宗元《箕子碑》:"向使纣恶未稔而自毙,武庚念乱以图存,国无其人,谁与兴理?"

㉕贯盈:言罪之多,如索之贯物已满。《书·泰誓》:"商罪贯盈,天命诛之,予弗顺天,厥罪维钧。"

㉖诲淫诲盗:引诱人奸淫盗窃。《易·系辞》:"慢藏诲盗,冶容诲淫。"《疏》:"若慢藏财物,守掌不谨,则教诲于盗者,使来取此物。女子妖冶其容,身不精悫,是教诲淫者,使来淫己也。"

㉗管中窥豹:喻只见局部,不见全体。《世说新语·方正》:"王子敬(献之)数岁时,尝看诸门生樗蒲,见有胜负,因曰:'南风不竞。'门生辈轻其小儿,乃曰:'此

郎亦管中窥豹,时见一斑。'子敬瞋目曰:'远惭荀奉倩,近愧刘真长。'遂拂衣而去。"宋陆游《江亭》:"濠上观鱼作至乐,管中窥豹岂全斑。"

㉘坐井观天:喻所见狭小。唐韩愈《原道》:"老子之小仁义,非毁之也,其见者小也。坐井而观天,曰天小者,非天小也。"

㉙英雄无用武之地:虽有本领,却无施展之地。《资治通鉴·汉献帝建安十三年》:"(诸葛)亮见(孙)权于柴桑,说权曰:'海内大乱,将军起兵江东,刘豫州收众汉南,与曹操共争天下。今操芟夷大难,略已平矣,遂破荆州,威震四海,英雄无用武之地,故豫州遁至此,愿将军量力而处之!'后指人受环境条件限制,不能发挥所长。

㉚展采之思:欲发展事业之思。《史记·司马相如传》:"后因杂荐绅先生之略术,使获耀日月之末光绝炎,以展采错事。"《汉书·相如传》《注》引《文颖》:"采,官也,使诸儒记功著业,得观日月末光殊之明,以展其官职,设错其事业也。"错,历也。

㉛捷足先得:因行动迅速而先达到目的。《史记·淮阴侯传》:"(蒯)通曰:'秦之纲绝而维驰,山东大扰,异性并起,英俊乌集。秦失其鹿,天下共逐之,于是高材捷足者得焉。'"又作"捷足先登。"

㉜大器晚成:本指大材须积久才能成器,后指人成就较晚。《老子》"大器晚成,大音希声。"《后汉书·马援传》:"援年十二而孤,少有大志,诸兄奇之……乃辞况(援兄)欲就边境田牧。况曰:'汝大才当晚成。'"《三国志·魏志·崔琰传》:"琰从弟林,少无名望,虽姻族犹多轻之,而琰常曰:'此所谓大器晚成者也,终必远至。'"

㉝徒读父书:谓空读其父之书而不知通变。战国时,秦赵对峙于长平,赵将廉颇坚壁不战。秦用反间计说赵王曰:"秦之所恶,独畏马服君赵奢之子赵括为将耳。"赵王因以赵括代廉颇为将。蔺相如对赵王曰:"以名使括,若胶柱而鼓瑟耳。括徒能读其父书传,不知合变也。"赵王不听,遂以括为将,后秦军大败赵军,杀赵括,坑杀赵降卒四十多万。见《史记·赵奢传》。

㉞肤见、俚言:肤见,浅见。身体之表皮曰肤,喻所见不深。俚言,方言、俗语。《新唐书·韦绶传》:"绶数为俚言,以悦太子。"

㉟识时务者为俊杰:能看清形势,认识时代潮流者方为英雄豪俊。《三国志·蜀志·诸葛亮传》《注》引《襄阳记》:"刘备访世事于司马德操(徽)。德操曰:'儒生俗士,岂识时务?识时务者在于俊杰。'"

㊱先几:先兆。《易·系辞下》:"君子见几而作,不俟终日。"几,事物的迹兆。

㊲不识一丁:不识得一个字。《旧唐书·张延赏传附张弘靖传》:"今天下无事,汝辈挽得两石力弓,不如识一丁字。"后人考证认为"丁"是为"个"字。

㊳一得:一点心得。谦词。《史记·淮阴侯传》:"广武君曰:'臣闻智者千虑,

卷三·人事 177

必有一失;愚者千虑,必有一得。'"

㊴拔去一丁:拨去眼中钉,除去一害。《新五代史·赵在礼传》:"晋出帝时,以在礼为北面行营马步军都虞侯,以击契丹,未尝有战功。在礼在宋州,人尤苦之,已而罢去,宋人喜而相谓曰:'眼中拔丁,岂不乐哉!'既而复受诏居职,乃籍管内口率钱一千,自号拔钉钱。"

㊵又生一秦:又增一仇敌。秦末,陈涉自立为王,遣武臣等北略赵地。武臣自立为赵王。据《史记·张耳传》载:"陈王(涉)大怒,欲尽族武臣等家而发兵击赵。陈王相国房君谏曰:'秦未亡而诛武臣等家,此又生一秦也。不如因而贺之,使急引兵西击秦。'陈王然之,从其计。"

㊶属垣有耳:附耳于垣窃听。《诗·小雅·小弁》:"君子无易由言,耳属于垣。"《笺》:"王无轻用谗人之言,人将有属耳于壁以听之者。"后谓"窃听"为"属耳"或"属垣"。

㊷勿谓秦无人:戒不可轻敌。春秋时晋士会奔秦,为秦所用。晋人患秦人之用士会,欲图之。《左传·文公十三年》:"(晋)乃使魏寿余伪以魏叛者,以诱士会。执其帑于晋,使夜逸。请自归于秦,秦伯许之,履士会之足于朝。……(秦使士会如魏师,乃行。)绕朝赠之以策曰:'子无谓秦无人,吾谋适不用也。'既济,魏人噪而还。"

㊸助桀为虐:帮助坏人作恶。秦末,刘邦大破秦军,入咸阳秦宫室,见车帷、珠宝、女人甚多,欲留居于秦宫中,樊哙谏,刘邦不听。《史记·留侯世家》:"良曰:'夫秦为无道,沛公得至此。夫为天下除残贼,宜缟素为资。今始入秦,即安其乐,此所谓助桀为虐。且忠言逆耳利于行,良药苦口利于病,愿沛公听樊哙言。沛公乃还军霸上。"

㊹得陇望蜀:泛指贪心不足。东汉班固等《东观汉纪·隗嚣传》:"(刘秀敕岑彭书)西域若下,便可将兵南击蜀虏。人苦不知足,既平陇,复望蜀。"又见于《后汉书·岑彭传》。唐李白《古风》:"物苦不知足,得陇又望蜀。"

㊺器满则倾、物极必反:言器物过满就会倾覆,事物发展到极点,会走向反面。唐武则天改唐为周,作了大周皇帝。冀州武邑人苏安恒,博学尤明《周礼》及《春秋左氏传》,两次投书武则天,谏其归政于唐。其上书有云:"陛下何故日夜积忧,不知钟鸣漏尽。臣愚以天意人事还归李家。陛下虽安天位,殊不知物极则反,器满则倾。故语曰:'当断不断,反受其乱。'此之谓也。"

㊻好弄、诙谐:好弄,喜爱玩乐。《左传·僖公九年》:"夷吾弱不好弄。"《注》:"弄,戏也。诙谐,戏谑,有风趣。《汉书·叙传》:"东方赡辞,诙谐倡优。"

㊼市中有虎:市中本无虎,由于传说者多,令人信以为真。比喻流言可以耸人视听。战国魏庞葱与太子质于赵,恐魏王信谗,因对魏王曰:"今一人言市中有虎,王信乎?曰:否。二人言市有虎,王信乎?曰:疑之矣。三人言市中有虎,王信

乎? 曰:信之矣。葱曰:市之无虎明矣,而三人言之则信。今邯郸去魏远于市,谗臣过于三人,愿王察之。"见《战国策·魏策》。

㊽聚蚊成雷:喻积小可以成大。《汉书·中山靖王传》:"夫众煦漂山,聚蚊成雷,朋党执虎,十夫桡椎,是以文王拘于羑里,孔子厄于陈蔡,此乃忞庶之成风,增积之生害也。"唐刘知几《吏通·叙事》:"夫聚蚊成雷,群经折轴,况于章句不节,言词莫限,载之兼两,曷足道哉!"

㊾萋斐成锦:《诗·小雅·巷伯》:"萋兮斐兮,成是贝锦,彼谮人者,亦已大甚。"《传》:"萋斐,文章相错也。贝锦,锦文也。"《笺》:"喻谗人集作已过以成于罪,犹女工之集采以成锦文。"后用以作谗毁的代称。

㊿含沙射影:用阴谋中伤他人。《诗·小雅·何人斯》:"为鬼为蜮,则不可得。"蜮又名射工、射影。相传居水中,听到人声,以气为矢,或含沙以射人,被射中者皮肤发疮,中影者亦病。见晋干宝《搜神记》。后用以称阴谋中伤他人为含沙射影。唐白居易《读史诗》:"含沙射人影,虽病人不知,巧言构人罪,至死人不疑。"

【今译】

毛遂一句话重如九鼎,是人看重他的说话;季布一允诺贵如千金,是人佩服他守信用。岳飞背上刺着"尽忠报国";杨震心里只有"清白传家"。下面的势力比上面强大,叫做"尾大不掉";上面的权力给下面夺去,叫做"太阿倒持"。现今这个时代,不但君主选择臣子,臣子也要选择君主;承受天命之主,不仅开创事业艰难,保着成功也不容易。一生所做的事情可以对人说,这是司马光的自信;运用兵法的好处全存在心里,这是岳武穆的论兵。"不修边幅",是说人不修饰仪容;"不立岸岸",是说人天性很和乐。"蕞尔"、"么麽",是说地方最小;"卤莽"、"灭裂",是说做事不精。失误之处,全在不学;勉强去作,渐成自然。求事想速成,叫做"躐等";过于讲礼貌,叫做"足恭"。表面装做忠厚,叫做"乡愿";才干过于众人,叫做"巨擘"。做事孟浪,是由于轻率浮薄;做事精详,是由于从容不迫。做好事的人流芳百世;做坏事的人遗臭万年。错误太多,叫做"稔恶";罪恶已满,叫做"贯盈"。容貌打扮太过分,是叫人起心淫乱;财务保藏不谨慎,是叫人起心偷盗。从管中去看豹,看到豹不多;坐在井里看天,见到天不大。无可乘之机,英雄就没有用武的地方;要天下有道,君子才会想到做番事业。求取功名很快达到,叫做"捷足先得";安慰士人功名太迟,就说"大器晚成。"不晓得通权达变，叫做"徒读父书"；自认为意见正确，叫做"徒执己见"。浅见叫做"肤见"；俗言叫做"俚言"。能认识时务的人，叫做"俊杰"；不明白先兆的人，不是"明哲"。村夫不认识一个丁字；愚人的思考也有一得。"拔去一丁"，是说除去一害；"又生一秦"，是说又增一仇。戒人说话谨慎，就说恐墙垣上有耳朵；戒人不要轻敌，就说别认为秦国无人。帮恶人做事，叫做"助桀为虐"；贪心不满足，叫做"得陇望蜀"。器物盛满了，易倾倒；事情到极点，定还原。喜欢游戏，叫"好弄"；爱说笑话，叫"诙谐"。很多人进谗言，使人相信闹市中有虎；奸人鼓动起来，就如聚蚊声可以成雷。萋斐成了贝锦，比喻谗人集人之过以成罪；蜮含沙射人影，比喻坏人在暗中中伤好人。

【原文】
　　针砭所以治病①；鸩毒必至杀人②。李义府阴柔害物，人谓之笑里藏刀③；李林甫奸诡陷人，世谓之口蜜腹剑④。代人作事，曰代庖⑤；与人设谋，曰借箸⑥。见事极真，曰明若观火⑦；对敌易胜，曰势若摧枯⑧。汉武内多欲而外施仁义⑨；廉颇先国难而后私仇⑩。卧榻之侧，岂容他人鼾睡，宋太祖之语⑪；一统之世，真是胡越一家，唐高祖之时⑫。至若暴秦以吕易嬴，是嬴亡于庄襄之手⑬；弱晋以牛易马，是马灭于怀愍之时⑭。中宗亲为点筹于韦后，秽播千秋⑮；明皇赐洗儿钱于贵妃，臭遗万代⑯。非类相从，不如鹁鹊⑰；父子同牝，谓之聚麀⑱。以下淫上谓之烝；野合奸伦谓之乱⑲。从来淑慝殊途，惟在后人法戒；斯世清浊异品，全赖吾辈激扬⑳。

　　（增）休休莫莫，禁止之词㉑；衮衮匆匆，仓皇之义㉒。暂为寄足，有似鹪鹩一枝㉓；巧于营身，还如狡兔三窟㉔。放枭囚凤，虚仁纵暴奚为㉕；用蚓投鱼，得重弃轻应尔㉖。爝火虽无大明之耀㉗；铅刀竟有一割之用㉘。淮南一老不就聘，高尚可钦㉙；鲁国两生不肯行，清操足式㉚。一株竹，先兆应举皆荣㉛；两尾牛，预识行兵有失㉜。乐羊子功绩未成，谤书满箧㉝；郭林宗声名最重，谒刺盈车㉞。黠狗行凶，难免呆卿之骂㉟；鸩媒肆毒，已生屈子之悲㊱。人有一天，我有二天，便见大恩之爱戴；河润百里，海润千里，乃为渥泽之沾濡㊲。退我一步行，固云安乐法；道人三个好，尤见喜欢缘㊳。藉一叶之浓阴，可资覆荫；扩万间之巨庇，尽属骈臻㊴。挞三折，编三绝，书三灭，好学十分㊵；眼中泪，心中事,意中人,相思一样㊶。

注释

①针砭(biān 边):以石针刺穴位治病。后用以喻规劝告诫。宋祖士衡《西斋话记》:"陇州道士曾若虚者,善医,尤得针砭妙术。"宋梅尧臣《依韵和李察推留别诗》:"时时苦语见针砭,邂逅天涯得三益。"

②鸩(zhěn 枕)毒:毒酒。《左传·闵公元年》:"宴安鸩毒,不可怀也。"鸩羽有毒,入酒,饮之能杀人。《汉书·景十三王传赞》:"是故古人以晏安为鸩毒。"

③笑里藏刀:比喻外表和气,内心阴险。《新唐书·李义府传》:"义府貌柔恭,与人言,嬉怡微笑,而阴贼褊忌着于心,凡忤意者皆中伤之,时号义府'笑中刀'。"《旧唐书·李义府传》作"笑中有刀"。唐白居易《劝酒十四首》:"且灭嗔中火,休磨笑里刀。"

④口蜜腹剑:见《身体》"口有蜜腹有剑"注。

⑤代庖:代替厨师做饭。比喻替他人做分内之事。《淮南子·主术》:"不正本而反自修,则人主愈劳,人臣愈逸,是犹代庖宰剥牲而为大臣斫也。"《庄子·逍遥游》:"庖人虽不治庖,尸、祝不越樽俎而代之矣。"据此概括为"越俎代庖"。指越权办事或包办代替。

⑥借箸:代人策划。秦末,楚汉相争,郦食其劝刘邦立六国后代,共同攻楚,刘邦同意。"(张)良从外来谒汉王,王方食,曰:'客有为我计挠楚权者。'具以郦生计告良。……良曰:'此计行,陛下事去矣。请借前箸以筹之。'"意为借刘邦吃饭用的筷子,以指画当时的形势。见《汉书·张良传》及《史记·留侯世家》。

⑦明若观火:比喻看得清楚明白。《书·盘庚》:"予若观火。"《传》:"我视汝情如视火。"《疏》:"我视汝情若观火,言见之分明如见火也。"

⑧摧枯:摧折枯枝朽木,喻极容易作到。《汉书·异姓诸王侯表》:"镂金石者难为功,摧枯朽者易为力。"《晋书·甘卓传》:"将军之举武昌,若摧枯拉朽,何所顾虑乎。"

⑨内多欲句:《汉书·汲黯传》:"上(武帝)方招文学儒者,上曰:'吾欲云云。'黯对曰:'陛下内多欲而外施仁义,奈何欲效唐虞之治乎。'上怒,变色而罢朝。"

⑩廉颇句:见《朋友》"刎颈交"注。(注者按:"先国难而后私仇"乃蔺相如之语。)

⑪卧榻之侧句:宋开宝八年,宋军进攻金陵,南唐主李煜派徐铉入宋朝,请求缓兵。宋太祖曰:"不须多言,江南有何罪。但天下一家,卧榻之侧,岂可许他人鼾睡。"见宋杨忆《谈苑》。

⑫胡越一家:胡在北,越在南,胡越一家喻四海一家。《资治通鉴·唐太宗贞

观七年》:"(唐太宗)从太上皇酒于故汉之未央宫。上皇(高祖)命突厥颉利可汗起舞,又命南蛮酋长冯智戴咏诗,既而笑曰:'胡、越一家,自古未有也!'"

⑬至若暴秦句:见本章"奇货可居"注。

⑭弱晋以牛易马句:东晋元帝司马睿,系琅玡王谨之子,初琅玡王妃与小吏牛金私通而生睿,是为元帝,虽姓司马,实姓牛也。

⑮中宗亲为点筹句:《资治通鉴·唐中宗神龙元年》:"上(中宗)使韦后与(武)三思双陆,而自居旁为之点筹;三思遂与后通,由是武氏之势复振。"双陆,古代博戏。

⑯明皇赐洗儿钱句:《资治通鉴·唐玄宗天宝十载》:"禄山生日,上及贵妃赐衣服、宝器、酒馔甚厚。后三日,召禄山入禁中,贵妃以锦绣为大襁褓,裹禄山,使宫人以彩舆昇之。上闻后宫欢笑,问其故,左右以贵妃三日洗禄山儿对。上自往观之。喜,赐贵妃洗儿金银钱,复厚赐禄山,尽欢而罢。自是禄山出入宫掖不禁,或与贵妃对食,或通宵不出,颇有丑声闻于外,上亦不疑。"

⑰鹑鹊:鹑,即"鹌鹑"的简称。《诗·鄘风·鹑之奔奔》:"鹑之奔奔,鹊之强强。"《笺》:"奔奔、强强,言其居有常匹,飞则相随之貌。"

⑱聚麀(yōu 幽):《礼记·曲礼》:"夫唯禽兽无礼,故父子聚麀。"麀,牝(雌)鹿,禽兽不知人伦,故有父子共一牝之事。后用以指两代间的乱伦行为。唐骆宾王《讨武曌檄》:"践元后于翚翟,陷吾君于聚麀。"

⑲烝:以下淫上,谓与母辈通奸曰烝。《左传·桓公十六年》:"初,卫宣公烝于夷姜,生急子。"《注》:"夷姜,宣公之庶母也。"

⑳激浊扬清句:斥恶奖善。《晋书·武帝纪》:"若长吏在官公廉,虑不及私,正色直节,不饰名誉者,及身行贪秽,谄默求容。公节不立而私门日富者,并谨察之。扬清激浊,举善弹违,此朕所以垂拱总纲,责成于良吏二千石也"唐吴兢《贞观政要·任贤》:"王珪对曰:'……至如激浊扬清,嫉恶好善,臣于数子,亦有一日之长。'"

㉑休休莫莫:此句用意为休息也,退休也。唐司空图,晚年为文,尤事放达,尝拟白居易醉吟传为休休亭记。其中有:"休休休,莫莫莫,伎俩虽多性灵恶,赖是长教闲处着;休休休,莫莫莫,一局棋、一炉药,天意时晴有料度,白日偏催快活人,黄金难买堪骑鹤。"见《旧唐书·司空图传》。

㉒衮衮匆匆:唐杜甫《酬孟云卿》:"相逢难衮衮,告别莫匆匆";衮衮,本形容谈话不绝。相逢太促,则无法衮衮也。

㉓鹪鹩一枝:暂为栖身,如鹪鹩仅占一枝。《庄子·逍遥游》:"鹪鹩巢于深林,不过一枝。"鹪鹩,俗称黄脰鸟。又有桃雀、黄雀、巧妇、桑飞、女匠等名。

㉔狡兔三窟:喻藏身有多处,便于避祸。《战国策·齐策》:"冯骥(对孟尝君)曰:'狡兔有三窟,仅得免其死耳。君今有一窟,未得高忱而卧也,请为君复凿

二窟。"

㉕放枭囚凤:喻放纵恶人,囚禁好人。《后汉书·刘陶传》:"(陈)耽与议郎曹操上言:'公卿所举,率党其私,所谓放鸱枭而囚鸾凤也。'……宦官怨之,遂诬陷耽死狱中。"

㉖用蚓投鱼:用蚯蚓作鱼饵,比喻投合对方胃口,用较轻的代价,换得较大的成果,也即抛砖引玉之意。《隋书·薛道衡传》:"陈使傅缚聘齐,以道衡兼主客接对之。缚赠诗五十韵,道衡和之,南北称美。魏收曰:'傅缚所谓以蚓投鱼耳。'"

㉗爝(jué 爵)火:炬火。《庄子·逍遥游》:"日月出矣,而爝火不息,其于光也,不亦难乎?"《疏》:"爝火,犹炬火也。"亦作"焦火"。

㉘铅刀:钝刀。《后汉书·班超传》:"昔魏绛列国大夫,尚能和辑诸戎,况臣奉大汉之盛,而无铅刀一割之用乎?"自谦才能虽薄弱如铅刀,但尽其所能,未尝不可一用。

㉙淮南一老:秦末年,应曜隐于淮南山,汉高帝时与"商山四皓"俱被征命,四皓往而应独不出。时人语曰:"商山四皓,不如淮南一老。"见晋皇甫谧《高士传》。"商山四皓",汉初商山的四个隐士,名东园公、绮里季、夏黄公、角里先生。四人须眉皆白,故称四皓。

㉚鲁国两生:汉叔孙通为高帝制订礼仪。《史记·叔孙通传》:"于是通征鲁诸生三十余人。鲁有两生不肯行……通笑曰:'若真鄙儒,不知时变。'遂与所征三十人西。"

㉛一株竹句:宋王君炳二子赴秋试,夜梦人持一枝竹与种之。解者曰:"二郎君俱中选矣,竹字两个也。"果俱进选。

㉜两尾牛句:唐黄巢出师,梦两尾牛,解者曰:"牛两尾,失字也,恐行军不利。"已而果然。

㉝谤书:攻击他人的书信。战国时,乐羊子为魏将,文侯令乐羊攻中山,三年而拔。乐羊反而论功,文侯出示谤书一箧。乐羊子曰:'臣攻中山,有谤臣于王者,谤书满箧。大王不信,故臣得拔中山。此非臣之功也。大王之功也。'见《战国策·秦策》。

㉞谒刺:求见的名帖。《后汉书·郭太传》:"时人乃故折巾一角,以为林宗巾,其见慕皆如此。"《注》:"(郭)太别传曰:'泰名显,士争归之,载刺常盈车。'"

㉟杲卿之骂:唐安史之乱中,卫尉兼御史中丞,颜杲卿守常山。史思明陷常山,颜杲卿被执送洛阳。杲卿瞋目大骂安禄山。禄山大怒,缚之天津桥柱,颜詈骂不绝,贼钩断其舌,杲卿含胡而绝。见《新唐书·颜杲卿传》。

㊱鸩媒:用鸩鸟作媒。屈原《离骚》:"吾令鸩为媒兮,鸩告余以不好。"鸩羽有毒,可以杀人,因用鸩媒喻害人之谗言。

㊲人有一天两句:《翰苑新书》:"大德骈臻,人有一天,我有二天;厚恩滂沛,

河润百里,海润千里。"参见《天文》"二天"注,《地舆》"河润"注。

㊳退我一步行两句:凡事退让,不与人争,自然安乐;逢人说好,不言人过,讨人喜欢。这是旧社会中消极的处世哲学。《宋史·李燔传》:"古语曰:'善处者,退一步耳。'"《故事成语考》引宋苏子瞻诗句:"退一步行安乐法,说三个好喜欢缘。"

㊴藉一叶之浓阴两句:传说瀛洲有影木,太阳之下,一叶有百个影子。唐郑太穆致书于司空颉曰:"分千树一叶之影,即是浓阴。"庇,杜甫《茅屋为秋风所破歌》:"安得广厦千万间,大庇天下寒士俱欢颜。"帡幪,帷幄、帐幕。

㊵挒三折三句:言孔子读书之勤。古时无纸,削竹为简,以漆书文,以韦编联结诸简。孔子晚年好《易》,读《易》至于简书割绝了三次,漆书磨灭了三次,铁的挒折断了三次。韦编,柔皮。见《史记·孔子世家》《抱朴子·祛惑》。

㊶眼中泪三句:宋张先词中的句子。张先字子野,吴兴人,工于词,与柳永齐名。胡仔《苕溪渔隐丛话》引《古今诗话》:"有客谓子野曰:'人皆谓公张三中,即心中事,眼中泪,意中人也(《见《行香子》词)。'子野曰:'何不目之为张三影?'客不晓。公曰:'"云破月来花弄影"、"娇柔懒起,簾压卷花影"、"柳径无人,堕风絮无影",此余生平所得意也。'"

【今译】

用针用砭,是给人治病;鸩羽毒酒,必用来杀人。李义甫表面柔顺暗中阴险,人们说他"笑里藏刀";李林甫说话好听暗中害人,人们说他"口蜜腹剑"。代人作事,叫"代庖";替人设谋,叫"借箸"。事情看得真切,叫做"明若观火";战胜敌人容易,叫做"势若摧枯"。汉武帝内心多私欲而外施仁义;赵廉颇先考虑国家而不顾私仇。卧榻旁边,哪能容许别人鼾睡,这是宋太祖灭南唐的话;统一天下,使胡越双方如一家,这是唐高祖开国的时候。吕姓代替了嬴姓,是秦国在庄襄王时就灭亡了;牛姓代替了司马,是西晋在怀愍帝时就灭亡了。韦后和武三思玩双陆,唐中宗在旁边检点筹数,臭气传播了千秋;贵妃给安禄山洗身子,唐明皇还赐给他洗儿钱,丑事遗留了万代。不是一类相配,不如鹝鹑;父子同淫一女,叫做聚麀。下辈奸淫上辈,叫做烝;男女背伦野合,叫做乱。自古以来,邪正不同路,全在于后人走正路戒邪路;现今时世,清浊不同品,全赖于我辈激污浊扬清白。

(增)"休休莫莫"是禁止的语气;"衮衮匆匆"是急迫的意思。暂得立足之地,好比鹪鹩占有一树枝;巧谋安身之处,好比狡兔打上三个穴。"放枭囚凤",为何放纵坏人,囚禁好人?"用蚓投鱼",自然丢掉轻的,得到重的。炬火虽然没有太阳光亮;钝刀还是有一次的用处。淮南一老不受汉高祖的聘,立志高尚,令人钦佩;鲁国两生不与诸生同行,清洁操守,值得效法。王君炳梦见一株竹,两个儿子中选。唐黄巢梦见两尾牛,后来用兵就失利。乐羊子未攻占中山时,毁谤他的书信装满了一箱子;郭林宗的名声重京城,投见他的名帖载满了一车子。安禄山行凶,难免颜杲卿痛骂;谗言能害人,已使楚屈原悲哀。"人有一天,我有二天",这是感戴大德的说法;"河润百里,海润千里",这是广施大恩的意思。退后一步走,原本是安乐法;说人三个好,便可结喜欢缘。只要能借一叶浓阴,便可得到遮盖;能够建造万间广厦,即可庇护寒士。孔子读《周易》,使"拄三折、编三绝、书三灭",真是勤奋十分;张先写的词,有"眼中泪、心中事、意中人",叙述相思一样。

饮 食 新增文十一联

【原文】

　　甘脆肥脓,命曰腐肠之药①;羹藜含糗,难语太牢之滋②。御食曰珍馐③;白米曰玉粒④。好酒曰青州从事;次酒曰平原督邮⑤。鲁酒茅柴,皆为薄酒⑥;龙团雀舌,尽是香茗⑦。待人礼衰,曰醴酒不设⑧;款客甚薄,曰脱粟相留⑨。竹叶青,状元红,俱为美酒⑩;葡萄绿,珍珠红,悉是香醪⑪。五斗解酲,刘伶独溺于酒⑫;两腋生风,卢仝偏嗜乎茶⑬。茶曰酪奴,又曰瑞草⑭;米曰白粲,又曰长腰⑮。太羹玄酒,亦可荐馨⑯;尘饭涂羹,焉能充饿⑰?酒系杜康所造⑱;腐乃淮南所为⑲。僧谓鱼曰水梭花,僧谓鸡曰穿篱菜⑳。临渊羡鱼,不如退而结网㉑;扬汤止沸,不如去火抽薪㉒。羔酒自劳,田家之乐㉓;含哺鼓腹,盛世之风㉔。人贪食,曰徒铺乌啜㉕;食不敬,曰嗟来食㉖。多食不厌,谓之饕餮之徒㉗;见食垂涎,谓有欲炙之色㉘。未获同食,曰向隅㉙;谢人赐食,曰饱德㉚。安步可以当车;晚食可以当肉㉛。饮食贫难,曰半菽不饱㉜;厚恩图报,曰每饭不忘㉝。谢扰人,曰兵厨之扰㉞;谦待薄,曰草具之陈㉟。白饭青刍,是待客之厚㊱;炊金馔玉,谢款客之隆㊲。家贫待客,但知抹月批风㊳;冬月邀宾,乃云敲冰煮茗㊴。

注释

　　①甘脆肥脓:美味的酒肉。西汉枚乘《七发》:"皓齿娥眉,命曰伐性之斧;甘脆肥脓,命曰腐肠之药。"脓,通酞,味厚之酒。

　　②羹藜含糗:以藜煮成的羹,用米麦做成的干粮,喻粗劣的食物。汉王褒《圣主得贤臣颂》:"夫荷旃被毳者,难与道纯绵之丽密;羹藜含糗者,不足与论太牢之滋味。"太牢,古代帝王、诸侯祭祀时,牛、羊、豕三牲全备为太牢。此指牛肉。

　　③珍馐(xiū修):珍贵的食物,也作珍羞。《周礼·天官·膳夫》:"珍用八物。"哪八种食物,说法不一。唐李白《行路难》:"金樽清酒斗十千,玉盘珍羞值万钱。"

　　④玉粒:白米。传说归州有米田,屈原曾耕于此,产米白似玉。南朝梁《昭明太子集序》:"发私藏之铜凫,散垣下之玉粒。"

　　⑤好酒两句:《世说新语·术解》:"桓公有主簿,善别酒,有酒辄令先尝。好

者谓青州从事;恶者谓平原督邮。青州有齐郡,平原有鬲县。从事言到脐,督邮言在鬲上住。"唐皮日休《醉中寄鲁望一壶并一绝》:"醉中不得亲相倚,故遣青州从事来。"

⑥鲁酒:鲁国酒薄,因称薄酒为鲁酒。《庄子·胠箧》:"鲁酒薄而邯郸围。"《释文》有二说。其中一说:"许慎注《淮南》云:'楚会诸侯,鲁赵俱献酒于楚王,鲁酒薄而赵酒厚。楚之主酒吏求酒于赵,赵不与,吏怒,乃以赵厚酒易鲁薄酒,奏之,楚王以赵酒薄而围邯郸也。'"北周庾信《哀江南赋》:"下亭飘泊,高桥羁旅,楚歌非取乐之方,鲁酒无忘忧之用。"茅柴:市沽的薄酒。宋范成大《春日田园杂兴》:"老盆初熟杜茅柴,携向田头祭社来。"宋吴聿《观林诗话》:"东坡'几思压茅柴,禁网日夜急。'盖世号市沽为茅柴,以其易著易过。"

⑦龙团、雀舌:均为好茶。龙团,宋代贡茶名。真宗咸平中,丁谓为福建漕,监御茶,进龙凤团。仁宗庆历中,蔡襄知建州,别择茶之精者为小龙团十斤以献,一斤为十饼。龙凤团饼遂名冠天下。参阅宋叶梦得《石林燕语》。雀舌,嫩芽茶。苏轼《以大龙团报垂云新茶》:"拣芽分雀舌,赐茗出龙团。"宋沈括《梦溪笔谈·杂志》:"茶芽,古人谓之雀舌、麦颗,言其至嫩也。"

⑧醴酒不设:见《朋友宾主》"醴酒不设"注。

⑨脱粟:言刚脱谷,加工不精。即糙米、粗粮。《晏子春秋·杂下》:"晏子相齐,衣十升之布,脱粟之食。"《史记·叔孙通传》:"食一肉、脱粟之饭。"

⑩竹叶青、状元红:美酒名。苍梧之地,酿酒杂以竹叶,极清洁,故名竹叶青。晋张华《轻薄篇》:"苍梧竹叶青,宜城九酝醝。"现今山西出产的由汾酒加名贵中药配制而成的一种酒,名叫竹叶青,一种不经焦糖着色的绍兴原酒也叫竹叶青。状元红,绍兴酒之陈至三年者。《古诗》:"持杯醉酒状元红。"

⑪葡萄绿、珍珠红:美酒名。用葡萄酿制之酒,颜色有多种,色有赤、白等。汉时来自西域。后因葡萄传入中国,至唐时,我国已能自酿葡萄酒,太宗时,酿成一种呈绿色的葡萄酒。唐王翰《凉州词》:"葡萄美酒夜光杯,欲饮琵琶马上催。"《李白歌》:"琉璃钟,琥珀浓,小槽酒滴珍珠红。"

⑫五斗解酲:《世说新语·任诞》:"刘伶病酒渴甚,从妇求酒,妇捐酒毁器,涕泣谏曰:'君饮太过,非摄生之道,必宜断之。'伶曰:'甚善,我不能自禁,唯当鬼神自誓断之耳,便可具酒肉。'……伶跪而祝曰:'天生刘伶,以酒为名,一饮一斛,五斗解酲,妇人之言,慎不可听。'便饮酒进肉,隗然已醉矣。"酲,酒病。

⑬两腋生风:唐卢仝性嗜茶,《走笔谢孟谏议寄新茶》:"一碗喉吻润,两碗破孤闷,三碗搜枯肠,唯有文字五千卷;四碗发轻汗,平生不平事,尽向毛孔散;五碗肌骨清,六碗通仙灵;七碗吃不得也,唯觉两腋习习生清风。"

⑭酪奴、瑞草:均为茶的别名。酪奴,北魏孝文帝问王肃:"羊肉何如鱼羹,茗饮何如酪浆?"肃南人,自齐奔魏,答云:"羊比齐鲁大邦,鱼比邾莒小国,唯茗不

中,与酪作奴。"彭城王勰曰:"卿明日顾我,为卿设邾莒之食,亦有酪奴。"后因称茗饮为酪奴。见北魏杨衒之《洛阳伽蓝记·城南报德寺》。瑞草,唐杜牧《题茶山》:"山实东吴秀,茶称瑞草魁。"

⑮白粲(càn 灿)、长腰:均为白米之别名。白粲,《宋书·何子平传》:"扬州辟为从事史,月俸得白米,辄货市粟麦。人或问曰:'所利无几,何足为烦?'子平曰:'尊老在东,不办常得生米,何心独享白粲?'"长腰,米名,形狭长,亦名箭子。宋苏轼《潋泉亭》:"劝君多拣长腰米,消破亭中万斛泉。"宋赵次公《注》:"长腰米,汉上米之绝好者。"

⑯太羹、玄酒:太羹,肉汁。亦作大羹。《左传·桓公二年》:"太羹不致。"《注》:"太羹,肉汁,大致五味。"玄酒,水也。上古祭祀用水。《礼记·礼运》:"故玄酒在室,礼钱在户。"《疏》:"玄酒,谓水也。太古无酒,此水当酒所用,故谓之玄酒。"荐馨,指祭祀鬼神。

⑰尘饭涂羹:以尘土为饭,以泥水作羹,指以假当真。《韩非子·外储说左上》:"夫婴儿相与戏也,以尘为饭,以涂为羹,以木为胾。然至日晚必归馈者,尘饭涂羹,可以戏而不可食也。"

⑱杜康:传说为最早造酒之人。见清秦嘉谟等辑补《世本八种》。后以杜康为酒的代称。曹操《短歌行》:"何以解忧,唯有杜康。"

⑲淮南:指汉淮南王刘安。安好文学,曾招致宾客方术之士撰成《淮南子》一书。刘安磨豆为乳脂,名曰豆腐。明李时珍《本草纲目》:"豆腐之法,始于汉淮南王刘安。"

⑳水梭花、穿篱菜:僧人蔬食,讳言鱼肉。故谓鱼为水梭花,鸡为穿篱菜。宋苏轼《东坡志林》:"僧谓酒为般若汤,谓鱼为水梭花,鸡为穿篱菜。"

㉑临渊羡鱼:谓只有空想而无行动。《汉书·董仲舒传》:"古人有言曰:'临渊羡鱼,不如退而结网。'今临政而愿治七十余岁矣,不如退而更化,则可善治。'"

㉒扬汤止沸:播动开水,使沸腾暂止。喻非治本之道。《吕氏春秋·尽数》:"夫以扬汤止沸,沸愈不止,去其火,则止矣。"《三国志·魏志·董卓传》:"卓未至,进败。"《注》引《典略》卓上表:"臣闻扬汤止沸,不如灭火去薪。"

㉓羔酒:羊羔美酒。《汉书·杨恽传》:"(报孙宗会书)臣之得罪,已三年矣。田家作苦,岁时伏腊,烹羊炮羔,斗酒自劳。"

㉔含哺鼓腹:见《地舆》"击壤而歌"注。

㉕徒铺啜:只为吃喝。《孟子·离娄上》:"子之从于子敖来,徒铺啜也。"

㉖嗟来食:悯人穷饿,呼使来食。《礼记·檀弓下》:"齐大饥,黔敖为食于路,以待饿者而食之。有饿者,蒙袂辑屦,贸贸然来。黔敖左奉食,右执饮,曰:'嗟来食!'扬其目而视之,曰:'予惟不食嗟来之食,以至于斯也!'从而谢焉,终不食而死。"后以嗟来食比喻带有轻蔑性的施舍。省作"嗟来"。

㉗饕餮(tāo tiè 滔帖):饕,贪财;餮,贪食。《左传·文公十八年》:"缙云氏有不才子,贪于饮食,冒于货贿……天下之民以比三凶,谓之饕餮。"

㉘欲炙之色:思食烤肉的表情。炙,烤肉。《晋书·顾荣传》:"初荣与同僚宴饮,见执炙者貌状不凡,有欲炙之色,荣割炙啖之,坐者问其故。荣曰:'岂有终日执之而不知其味?'及(赵王)伦败,荣被执将诛,而执炙者为督率,遂救之得免。"

㉙向隅:孤独失意或惠不及众人。汉刘向《说苑·贵德》:"今有满堂饮酒者,有一人独索然向隅而泣,则一堂之人皆不乐矣。"宋寇准《酒醒》:"胜游欢宴是良图,何必凄凄独向隅。"

㉚饱德:备受恩德。《诗·大雅·既醉序》:"醉酒饱德,人有士君子之行焉。"

㉛安步当车两句:缓步而行,当作坐车;饥而后食,犹如食肉。《战国策·齐策》:"齐宣王谓颜斶曰:'子与寡人游,食必太牢,出必乘车。'斶辞曰:'斶愿得归,晚食以当肉,安步以当车,无罪以当贵,清净贞正以自虞。'"后以安步当车、晚食当肉,喻人能甘于淡泊。

㉜半菽:菽、米各半共煮为食,指粗劣的饭食。《汉书·项藉传》:"今岁饥民贫,卒食半菽。"《史记·项羽本纪》作"芋菽"。《集解》引徐广云:"芋一作半。"南朝梁刘孝标《广绝交论》:"莫肯费其半菽,罕有落其一毛。"

㉝每饭不忘:即时刻不忘之意。《史记·冯唐传》:"唐以孝著,为中郎署长,事文帝。文帝辇过,问唐曰:'父老何自为郎,家安在?'唐具以实对。文帝曰:'吾居代时,吾尚食监高袪数为我言赵将李齐之贤,战于巨鹿之下。今吾每饭,意未尝不巨鹿也。'"

㉞兵厨:步兵厨。晋阮籍纵情诗酒,不问世事。时步兵校尉缺,厨中有贮酒数百斛,阮籍乃求为步兵校尉。见《世说新语·任诞》。后因称贮存美酒之处为步兵厨。

㉟草具:粗劣食物。《战国策·齐策四》:"左右以君贱之也,食以草具。"楚汉对峙,项羽遣使至汉,陈平用反间计,以离间楚君臣。初以太牢具进,见羽使,佯为大惊曰:"吾以为亚父使,乃项使。"遂将太牢持去,更以草具进,楚使归,具以报项王,项王果大疑亚父。见《史记·陈丞相世家》。

㊱白饭青刍(chú 锄):供仆以白饭,饲马以青刍。喻主人厚待。唐杜甫《入奏行赠西山检察使窦侍御》:"江花未落还成都,肯访浣花老翁无,为君沽酒满眼酤,与奴白饭马青刍。"

㊲炊金馔玉:极言饮宴的奢华珍贵。唐骆宾王《骆丞集·帝京篇》:"平台戚里带崇墉,炊金馔玉待鸣钟。"原本作"炊金爨玉",今按《全唐诗》骆宾王《帝京篇》改。

㊳抹月批风:谓用风月当菜肴,是表示家贫无可待客的戏言。宋苏轼《和何长官六言次韵》:"家贫何以娱客,但知抹月批风。"宋杨万里《亦好亭》:"客来莫道

无供给,抹月批风当八珍。"抹,细切。批,薄切。"批风",原本为"披风",误,从《大文本》改。

㊴敲冰煮茗:邀请宾客之词。王休居太白山下,日与僧道异人往还。每至冬时,取溪水,敲其精莹者煮建茗,共宾客饮之。见唐白居易编、宋孔传续编《唐宋白孔六帖》和五代王仁裕《开元天宝遗事》。

【今译】

　　甜脆肥浓的酒肴,命名它们为腐肠的药物;吃粗劣食物的人,很难给他谈牛肉的滋味。皇帝的食品,叫做"珍馐";熟碾的精米,叫做"玉粒"。好酒叫"青州从事";恶酒叫"平原督邮"。"鲁酒"、"茅柴"都是薄酒;"龙团"、"雀舌"都是香茶。说人待客轻慢,叫做"醴酒不设";喻人待客太薄,叫做"脱粟相留"。"竹叶青"、"状元红"都是美酒;"葡萄绿"、"珍珠红"也是美酒。饮五斗酒能解酒病,这是刘伶沉溺于酒的说法;喝七碗茶两腋生风,这是卢仝嗜好饮茶的说法。茶叫"酪奴",又叫"瑞草";米叫"白粲",又叫"长腰"。肉汁清水,可用来祭祀;尘饭涂羹,哪能够充饥? 酒是杜康酿造出来的;豆腐是刘安发明的。和尚叫鱼为"水梭花";和尚叫鸡为"穿篱菜"。站在水边想捉到鱼,不如退回来织网;搅动开水暂止沸腾,不如抽柴灭掉火。用羊肉和酒慰劳自己,这是农人的快乐;吃饱饭拍着肚子唱歌,这是盛世的民风。只求有吃喝,便说是"徒餔啜";给食不尊敬,便说是"嗟来食"。贪食不知饱足,叫他做"饕餮之徒";见食物流口水,叫做有"欲炙之色"。没有一起共食,叫做"向隅";谢人家赐食物,叫做"饱德"。慢慢走路可以当坐车;晚些吃饭可以当吃肉。生活困难吃不饱,叫做"半菽不饱";恩情厚重想报答,就说"每饭不忘"。叨扰别人饮食,叫做"兵厨之扰";自谦待客太薄,叫做"草具之陈"。白饭供仆,青草喂马,是说主人待客的厚意;炊黄的稻,馈白的米,是说款待客人的隆重。家里贫穷,只能风月当菜来待客;冬天请客,只能敲碎冰决来煎茶。

【原文】

　　君侧元臣,若作酒醴之曲糵;朝中冢宰,若作和羹之盐梅①。宰肉甚均,陈平见道于父老②;夏釜示尽,邱嫂心厌乎汉高③。毕卓为吏部而盗酒,逸兴太豪④;越王爱士卒而投醪,战气百倍⑤。惩羹吹齑,谓人惩前警后⑥;酒囊饭袋,谓人少学多餐⑦。隐逸之士,漱石枕流⑧;沉湎之夫,藉糟枕曲⑨。昏庸桀纣,胡为酒池肉林⑩;苦学仲淹,惟有断齑画粥⑪。

（增）周颙隐居钟阜,赤米自甘⑫;卢生梦醒邯郸,黄粱未熟⑬。小儿盗禾亩,孔琇之按罪何妨⑭?逸马犯麦田,曹孟德自刑乃尔⑮。易秕以粟,郑侯为民庶之意拳拳⑯;煮豆燃萁⑰,子建悟兄弟之情切切。狄山之肉,割之不穷⑱;青田之酒,成之极易⑲。我爱鹅儿黄似酒,雅可怡情⑳;人言雀子软于绵,最堪适口㉑。多才之士,谢茶而赠我好歌㉒;好事之徒,载酒而问人奇字㉓。挹东海以为醴,庶唱高怀㉔;折琼枝以为馐,可舒雅志㉕。云子饭可入杜句㉖;月儿羹见重柳文㉗。烧鹅而恣朵颐,且愿鹅生四掌;炮鳖而充嗜欲,还思鳖著两裙㉘。种秫不种秔,陶公若以酒为命㉙;窖粟不窖宝,任氏则以食为天㉚。红苋紫茄,种满吴兴之圃㉛;绿葵翠韭,殖盈钟阜之区㉜。

注释

①君侧元臣两句:《书·说命下》:"尔惟训于朕志,若作酒醴,惟尔曲糵;若作和羹,惟有盐梅。""曲糵"原本为"曲蘖",误。

②宰肉甚均:分肉甚均。《汉书·陈平传》:"里中社,平为宰,分肉甚均。里父老曰:'善,陈孺子之为宰。'平曰:'嗟乎,使平得宰天下,亦如此肉矣。'"

③戛(jiá夹)釜示尽:汉刘邦（高祖）微时,常与客至嫂处就食。釜中虽有余羹,嫂故意用勺刮釜,作出响声,表示羹尽。刘邦由是怨嫂。后为帝封嫂之子信为羹颉侯。后谓不贤为戛羹之嫂。参阅《史记·楚元王世家》。

④毕卓句:《晋书·毕卓传》:"（卓）为吏部郎常饮酒废职。比舍郎酿熟,卓因醉,夜至其瓮间盗饮之,为掌酒者所缚。明旦视之,乃毕吏部也,遽释其缚。卓遂引主人宴于瓮侧,致醉而去。"

⑤越王句:《吕氏春秋·顺民》:"越王苦会稽之耻……下养百姓以来其心,有甘脆不足分,弗敢食,有酒,流之江,与民同之。"又《列女传·母仪·楚子发母》:"越王勾践之伐吴,客有献醇酒一器,王使人注之江上流,使士卒饮其下流。味不及加美,而士卒战自五也。"《文选·张协·七命》:"箪醪投川,可使三军告捷。"

⑥惩羹吹齑:人曾被热汤烫过,以后吃冷菜也要吹一下。喻戒惧过甚或矫枉过正。屈原《九章·惜诵》:"惩于羹者而吹齑兮,何不变此志也。"《晋书·汝南王亮等传序》:"然而矫枉过直,惩羹吹齑,土地分疆,逾越往古。"

⑦酒囊饭袋:讽刺无用之人。汉王充《论衡·别通》:"今则不然,饱食快饮,

虑深求卧,腹为饭坑,肠为酒囊,闭闇暗塞,无所好欲,与三百倮虫何所异?"宋陶岳《荆湘近事》:"(唐末,马殷据湖南称楚王)马氏奢僭,诸院王子、仆从烜赫,文武之道,未尝留意,时谓之酒囊饭袋。"

⑧漱石枕流:比喻隐居山林。晋孙楚少时欲隐,谓王济曰当"枕石漱流",语误为"漱石枕流"。王曰:"流可枕石可漱乎?"孙曰:"所以枕流,欲洗其耳;所以漱石,欲砺其齿。"见《世说新语·排调》。

⑨藉糟枕曲:喻沉湎于酒,嗜酒。《晋书·刘伶传·酒德颂》:"先生于是方捧罂承糟,含杯漱醪,奋髯箕踞,枕曲藉糟。"

⑩酒池肉林:见《女子》"商纣以妲己"注。

⑪断齑画粥:喻刻苦力学。宋范仲淹幼孤,随母适长山朱氏,读书于长白山僧舍,每日煮粟二升,作粥一器,经宿遂凝,以刀画为四块,早晚取两块,断齑数十茎而食之。见宋释文莹《湘山野录》。《宋史·范仲淹传》载:"(仲淹学习)昼夜不息,冬月惫甚,以水沃面,食不给,至以糜粥继之,人不能堪,仲淹不苦也。"

⑫赤米自甘句:隐者的清苦生活。赤米,粗糙的米。南朝齐周颙隐于钟阜山。王俭谓周颙曰:"卿山中何所食?"颙曰:"赤米、白盐、绿葵、紫蓼。"见《南史·周颙传》。

⑬黄粱未熟:即"一枕黄粱"、"黄粱梦"。喻痴心妄想。卢生于邯郸客店中遇道者吕翁。生自叹穷困,翁授一枕与生,嘱其入睡。生入梦,梦中历尽荣华富贵。及醒,主人炊黄粱尚未熟。见唐沈既济《枕中记》。后以"黄粱梦"喻人生富贵终归虚幻,或欲望破灭。

⑭小儿盗禾句:《南齐书·孔琇之传》:"(琇之)迁通直郎补吴令。有小儿年十岁,偷刈邻家稻一束,琇之付狱治罪。或谏之,琇曰:'十岁便能为盗,长大何所不为。'县中皆震肃。""盗禾亩",原本为"盗禾麦",误,从"大文本"改。

⑮逸马犯麦田句:《三国志·魏志·魏武帝纪》《注》引《曹瞒传》:"(太祖)常出军,行经麦中,令士卒无败麦,犯者死。骑士皆下马付麦以相持,于是太祖马腾入麦中,敕主薄议罪。主薄对以春秋之义,罚不加于尊。太祖曰:'制法而自犯之,何以帅下?然孤为军帅,请自刑。'因授剑割发以置地。"

⑯易秕以粟句:汉刘向《新序·刺奢》:"郑穆公有令,食凫雁,必以秕,无得以粟。仓无秕,求秕于民,二石粟得一石秕。"秕,中空或不饱之谷;粟,谷子。此句中"郑侯",原本为"邹侯",误,从《新序·刺奢》改。

⑰煮豆燃萁:见《兄弟》"煮豆燃萁"注。

⑱狄山之肉:指视肉。《山海经·海经·海外南经》:"狄山,帝尧葬于阳,帝喾葬于阴。爰有熊、罴、文虎、蜼、豹、离朱、视肉、吁咽,文王皆葬其所。"视肉,郭璞云:"聚肉,形如牛肝,有两目也;食之无尽,寻复更生如故。"

⑲青田之酒:青田酒。晋崔豹《古今注·草木》:"乌孙国有青田核,莫测其树

实之形。至中国者,但得其核耳。得清水,则有酒味出,如醇美好酒。核大如六升瓠,空之以盛水,俄而成酒。刘章得两核,集宾客设之,常供二十人之饮。一核尽,一核所盛已复中饮。饮尽,随更注水。随尽随盛,不可久置,久置则苦不可饮。名曰青田酒。"

⑳鹅儿黄似酒:唐杜甫《舟前小鹅儿》:"鹅儿黄似酒,对酒爱新鹅。""鹅黄",酒名。宋陆游《游汉州西湖》:"叹息风流今未泯,两川名酝避鹅黄。"

㉑雀子软于绵:宋苏轼《分类东坡诗·送牛尾狸与徐使君》:"通印子鱼犹带骨,披绵黄雀漫多脂。"披绵,指黄雀肉肥厚,如披上绵也。

㉒多才之士句:唐卢仝《走笔谢孟谏议寄新茶》:"日高丈五睡正浓,将军打门惊周公,口云谏议送书信,白绢斜封三道印,开缄宛见谏议面,手阅月团三百片。"

㉓好事之徒句:《汉书·杨雄传赞》:"(雄)家素贫,嗜酒,人希至其门,时有好事者载酒肴从游学,而巨鹿侯芭常从雄居,受其《太玄》《法言》焉。"又"刘棻尝从雄学作奇字。"

㉔挹东海以为醴:舀东海之水为酒,言其多。三国曹植《致季重书》:"举泰山以为肉,挹东海以为醴。"

㉕折琼枝以为馐:以琼枝为美食。屈原《离骚》:"折琼枝以为馐兮,精琼爢以为粮。"

㉖云子饭句:谓饭白如云子。云子,神仙服食之物。旧题汉班固《汉武内传》:"风实云子,玉津金浆。"唐杜甫《与户县源大少府宴渼陂得寒字》:"饭抄云子白,瓜嚼水晶寒。"宋袁文《瓮牖闲评》:"杜陵诗云:'饭抄云子白。'盖谓饭可以比云子之白也。至后世则便以饭为云子。"

㉗月儿羹:面羹。唐柳公权作锦样书,进呈文宗,文宗方御剪刀面、月儿羹,即命分赐公权。见唐冯贽《云仙杂记》。

㉘烧鹅两句:唐僧光谦尝云:"愿鹅生四掌,鳖著两裙。"鹅掌、鳖裙,均为肴中珍品。朵颐,鼓动腮颊,嚼食的样子。鹅掌、鳖裙(边)均为桌上佳肴。"愿鹅生四掌",原文为"愿饿生四掌",误。

㉙种秫不种秔:《晋书·陶潜传》:"(潜)为彭泽令,在县公田,悉令种秫谷,曰:'令吾常醉于酒足矣。'妻子固请种秔,乃使一顷五十亩种秫,五十亩种秔。"秫,糯谷;秔,稻。

㉚窖粟不窖宝:《史记·货殖传》:"宣曲任氏之先,为督道仓吏,秦之败也,豪杰皆争取金玉而任氏独窖仓粟,楚汉相拒荥阳也,民不得耕种,米石至万,而豪杰金玉尽归任氏。"

㉛红苋句:南朝梁蔡撙为吴郡太守,斋前自种红苋、紫茄。诏褒其清廉。蔡撙,《梁书》有传。

㉜绿葵句:见本章"赤米自甘句"注。

卷三·饮食　193

【今译】

　　帝王侧的大臣,好比酿酒醴的曲和蘖;朝廷中的宰相,好比作肉羹的盐和梅。分肉分得平均,陈平受到父老敬重;刮锅表示饭尽,邱嫂心里讨厌刘邦。毕卓作吏部,晚上去偷邻家的酒喝,做人过分放荡;越王爱士兵,投醪在水中让士兵喝,为了鼓励士气。遭热羹烫,便吹冷齑,比喻惩前而警后;贮酒的囊,盛饭的袋,说人学少而吃多。隐居的士人,用石头漱口,用流水洗耳;沉溺的酒徒,用酒糟藉身,用酒曲枕头。昏庸的桀纣,为什么盛酒如池、堆肉如林来挥霍?勤苦的仲淹,却只有切断荠菜、划分粥块来充饥。

　　(增)能增加隐士的饭量,钟阜山上的糙米好吃;卢生做了好梦醒来,邯郸旅舍的黄粱未熟。小儿偷了禾束,孔琇之判他的罪有何不可;跑马踏了麦田,曹孟德自割头发理应如此。用谷子换糠秕,郑穆公厚爱百姓的心意诚恳;煮豆子烧豆秸,曹子建提醒兄长的情意迫切。狄山的视肉,割也割不完;青田核做酒,成功很容易。东坡说"我爱鹅儿黄似酒",这是说鹅儿雅致,可以怡悦情怀;人们说"黄雀子软得像絮",这是说雀肉肥厚,最能可口适意。卢仝爱茶,感谢赠茶便送人一首好诗;扬雄嗜酒,有人载上酒肴去向他学习。舀东海的水为酒,可以开怀畅饮;折琼树的枝为肴,可以抒发情志。写云子饭是杜子美的诗句美好;得月儿羹是柳公权的文章贵重。烧鹅来纵情咀嚼,但愿鹅生四个掌;炮鳖来满足食欲,就想鳖生两个裙。种糯谷不种稻谷,是陶潜爱酒以酒为命;窖粮食不窖金玉,是任氏知道以食为天。吴兴郡守的圃里种满红苋紫茄;钟阜隐士的区中栽满绿葵翠韭。

宫 室 新增文十联

【原文】

洪荒之世,野处穴居①;有巢以后,上栋下宇②。竹苞松茂,谓制度之得宜③;鸟革翚飞,谓创造之尽善④。朝廷曰紫宸;禁门曰青琐⑤。宰相职掌丝纶,内居黄阁,百官具陈章疏,敷奏丹墀⑥。木天署,学士所居⑦;紫薇省,中书所莅⑧。金马玉堂,翰林院宇⑨;柏台乌府,御史衙门⑩。布政司,称为藩府;按察司,系是臬司⑪。潘岳种桃满院,故称花县;子贱鸣琴治邑,故曰琴堂⑫。潭府是仕宦之家;衡门乃隐逸之宅⑬。贺人有喜,曰门阑蔼瑞⑭;谢人过访,曰蓬荜生辉⑮。美奂美轮,礼称屋宇之高华⑯;肯构肯堂,书言父子之同志⑰。土木方兴,曰经始;创造已毕,曰落成⑱。楼高可以摘星;室小仅堪容膝⑲。寇莱公庭除之外,只可栽花⑳;李文靖厅事之前,仅容旋马㉑。恭贺屋成,曰燕贺;自谦屋小,曰蜗居㉒。民家名曰闾阎;贵族称为阀阅㉓。朱门乃富豪之第;白屋是布衣之家㉔。客舍曰逆旅,驿馆曰邮亭㉕。书室曰芸窗;朝廷曰魏阙㉖。成均辟雍,皆国学之号㉗;黉宫胶庠,乃乡学之称㉘。笑人善忘,曰徙宅忘妻㉙;讥人不谨,曰开门揖盗㉚。何楼所市,皆滥恶之物㉛;垄断独登,讥专利之人㉜。荜门圭窦,系贫士之居㉝;瓮牖绳枢,皆窭人之室㉞。宋寇准真是北门锁钥㉟;檀道济不愧万里长城㊱。

(增)榱题一建;风雨攸除㊲。百堵皆兴,周邦巩固㊳;重门洞辟,宋殿玲珑㊴。晋公堂下植三槐,相臣地位㊵;靖节门前栽五柳,隐士家风㊶。退思岩,是鱼头参政退思时㊷;知妄室,乃半山居士知妄处㊸。蓂生神尧阶下㊹;竹秀唐帝宫前㊺。夹马营中,异香遍达㊻;盘龙斋内,瑞气常臻㊼。月榭已成,剩有十分佳景;云巢既构,应无半点尘埃㊽。避风台,妃子扬歌㊾;凌烟阁,功臣列像㊿。碧鸡坊里神仙至㉛;朱雀桥边士子游㉜。浣花溪上草堂,最是杜公乐地㉝;至道坊间土窟,更为司马胜居㉞。

【注释】

①洪荒之世句:混沌蒙昧的洪荒时代,人类夜居洞穴,昼处牧野。《易·系辞

下》:"上古穴居而野处,后世圣人易之以宫室。上栋下宇,以待风雨。"栋,屋之正梁;宇,屋之四垂。

②有巢句:传说上古时有巢氏教民构木为巢,居住树上,避免野兽侵害。《韩非子·五蠹》:"上古之世,人民少而禽兽众,人民不胜禽兽虫蛇,有圣人作,构木为巢,以避群害,而民悦之,号为有巢氏。"

③竹苞松茂:喻根基稳固,枝繁叶茂。常用作祝寿或宫室落成之祝词。《诗·小雅·斯干》:"如竹苞矣,如松茂矣。"《传》:"苞,本也。"《疏》:"以竹言苞,而松言茂,明各取一喻,以竹笋丛而本概,松叶隆冬而不凋,故以为喻。"

④鸟革翚飞:喻宫室华丽,尽善尽美。《诗·小雅·斯干》:"如鸟斯革,如翚斯飞。"革,翼,翚,五彩雉。言飞檐凌空,如鸟之张翼;丹青华丽,如雉之振彩。

⑤紫宸、青琐:紫宸,殿名。唐宋时为帝王接见群臣、外国使者朝庆的内朝正殿。又作为帝王、帝位的代称。《梁书·元帝纪》:"(王僧辩奉表)'紫宸旷位,赤县无主,百灵耸动,万国回首。'"青琐,宫门上镂刻的青色图文。《汉书·元后传》:"曲阳侯根骄奢僭上,赤墀青琐。"《注》:"青琐者,刻为连环文,而青涂之也。"后用以代指宫门。"琐",原本为"锁",误,从《汉书》改。

⑥黄阁、丹墀:黄阁,也作黄阁。汉代丞相的听事阁,汉以后三公官署厅门涂黄色,故称黄阁。汉卫宏《汉官旧仪》:"丞相……听事阁曰黄阁。"《宋书·礼志》:"三公黄阁,前史无其义……三公之与天子,礼秩相亚,故黄其阁,以示谦不敢斥天子,盖是汉来制也。"丹墀,古代宫殿前的石阶,漆成红色,称为丹墀。汉张平子《西京赋》:"右平左城,青琐丹墀。"

⑦木天署:高大宏壮的木结构建筑物。宋沈括《梦溪笔谈·杂志》:"内诸司舍屋,惟秘阁最宏壮,阁下穹隆高敞。谓之木天。"也指翰林院。明王翃《红情言》:"先生微省鸿才,木天时彦,远临幕府,深荷辉光。"

⑧紫薇省:即中书省。唐开元元年取天文紫薇垣之义,改中书省为紫薇省,中书令为紫薇令,中书舍人为紫薇舍人。寻于省内植紫薇花。开元五年又复旧称。

⑨金马玉堂:见《文臣》"金马玉堂"注。

⑩柏台乌府:即御史台。汉朱博为御史大夫,府中列植柏树,常有野乌数千栖于其上。见《汉书·朱博传》。后因称御史台为柏台,或曰乌府。

⑪藩府、臬司:明清时主管一省人事、财务的布政使称藩司或藩台,取屏藩王室之义。故称布政使官署为藩府。臬司,明清时置提刑按察司,主管一省刑名按劾之事,亦称臬司。清代俗称臬台,又称廉访。臬,法度也。见《明史·职官》、清《文献通考·职官》《清会典》。

⑫潘岳种桃两句:潘岳种桃见《文臣》"河阳遍种桃花"注。琴堂:《吕氏春秋·察贤》:"宓子贱治单父,弹鸣琴,身不下堂,而单父治。"后以称颂县令,并称其公署为琴堂。唐李白《赠从孙义兴宰铭》:"退食无外事,琴堂向山开。"

⑬潭府、衡门：潭府，大宅。尊称仕宦人家的住宅。宋楼钥《赵资政建三层楼中层藏书》："危楼杰立潭府雄，仰望惊罼何穹窿。"衡门，横木为门，指简陋的房屋。《诗·陈风·衡门》。"衡门之下，可以栖迟。"后指隐士之居。

⑭门闑蔼瑞：门框有瑞气，喻门庭吉祥。门闑，门框。汉王充《论衡·乱龙》："故今县官斩桃为人，立之户侧，画虎之形，著之门闑。"蔼瑞，祥瑞之气。"门闑"，原本为"门蘭"，误。

⑮蓬荜：草屋柴门，贫者所居。晋傅咸《赠何劭王济》："归身蓬荜庐，乐道以忘饥。""蓬荜生辉"喻使贫家增加光彩。用为谦词。宋王之道《和富公权宗丞》："门外传来一轴诗，灿然蓬毕增光辉。"

⑯美奂美轮：形容高大美观，多用于赞美新屋。《礼记·檀弓下》：晋献文子成室，晋大夫发焉，张老曰：'美哉轮焉，美哉奂焉。'"《注》："心讥其奢也。轮，轮困，言高大。奂，言众多。"

⑰肯构肯堂：见《祖孙父子》"肯构肯堂"注。"肯构肯堂"，原文为"背构肯堂"，误。

⑱经始、落成：经始，开始营建。《诗·大雅·灵台》："经始灵台，经之营之。"落成，房屋建成。古代宫室建成时举行祭礼曰落成。《左传·昭公七年》："楚子成章华之台，愿以诸侯落之。"《注》："宫室始成，祭之为落。"宋曾巩《繁昌县兴造记》："自计材至于用工，总为日凡二十三，又九十六日落成焉。"

⑲摘星、容膝：可以采摘星辰，极言楼高。传说殷纣王有摘星楼极高峻。南朝梁徐敬业（徘）《古意酬到长史溉登琅玡城》："修篁壮下属，危楼峻上干。"容膝，仅能容下双膝，极言屋小。晋陶渊明《归去来辞》："倚南窗以寄傲，审容膝之易安。"

⑳寇莱公句：寇莱公，即寇准。宋寇准为相，庭除之下无广地，仅可栽花。

㉑李文靖句：宋李沆，字太初，死谥文靖，真宗时为宰相。《宋史·李沆传》："（沆）治第封丘门内，厅事前仅容旋马，或言其太隘，沆笑曰：'居第当传子孙，此为宰相厅事诚隘，为太祝奉礼厅事已宽矣。'"

㉒燕贺、蜗居：祝贺居室落成叫燕贺。《淮南子·说林》："汤沐具而虮虱相吊，大厦成而燕雀相贺，忧乐别也。"本指有安身之处，互相庆贺。后用为庆贺新居之词。唐崔融《代家奉御贺明堂成表》："仰之不逮，虽谢于鹓翔，成辄相欢，窃同于燕贺。"蜗居，喻居室极狭小。晋崔豹《古今注·鱼虫》："蜗牛，陵螺也……野人结圆舍，如蜗牛之壳，曰蜗舍。"也用为谦词。明章茂《与刘知府惟馨书》："况今老病龙钟，杜门待尽，则陋巷蜗居，乃其素分。"

㉓闾阎、阀阅：闾阎，泛指民间。《史记·苏秦传》："太史公曰：'夫苏秦起闾阎，连六国从亲，此其智有过人者。'"闾，里门；阎，中里门。阀阅，指世家门第。《后汉书·韦彪传》："士宜以才行为先，不可纯以阀阅。"又指世宦门前旌表功绩的柱子。在门左曰阀，在门右曰阅。又作伐阅。

㉔朱门、白屋：朱门，朱红漆的门。古代王侯贵族的大门漆成红色，表示尊贵。因称豪门为朱门。唐杜甫《自京赴奉先县咏怀五百字》："朱门酒肉臭，路有冻死骨。"白屋，古代平民住屋不施彩，故称白屋。《汉书·吾丘寿王传》："三公有司，或由穷巷，起白屋，裂地而封。"《注》："白屋，以白茅覆屋也。"

㉕逆旅、邮亭：逆旅，客舍。迎止宾客之处。《左传·僖公二年》："今虢为不道，保于逆旅，以侵敝邑之南鄙。"《注》："逆旅，客舍也。"邮亭，驿馆。递送文书投止之所。《汉书·薛宣传》："宣从临淮迁至陈留，过其县，桥梁邮亭不修。"《注》："邮，行书之舍，亦如今之驿站及行道馆舍。"

㉖芸窗、魏阙：芸窗，书斋。芸香能辟蛀虫，书斋常贮之，故名。金冯延登《洮石砚》："芸窗尽日无人到，坐看玄云吐翠微。"魏阙，古代宫门前的阙门，是悬布法令的地方。后以指代朝廷。《庄子·让王》："身在江海之上，心居乎魏阙之下。"

㉗成均、辟雍：成均，古之大学。《周礼·春官·宗伯》："大乐掌成均之法，以治建国之学政，而合国之子弟焉。"《注》："郑玄谓董仲舒云：'成均五帝之学。'"后为官设学校的泛称。辟雍，周王朝为贵族子弟设立的大学。取四周有水，形如璧环为名。大学有五，南为成均，北为上庠，东为东序，西为瞽宗，中曰辟雍。《礼·王制》："大学在郊，天子曰辟雍，诸侯曰泮宫。"

㉘黉宫、胶庠：黉宫，学校。元洪希文《踏莎行·亦观堂》："郡国兴贤，黉宫课试，书生事业从今始。"胶庠，周时学校之名。胶为周之大学，在国中王宫之东；庠为小学，在国之西郊。《礼记·王制》："养国老于东胶，养庶老于虞庠。"

㉙徙宅忘妻：古喻言故事，喻致力于次要的而忘了主要的。《孔子家语·贤君》："鲁哀公对孔子曰：'寡人闻忘之甚者，徙宅而忘其妻，有诸？'孔子曰：'有尤甚者，桀纣乃忘其身。'"

㉚开门揖盗：喻接纳坏人而自取其祸。《三国志·吴主传》："（孙）策长史张昭谓（孙）权曰：'况今奸宄竞逐，豺狼满道，乃欲哀亲戚，顾礼制，是犹开门而揖盗，未可以为仁也。'"

㉛何楼：宋都开封，有何家楼，楼下设市，所售物品大多以次充好，后来就把搞虚伪欺骗的人，叫做何楼。见宋刘攽《贡父诗话》。

㉜垄断：断而高的岗垄。《孟子·公孙丑下》："古之为市也，以其所有，易其所无者，有司者治之耳。有贱丈夫焉，必求垄断而登之，以左右望，而罔市利。"谓登高探望，操纵市场，图取高利。后引申为把持独占。

㉝荜门、圭窦：编荆竹为门，穿壁为户，上锐下方，其形如圭。喻贫者之家。《左传·襄公十年》："荜门圭窦之人，而皆陵其上，其难为上矣。"

㉞瓮牖（yǒu 友）绳枢：喻贫穷人家。用破瓮口作窗口，用绳作门的枢纽。汉贾谊《过秦论》："陈涉瓮牖绳枢之子，甿隶之人，而迁徙之徒也。"窭（jù 聚）：贫困。

㉟北门锁钥:比喻北方重镇。宋王君玉《国老谈苑》:"寇准镇大名府,北使路由之,谓公曰:'相公望重,何以不在中书?'准曰:'主上以朝廷无事,北门锁钥,非准不可。'"见朱熹《五朝名臣言行录》。"锁钥",原本为"镇钥",误。

㊱万里长城:这里喻最可依赖的人或事物。南朝宋檀道济伐魏,粮竭,济夜唱筹粮沙,及天明,魏军不敢追,因功进司空,威名很重,文帝疑畏之。及文帝疾,彭城王义康矫诏杀之。道济自负文武全才,为国倚重,初,被收,脱帻投地曰:"乃坏汝万里长城耶!"见《宋书·檀道济传》。

㊲榱题、攸除:榱题,屋檐下的椽子头,今通称出檐。《孟子·尽心》:"堂高数仞,榱题数尺,我得志,弗为也。"攸除,是除。《诗·小雅·斯干》:"风雨攸除,鸟鼠攸去,君子攸芋。"

㊳百堵皆兴:颂周文王兴起创业。《诗·大雅·绵》:"百堵皆兴,鼛鼓弗胜。"《传》:"五版为堵,兴,起也。百堵同时起,鼛鼓不能止之使休息也。"

㊴重门洞辟:谓层层殿门大开。《宋史·太祖纪》:"(太祖)汴京新宫成,御正殿坐,令洞开诸门。谓左右曰:'此如我心,少有邪曲,人皆见之。'"《三朝圣政录》:"(宋)太祖修大内既成,令洞辟诸门,无有雍蔽。"

㊵晋公堂下植三槐:宋王祐,字景叔,官至兵部侍郎。后因次子王旦做了宰相,追封为晋国公。宋苏轼《三槐堂铭》:"故兵部侍郎晋国王公,显于汉、周之际,历事太祖、太宗,文武忠孝,天下望以为相,而公卒以直道不容于时。盖尝手植三槐于庭,曰:'吾子孙必有为三公者。'已而其子魏国文正公,相真宗皇帝于景德、祥符之间。"参见《宋史·王祐传》。

㊶靖节门前栽五柳:晋陶潜,自号靖节。归田园之后,因宅旁有五棵柳树,因自号"五柳先生",并作"五柳先生传"自况。见《晋书·陶潜传》。

㊷退思岩:宋鲁道宗的书斋名。宋叶廷珪《海录碎事》:"鲁道宗为执政,营一小室画山水,退朝独坐,谓之退思岩,虽妻子不得入。"参见《文臣》"鱼头参政"注。

㊸知妄室:宋王安石罢相后,筑一室于半山,自号半山居士。又筑室名知妄,《舆地纪胜》:"王安石故宅,由县(江宁)东门至蒋山,此为半道,故以半山为名。"作语录云:"知妄为妄,即妄即真,认妄为真,虽真亦妄。"

㊹蓂生神尧阶下:相传尧时有蓂荚生于阶,随月生死。每月朔日生一荚,至月半则生十五荚。至十六日后,日落一荚,至月晦而尽。若月小则余一荚。见《竹书纪年·陶唐氏》、汉班固《白虎通·封禅》。

㊺竹秀唐帝宫前:五代王仁裕撰《开元天宝遗事·竹义》:"太液池岸有竹数十丛,牙笋未尝相离,密密如栽也。帝因与诸王闲步于竹间,帝谓诸王曰:'人世父子兄弟,尚有离心离意,此竹宗本不相疏,人有怀贰心生离间之意,睹此可以为鉴。'诸王皆唯唯,帝呼为竹义。"

㊻夹马营中句:《宋史·太祖纪》:"(太祖)后唐天成二年生于洛阳夹马营,赤

光绕室,异香经宿不散,体有金色,三日不变。"

㊼盘龙斋内句:晋刘毅,字希乐。桓玄篡夺帝位,毅与刘裕、何无忌、魏咏之等共起兵讨玄,桓玄败死。桓玄曾于南州起一斋,悉画盘龙于其上,号为盘龙斋。刘毅小字盘龙,至是遂居之。见《晋书·刘毅传》。

㊽月榭、云巢:月榭,月光下的亭榭。北周庾信《哀江南赋》:"月榭风台,池平树古。"云巢,《宋史·沈辽传》:"辽徙池州,得九华秋浦间,乐其林泉……即筑室于齐山之上,名曰'云巢'。"一本为"雪巢"。宋林宪,字景思,吴兴人。乾道年间中特科,参政贺子忱爱其才,以孙女妻之。曾寓居天台山,筑庐舍,取名雪巢,工诗,有《雪巢小集》。见清黄宗羲《宋元学案·三十七》。

㊾避风台:相传汉赵飞燕身轻不胜风,汉成帝为之筑七宝避风台。后歌于台上,酒酣风起,后扬袖曰:"仙乎,仙乎!"见汉伶玄《赵飞燕外传》。

㊿凌烟阁:封建王朝为表彰功臣而建筑之高阁,绘有功臣图像。北周庾信《周柱国大将军纥干弘神道碑》:"天子画凌烟之阁,言念旧臣,出平乐之宫,实思贤傅。"唐太宗贞观十七年绘功臣二十四人像于凌烟阁。见《旧唐书·太宗纪》。

㉛碧鸡坊:碧鸡,神名,后建碧鸡坊。《汉书·郊祀志》:"宣帝即位……或言益州有金马碧鸡之神,可醮祭而致,于是遣谏议大夫王褒持使节而求之。"云南昆明市西南有碧鸡山,其下有碧鸡关。又,碧鸡坊古时在四川成都西南,唐时名妓薛涛曾经住此。《益州记》:"成都之坊,一百有三十,第四曰碧鸡坊。"

㉜朱雀桥:南北朝时建康正门朱雀门外的古浮桥,横跨于秦淮河上,故址在今南京市镇淮桥东。东晋时王导、谢安等豪门世族聚居于朱雀桥附近的乌衣巷。唐刘禹锡《乌衣巷》:"朱雀桥边野草花,乌衣巷口夕阳斜,旧时王谢堂前燕,飞入寻常百姓家。"

㉝浣花溪上草堂:唐大诗人杜甫在蜀时建草堂于成都西郊浣花溪旁自居,因名浣花草堂,后世皆称杜甫草堂。

㉞至道坊间土窟:宋王拱辰于洛营第甚侈,中堂起屋三层,最上曰"朝天阁"。时司马光亦在洛,于私第穿地丈余,作壤室。邵尧夫见富郑公,公问洛中新事。尧夫云:"近有一巢居者、一穴居者。"富为大笑。见宋王得臣《麈史》。

【今译】

上古之人,昼处荒野,夜住洞穴;有巢氏后,架木为屋,上梁下柱。竹根牢固,松叶茂盛,是说宫室坚固而合宜;鸟儿展翅,雉鸡奋飞,是说宫室高大而完善。朝廷叫做紫宸;禁门叫做青琐。宰相传谕皇帝旨意,居住在黄阁里;百官呈送各种奏章,站在丹墀之下。木天署是学士居住的;紫薇省是中书莅临的。"金马玉堂"是翰林的院堂;"柏台乌府"是御史的衙门。布政司叫做藩府;按察史叫做臬司。潘岳在河阳遍种桃花,所以河阳叫做花县;子贱在单父弹琴治理,所以公堂叫做琴堂。潭府是称仕官人家;衡门是称隐士居处。祝贺人有喜庆,叫"门阑蔼瑞";感谢人来拜访,叫"蓬荜生辉"。"美奂美轮"是称赞屋宇高大华丽;"肯构肯堂"是喻人父子志向相同。建筑开始,叫做"经始";建筑完工,叫做"落成"。赞楼很高,说可以摘到星星;喻屋太小,说只可容纳膝头。寇准的庭院里,只能种些花草;李沆的厅事前,刚够回旋马儿。祝贺屋子完工,叫做"燕贺";自谦屋子太小叫做"蜗庐"。间阎是说民家;阀阅是称贵族。富豪之家,叫做"朱门";平民屋子,叫做"白屋"。客栈是迎接客人的,所以叫逆旅;驿馆是传送文书的,所以叫做邮亭。书屋常放芸香,所以书屋叫"芸窗";阙门常悬法令,所以朝廷叫做"魏阙"。"成均"、"辟雍"都是古时的国学;"黉宫"、"胶庠"都是古时的乡学。笑人太健忘,说是"徙宅忘妻";笑人不谨慎,说是"开门揖盗"。在何楼下卖的物品,都是假货;在冈垄上叫卖的人,只想专利。"荜门圭窦"是寒士居住的屋子;"瓮牖绳枢"是穷人居住的屋子。寇准称得上北门锁钥;檀道济不愧为万里长城。

(增)屋檐建好了,风雨就不怕。筑室百堵,是说周朝巩固;重门大开,看见宋殿玲珑。王祐堂下种三棵槐树,预期子孙当宰相;陶潜宅旁栽五棵柳树,表明隐士的家风。退思岩,是鲁道宗退朝思过时所住;知妄室,是王安石知妄求真时所居。帝尧阶下,生长着蓂荚;唐帝宫内,生长着义竹。宋太祖出生在夹马营中,异香遍处到达;刘毅居住在盘龙斋内,瑞气常常满屋。裴晋公建成月榭,景致很好;宋沈辽建成云巢,清洁无比。避风台上,传扬妃子歌卢;凌烟阁上,挂满功臣画像。碧鸡坊里神仙下降;朱雀桥边士子常游。浣花溪上的草堂,是杜甫的乐地;至道坊里的士窟,是司马的胜居。

器 用 新增文十一联

【原文】

一人之所需，百工斯为备①。但用则各适其用，而名则每异其名②。管城子、中书君，悉为笔号③；石虚中、即墨侯，皆为砚称④。墨为松使者⑤；纸号楮先生⑥。纸曰剡藤，又曰玉版⑦；墨曰陈玄，又曰龙剂⑧。共笔砚，同窗之谓；付衣钵，传道之称⑨。笃志业儒，曰磨穿铁砚⑩，弃文就武，曰安用毛锥⑪。剑有干将莫邪之名⑫；扇有仁风便面之号⑬。何谓箑？亦扇之名⑭；何谓籁？有声之谓⑮。小舟名舴艋⑯；巨舰曰艨艟⑰。金根是皇后之车⑱；菱花是妇人之镜⑲。银凿落，原是酒器⑳；玉参差，乃是箫名㉑。刻舟求剑，固而不通㉒；胶柱鼓瑟，拘而不化㉓。斗筲言其器小㉔；梁栋谓是大材㉕。铅刀无一割之利㉖；强弓有六石之名㉗。杖以鸠名，因鸠喉之不噎㉘；钥同鱼样，取鱼目之常醒㉙。兜鍪系是头盔㉚；叵罗乃是酒器㉛。短剑名匕首㉜；毡毯曰氍毹㉝。琴名绿绮焦桐㉞；弓号乌号繁弱㉟。香炉曰宝鸭㊱；烛台曰烛奴㊲。龙涎鸡舌，悉是香名㊳；鹢首鸭头，别为船号㊴。寿光客，是妆台无尘之镜㊵；长明公，是梵堂不灭之灯㊶。桔槔是田家之水车㊷；袯襫是农夫之雨具㊸。乌金，炭之美誉㊹；忘归，矢之别名㊺。夜可击，朝可炊，军中刁斗㊻；云汉热，北风寒，刘褒画图㊼。勉人发愤，曰猛著祖鞭㊽；求人宥罪，曰幸开汤网㊾。拔帜立帜，韩信之计甚奇㊿；楚弓楚得，楚王所见未大(51)。

注释

①一人之所需两句：一个人所需的物品，是要很多工匠才能给他准备完备。《孟子·滕文公》："且一人之身，而百工之所为备。"

②但用则各适其用两句：用的时候，各种物品适合各种用途，而名称也各不相同。

③管城子、中书君：都是笔的别称。唐韩愈以笔拟人的文章《毛颖传》，其中说：毛颖为中山人，秦将蒙恬南伐楚，又伐中山，围毛氏家族，拔其毫，载颖而归。秦始皇封颖于管城，号曰管城子。累拜中书令，上呼为中书居。后因称笔为"管城子"、"中书君"。

④石虚中、即墨侯：都是砚的别名。石虚中，字居默，南越高要人也，隐遁不

仕,后拜即墨侯,与宣城陈玄锐、燕人易玄光、会稽楮知白同出处。见宋苏易简《文房四谱·砚谱·即墨侯》。这是一篇以砚拟人之作,后世遂以"石虚中"、"即墨侯"作砚的别号。

⑤松使者:墨的别名。唐玄宗御案墨曰龙香剂。一日见墨上有小道士,如蝇而行,玄宗叱之,即呼万岁,曰:"臣即墨之精,墨松使者也。"见唐冯贽《云仙杂记·墨松使者》。

⑥楮先生:纸的别名。唐韩愈的《毛颖传》上说,毛颖与绛人陈玄、泓农陶泓、会稽楮先生友善,出处必偕同。毛颖为笔,陈玄为墨,陶泓为砚,楮先生为纸。宋释文珦《潜山集·野老》:"交游木上座,疏阔楮先生。"

⑦剡(shàn 扇)藤、玉版:都是纸的别名。剡溪出产古藤,可以造纸,负盛名,因称名纸为剡藤。也叫剡纸。成都浣花溪所制之纸,光滑亮洁,故称玉版。宋苏轼《分类东坡诗·六观堂老人草书》:"苍鼠奋髯饮松腴,剡藤玉版开雪肤。"

⑧陈玄、龙剂:都是墨的别名。见前注。

⑨共笔砚两句:共同在一起用笔和砚,指同窗读书。付衣钵,见《师生》"衣钵相传"注。

⑩磨穿铁砚:喻立志求学不变。《新五代史·桑维翰传》:"初举进士,主司恶其姓,以桑丧音同。人有劝其不必举进士,可以从它求仕者,维翰慨然,乃著《日出扶桑赋》以见志。又铸铁砚以示人曰:'砚敝败改而它仕。'卒以进士及第。"后也用以喻笔墨工夫之精深。

⑪安用毛锥:即弃文习武之意。《新五代史·史弘肇传》:"弘肇曰:'安朝廷、定祸乱,直须长枪大剑,若毛锥子安足用哉?'三司使王章曰:'无毛锥子,军赋何从集乎?'毛锥子盖言笔也。"省称毛锥。

⑫干将莫邪:均为宝剑名。相传春秋时吴人干将、莫邪夫妇二人善铸剑,吴王阖闾使干将铸剑,干将与其妻莫邪,断发剪指,投入炉中,遂成阴阳二剑,锋利无比。阳剑曰干将而作龟文,阴剑曰莫邪而作缦埋。见《吴越春秋·阖闾内传》。后以干将、莫邪为利剑的代称。

⑬仁风、便面:均扇子的别号。《晋书·袁宏传》:"(宏)出为东阳郡,乃祖道于冶亭,时贤皆集,(谢)安欲以卒迫试之,临别执其手,顾就左右,取一扇而授之曰:'聊以赠行。'宏应声答曰:'辄常奉扬仁风,慰彼黎庶。'时人叹其率而能要焉。"后称扇为"仁风"。仁风,古时美化帝王或大官的谀词,谓其仁德如风之遍及。便面,用来遮面的扇状物。《汉书·张敞传》:"(敞)使御史驱,自以便面拊马。"《注》:"便面:所以障面,盖扇之类也。不欲见人,以此自障面,则得其便,故曰便面,亦曰屏面。今之沙门所持竹扇,上袤平而下圜,即古之便面也。"后来称团扇、折扇为便面。

⑭箑(shà 煞):扇也。《淮南子·精神》:"知冬日之箑,夏日之裘,无用于己,

则万物变为尘埃矣。"《方言》:"扇自关而东,谓之箑。"(箑又读 jié 杰)

⑮籁:从空穴中发出之声。《庄子·齐物论》:"地籁则众窍是已,人籁则比竹是已,敢问天籁。"也泛指声音。故风声为天籁,风吹孔穴发出的声为地籁,竹制的各种乐器发出的声为人籁。风吹万物有声为万籁。

⑯舴艋:小船。唐欧阳询《艺文类聚》引南朝宋《元嘉起居注》:"余姚令何玢之造作平床一,乘船舴艋一艘,精丽过常。"唐张志和《渔父》:"钓台渔父褐为裘,三三两两舴艋舟。"

⑰艨艟(méng chōng 蒙冲):战船。《旧五代史·贺瑰传》:"以艨艟战舰陷其中流。晋人断我艨艟,济军以援南栅,瑰退军于行台。"

⑱金根:车名。《后汉书·舆服志》:"太皇太后、皇太后法驾,皆御金根,非法驾则乘紫罽骈车。"

⑲菱花:古铜镜中,六角形的或镜背刻有菱花的,叫菱花镜。后来诗文就以菱花为镜的代称。唐李白《代美人愁镜》:"狂风吹却妾心断,玉筋并堕菱花前。"

⑳银凿落:以镌镂金银为饰的酒盏。唐白居易《送春》:"银花凿落从君劝,玉屑琵琶为我弹。"

㉑玉参差:镶玉的排箫。一说玉笙。唐杜牧《望少华诗》:"好伴羽人深洞去,月前秋听玉参差。"

㉒刻舟求剑:比喻拘泥成法不从实际变通。《吕氏春秋·察今》:"楚人有涉江者,其剑自舟中坠于水,遽刻于舟,曰:'是吾剑之所从坠。'舟止,从其所刻者入水求之。舟已行矣,而剑不行,求剑若此,不亦惑乎。"

㉓胶柱鼓瑟:鼓琴者转动绞柱,以调节音之高低,如胶其柱,则音无从调节。比喻拘泥而不知变通。《史记·赵奢传》:"赵王因以括为将代廉颇。蔺相如曰:'王以名使括,若胶柱鼓瑟耳。'"本句中"拘而不化",原本为"物而不化",从"大文本"改。

㉔斗筲:容量很小的量器。后用来比喻人的才识短浅,器量狭小。《论语·子路》:"斗筲之人,何足算也。"

㉕梁栋:即栋梁,房屋的大梁。后以喻能为国家担重任的人才。《三国志·魏志·高柔传》:"今公辅之臣,皆国之栋梁,民所瞻具。"

㉖铅刀:见《人事》"铅刀"注。

㉗强弓:有力之弓。《史记·苏秦传》:"天下之强弓劲弩皆从韩出。"六石弓,古代测量弓的强度以石为单位,后又用"力"为单位。一个力是旧制九斤四两,相传十个力为一石,即九十二斤半。见宋沈括《梦溪笔谈》。

㉘鸠杖:杖头刻有鸠形之杖。《后汉书·礼仪志》:"年始七十者,授之以玉杖,铺之以糜粥。八十九十礼有加焉。玉杖长九尺,端以鸠鸟为饰。鸠者,不噎之鸟也。欲老人不噎。"

㉙鱼钥:鱼形的门锁。唐丁用晦《芝田录》:"门钥必以鱼者,取其不瞑目守夜之义。"

㉚兜鍪(móu 谋):战士戴的头盔。古称胄,秦汉以后叫兜鍪。《后汉书·袁绍传》:"绍脱兜鍪抵地。"宋辛弃疾《南乡子·登京口北固亭有怀》:"年少万兜鍪,坐断东南战未休。"亦作"兜牟"。《新五代史·李金全传》:"晏球攻王都于中山,都遣善射者登城射晏球,中兜牟。"也用以代士兵。"系是头盔",原本为"保是头盔",误,从"大文本"改。

㉛叵罗:酒卮,敞口的浅杯。《北齐书·祖珽传》:"神武宴僚属,于坐失金叵罗。窦泰令饮酒者皆脱帽,于珽髻上得之。"

㉜匕首:短剑。《史记·吴太伯世家》:"(吴国公子光,为了争夺王位)使专诸置匕首于炙鱼之中以进食,手匕首刺王僚。"

㉝氍毹(qú shū 渠书):毛织的地毯。古乐府《陇西行》:"请客北堂上,坐客毡氍毹。""氍毹曰氍毹",原本为"氍毯曰氍毹",误,从"大文本"改。

㉞绿绮、焦桐:均为古琴名。汉傅玄《琴赋序》:"齐桓公有鸣琴曰号钟,楚庄有鸣琴曰绕梁,中世司马相如有绿绮,蔡邕有焦尾,皆名器也。"《后汉书·蔡邕传》:"吴人有烧桐以爨者,邕闻火烈之声,知其良木,因请而裁为琴,果有美音,而其尾犹焦,故时人名曰焦尾琴焉。"后因称琴为焦桐。

㉟乌号、繁弱:为古良弓名。《淮南子·原道》:"射者杆乌号之弓,弯棋卫之箭。"《注》:"乌号,桑拓。其材坚劲,乌峙其上,及其将飞,枝必桡下,劲能复巢,乌随之,乌不敢飞,号呼其上,伐其枝以为弓,因曰乌号之弓也。一说:黄帝铸鼎于荆山鼎湖,得道而仙,乘龙而上,其臣援弓射龙,欲下黄帝,不能也。乌,於也;号,呼也。于是抱弓而号,因名其弓为乌号之弓也。"《左传·定公四年》:"夏后氏之璜,封父之繁弱。"《注》:"繁弱,大弓名。"《荀子·性恶》:"繁弱、钜黍,古之良弓也,然不得排檠,则不能自正。"排檠:矫正弓弩的工具。

㊱宝鸭:鸭形的香炉。唐孙鲂《夜坐》:"刬多灰杂苍蚓迹,坐久烟消宝鸭香。"

㊲烛奴:灯台。五代王仁裕《开元天宝遗事》:"(申王)每夜宫中与诸王贵戚聚宴,以龙檀雕成独鬟童子,衣以绿衣袍,系以束带,使执画烛,立于宴席之侧,目为烛奴。"

㊳龙涎、鸡舌:均为香名。龙涎,《宋史·礼志》:"绍兴七年,三佛齐国进贡南珠、象齿、龙涎、珊瑚、香药。"宋陈敬《香谱》:"龙涎于香品最贵,出大氏国海傍,多亦不过数两。"《稗史汇编》上说:诸香中龙涎最贵,出大食国。近海常有云气,罩着出间,即知有龙睡其下,或半年,或二三年,候云气散,知龙已去,往观之,必得龙涎。又宋蔡絛《铁围山丛谈》说:奉宸库得龙涎香二缶,分赐大臣近侍,每以一豆大焚之,辄作异花香,终日不散,于是太上大奇之,命复收归禁中,号古龙涎。鸡舌香,以其似丁子,故一名丁子香,即今丁香。汉应劭《汉官仪》:"尚书郎含鸡舌香

伏其下,奏事。"郎官含香奏答,使其气味芳香。

㊴鹢首、鸭头:船的别号。古人画鹢首于船头,故称船为鹢或鹢首。《淮南子·本经》:"龙舟鹢首,浮吹以娱。"鹢,水鸟。形如鹭而大,羽色苍白,善翔。鸭头,船头作鸭头状的大船。三国时,东吴太傅诸葛恪造鸭头船。见晋周处《风土记》。

㊵寿光客:唐人称镜为寿光客。唐司空图作《容城侯传》以镜拟人,称为容城侯金炯,亦曰寿光先生。参见唐白居易等《白孔六帖》。

㊶长明公:佛前供奉的燃灯,昼夜不灭,故谓之长明。宋永亨《异闻录》记载一故事说,唐杨穆尝读书于昭应寺,见一红裳女子,穆问其姓氏。女曰:"远祖名无忌,姓宋,显扬释教,封为长明公。开元中立经幢,封妾为西明夫人。"后查验,乃经幢中灯也。

㊷桔槔:井上汲水工具。《庄子·天运》:"且子独不见夫桔槔者乎?引之则俯,舍之则仰。"也作"桔皋"。

㊸袯襫(bó shì 伯视):雨具,即蓑衣。《国语·齐语》:"首戴茅蒲,身衣袯襫。"《注》:"袯襫,蓑襞衣也。"一说指粗糙结实之衣。

㊹乌金:按《本草纲目》上称铁、墨为乌金。唐张鷟《朝野佥载》上说唐时洪州有人畜猪致富,因号猪为乌金。又《本草纲目》称石炭为乌金石。现今民间有称煤为乌金的,起于何时,尚无资料查证。原《注》说孟郊诗:"青山白屋有仁人,赠炭价重双乌金。"按《全唐诗》"乌金"为"乌银",其意指炭的价值,而非指炭。

㊺忘归:箭名。汉刘向《新序》:"楚王载繁弱之弓、忘归之矢,以射兕于云梦。"嵇康《赠秀才入军》:"左揽繁弱,右接忘归。"

㊻刁斗:古代行军用具。《史记·李将军传》:"不击刁斗以自卫。"《集解》引孟康:"以铜作鐎器,受一斗,昼炊饭食,夜击持行,名曰刁斗。"另一说为小铃,如宫中之传夜铃。

㊼刘褒画图句:晋张华《博物志》逸文:"后汉刘褒,桓帝时人,曾画云汉图,人见之觉热;又画北风图,人见之觉凉。"云汉,本指天河。《诗·大雅·棫朴》:"倬彼云汉,为章于天。"又《诗·大雅·云汉》:"倬彼云汉,昭回于天。"《笺》:"时旱渴雨,故宣王夜仰视天河,望其候焉。"后因以云汉喻旱暑。刘褒《云汉图》取此义。

㊽祖鞭:亦作祖生鞭。东晋时,石勒攻陷洛阳,祖逖与刘琨同时起兵救晋。夜闻鸡鸣声,逖唤刘琨曰:"此非恶声也。"因起而舞剑。由是渡江,逖击楫曰:"吾不能清中原而复济者,有如此江。"后祖逖被用,刘琨乃致书亲故云:"吾枕戈待旦,志枭逆虏,常恐祖生先吾著鞭。"见《晋书·刘琨传》后用为勉人努力进取的典故。

㊾汤网:喻刑政宽大。《史记·殷本纪》:"汤出,见野张网四面,祝曰:'自天下四方皆入吾网。'汤曰:'嘻,尽之矣!'乃去其三面,祝曰:'欲左,左;欲右,右。

不用命，乃入吾网。'诸侯闻之，曰：'汤德至矣，及禽兽。'"

50拔帜立帜：汉初韩信与张耳同击赵，背水陈兵以诱赵兵，另选轻骑二千，各持一赤帜，从间道隐蔽山后以待。赵出营与战，汉军佯败，弃旗鼓而走，赵空营出追汉军；汉轻骑疾入赵营，拔赵帜，立汉帜。赵军不胜，还，见皆已汉帜，兵惊乱，遂为汉所破。见《史记·淮阴侯传》。兵以拔帜喻战胜，以拔帜易帜喻取而代之。

(51)楚弓楚得：传说春秋时，楚共王出猎，遗失宝弓，左右请求之。共王曰："楚人遗弓，楚人得之，又何求焉？"孔子闻之，曰："惜乎其不大也。不曰人遗弓，人得之乎？何必楚乎？"见汉刘向《说苑·至公》《孔子家语·好生》。

【今译】

一个人需用的物品，要成百的工匠才齐备。各种物品适合各种用途，物品的名称也各不相同。"管城子"、"中书君"都是笔的别号；"石虚中"、"即墨侯"皆是砚的称呼。墨叫"松使者"；纸叫"楮先生"。纸叫"剡藤"，又叫"玉版"；墨叫"陈玄"，又叫"龙剂"。"共笔砚"是讲同学读书；"付衣钵"是说师傅传道。坚定志向，勤学儒业，叫做"磨穿铁砚"；抛弃学文，改业学武，就说"安用毛锥"。宝剑有"干将"、"莫邪"的名称；扇子有"仁风"、"便面"的别号。什么叫箑？就是扇子的别名；什么叫籁？各种声音的总称。小船只叫"蚱蜢"；大兵舰叫"艨艟"。"金根"是皇后乘坐的车；"菱花"是女人使用的镜。"银凿落"本是酒器；"玉参差"本是箫名。"刻舟求剑"是说人固执不通；"胶柱鼓瑟"是说人拘泥不化。"斗筲"是说人器量狭小；梁栋是说人才干很大。铅刀，没有割一次的用途；强弓，却有六石重的名目。老人用的柱杖取名鸠杖，因为鸠喉是不噎的；门上用的锁钥做成鱼形，因为鱼眼是不闭的。兜鍪是战士的头盔；叵罗是贮酒的器具。短剑叫做"匕首"；毡毯叫做"氍毹"。琴叫做"绿绮"、"焦桐"；弓叫做"乌号"、"繁弱"。香炉叫"宝鸭"；烛台叫"烛奴"。"龙涎"、"鸡舌"都是香的名号；"鹢首"、"鸭头"皆是船的别名。"寿光客"是妆台上无尘埃的镜子；"长明公"是佛堂里不熄灭的油灯。"桔槔"是农人的水车；"袯襫"是农夫的雨具。炭有"乌金"的美称；矢有"忘归"的别名。晚上用来敲击，白天用来做饭，是军用的刁斗；云汉图使人热，北风图使人凉，是刘褒的画图。勉励人发愤，叫"猛著祖鞭"；求告人恕罪，叫"幸开汤网。"拔帜又立帜，韩信计谋很奇；楚弓楚人得，楚王见识太小。

【原文】

　　董安于性缓，常佩弦以自急；西门豹性急，常佩韦以自宽①。汉孟敏尝堕甑不顾，知其无益②；宋太祖谓犯法有剑，正欲立威③。王衍清谈，常持麈拂④；横渠讲易，每拥皋比⑤。尾生抱桥而死，固执不通⑥；楚妃守符而亡，贞信可录⑦。温峤昔燃犀，照见水族之鬼怪⑧。秦政有方镜，照见世人之邪心⑨。车载斗量之人，不可胜数⑩；南金东箭之品，实是堪奇⑪。传檄可定，极言敌之易破⑫；迎刃而解，甚言事之易为⑬。以铜为鉴，可整衣冠；以古为鉴，可知兴替⑭。

　　（增）侧理为纸别号⑮；玄香乃墨佳名⑯。砚彩鲜明，公权曾评鸲眼⑰；笔锋劲健，钟繇惯用鼠须⑱。秦皇见匕首而惊走⑲；考叔取螫弧以先登⑳。蛇矛龙盾，声雄太乙之坛㉑；紫电青霜，锐比昆吾之剑㉒。为饮必用土锉㉓；汲井应藉辘轳㉔。睡爱珊瑚枕上凹，人情乃尔；饮怜琥珀杯中滑，我意犹然㉕。石季龙坐五香席上㉖；李太白卧七宝床中㉗。云绕匡庐，案化葛仙之麂㉘；浪翻雷泽，梭飞陶母之龙㉙。庾老据胡床谈咏，诸左皆欢㉚；孔明执羽扇指挥，三军用命㉛。以圣贤为柱杖，却优于九节苍藤㉜；以仁义作剑锋，绝胜于七星白刃㉝。上公膺宠命，已知高坐肩舆㉞；末士少豪雄，可惜倒持手版㉟。

注释

　　①董安于两句：《韩非子·观行》："西门豹之性急，故佩韦以自缓；董安于之性缓，故佩弦以自急。"弓弦常紧绷，性情迟缓的人身上佩弦，用来警戒自己。韦皮，性柔韧，性子急的人身上佩韦来警戒自己。

　　②堕甑不顾：《后汉书·郭太传附孟敏》："（敏）客居太原，荷甑堕地，不顾而去。郭林宗（太）见而闻其意。对曰：'甑已破矣，视之何益？'林宗以此异之，因劝令游学，十年知名。后以堕甑比喻事已过去，惋惜无益。宋苏轼《分类东坡诗·闻子由为郡僚所据恐当去官》："我已无可言。堕甑难追悔。"

　　③犯法有剑：宋太祖曾问内臣李蒙进："庄宗以英武治天下，享国不久，何也？"对曰："庄宗威令不行，赏赐无节。"太祖叹曰："朕今抚养士卒，固不吝节赏，苟犯吾法者，朕唯有剑已耳。"见《宋史》。

　　④麈（zhǔ 主）拂：以驼鹿尾所作的麈拂，或称麈尾，为魏晋人清谈时。常执的一种拂子。《世说新语·容止》："王夷甫（衍）容貌整丽，妙于谈玄，恒捉白玉柄麈尾，与手都无分别。"唐白居易《斋居偶作》："老翁持麈尾，坐拂半张床。"

　　⑤皋比：虎皮的坐褥。宋张载，世称横渠先生。少时喜谈兵。年二十一曾以

书竭范仲淹,范一见知其有远识,警之曰:"儒者自有名教可乐,何事于兵。"因劝读《中庸》以至于《六经》。后张载常于京师,坐皋比,讲《周易》,从者甚众。见《宋史·张载传》。

⑥尾生:古代传说中恪守信约的人。战国时鲁人尾生与女子约会于桥下,女子未至,河水上涨,生仍不去,抱桥淹死。见《庄子·盗跖》《史记·苏秦传》。《汉书·古今人表》作尾生高。唐颜师古注说即微生高。

⑦楚妃:春秋时齐侯之妹,楚昭王之夫人。昭王出游,留夫人于渐台之上,约曰:"召必以符。"王闻江水大至,令使者迎之。使者忘持其符,夫人不肯从行。曰:"妾闻之,贞女之义不犯约,勇者不畏死。"使者归取符,水大至,台崩,夫人淹死,乃号贞姜。见汉刘向《列女传》。

⑧温峤燃犀:神话故事。南朝宋刘敬叔《异苑》:"晋温峤至牛渚矶,闻水底有音乐之声。水深不可测。传言下多怪物,乃燃犀角而照之。须臾见水族覆火,奇形异状,或乘车马著赤衣。其夜梦人谓曰:'与君幽明道隔,何意相照耶?'峤甚恶之,未几卒。"又见于《晋书·温峤传》。牛渚矶,一名采石矶。

⑨秦政方镜:神话传说,秦始皇有方镜,用以照人,能见其肝胆。凡宫女有邪心者,以镜照之,无不胆悸心动。见晋葛洪《西京杂记》。

⑩车载斗量:言其多而不计其数,喻平凡不足为奇。《三国志·吴志·吴主传》:"遣都尉赵咨使魏。"《注》引《吴书》:"(赵)咨使魏,魏文帝善之。嘲咨,……又曰:'吴如大夫者几人?'咨曰:'聪明特达者八九十人。如臣之比,车载斗量,不可胜数。'"

⑪南金东箭:南方的金(黄铜),东方的竹箭,古人视为珍品。喻优秀特出的人才。晋顾荣以陆士光、甘季思、殷庆元、顾公让、杨彦等为南金。见《晋书·顾荣传》。又张华以薛兼、纪瞻、闵鸿、顾荣、贺循五人为南金。《晋书·薛兼传》:"史臣曰:'元帝树基淮海,百度权舆,梦想群材,共康庶绩,顾纪贺薛等并南金东箭。'"

⑫传檄可定:不须用兵即可平定,喻极容易。古代的公文写在木简上,用来征召、晓喻或声讨,叫檄。传檄即传递檄文。汉韩信言于汉王曰:"大王入关,秋毫无所犯,除秦苛法,秦民无不欲大王王秦者。今大王举兵而东,三秦可传檄而定也。"见《史记·淮阴侯传》。

⑬迎刃而解:喻事情极容易解决。《晋书·杜预传》:"昔乐毅藉济西一战以并强齐,今兵威已振,譬如破竹,数节之后,皆迎刃而解,无复著手处也。"

⑭以铜为鉴两句:《新唐书·魏征传》:"(魏征卒)帝后临朝叹曰:'以铜为鉴,可正衣冠,以古为鉴,可知兴替,以人为鉴,可明得失。朕尝保此三鉴,内防己过,今魏征逝,一鉴亡矣。'"

⑮侧理:纸名。晋王嘉《拾遗记》:"南人以海苔为纸,其理纵横斜侧,因以为

名。"宋王洋《和陈长卿赋芭蕉》:"书生几上侧理纸,巫女庙中巴峡神。"

⑯玄香:墨名。《纂异录》:"薛稷为墨,封九锡,拜松香督护、玄香太守兼毫州诸郡平章事。是日墨吐异香,结成楼台状,邻里来观,良久乃灭。"

⑰鸲眼:鸲鹆眼的省称。石上有圆形斑点,大如五株钱,小如芥子,外有晕至十余重者,称为鸲鹆眼。以活而清朗,有墨精者为最上。宋苏易简《文房四谱·砚谱》:"其贮水处,有白、赤、黄色点者,世谓之鸲鹆眼。"

⑱鼠须笔:用鼠须制成的笔。唐张彦远《书法要录》:"(王羲之)挥毫制序,兴乐而书,用蚕茧纸,鼠须笔,遒媚劲健,绝代更无。"又宋葛立方《韵语阳秋》:"近世作笔,专用兔毛,而王羲之、钟繇、张芝皆用鼠须笔。"

⑲秦皇见匕首句:燕太子丹命荆轲入秦刺秦始皇。为匕首,以药淬之,中者即死。匕首密藏于图中。荆轲以献图为名见秦王,开图,图穷而见匕首,秦王惊觉,荆轲持匕首刺秦王未中。见《史记·刺客传》。

⑳考叔取蝥弧(máo hú 矛胡)句:蝥弧,春秋诸侯建旗,蝥弧,郑伯旗名。《左传·隐公·十一年》:"(郑伯伐许)颍考叔取郑伯之旗蝥弧以先登,子都自下射之,颠。"

㉑蛇矛、龙盾:均为古代兵器。蛇矛,长矛;龙盾,画有龙形之盾。古人用兵,整齐武备,执蛇矛龙盾祭天神太乙。《诗·秦风·小戎》:"龙盾之合,鋈以觼軜。"《晋书·刘曜载记》:"陈安左手奋七尺大刀,右手执丈八蛇矛。"

㉒昆吾剑:亦作"锟铻剑"。《列子·汤问》:"周穆王大征西戎,西戎献昆吾之剑,火浣之布。其剑长尺有咫,炼钢赤刃,用之切玉如切泥焉。"南朝梁吴均《咏宝剑》:"我有一宝剑,出自昆吾溪。照人如照水,切玉如切泥。"紫电、青霜,亦宝剑名。唐王勃《滕王阁序》:"腾蛟起凤,孟学士之词宗,紫电青霜,王将军之武库。"

㉓土锉:瓦锅。古代蜀人呼釜为锉。唐杜甫《闻斛斯六官未归》:"荆扉深蔓草,土锉冷疏烟。"

㉔辘轳:井上汲水的起重圆轴。北魏贾思勰《齐民要术·种葵》"井,别作桔槔、辘轳。"《注》:"井深用辘轳,井浅用桔槔。"

㉕睡爱珊瑚枕上凹两句:用珊瑚做的枕头,用琥珀做的酒杯。用珊瑚做的枕头,用琥珀做的酒杯,均为名贵的珍宝。唐人诗中提到珊瑚枕、琥珀杯的多有,除"饮怜琥珀杯中滑,睡爱珊瑚枕上凹"外,如李绅《长门怨》:"珊瑚枕上千行泪,不是思君是恨君。"

㉖石季龙:即石虎,后赵武帝,荒淫酒色凶残无比。见《晋书·后赵·石季龙载记》。石季龙作席,以锦裹五香,杂为五彩,缘之以锦,延待宾客。见晋陆翙《邺中记》。

㉗七宝床:饰以七宝之床。晋葛洪《西京杂记》:"(汉)武帝为七宝床。"又唐李阳冰《李白草堂集序》:"天宝中,皇祖下诏,徵(白)就金马,降辇步迎,如见绮

皓,以七宝床赐食,御手调羹以饭之。"

㉘葛仙之麂:三国时葛玄,慕长生之道,后修炼成仙,号葛仙公,又称太极仙翁。尝隐于匡庐山,刻桐木为案,其案三足,忽化为白麂,时出于山。见晋葛洪《神仙传》。

㉙陶母之龙:晋陶侃,少时家贫,曾于雷泽捕鱼,网得一织梭,其母挂于壁上。不久,雷雨大作,梭自化为龙而去。见《晋书·陶侃传》。

㉚庾老句:《晋书·庾亮传》:"亮在武昌,诸佐吏殷浩之徒,乘秋夜往,共登南楼。俄而,不觉亮至,诸人将起避之。亮徐曰:'诸君少住,老子于此处兴复不浅。'便据胡床,与浩等谈咏竟坐。"胡床,一种可以折叠的轻便坐具。也叫交椅、交床。由胡地传入,故名。

㉛孔明句:三国时诸葛亮(孔明)与司马懿两军对峙,各自练兵,将战,司马懿戎服莅事,密使人窥视诸葛亮,见诸葛亮乘素舆葛巾,持白羽扇指麾,三军随其进止。司马懿叹曰:"真名士也。"见南朝梁殷芸《小说》。

㉜以圣贤为柱杖:喻行事应按圣贤的教导。汉陆贾《新语》:"君子居高处上,则以仁义为巢,乘危履险,则以圣贤为杖。"

㉝以仁义为剑锋:以仁义为武器。即应以施仁义而代替武力征伐。三国魏曹植《征蜀赋》:"今以谋谟为之剑戟,策略为之旌旗。"

㉞上公膑宠命句:三国魏钟繇,明帝即位,进封定陵侯,迁太傅。繇有膝疾,拜起不便。朝见皆使载舆车,由虎贲之士抬上殿就坐。见《三国志·魏·钟繇传》。

㉟末士少豪雄句:晋简文帝崩,桓温大陈兵卫,将夺晋室,召谢安、王坦之,欲于坐间杀之。坦之恐惧,问计于谢安,安神色不变,曰:"晋祚存亡,在此一行。"既见桓温,坦之流汗沾衣,倒执手版,安从容就席坐定,谓温曰:"安闻诸侯有道,守在四邻,明公何须壁后置人耶?"温笑曰:"正自不能不尔耳!"遂笑语移日。见《晋书·谢安传》。

【今译】

董安于性情迟缓,常佩弓弦,促自己急些;西门豹性子大急,常挂韦皮,促自己缓些。汉孟敏曾经堕了甑不看,知道看也无用;宋太祖曾说犯了法用剑,正要树立威望。王衍清谈时,手常拿着麈尾拂;张载讲周易,每次坐着虎皮褥。尾生抱着桥柱淹死,是固执不通;楚妃坚守信符而亡,才贞信可记。温峤藉点燃的犀角,看见了水下的鬼怪;秦政有一面方镜子,看见了世人的邪心。"车载斗量"是说不计其数;"南金东箭"是说人品珍奇。传递檄文就可平定,是说敌人容易击破;迎着刀刃就可剖开,是说事情容易解决。以铜做镜子,可以整齐衣帽;以古做镜子,可以知道兴衰。

（增）"侧理"是纸的别号,"玄香"是墨的美名。砚台石质美好,柳公权评定为鸲鹆眼;笔锋劲健有力,晋钟繇常爱用鼠须笔。秦王看图,见匕首而惊走;考叔伐许,取蝥弧而先上。蛇矛龙盾,声威雄壮在太乙坛上;紫电青霜,锋刃比得上昆吾利剑。做饮食必须用瓦锅;汲井水全要靠辘轳,睡时爱珊瑚枕的凹,人之常情如此;喝酒爱琥珀杯的滑,我的情意依然。石季龙坐在五香席上;李太白睡在七宝床中。匡庐山云雾绕着,葛仙翁刻的案忽然化为麂;雷泽里波浪翻滚,陶侃母的织梭立刻化为龙。晋庾亮坐胡床谈咏,众幕僚都很喜欢;诸葛亮用羽扇指挥,士兵们都听命令。用圣贤做柱杖,比九节苍藤还坚实;用仁义为剑锋,比七星宝刀还锋利。魏钟繇为三公,上朝坐轿子,是受皇帝的恩宠;王坦之见桓温,倒拿着朝版,缺少豪杰的雄气。

珍 宝　新增文十联

【原文】

　　山川之精英,每泄为至宝;乾坤之瑞气,恒结为奇珍①。古玉足以庇嘉谷;明珠可以御火灾②。鱼目岂可混珠③;碔砆焉能乱玉④。黄金生于丽水⑤;白银出自朱提⑥。曰孔方,曰家兄,俱为钱号⑦;曰青蚨,曰鹅眼,亦是钱名⑧。可贵者,明月夜光之珠⑨;可珍者,璠玙琬琰之玉⑩。宋人以燕石为玉,什袭缇巾之中⑪;楚王以璞玉为石,两刖卞和之足⑫。惠王之珠,光能照乘⑬;和氏之璧,价重连城⑭。鲛人泣泪成珠⑮;宋人削玉为楮⑯。贤乃国家之宝⑰;儒为席上之珍⑱。王者聘贤,束帛加璧⑲;真儒抱道,怀瑾握瑜⑳。雍伯多缘,种玉于蓝田,而得美妇㉑;太公奇遇,钓璜于渭水,而遇文王㉒。剖腹藏珠,爱财而不爱命㉓;缠头作锦,助舞而更助娇㉔。孟尝廉洁,克俾合浦还珠㉕;相如忠勇,能使秦廷归璧㉖。玉钗作燕飞,汉宫之异事㉗;金钱成蝶舞,唐库之奇传㉘。广钱可以通神㉙;营利乃为鬼笑㉚。以小致大,谓之抛砖引玉㉛;不知所贵,谓之买椟还珠㉜。贤否罹害,如玉石俱焚㉝;贪婪无厌,虽锱珠必算㉞。

注释

　　①精英、瑞气:精英,精华;瑞气,吉祥之气。古人认为国家兴旺之时,必出现祥瑞之气,精粹英华,充满山川之间,奇珍、异宝,到处出现。
　　②古玉两句:春秋时楚大夫工孙圉尝聘于晋,赵简子鸣玉以相礼,问楚白珩之宝。圉曰:"白珩,先王之玩也,何宝焉。圉闻国之宝六而已。明王圣人能制议百物,以辅相国家则宝之;玉足以庇荫嘉谷,使无水旱之灾则宝之;龟足以宪臧否则宝之;珠足以御火灾则宝之;金足以御兵乱则宝之;山林薮泽足以备财用则宝之。若夫诤嚣之美,楚虽蛮夷,不能宝也。"见《国语·楚语下》。
　　③鱼目混珠:又作"鱼目似珠"。鱼目似珠而非珠,用以喻以假乱真。南朝梁任昉《致大司马记室笺》"惟此鱼目"《注》引《韩诗外传》:"白骨类象,鱼目似珠。"唐李白《鸣皋歌送岑征君》:"蝘蜓嘲龙,鱼目混珠。"
　　④碔砆乱玉:碔砆为似玉的美石而非真玉。又作"武夫"、"碔玞"。汉司马相如《子虚赋》:"瑊玏玄厉,碝石碔砆。"《注》:"碔砆,赤地白彩,葱茏黑白不分。"汉王子渊(褒)《四子讲德论》:"故美玉蕴于碔砆,凡人视之怢焉。"

⑤丽水:古代水名。《韩非子·内储·七术》:"荆南之地,丽水之中生金,人多窃采金。采金之禁,得而辄辜磔于市,甚众,壅离其水也,而人窃金不止。"又金沙江流经云南丽水县北,称丽江,也称丽水,也产金。《旧唐书·贾耽传》:"故泸南贡丽水之金,漠北献余吾之马。"

⑥朱提:山名。在云南昭通县境。《汉书·地理志·犍为郡》:"朱提,山出银。"又《汉书·食货志》:"朱提银重八两为一流,直一千五百八十。"后以朱提为银的代称。

⑦孔方、家兄:均为旧时钱币的别号,旧时钱币中多有方孔,故云孔方兄。《晋书·鲁褒传·钱神论》:"亲之如兄,字曰'孔方'。京邑衣冠,疲劳讲肄,厌闻清谈,对之睡寐,见我家兄,莫不惊视。"南北朝时,习称钱为孔方兄。也称作"孔兄"、"方兄"。

⑧青蚨、鹅眼:古时传说南方有种昆虫,名青蚨,形似蝉而稍大,取其子,母即飞来,不论远近。虽潜取其子,母必知处,以母血涂钱八十一文,以子血涂钱八十一文。每购物,或先用母钱,或先用子钱,皆能飞回,轮转不止。见晋干宝《搜神记》。后即称钱为"青蚨"。鹅眼,则为劣质钱的称号。《宋书·颜峻传》:"沈庆之启通私铸,由是钱货乱败,一千钱长不盈三寸,大小称此,谓之鹅眼钱。"

⑨明月夜光之珠:即夜明珠。晋刘琨《答卢谌》:"和氏之璧,焉得独曜于郢握;夜光之珠,何得专玩于随掌?"随,即隋侯。《淮南子·览冥》:"譬如隋侯之珠,和氏之璧,得之者富,失之者贫。"《注》:"隋侯,汉东之国,姬姓诸侯也。隋侯见大蛇断伤,以药傅之,后蛇于江中含大珠以报之,因曰隋侯之珠,盖明月珠也。"

⑩璠玙(fán yú 凡与)、琬琰(wǎn yǎn 晚眼):璠玙,鲁国之宝玉。《太平御览·逸论语》:"鲁之宝玉也。孔子曰:'美哉璠玙,远而望之焕若也;近而视之瑟若也。'"琬琰,美玉。屈原《远游》:"吸飞泉之微液兮,怀琬琰之华英。"汉司马相如《子虚赋》:"晁采琬琰,和氏出焉。"

⑪宋人以燕石为玉:唐欧阳询《艺文类聚·阙子》:"宋之愚人得燕石于梧台之东。归而藏之为宝。周客闻而观焉。主人斋七日,端冕玄服以发宝。革匮十重,缇巾什袭。客见之,掩口而笑:'此特燕石也,其与瓦甓不殊。'"什袭,重重叠叠地包起来。

⑫楚王以璞玉为石:春秋时,楚人卞和于楚山(荆山)得玉璞,先后献给楚厉王、武王,都被认为是欺诈,被截去了双脚。楚文王即位,卞和又抱玉璞哭泣于荆山之下,三日三夜,泣尽而继之以血。楚文王闻之,使人剖璞加工,果得宝玉,称为和氏璧。见《韩非子·和氏》,又见于汉刘向《新序·杂事》。

⑬惠王之珠句:战国时期,齐威王二十四年与魏(梁)惠王会田猎于郊野。魏王问齐威王有宝乎?威王曰:"无有。"魏王曰:"寡人国小也,尚有径寸之珠,照车前后十二乘者十枚,何以万乘之国而无宝乎?"见《史记·田敬仲完世家》。

⑭和氏之璧:见"楚王以璞玉为石"注。参见《身体》"怒发冲冠"注。

⑮鲛人:神话传说中居住在海底的怪人。晋张华《博物志》:"南海水有鲛人,水居如鱼,不废织绩,其眼能泣珠。"又"鲛人从水中出,寓人家,积日卖绡,将去,从主人索一器,泣而成珠满盘,以与主人。"

⑯削玉为楮:雕琢玉石为楮叶。《列子·说符》:"宋人有为其君以玉为楮叶者,三年而成。锋杀茎柯,毫芒繁泽,乱之楮叶中而不可别也。此人遂以巧食宋国。"

⑰贤乃国家之宝:战国秦欲伐楚,使人观楚之宝器。楚将昭奚恤谓使者曰:"客欲观楚之宝器乎?楚国之所宝者,即贤臣也,理百姓,实仓廪,使民各得其所……惟大国之所观。"见汉刘向《新序·杂事》。

⑱儒为席上珍:比喻有才德,如席上之有珍宝。《礼记·儒行》:"儒有席上之珍以待聘。"《文心雕龙·原道》:"木铎启而千里应,席珍流而万世响。"

⑲束帛加璧:束帛之上又加玉璧,礼物贵重。《礼记·郊特牲》:"束帛加璧,往德也。"《史记·申公列传》:"于是天子使使束帛加璧,安车驷马迎申公。"五匹帛为束。

⑳怀瑾握瑜:比喻人有高贵的品德和才能。屈原《九章·怀沙》:"怀瑾握瑜兮,穷不知所示。"瑾、瑜都是美玉。

㉑雍伯多缘:见《婚姻》"兰田种玉"注。

㉒太公奇遇:吕尚钓于渭水而遇周文王之事。《史记·齐太公世家》"(吕尚)以渔钓干周西伯。……于是周西北猎,果遇太公于渭之阳,与语大悦,曰:'自吾先君太公曰,当有圣人适周,周以兴,子真是邪?吾太公望子久矣。'故号之曰太公望。载以俱归,立为师。"关于钓鱼一事,《正义》引《说苑》:"(吕尚)初下得鲋,次下得鲤,刺鱼腹得书,书文曰:'吕望封于齐。'"

㉓剖腹藏珠:比喻人以身殉物。《资治通鉴·唐太宗贞观元年》:"上谓侍臣曰:'吾闻西域贾胡得美珠,剖身以藏之。有诸?'侍臣曰:'有之。'上曰:'人皆知彼之爱珠而不爱身也;吏受贿抵法,与帝王殉奢欲而亡国者,何以异于彼胡之可笑邪!'"

㉔助娇:助其更娇美。唐玄宗时御苑内新有千叶桃花,玄宗亲折一枝插于杨贵妃宝冠上,曰:"此个花尤能助娇态也。"见五代王仁裕《开元天宝遗事》。

㉕合浦还珠:传说汉时合浦郡不产谷,而滨海产珍珠。先时郡守多贪,尽力搜括,致使珍珠逐渐转移到别处。后孟尝为郡守,制止搜刮,革除以前敝政,珍珠又逐渐回来。见《后汉书·孟尝传》。后用以比喻失而复得。

㉖秦廷归璧:即蔺相如完璧归赵。见《身体》"怒发冲冠"注。

㉗玉钗作燕飞:见《衣服》"钗化宫中之燕"注。

㉘金钱成蝶舞:唐穆宗时,禁中千叶牡丹开,香气袭人,一朵千叶大而且红,每

夜有黄白蛱蝶数万,飞集花间,辉光照耀。帝令张网捕之,得数百,纵嫔妃追捉以为娱乐。后验视之,乃为库中金钱,化为蝶者。见唐苏鹗《杜阳杂编》。

㉙钱可通神:即俗语有钱可使鬼推磨之意。唐张固《幽闲鼓吹》:"相国张延赏将判度支,知有一大狱,颇有冤滥,每甚扼腕。及判使,即召狱吏严诫之,且曰:'此狱已久,明日须了。'明旦视事,案上有一小,帖子曰:'钱三万贯,乞不问此狱。'公大怒,更促之。明日帖子复来曰:'钱五万贯。'公益怒,命两日须毕。明日复见帖子曰:'钱十万贯。'公曰:'钱至十万,可通神矣,无不可回之事,吾惧及祸,不得不止。'"

㉚营利乃为鬼笑:《南史·刘粹传》:"(粹)同郡宗人有刘伯龙者,少时贫薄,及长历位尚书左丞、少府、武陵太守,贫窭尤甚。常在家慨然召左右将营十一之方,见一鬼在旁抚掌大笑。伯龙叹曰:'贫穷固有命,乃复为鬼所笑也。'遂止。"

㉛抛砖引玉:比喻以粗浅的意见引出高明的见解。宋释道原《景德传灯录·从谂禅师》:"师云:'比来抛砖引玉,却引得个墼子。'"相传:唐人赵嘏有诗名,至吴,常建欲得其诗,知其必游灵岩寺,乃先题二句于壁,赵游寺见诗,乃补二句,以成一绝,人谓常建为抛砖引玉。(注释者按:常建为玄宗开元间进士,赵嘏为武宗会昌时进士,其时常建已死,谓建以二句引出嘏诗,实不可信。)

㉜买椟(dú 读)还珠:买下木匣,退还珍珠,比喻取舍失当。《韩非子·外储说左上》:"楚人有卖其珠于郑者,为木兰之柜,薰以桂椒,缀以珠玉,饰以玫瑰,辑以翡翠。郑人买其椟而还其珠。"椟,木匣也。

㉝玉石俱焚:美玉和石头都被焚毁,比喻好坏同归于尽。《书·胤征》:"火炎昆冈,玉石俱焚。"又作玉石俱碎。《三国志·魏志·钟会传》:"(檄蜀将吏士民):'若偷安旦夕,迷而不返,大兵一发,玉石俱碎,虽欲悔之,亦无及已。'"

㉞锱(zī 兹)铢必算:形容斤斤计较,十分吝啬、贪婪。锱、铢均为古时候很小的重量单位,喻极小、极微。《韩非子·功名》:"千钧得船则浮,锱铢失船则沉,非千钧轻而锱铢重也,有势之与无势也。"

【今译】

　　山川的精华,泄出则为至宝;天地的瑞气,凝结则为奇珍。好玉可以庇荫嘉谷;明珠可以防御火灾。鱼目岂能混淆真珠?碔砆怎可混乱玉石?黄金出产在丽水;白银出产在朱提。"孔方"、"家兄"都是钱的别号;"青蚨"、"鹅眼"也是钱的别名。可宝贵的是明月夜光的珠;可珍贵的是璠玙琬琰的玉。宋人把燕石当作玉,裹在重迭的缇巾中;楚王把璞玉当作石,两次砍掉卞和的脚。魏惠王之珠,光照十二乘车子;赵和氏之璧,价值十五座城池。鲛人流下泪,结成珍珠;宋人削下的玉,做成楮叶。贤人是国家的宝贝;儒士是席上的珍品。帝王聘请贤人,先送束帛又加美玉;真儒保持道德,好比怀着瑾抱着瑜。杨雍伯多缘,在蓝田种上玉,后来得了美妇;姜太公奇遇,在渭水钓着璜,后来遇着文王。剖腹而藏宝珠,真是爱财而不爱命;用锦缠在头上,既助舞态更助娇容。汉孟尝廉洁,能使迁走了的珍珠仍回到合浦;蔺相如忠勇,能使交给秦的宝玉又归还赵国。玉钗化为燕飞,这是汉宫里的怪事;金钱化为蝶舞,这是唐库内的奇闻。钱多可与神相通;营利乃被鬼所笑。以小的招来大的,叫做"抛砖引玉";不知什么为贵重,叫做"买椟还珠"。好人坏人都受害,叫做"玉石俱焚";贪钱财不知满足,叫做"锱铢必算"。

【原文】

　　崔烈以钱买官,人皆恶其铜臭①;秦嫂不敢视叔,自言畏其多金②。熊衮父亡,天乃雨钱助葬;仲儒家窘,天乃雨金济贫③。汉杨震畏四知而辞金④;唐太宗因惩贪而赐绢⑤。晋鲁褒作钱神论,尝以钱为孔方兄⑥;王夷甫口不言钱,乃谓钱为阿堵物⑦。然而床头金尽,壮士无颜⑧;囊内钱空,阮郎羞涩⑨。但匹夫不可怀璧⑩;人生孰不爱财?

　　(增)斑斑美玉;瑟瑟灵珠⑪。琉璃瓶,最宜卜相⑫;琥珀盏,尤可酌宾⑬。嗣续将盛,鸣鸠化金带之钩⑭;爵禄弥高,飞鹊幻玉纹之印⑮。魏博铁铸错,悔恨已迟⑯;张说记事珠,遗忘可免⑰。夏桀乃昏庸主,国有瑶台⑱;敦况是贵戚卿,家多金穴⑲。奢华太甚,韩嫣弹出金丸⑳;计画未成,范增撞开玉斗㉑。刻岷姬之形以玉,好色惟然㉒;铸范蠡之像以金,尊贤乃尔㉓。珊瑚树,塞满齐奴之室㉔;玛瑙盘,捧来行俭之家㉕。燕昭王之凉珠,炎蒸无暑㉖;扶余国之火玉,冽沍无寒㉗。锦帆锦帐,炫人耳目㉘;金埒金坞,骇我见闻㉙。从吾所好,岂曰富而可求㉚;有命存焉,当以不贪为宝㉛。

注释

①铜臭:讥讽以钱买官者或富豪之家。汉灵帝时卖官鬻爵。崔烈本冀州名士,因入钱五百万,得为司徒。一日,问其子钧曰:"吾居三公,于议者何如?"钧曰:"论者嫌其铜臭。"见《后汉书·崔寔传》。

②秦嫂句:战国苏秦初说秦王,不用,黑貂之裘敝,黄金百斤尽,负书担囊,困

顿而归,妻不下纴,嫂不为炊,父母不与言。后说赵王,赵王大悦,封为武安君,佩相印,将说楚王,路过洛阳。妻侧目而视,侧耳而听,嫂蛇行匍伏,四拜自跪而谢。苏秦曰:"嫂何前倨而后卑也?"嫂曰:"以季子位尊而多金。"见《战国策·秦策》,又见《史记·苏秦传》。

③雨钱、雨金两句:熊袞,唐时建阳人,昭宗时官兵部尚书,兼御史大夫,性至孝,立功得赏,悉分与部下。家贫无钱葬父,向天号泣,天忽雨钱,助其葬父。后人称其为"忠孝雨钱公。"见《建宁府志》。又汉翁仲儒家极贫,居渭川,一日天雨金十斛于其家,由是遂富。见南朝梁任昉《述异记》。

④杨震四知:东汉时杨震为东莱太守,道径昌邑,县令王密求见。至晚,以十金送杨震曰:"暮夜无知者。"杨震曰:"天知、神知、我知、子知,何谓无知?"拒不受金。见《东观汉记》《后汉书·杨震传》。

⑤惩贪赐绢:唐长孙顺德,乃太宗长孙皇后之族叔。后受人馈绢,事发。太宗惜其有功不忍加罪,遂于殿廷赐绢数十匹,以愧其心。大理少卿胡演进曰:"顺德枉法受财,罪不可恕,奈何又赐之绢?"太宗曰:"人生性灵,得绢甚于刑戮,如不知愧,一禽兽耳,杀之何益。"见《旧唐书·长孙顺德传》。

⑥晋鲁褒作钱神论:见"孔方、家兄"注。

⑦阿堵物:钱的代称。《世说新语·箴规》:"王夷甫(衍)雅尚玄远,常嫉其妇贪浊,口未尝言钱事。妇欲试之,令婢以钱绕床不得行。夷甫晨起,见钱阁行,呼婢曰:'与却阿堵物。'"后人因称钱为"阿堵物"。阿堵,即这个、此处。

⑧床头金尽:极言贫困。唐张籍《行路难》:"君不见床头黄金尽,壮士无颜色。"宋刘克庄《和竹溪遗兴诗》:"晚慕玄真与季真,床头金尽不忧贫。"

⑨阮郎羞涩:喻身无钱物。晋阮孚持一皂囊,游会稽。客问囊中何物,曰:"但有一钱守囊,恐其羞涩。"见宋阴时夫《韵府群玉·阳韵》。

⑩怀璧:身怀宝玉,后比喻怀才遭忌。春秋时,虞叔有玉,虞公求之,虞叔不献。既而懊悔曰:"匹夫无罪,怀璧其罪,焉用此贾祸。"遂将璧献于虞公。见《左传·桓公十年》。唐崔湜《至桃林塞作》:怀璧常贻训,捐金讵得邻。

⑪斑斑、瑟瑟:斑斑,玉色;瑟瑟,珠名。见《古今事文类聚》。唐郑处晦《明皇杂录》:"杨贵妃姊虢国夫人,恩宠一时,大治第宅……虢国中堂既成,召匠圬墁,授二百万赏其值,而复以金箆瑟瑟三斗为赏。"

⑫卜相:占卜宰相。《旧五代史·卢文纪传》:"清泰初,中书缺辅相……(唐)末帝乃俱书当时清望达官数人姓名,投琉璃瓶中,月夜焚香,祷请于天,旭旦以箸挟之,首得文纪之名,次即姚𫖮。末帝素已奇待,欢然命之,即授中书侍郎同平章事,与姚𫖮同升相位。"

⑬琥珀盏:以琥珀做成的酒器。琥珀,松柏树脂的化石,可以入药,也可作饰物。晋张华《博物志·药物》:"松柏脂入地,千年化为茯苓,茯苓化为琥珀。"琥珀

一名珠江。

⑭嗣续将盛句:旧时讲因果报应的传说:山西张氏,世代有阴德,忽有一鸠入室。张氏祝之曰:"尔为祸耶,飞上承尘;尔为福耶,飞入我怀。"鸠飞入怀,以手探之,得一金带钩,遂宝之。自是子孙日益富盛。见宋阴时夫《韵府群玉》。"鸣鸠",原本为"鸣鸩",误。

⑮爵禄弥高句:唐张璟见一飞鹊,忽然坠地,化而为石,剖之得一有纹之玉印。后爵禄日高。"禄",原本为"绿",误。

⑯铸错:即失误。唐魏博节度使罗绍威以本府牙兵骄横不可制,因引入朱全忠尽杀牙兵,从此魏博衰弱不振。罗绍威后悔,对亲信曰:"聚六州四十三县,打一个错,不能成也。"见宋孙光宪《北梦琐言》。《宋诗钞》上有诗:"铸错空糜六州铁,补鞋不似两钱锥。"

⑰记事珠:能帮助记忆的珠子。五代王仁裕《开元天宝遗事》:"开元中,张说为宰相。有人惠说一珠,绀色有光,名曰记事珠。或有阙忘之事,则以手持弄此珠,便觉心神开悟,事无巨细,涣然明晓,一无所忘,说秘为至宝也。"

⑱瑶台:美玉砌成之台。极言其华丽。《淮南子·本经》:"晚世之时,帝有桀纣,为璇室瑶台,象廊玉床。"

⑲金穴:称富有之家。《后汉书·皇后纪·郭皇后》:"(郭后弟)况迁大鸿胪,帝数幸其弟,会公卿诸侯亲家饮宴,赏赐金钱缣帛,丰盛莫比,京师号况家为金穴。"北周庾信《见游春人》:"长安有狭邪,金穴盛豪华。"

⑳金丸:金制之丸。晋葛洪《西京杂记》:"韩嫣好弹,常以金为丸,所失者日有十余,长安为之语曰:'若饥寒,逐金丸。'京师儿童,每闻嫣出弹,辄随之;望丸之所落辄拾焉。"

㉑玉斗:玉制之酒器。楚汉鸿门宴上,酒过一半,刘邦起如厕,趁机与樊哙等独骑间道返回军中,留张良奉白璧一双献给项羽,玉斗一双,献给亚父范增。项王受璧,置于座上。范增受玉斗,置之于地,拔剑撞而破之,曰:"夺项王天下者,必沛公也。吾属今为之虏矣!"见《史记·项羽本纪》。

㉒岷姬:岷山之美女。夏桀伐岷山,岷山庄王以二女献于桀,一名琬,一名琰。桀受二女,无子,刻其形于苕华玉之上,苕是琬,华是琰也。见唐欧阳询《艺文类聚》引《竹书纪年》。

㉓金像:用金铸成的像。春秋时,越国灭掉吴国,越国大夫范蠡(lǐ 理)遂泛舟游五湖,不知所终。越王勾践思念范蠡,以黄金铸像置于座侧而朝夕论政。见《吴越春秋·勾践伐吴外传》。

㉔齐奴:晋石崇之小名。石崇与王恺斗富。晋武帝以高二尺许的珊瑚赐恺,枝柯扶疏,世罕其比。恺以示崇,崇用铁如意击碎。恺既惋惜又愤怒。石崇遂命左右取珊瑚还之,有三尺、四尺,光彩溢目者六七珠。如恺所示者甚多。于是王恺

惘然自失。见《世说新语·汰侈》。

㉕行俭:唐裴行俭。《旧唐书·裴行俭传》:"有玛瑙盘二尺余,文彩殊绝,军吏王休烈捧盘历阶趋进,误蹑衣,足跌便倒,盘亦随碎,休烈惊惶,叩头流血。行俭笑而谓曰:'尔非故也,何至于是。'更不形颜色。"

㉖凉珠:招凉珠。传说燕昭王得黑蚌之珠,时值酷暑,置珠于怀中,体自清凉,因号为消暑招凉之珠。见晋王嘉《拾遗记》。

㉗火玉:发光的美玉。唐苏鹗《杜阳杂编》:"(唐)武宗皇帝会昌元年,扶余国贡火玉三斗。……火玉色赤,长半寸,上尖下圆,光照数十步,积之可以烧鼎,置之室内,则不复挟纩。"

㉘锦帆、锦帐:锦帆,锦制的船帆。隋炀帝荒淫无度,征发河南诸郡男女百余万,开通济渠,自西苑引谷洛水达于河,又自板渚引河通于淮。又造龙舟、凤船,以象牙为樯,以锦为帆为缆。驾幸江都,舳舻相接二百余里。锦帆过处,香闻百里。见《隋书·炀帝纪》《炀帝开河记》。锦帐,见《衣服》"锦帐四十里"注。

㉙金埒(liè 列)、金坞:金埒,金筑的矮墙。晋王济好马射,是时人多地贵,济买地作埒,编钱匝地,满场,人号为金埒。见《晋书·王济传》《世说新语·汰侈》。金坞,金的小城。汉末董卓于长安东北筑郿坞,高与长安城相等,郿内积黄金二三万斤,银八九万斤,银绮、奇玩,积如丘山。人号为金坞。见《后汉书·董卓传》《三国志·魏志·董卓传》。

㉚从吾所好:即作自己爱好的事。《论语·述而》:"子曰:'富而可求也,虽执鞭之士,吾亦为之。如不可求,从吾所好。'"

㉛不贪为宝:以廉洁为宝贵。《左传·襄公十五年》:"宋人或得玉,献诸子罕,子罕弗受。献玉者曰:'以示玉人,玉人以为宝也。'子曰:'我以不贪为宝,尔以玉为宝,若以与我,皆丧宝也,不若人有其宝。'"

【今译】

汉朝崔烈用钱买官,众人讨厌他铜臭;苏秦嫂子不敢看叔,自说畏惧他金多。熊衮死了父亲,天落下钱来助他丧事;仲儒家境困苦,天落下金来解他贫穷。不受馈金,汉杨震惧怕有"四知";惩治贪污,唐太宗偏赐绢十四。晋鲁褒写了《钱神论》,曾称钱为"孔方兄";王夷甫口中不说钱,就叫钱是"阿堵物"。床头钱用完,壮士无脸面;口袋钱已空,阮孚很羞愧。但是,匹夫不要怀藏着美玉;人生哪个不贪爱钱财?

(增)斑斑是美好的玉;瑟瑟是光亮的珠。琉璃瓶最宜占卜宰相;琥珀盏最好饮酌宾客。子孙将蕃盛,叫着的鸠变成金带钩;爵禄要增高,飞着的鹊化成玉纹印。魏博的铁铸个错,懊悔也来不及;张说使用珠记事,忘事忽然记起。夏桀是昏王,禁中建有瑶台;郭况是皇亲,家里筑有金穴。奢侈太过分,韩嫣用弓弹出金丸;计划未成功,范增用剑撞碎玉斗。把岷姬的形刻在玉上,是夏桀的好色,用金铸成范蠡的像,是勾践的尊贤。晋石崇家里藏满珊瑚树;裴行俭家里捧出玛瑙盘。锦做的帆,锦制的帐,炫耀人的耳目;金砌的坞,金筑的坞,震骇人的听闻。顺从自己喜爱,怎敢追求富贵;人生本来有命,总以不贪为宝。

贫　富　新增文十联

【原文】

　　命之修短有数；人之贫富在天①。惟君子安贫；达人知命②。贯朽粟陈，称羡财多之谓③；紫标黄榜，封记钱库之名④。贪爱钱物，谓之钱愚⑤；好置田宅，谓之地癖⑥。守钱虏，讥蓄财而不散⑦；落魄夫，谓失业之无依⑧。贫者地无立锥；富者田连阡陌⑨。室如悬磬，言其甚窘⑩；家无儋石，谓其极贫⑪。无米曰在陈⑫；守死曰待毙⑬。富足曰殷实⑭；命蹇曰数奇⑮。苏涸鲋，乃济人之急⑯；呼庚癸，是乞人之粮⑰。家徒壁立，司马相如之贫⑱；爨廖为炊，秦百里奚之苦⑲。鹄形菜色，皆穷民饥饿之形⑳；炊骨爨骸，谓军中乏粮之惨㉑。饿死留君臣之义，伯夷叔齐㉒；资财敌王公之富，陶朱倚顿㉓。石崇杀妓以侑酒，恃富行凶㉔；何曾一食费万钱，奢侈过甚㉕。二月卖新丝，五月粜新谷，真是剜肉医疮㉖；三年耕而有一年之食，九年耕而有三年之食，庶几遇荒有备㉗。贫士之肠习藜苋㉘；富人之口厌膏粱㉙。石崇以蜡代薪；王恺以饴沃釜㉚。范丹釜中生鱼，甑中生尘㉛；曾子捉襟见肘，纳履决踵㉜，贫不胜言。韦庄数米而炊，称薪而爨㉝；郑羲东门受饷，西门出酤㉞，俭有可鄙。总之，饱德之士，不愿膏粱；闻誉之施，奚图文绣㉟？

　　（增）公孙牧豕营生，宁思相位㊱；灌婴贩缯为业，岂意封侯㊲？郭泰对于斗筲役，雅不愿为㊳；班超更作书写佣，不得已尔㊴。朱桃椎掷还鹿帻，自知本命合穷㊵；苏季子破损貂裘，谁意运之难泰㊶？苦矣卫青作牧，但求免主鞭笞㊷；惜哉栾布为奴，不免代人奔走㊸。扬雄《逐贫赋》，人谓其逐之何迟㊹；韩愈《送穷文》，我怪其送之不蚤㊺。异宝充盈，王氏都云富窟㊻；佳肴错杂，郇公常列珍厨㊼。董卓积宝郿中，压残金坞㊽；邓通布钱天下，铸尽铜山㊾。象牙床，鱼生太侈㊿；火浣衣，石氏何多[51]？妇乳饮犼，畜类翻成人类[52]；儿口承唾，家童充作用壶[53]。牙樯锦缆，隋炀增远渚之奇[54]；玉凤金龙，元宝侈华堂之胜[55]。

【注释】

　　①命之修短有数：生命的长与短在于命运，人生的贫与富都由天定。这是旧

时传播的宿命论。《论语·颜渊》:"死生有命,富贵在天。"

②唯君子安贫两句:君子能安贫乐道;豁达的人能乐天知命。唐王勃《滕王阁序》:"所赖君子安贫,达人知命。"

③贯朽粟陈:穿钱的绳子已朽坏;谷米已放久而陈旧。极言钱、谷积贮甚多。《史记·平准书》:"汉兴,七十余年之间,国家无事,非遇水旱之灾,民则人给家足,都鄙廪庾皆满,而府库余货财,京师之钱累巨万,贯朽而不可校;太仓之粟,陈陈相因,充溢露积于外至腐败不可食。"

④紫标黄榜:《南史·临川王肖宏传》:"宏性爱钱,百万一聚,黄榜标之,千万一库,悬一紫标,如此三十余间。"

⑤钱愚:谓贪财成癖。南朝梁豫章王肖综,因肖宏贪吝钱财,仿晋鲁褒《钱神论》作《钱愚论》以激之,其文甚切。肖宏聚敛因此稍改。见《南史·临川王肖宏传》。

⑥地癖:兼并土地成性。唐李憕善置产业,大量兼并土地,与当时吏部侍郎李彭年,人称之为"地癖"。见《旧唐书·李憕传》。

⑦守钱虏:讥讽有钱而又吝啬的人。东汉马援,少时家贫,后往北地田牧,至有牛马羊数万头,谷数万斛。曾叹曰:"凡殖财货,贵其能施赈也,否则,守钱虏耳。"尽其所有,给兄弟故旧。见汉班固《东观汉记·马援传》。亦作"守钱奴"。

⑧落魄夫:穷困失意之人。《史记·郦生传》:"好读书,家贫落魄。无以为衣食业。"

⑨贫者地无立锥二句:立锥,喻极小之地。《吕氏春秋·为欲》:"无立锥之地,至贫也。"《汉书·食货志》:"董仲舒:'富者田连阡陌,贫者无立锥之地。'"

⑩悬罄(qìng庆):亦作悬磬。形容空无所有,喻极贫。春秋时,齐孝公伐鲁国,鲁使犒师。齐侯曰:"鲁人恐乎?"使曰:"小人恐矣,于君则否。"齐侯曰:"室如悬罄,野无青草,何恃而不恐。"见《左传·僖公二十六年》。《国语·鲁语》上作"悬磬"。《世说新语·贤媛》:"陶公(侃)少有大志,家酷贫……于时冰雪积日,侃室如悬磬。"

⑪儋石:儋,通甔,容一石,故称儋石。《史记·淮阴侯传》:"守儋石之禄者,阙卿相之位。"《汉书·杨雄传》:"(雄)不汲汲于富贵,不戚戚于贫贱,不修廉隅以激名当世。家产不过十金,无儋石之储,晏如也。"

⑫在陈:孔子周游列国,在陈绝粮七日。《论语·卫灵公》:"在陈绝粮,从者病,莫能兴。"后以"在陈"比喻处于饥饿、穷困的境地。

⑬待毙:等着灭亡。春秋时,郑祭仲劝庄公伐其弟共叔段。庄公曰:"多行不义,必自毙,子姑待之。"见《左传·隐公元年》。

⑭殷实:富足。《后汉书·寇恂传》:"今河内带河为固,户口殷实,北通上党,南通洛阳。"

⑮数奇:命运不好,遭遇不顺。汉李广猿臂善射,勇力过人,屡败匈奴,战功卓著,匈奴畏服呼为飞将军,但终未能封侯。史家叹为"数奇"。"数",命运,"奇"(读jī)不偶合。《史记·李将军传》《汉书·李广传》。

⑯涸鲋:干沟里的鲋鱼,喻身陷困境,急待救援的人。《庄子·外物》:"庄周家贫,故往贷粟于监河侯。监河侯曰:'诺。我将得邑金,将贷子三百金,可乎?'庄周忿然作色曰:'周昨来,有中道而呼者,周顾视车辙中,有鲋鱼焉。周问之曰:"鲋鱼来,子何为者耶?"对曰:"我东海之波臣也,君岂有斗升之水而活我哉?"周曰:"诺。我且南游吴越之王,激西江之水而迎子,可乎?"鲋鱼忿然作色曰:"吾失我常与,我无所处。吾得升斗之水然活耳,君乃言此,曾不如早索我于枯鱼之肆!"'"

⑰呼庚癸:向人告贷。春秋时,吴王夫差与晋、鲁等国会盟,吴大夫申叔仪向鲁大夫公孙有山氏乞粮。有山氏曰:"梁则无矣,粗则有之,若登首山以呼:'庚癸乎?'则诺。"见《左传·哀公十三年》《传》及《注》。庚,西方,主金;癸,北方,主水。此军中隐语,用隐语乞粮。后亦作"呼庚呼癸"、"庚癸之呼"。唐柳宗元《安南都护张公墓志铭》:"储偫委积,师旅无庚癸之呼。"

⑱家徒壁立:家室中空无所有,只余四壁,喻极贫困。《史记·司马相如传》:"相如乃与(文君)驰归(成都)。家居徒四壁立。"晋左思《咏史》:"长卿还成都,壁立何寥廓!"

⑲爂庣(yǎn yí 眼仪)为炊:见《夫妇》"百里奚烹雌"注。

⑳鹄形、菜色:鹄形,即乌面鹄形。形容久饿瘦削之状。《资治通鉴·梁简文帝大宝元年》:"时江南连年旱蝗,江、扬尤甚,百姓流亡,相与入山谷江湖,采草根木叶菱芡而食,所在皆尽,死者蔽野。富室无食,皆鸟面鹄形。"与"鸠形鹄面"和"鹄面鸟形"意义相同。菜色,五谷不收,人但食菜,故颜色如菜。《礼记·王制》:"以三十年之通,虽有凶旱水溢,民无菜色。"

㉑炊骨爨(cuàn 窜)骸:即以死人尸骨为炊。骸骨,尸骨。春秋时楚庄王围宋,楚军只有七日之粮。为探宋的虚实,使司马子反窥宋城,宋华元出而见司马子反。司马子反问华元:"子之国何如?"华元曰:"易子而食,折骸而炊之。"见《左传·宣公十五年》。又《左传·哀公八年》:"楚人围宋,易子而食,折骸而爨。"

㉒伯夷、叔齐:伯夷、叔齐乃商末孤竹君之二子。兄弟二人互让君位而逃离国中,闻文王善养老,欲往归西伯。后文王卒,武王伐商,二人叩马而谏,周灭商,二人耻食周粟,于首阳山采薇而食,后饿死。见《史记·伯夷列传》。

㉓陶朱、倚顿:陶朱,春秋时越王勾践之谋臣范蠡。勾践灭吴后,蠡以越王为人不可共安乐,遂弃官远去,至陶,称朱公。致力于经商,十九年中三致千金,成为巨富。见《史记·货殖传》。倚顿,又作猗顿,春秋时鲁人,以盐及畜牧业致富。初,倚顿闻陶朱公富,遂往问术,陶朱公告曰:"子欲速富,当畜五牸。"倚顿乃去西

河,大养牛羊于猗氏之南,十年间成巨富。因发家于猗氏,故称猗顿。见《史记·货殖传》《注》引《孔丛子》。

㉔石崇杀妓句:《世说新语·汰侈》:"石崇每要客宴集,常令美人行酒。客饮不尽者,使黄门交斩美人。王丞相(导)与大将军(王敦)尝共诣崇,丞相素不能饮,辄自勉强,至于沈醉。每至大将军,固不饮,以观其变,已斩三人,颜色如故,尚不肯饮。"

㉕何曾一食句:晋何曾性极奢侈,帷帐车服,穷极绮丽,厨膳滋味,过于王者。日食万钱,犹曰:"无下箸处。"下箸,下筷夹菜肴。见《晋书·何曾传》。

㉖剜肉医疮:不顾一切只求救眼前之急。唐聂夷中《伤田家》:"二月卖新丝,五月粜新谷。医得眼前疮,剜却心头肉。"

㉗遇荒有备:《礼记·王制》:"国无九年之蓄,曰不足,无六年之蓄,曰急,无三年之蓄,曰国非其国。三年耕,必有一年之食,九年耕,必有三年之食,以三十年之通,虽有凶旱水溢,民无菜色,然后天子食,日举以乐。"

㉘习藜苋:常吃藜和苋,喻生活清苦。唐韩愈《崔十六少府摄伊阳以诗及书见投因酬三十韵》:"三年国子师,肠肚习藜苋。"藜,草名,初生可食。

㉙厌膏粱:饱食精美的食物。《国语·晋语》:"夫膏粱之性难正也。"《注》:"膏,肉之肥者;粱,食之精者。言食肥美者,率多骄放,其性难正。"

㉚石崇以蜡代薪两句:晋石崇与王恺常比豪华,石崇以蜂蜡代柴烧,王恺用饴糖洗饭锅。见《世说新语·汰侈》。蜡,蜂蜜凝者。

㉛釜中生鱼两句:极言家贫,釜中无米可炊。汉范丹,字史云,桓帝时以丹为莱芜长,不到官,穷居自若,言貌无改。闾里歌之曰:"甑中生尘范史云;釜中生鱼范莱芜。"范丹,一作范冉。见《后汉书·范冉传》。

㉜捉襟见肘:极言贫穷,衣不蔽体。曾子即曾参,孔子弟子。《庄子·让王》:"曾子居卫……三日不举火,十年不制衣,正冠而缨绝,捉襟而肘见,纳屦而踵决。"后以"捉襟见肘"喻办事才短,照顾不周。

㉝数米而炊:先数米然后煮饭,极言吝啬。唐韦庄,性最吝,数米而饮,称薪而爨,炙肉少一脔,亦觉之。事见唐张鷟《朝野佥载》。(注者按:张鷟为盛唐时人,与唐末诗人韦庄年代不相及,故此为另一韦庄。)

㉞郑羲句:后魏郑羲,开封人,孝文帝时曾为中书令,后历任翰林侍讲学士等职,性吝啬。《魏书·郑羲传》:"民有礼饷者,皆不与杯酒、脔肉,西门受羊酒东门酤卖之。"酤,通沽。

㉟饱德之士两句:意为已足够仁义的品德,就不羡慕别人有肥肉细粱的美味;众人称誉的名望,已到达自己身上,也就不羡慕别人身上的锦绣衣裳了。《论语·告子》:"诗云:'既醉以酒,既饱以德。'言饱乎仁义也,所以不愿人之膏粱之味也;令闻广誉施于身,所以不愿人之文绣也。""膏粱",原本为"高粱",误。

㊱公孙牧豕营生:汉公孙弘,少时家贫,牧豕海上,年四十乃学《春秋》、杂说,武帝时以贤良征为博,时年已六十。后官至丞相,封平津侯。见《汉书·公孙弘传》。

㊲灌婴贩缯为业:汉灌婴,原在睢阳以贩缯为业,后佐汉高祖定天下,官至丞相,封颍阴侯。见《汉书·灌婴传》。"贩缯",原本为"贩绘",误。

㊳郭泰句:郭泰,即郭太。《后汉书·郭太传》:"家世贫贱,早孤,母欲使给事县廷,林宗(太)曰:'大丈夫焉能处斗筲之役乎?'遂辞就成皋屈伯彦学,三年业毕,博通坟籍。"斗筲,是容量很小的量器,用以比喻人之才识短浅,器量狭小。

㊴班超:东汉班超,少有大志,家贫,常为官书写屯田册籍以供养,久劳苦,辍业投笔叹曰:"大丈夫无他志略,尤当效傅介子、张骞立功异域以取封侯,安能久事笔砚乎?"后立功西域,封定远侯。见《后汉书·班超传》。

㊵掷还鹿帻:鹿帻,以鹿皮制的裹发巾。唐朱桃椎,益州成都人,淡泊绝俗,敝衣束带,人莫测其为。长史窦轨见之,送给衣服、鹿帻、鹿靴,逼署乡正。朱桃椎弃之于地,不肯服,曰:"命合穷耳。"更结庐山中,夏则裸,冬楮木皮叶自蔽,赠遗均不受。见《新唐书·朱桃椎传》《事文类聚》。

㊶破损貂裘:见《珍宝》"秦嫂"注。

㊷卫青作牧:汉卫青,少时家贫,父使其牧羊,人多辱之。有一钳徒相青曰:"贵人也,官至封侯。"青笑曰:"为人牧奴,得免于笞骂,则足矣,安得封侯事乎?"后从征出击匈奴,屡立战功,拜大将军。见《汉书·卫青传》。

㊸栾布为奴:汉栾布,早年贫困,卖佣于齐,为酒家保,后为人所掠,卖于燕为奴,为其主人奔走报仇,燕将臧荼举布为都尉。见《汉书·栾布传》。

㊹《逐贫赋》:文章名。汉杨雄曾作《逐贫赋》,其中有云:"我行尔动,我静尔休,岂无他人,从我何求,今汝去矣,勿复久留。"

㊺《送穷文》:文章名。唐韩愈曾作《送穷文》,其中有云:"主人三揖穷鬼而告之曰:'闻子行有日矣,我有资送之恩,子有意于行乎?子之侪朋,皆有名字,智穷、学穷、文穷、命穷、交穷,凡此五鬼,为吾五患。'"蚤:同早。

㊻富窟:五代王仁裕《开元天宝遗事》:"王元宝,都中巨豪也。常以金银叠为屋,壁上以红泥泥之。于宅中置一礼贤堂,以沉檀为轩槛,碱碌甃地面,以锦文为柱础,又以铜线穿线甃于后园花径中,贵其泥雨不滑也。四方宾客,所至如归。故时人呼为王家富窟。"

㊼郇公厨:唐韦陟,袭封郇国公,性奢侈,日食万钱。唐冯贽《云仙杂记》:"韦陟厨中,饮食之香错杂,人入其中,多饱饫而归。语曰:'人欲不饭筋骨舒,夤缘须入郇公厨。'"又见《世说新语补·汰侈》。后人以郇厨为喻人膳食精美之词。

㊽金坞:见《珍宝》"金坞"注。

㊾铜山:《汉书·邓通传》:"通无他技能,不能有所荐达,独自谨身以媚上而

已，上使善相者相通，曰：'当贫饿死。'上曰：'能富通者在我，何说贫？'乃赐通蜀严道铜山，得自铸钱。邓氏钱布天下，其富如此。"

(50)象牙床：以象牙装饰之床。南朝梁鱼容，性奢侈，以象牙造床，周匝以镂金莲花，以琥珀龟贝为床脚。

(51)火浣布：石绵制成之布。火浣，一作火瀚。《三国·魏志·齐王芳记》："西域南火浣布。"《列子·汤问》："火浣之布，浣之必投于火。"晋惠帝时，外国进火浣布，帝为衣，服之，以为天下少有。及至石崇家，见石崇奴隶均服火浣布服侍帝。惠帝大惭。

(52)妇乳饮豘：用人乳喂小猪。豘，小猪。豘同豚。《世说新语·汰侈》："（晋）武帝尝降王武子家，武子供馔……烝豘肥美，异于常味。帝怪而问之，答曰：'以人乳饮豚。'帝甚不平，食未毕便去。"

(53)儿口承唾：晋苻朗，前秦胡坚之从兄，初拜为镇东将军、青州刺史，封安东男。后归晋至扬州，风流迈于一时。谢安尝设宴请之，朝士盈坐，有唾均用壶。朗欲唾，则令小儿跪而张口承接，唾毕而含出，倾又如此。见《晋书·苻朗传》。

(54)牙樯锦缆：象牙为樯，锦为缆索。见《珍宝》"锦帆"注。唐杜甫《秋兴》："珠帘绣柱围黄鹄，锦缆牙樯起白鸥。"

(55)玉凤金龙：建筑装饰的华丽。北魏"河间王元琛，窗户之上，玉凤含铃，金龙吐旆。"见《资治通鉴》卷一四九梁高祖武帝天监十八年。原本"元宝"疑为"元琛"。

【今译】

生命的长短，在于命运；一生的贫富，决定在天。只有君子安于贫穷；通达之人懂得命运。钱索已朽，积谷已陈，是羡慕财多的说法；挂上紫标，贴上黄榜，是封存钱库的名称。贪爱钱财，叫做钱愚；好买土地，叫做地癖。守钱虏，是讥讽积钱而不使用；落魄夫，是感叹失业而无依靠。穷人没有立锥之地；富人田地纵横相连。屋中空无一物，是说人太窘；家无升斗储蓄，是说人太穷。没粮食叫"在陈"；等着死叫"待毙"。财物充足，叫做"殷实"；命运不好，叫做"数奇"。救别人危急，叫"苏涸鲋"；向别人乞粮，叫"呼庚癸"。家里只剩四壁，这是说司马相如的穷；用门闩来烧饭，这是说秦百里奚的苦。"鹄形菜色"，形容饿极的人的形象；"炊骨爨骸"，是说军中缺粮的惨状。伯夷、叔齐宁可饿死，要留君臣的道义；陶朱、倚顿经商致富，能与王公相比敌。石崇杀侍妓来劝酒，仗富行凶；何曾吃一餐花万钱，过份奢侈。二月就卖新丝，五月就卖新谷，真是剜心头肉来医眼前疮呵！耕三年蓄一年，耕九年蓄三年,就是遇到荒年也才有准备呢。穷人的肚肠,习惯了藜草和苋菜;富人的口里,吃厌了肥肉和细粱。石崇以蜂蜡代柴烧;王恺用饴糖洗饭锅。范丹饭锅里能养活鱼;而甑子上又积满尘土。曾子扯衣襟便见手肘,穿鞋就现脚后跟,真是穷得可怜;韦庄把米数了才做饭,把柴称过再点火,确是吝啬可鄙。总之:道德高尚的人,不愿吃膏粱之食;已获名望的人,不愿穿文绣之衣。

(增)公孙弘养猪时,何曾想到将来做宰相;灌婴贩缯时,哪里知道后来能封侯。郭太不愿做县吏,是胸怀大志;班超暂时作书佣,是迫不得已。朱桃椎掷还了鹿皮的发巾,自知本来命运该穷;苏季子破损了黑貂皮的裘,意识到是运气不好。苦啊!卫青放牧,只求免受鞭打;可惜!栾布为奴,只能替人奔跑。扬雄写了篇《逐贫赋》,人们说他逐得太迟;韩愈写了篇《送穷文》,我责怪他送得不早。王元宝家中积满财宝,人们叫做富窟;郇国公厨里摆满佳肴,人们称为珍厨。董卓郿坞中积满财宝,差点压垮了金坞;邓通铸的钱流通天下,几乎铸尽了铜山。用象牙做床,鱼生太奢侈;用火浣布做衣,石崇何其多。用人乳喂小猪,畜类反成了人类;用人嘴接口涎,小儿却成了唾壶。隋炀帝座的龙船,用象牙做樯,用锦做缆,是为了坐船去江南游玩;晋王元宝的窗户,用玉石刻凤,用金铸龙,是为了显示堂屋的华丽。

疾病死丧 新增文十二联

【原文】

福寿康宁,固人之所同欲①,死亡疾病,亦人所不能无。惟智者能调;达人自玉②。问人病,曰贵体违和③;自谓疾,曰偶沾小恙④。罹病者,甚为造化小儿所苦⑤;患病者,岂是实沈台骀为灾⑥。疾不可疗,曰膏肓⑦;平安无事,曰无恙。采薪之忧,谦言抱病⑧;河鱼之患,系是腹疾⑨。可以勿药,喜其病安⑩,厥疾弗瘳,言其病笃⑪。疟不病君子,病君子,正为疟耳⑫;卜所以决疑,既不疑,复何卜哉⑬?谢安梦鸡而疾不起,因太岁之在酉⑭;楚王吞蛭而疾乃痊,因厚德之及人⑮。将属纩,将易箦,皆言人之将死⑯;作古人,登鬼箓,皆言人之已亡⑰。亲死则丁忧⑱;居丧则读礼⑲。在床谓之尸;在棺谓之柩⑳。报孝书曰讣;慰孝子曰唁㉑。往吊曰匍匐㉒;庐墓曰倚庐㉓。寝苫枕块,哀父母之在土;节哀顺变,劝孝子之惜身㉔。男子死,曰寿终正寝;女人死,曰寿终内寝㉕。天子死曰崩;诸侯死曰薨;大夫死曰卒;士人死曰不禄;庶人死曰死;童子死曰殇㉖。自谦父死曰孤子,母死曰哀子,父母俱死曰孤哀子㉗,自言父死曰失怙,母死曰失恃,父母俱死曰失怙恃㉘。父死何谓考?考者,成也,已成事业也;母死何谓妣?妣者,媲也,克媲父美也㉙。百日内曰泣血;百日外曰稽颡㉚。朞年曰小祥;两朞曰大祥㉛。不缉曰斩衰,缉之曰齐衰,论丧之有轻重㉜;九月为大功,五月为小功,言服之有等伦㉝。三月之服,曰缌麻;三年将满,曰禫礼㉞。孙承祖服,嫡孙杖朞㉟;长子已死,嫡孙承重㊱。死者之器曰明器,待以神明之道㊲;孝子之仗曰哀仗,为扶哀痛之躯㊳。父之节在外,故杖取乎竹;母之节在内,故杖取乎桐㊴。以财物助丧家,谓之赙;以车马助丧家,谓之赗;以衣敛死者之身,谓之襚;以玉实死者之口,谓之琀㊵。送丧曰执绋㊶;出柩曰驾輀㊷。吉地曰牛眠地㊸;筑坟曰马鬣封㊹。

【注释】

①福寿康宁:旧时以富贵寿考为有福。《书·洪范》:"五福:一曰寿,二曰富,三曰康宁,四曰攸好德,五曰考命终。"

②调、玉:调,调节、调和;玉,珍重、爱护。《诗·大雅·民劳》:"王欲玉女,是用大谏。"

③违和:因失调和而致病,用为言人生病的敬辞。《南史·刘涵传》:"(萧)畅曰:'公去岁违和,今欲发动。'顾左右急呼师视脉。"

④恙:灾祸、疾病。《广韵》:"恙,病也。"《太平御览·人事·心》:"《风俗通》曰:'俗说无恙,无病也,凡人相问无病。'"又虫名,《风俗通》:"噬虫能食人心,古者草居,多被此毒。故相问劳曰无恙。"恶兽名,元陶宗仪《辍耕录·无恙》:"《神异怪》曰:'北方大荒中有兽,昨人则疾,名曰獌獌,恙也,尝入人室屋,黄帝杀之,人无忧疾,谓之无恙。'"

⑤造化小儿:对司命之神的戏称。唐杜审言疾甚,宋之问、武平一等前往省视,问病如何。杜审言曰:"甚为造化小儿相苦,尚何言!然吾在,久压公等,今且死,固大慰;但恨不见替人。"见《新唐书·杜审言传》。

⑥实沈、台骀:实沈,古代神话中高辛氏之季子,为参宿之神。台骀,神话传说中汾水之神。《左传·昭公元年》:"晋侯有疾,郑伯使公孙侨如晋聘,且问疾,叔向问焉,曰:'寡君之疾病?'卜人曰:'实沈、台骀为祟。'史莫知之。"

⑦膏肓:古代医学称心脏下部为膏,隔膜为肓。春秋时,晋景公有病,求医于秦,秦遣医缓去晋,未至。景公梦疾病化为二小子,相语曰:"缓,良医也,惧伤我,盍逃之。"其一曰:"居肓之上,膏之下,其奈我何?"缓至,诊病曰:"疾不可为也,在肓之上,膏之下,攻之不可,达之不及,药不至焉,不可为也。"晋公曰:"良医也。"乃厚礼遣之归。见《左传·成公十年》。后称疾病严重,难以医治叫膏肓之疾,或病入膏肓。

⑧采薪之忧:生病。《礼记·曲礼》:"君使士射,不能,则辞以疾,言曰:'某有负薪之忧。'谓不能负薪也。"后又用为自称有病之婉辞。《孟子·公孙丑》:"孟仲子对曰:'昔者有王命,有采薪之忧,不能造朝。'"宋朱熹《集注》:"采薪之忧,言病不能采薪,谦辞也。"

⑨河鱼之患:又作"河鱼腹疾"。因河鱼烂先自腹内始,故腹泻叫河鱼之患。春秋时,楚申叔展与赵还无社曰:'河鱼腹疾,奈何?'意为赵被楚围,有将溃之势。见《左传·宣公十二年》。

⑩勿药:无须吃药。《易·无妄》:"九五。无妄之疾,勿药有喜。"

⑪瘳(chōu抽):病愈。《书·金滕》:"王翼日乃瘳。"《诗·郑风·风雨》:"既见君子,云胡不瘳。"

⑫疟不病君子句:《世说新语·语言》:"中朝有小儿,父病,行乞药。主人问病,曰:'患疟也。'主人曰:'尊侯明德君子,何以病疟?'答曰:'来病君子,所以为疟耳。'"

⑬卜所以决疑句:《旧唐书·张公谨传》:"太宗将讨建成、元吉,遣卜者灼龟

占之。公谨自外来，见，遽投于地而进曰：'凡小筮者，将以决嫌疑，定犹豫，今既事在不疑，何卜之有？纵卜之不吉，势不可止，望大王思之。'太宗深然其言。"

⑭谢安梦鸡句：《晋书·谢安传》："（安）谓所亲曰：'昔桓温在时，吾常惧不全，勿梦乘温舆行十六里，见一白鸡而止。乘温车者，代其位也，十六里止，今十六年矣。白鸡主酉，今太岁在酉，吾病殆不起乎。'乃上书逊位。……寻薨。"

⑮楚王吞蛭句：相传春秋时，楚惠王食寒菹而得蛭，为怕司厨得罪，就悄悄吞下，不让人知道。令尹知其故谓王曰："王有是德，疾必无伤。"见汉贾谊《新书·春秋》。后用来称颂统治者宽仁待下之词。《旧唐书·姚崇传》："楚王吞蛭，厥疾用瘳……皆志在安人，恩不失礼。"

⑯属纩、易箦：均言人重病将死。《礼记·丧大记》："疾病……属纩以俟绝气。"纩，新丝棉，质轻，遇气即动。人将死，在口鼻上放丝棉，以观察有无呼吸，叫属纩。春秋鲁曾参临终，以寝席过于华美，不合当时礼制，命子曾元扶起易箦。既易，反席未安而死。见《礼记·檀弓》。箦，竹席。

⑰登鬼箓：已登记在死人的名册上，言人已死。三国魏文帝曹丕《与吴质书》："昔年遭疾疫，亲故皆罹灭。观其姓名，已为鬼箓，追思昔游，犹在心目。"晋陶潜《拟挽歌辞》："昨暮同为人，今旦在鬼录。"鬼录，死人名册。

⑱丁忧：遭父母之丧，又叫丁艰。旧时父母死后，子女要在家守丧三年，不做官，不婚娶，不赴宴，不应考。父丧称"丁外艰"，母丧称"丁内艰"。《晋书·袁悦之传》："（袁）始为谢玄参军，为玄所遇，丁忧去职。"丁，当也。

⑲读礼：《礼记·曲礼》："居丧未葬读丧礼，既葬读祭礼。"古时居丧辍业在家，惟礼书中关于丧祭者则读之，故后人称居丧为读礼。

⑳尸、柩：尸体。《礼记·曲礼》："在床曰尸，在棺曰柩。"

㉑讣、唁：报丧叫讣，也指报丧的文书。《礼记·杂记》："凡讣于其君，曰：'君之臣某死。'"汉王充《论衡·书虚》："齐乱，（齐桓公）薨，三月乃讣。"对遭遇非常变故的人进行慰问叫唁，后多指对遭遇丧事的人而言。《穀梁传》："吊死曰吊，吊生曰唁。"

㉒匍匐：这里意为尽力，非手足并行。《诗·邶风·谷风》："凡民有丧，匍匐救之。"《毛诗传笺》："匍匐，尽力也。"

㉓倚庐：古时守父母丧时所住的房子。《礼记·丧报大礼》："父母之丧，居倚庐，不涂。寝苫枕块，非丧事不言。"《疏》："居倚庐者，谓于中门之外，东墙之下，倚木为庐，故云居倚庐。不涂者，但以草夹障，不以泥涂之也。寝苫枕块者，谓孝子居于庐中，寝卧于苫，头枕于块。"苫，草席；块，土地。

㉔节哀顺变：节制悲哀，顺应变故。《礼记·檀弓》："丧礼，哀戚之至也；节哀，顺变也，君子念始之者也。"后多用于慰问友人丧父母之辞。

㉕寿终正寝两句：老年人在家安然死去，叫寿终正寝。《释名·释丧制》："老

死曰寿终。"古时男人将死,停于正厅,以俟气绝,女人将死则仍在内室,不迁出正厅,故男死叫寿终正寝;女死曰寿终内寝。

㉖崩、薨、卒、不禄、殇:古代等级森严,人死称法不一。周代,天子死叫崩,诸侯死叫薨。《礼记·曲礼》:"天子死曰崩,诸侯死曰薨,大夫死曰卒,士曰不禄,庶人曰死。"不禄,即不再享受俸禄。唐制,凡丧三品以上称薨,五品以上称卒,未成年而死叫殇。《仪礼·丧服》:"年十九至十六为长殇,十五至十二为中殇,十一至八岁为下殇,不满八岁曰无服之殇。"

㉗孤哀子:古时称居父母丧的人。《礼记·杂记》:"祭称孝子孝孙,丧称哀子哀孙。"古代父母之丧,都称哀子。唐宋以后,父丧称孤子,母丧称哀子;父母双亡称孤哀子。参见清赵翼《陔余丛考·孤哀子》。

㉘失怙(hù互)恃:自谓父母双亡。怙、恃,依靠。《诗·小雅·蓼莪》:"无父何怙,无母何恃。"后以怙恃为父母的代称。

㉙考、妣:父、母。后专用以称亡父、亡母。《礼记·曲礼》:"祭王父曰皇祖考,王母曰皇祖妣,父曰皇考,母曰皇妣。"《注》:"皇,君也;考,成也,言其德行之成也;妣之言媲也,媲于考也。"又"生曰父、曰母、曰妻;死曰考、曰妣、曰嫔。"

㉚泣血、稽颡(sǎng嗓):形容丧亲的悲痛。泣血,极其悲痛而无声的哭泣。《礼记·檀弓》:"高子皋之执亲丧也,泣血三年。"稽颡,旧时丧礼。居父母丧,跪拜宾客,以额触地,表示极度悲痛。《礼记·檀弓》:"拜而后稽颡,颓乎其顺也。"《释文》:"稽颡,触地无容。"

㉛小祥、大祥:均为古时父母死去后的祭礼名。一周年祭礼名小祥,两周年祭礼名大祥。《仪礼·士虞礼》:"朞而小祥,又朞而大祥。"《注》:"小祥,祭名。祥,吉也。"又《礼记·间传》:"父母之丧,……朞而小祥,……又朞而大祥。"朞同期,期年,一年。

㉜斩衰(cuī崔)、齐(zī资)衰:均为旧时丧服。在五种丧服(斩衰、齐衰、大功、小功、缌麻)中,斩衰最重。用极粗麻布制成,左右和下边不缝。子、未嫁之女对父母;媳对公婆,承重孙对祖父母,妻对夫,都服"斩衰"。齐衰,五丧服之一,次于斩衰。以粗麻布制成,因缉边缝齐,故称齐衰。见《仪礼·丧服》《礼记·檀弓》。

㉝大功、小功:均为丧服五服之一。大功,服期为九个月,其服用熟麻布做成,较齐衰稍细,较小功为粗,故称大功。小功,用较粗的熟布制成。服期为五个月。见《仪礼·丧服》。

㉞缌麻、禫礼:缌麻,丧服名,五服中最轻的一种。用疏织细麻布制成,服丧三月。禫礼,丧家除服的祭名,即除服。《仪礼·士虞礼》:"大祥之后,中月而禫。"中月,间隔一月。

㉟杖朞:旧时一种服丧礼制。凡守丧一年者称朞服;期服中用杖的称"杖

期"，期服中不用杖的称"不杖期"。见《仪礼·丧服传》《礼记·丧大记》。

㊱承重：承受丧祭与宗庙的重任。封建宗法制度，本身及父均为嫡长，而父先死，祖父母丧时，称承重孙；如祖、父均先死，而曾祖父母丧时，称承重曾孙。凡承重者，皆服丧三年。见《仪礼·丧服》。

㊲明器：古代用竹、木或陶土专为随葬而制作的器物。《礼记·檀弓》："其曰明器，神明之也。涂车蒭灵，自古有之，明器之道也。"

㊳哀杖：旧时丧礼中孝子所扶之杖，叫哀杖。东汉班固《白虎通·丧服》："孝子失亲，悲哀哭泣，三日不食，身体羸病，故杖以扶身，明不以死伤生也。"

㊴父之节两句：旧时丧礼中孝子所用哀杖，如系丧父，则用直竹做成，取父之节操在外之意；母丧用桐木做成，取母之节操在内之意。见《仪礼·丧服传·疏》。

㊵赗、赙、襚、琀：用财物助丧事。《春秋·隐公三年》："秋，武氏子来求赗。"《公羊传·隐公元年》："赗者何？丧事有赗。赗者，盖以马，以乘马束帛。车马曰赗，货财曰赙，衣被曰襚。"古时纳于死者口中的玉叫琀。《荀子·大略》："货财曰赙，舆马曰赗，衣服曰襚，玉贝曰琀。赗赙所以佐生也，赠襚所以送死也。"

㊶执绋：送葬时帮助牵引灵柩。《礼记·曲礼》："助葬必执绋。"绋，引柩的绳索。又《礼记·檀弓》："吊于葬者必执引，若从柩及圹皆执绋。"

㊷驾輀（ér而）：出丧。古时载棺柩的车叫輀。《释名·释丧制》："舆棺之车曰輀。"《汉书·王莽传》："百官窃言，此似輀车，非仙物也。"

㊸牛眠地：葬地。旧时迷信风水，人若葬于牛眠地，后世子孙富贵。《晋书·周访传附周光传》："初，陶侃微时，丁艰，将葬，家中忽失牛而不知所在。遇一父老，谓曰：'前冈见一牛眠于汙中，其地若葬，位极人臣矣。'"

㊹马鬣（liè裂）封：坟墓上封土的一种形状。《礼记·檀弓》："吾见封之若堂者矣，见若坊者矣。……见若斧者矣。从若斧者焉，马鬣封之谓也。"唐白居易《哭崔二十四常侍》："貂冠初别九重门，马鬣新封四尺坟。"

【今译】

　　福寿康宁是人们都希望的；死亡疾病是人们不可免的。只有聪明的人能自己调养；通达的人能自己珍重。问人生病，就说"贵体违和"；自己有病，就说"偶沾小恙"。杜审言生病，说是为造化小儿所苦；晋侯得了疾，难道是实沈台骀为灾。病不可治，叫做"膏肓"；平安无事，说是"无恙"。自谦有病，就说"采薪之忧"；患了泻病，说是"河鱼之患"。不用吃药，高兴病将痊愈；有病不愈，是说病情很重。疟病不害君子，害了君子，正是叫疟呢？占卜用来决疑，没有疑虑，何必去占卜？谢安

卷三·疾病死丧　233

梦见白鸡一病不起,因太岁在酉之年;楚王吞下蛭虫病反痊愈,实出自仁爱之心。"将属纩"、"将易箦"是说人之将死;"作古人"、"登鬼箓"说人已死亡。亲人死了,应该丁忧;居丧之时,还要读礼。人死了,停在床上叫尸;人死了,放入棺木叫柩。报告死讯叫做讣;慰问孝子叫做唁。去丧家吊唁叫"匍匐";坟旁的屋子叫"倚庐"。寝的苫草,枕的土块,是为父母入土哀痛不安;节制哀痛,顺应变化,是劝孝子爱惜自己身子。男人死叫"寿终正寝";女人死叫"寿终内寝"。天子死叫崩,诸侯死叫薨,大夫死叫卒,士人死叫不禄,庶人死叫死,童子死叫殇。父死,自谦称孤子,母死称哀子,父母都死称孤哀子;父死,自谦说失怙,母死说失恃,父母都死说失怙恃。父死为什么叫考?考是成功的意思,是说父亲的事业已经成功;母死为什么叫妣?妣是媲配的意思,是说母亲能媲配父亲美德。百日内表示哀情叫泣血;百日外表示哀情叫稽颡。满了一周年致祭叫小祥;满了两周年致祭叫大祥。用极粗麻布做丧服,衣边不缝,叫"斩衰",用粗麻布做丧服,衣边缝上,叫"齐衰",这是丧服的轻重;用熟麻布做的丧服,穿九个月,叫"大功",用粗熟布做的丧服,穿五个月,叫"小功",这是穿丧服的等次。细麻做服,服丧三月,叫"缌麻";满服三年,祭祀除服,叫"禫礼"。孙子为祖父母穿丧服,嫡孙执"哀杖"一年,叫杖期;长子死孙子承接丧服,嫡孙服"斩衰"三年,叫承重。死人的用器叫"明器",是用神明之道对待死人;孝子的柱杖叫"哀杖",是用来扶着哀痛的身躯。父亲的节操在外,所以哀杖用竹;母亲的节操在内,所以哀杖用桐。把财物送给丧家叫赙;用车马帮助丧家叫赗;用衣服去敛死人叫襚;用玉放死人口中叫琀。送葬叫"执绋";出丧叫"驾輀"。吉祥坟地叫"牛眠地";建筑坟台叫"马鬣封"。

【原文】

墓前石人,原名翁仲①;柩前功布,今曰铭旌②。挽歌始于田横③;墓志创于傅奕④。生坟曰寿藏⑤;死墓曰佳城⑥。坟曰夜台⑦;圹曰窀穸⑧。已葬曰瘗玉⑨;吊丧曰束刍⑩。春祭曰礿,夏祭曰禘,秋祭曰尝,冬祭曰烝⑪。饮梧槚而抱痛,母之口泽如存;读父书以增伤,父之手泽未泯⑫。子羔悲亲而泣血;子夏哭子而丧明⑬。王裒哀父之死,门人因废蓼莪诗⑭;王修哭母之亡,邻里遂停桑柘社⑮。树欲静而风不息,子欲养而亲不在,皋鱼增感⑯;与其椎牛而祭墓,不如鸡豚之逮存,曾子兴思⑰。故为人子者,当思木本水源⑱,须重慎终追远⑲。

(增)岁在龙蛇,郑玄算促⑳;舍来鹏鸟,贾谊命倾㉑。王令出尘寰,天上俄垂玉楼㉒;沈君开窀穸,地中曾现漆灯㉓。箧中存稿,相如上封禅之书㉔;牖下停棺,史鱼表陈尸之谏㉕。梁鸿葬要离冢侧,死后芳邻㉖;郑泉殡陶宅舍旁,生前宿愿㉗。数皆前定,少游之诗谶何灵㉘;事可先知,袁淑之卦占偏验㉙。顾雍失爱子,掐掌而流血堪矜㉚;奉倩殒佳人,搁泪而神伤可惜㉛。仲尼殒而泰山颓㉜;韩相亡而树木稼㉝。酹之絮酒,实为佳士高风㉞;殉以刍灵,乃是先人朴典㉟。陈实之徽猷足录,行吊礼者三万人㊱;郗超之素行可嘉,作诔文者四十辈㊲。牲牢酒醴,用昭报本之忱;稿秸鸾刀,皆有修古之意㊳。值既降既濡之候,礼无缺于春秋㊴;呈则存则著之形,情必由于爱恶㊵。室事先乎堂事㊶;致斋继夫散斋㊷。

注释

①翁仲:传说秦始皇二十六年,初兼天下,有长人出现于临洮,高五丈。后秦始皇仿其形铸金人像,号曰翁仲。《宋书·五行志》:"魏明帝景初元年,发铜铸为巨人二,号曰翁仲,置诸司马门外。"后指铜像或墓道石像。

②铭旌:灵柩前的旗幡。《周礼·春官·司常》:"大丧,共铭旌。"又称"明旌"、"旌铭"。用红帛粉书。品官则借衔题写某官某公之柩;士人则称显考显妣;另纸书题者姓名,粘于旌下。平民之丧,不用铭旌。

③挽歌:哀悼死者之歌。挽歌始于田横门人。《史记正义》引晋崔豹《古今注》云:"薤露蒿里送哀歌也,出田横门人。横自杀,门人伤之而作悲歌,言人命如薤上露易晞灭。……使挽逝者歌之,俗呼为挽歌。"(注者按:挽歌起于田横,古时就有异说。唐段成式《酉阳杂俎》:"挚虞初议,挽歌出于汉武帝。役人劳苦,歌声哀切,遂以送终,非古制也。工部郎中严后本云:'挽歌其来久矣,据左氏传公会吴子伐齐,齐将战,公孙夏命其徒歌虞殡,示必死也。'"

④墓志:埋入死者墓中的志文。写明死者姓氏、籍贯、官职及生平事迹。唐高祖时,傅奕曾任太史令。《旧唐书·傅奕传》:"奕生平遇患,未尝请医服药,虽究阴阳数术之书,并不之信。又常醉卧,蹶然起曰:'吾其死矣。'因自为墓志曰:'傅奕,青山白云人也,因酒醉死,呜呼哀哉!'"(注者按:"墓志始于傅奕"此说不确。从汉迄于南朝,均有墓志铭的记载。)

⑤寿藏:在生时预筑的墓穴。《后汉书·赵岐传》:"(岐)年九十余,建安六年

卒,先自为寿藏。"《注》:"寿藏,谓冢圹也,称寿者,取其久远之意,如寿宫、寿器之类。"

⑥佳城:墓地。晋张华《博物志》:"汉滕公(夏侯婴)薨,求葬东都门外,公卿送丧,驷马不行,踣地悲鸣。跑蹄下地,得石有铭,曰:'佳城郁郁,三千年,不见白日,吁嗟滕公居此室!'遂葬之。"晋葛洪《西京杂记》中记述为滕公生前驾至东都门,马不肯前,掘地得佳城。后人遂称墓地为佳城。

⑦夜台、坟墓:晋陆机《挽歌诗》:"按辔遵长薄,送子长夜台。"唐李白《哭宣城善酿纪翁》:"夜台无晓日,沽酒与何人?"

⑧窀穸(zhūn xī 谆夕):墓穴。长埋叫窀,长夜叫穸。《左传·襄公十三年》:"楚子疾,告大夫曰:'……唯是春秋窀穸之事,所以从先君于祢庙者,请为灵若厉,大夫择焉。'"《注》:"窀,厚也;穸,夜也。厚夜,犹长夜。春秋谓祭祀,长夜谓埋葬。"《后汉书·刘陶传》:"死者悲于窀穸,生者戚于朝野。"

⑨瘗(yì 亦)玉:瘗,埋葬。古时祭山埋玉,祭水沈璧。《晋书·庾亮传》:"(庾)亮将葬,何充会之,叹曰:'埋玉树于土中,使人情何能已。'"

⑩束刍:捆草成束。后汉郭林宗母死,徐孺子往吊之,置生刍一束于庐前而去。众子不知其故,林宗曰:"此必南州高士徐孺子也。诗不云乎:'生刍一束,其人如玉。'吾无德以堪之。"见《后汉书·徐稚传》。

⑪禴、禘、尝、烝:均为祭祀之名。《礼记·王制》:"天子诸侯宗庙之祭,春曰礿、夏曰禘、秋曰尝、冬曰烝。"禴同礿。

⑫饮桮棬两句:《礼记·玉藻》:"父没而不能读父之书,手泽存焉尔;母没而桮棬不能饮焉,口泽之气存焉尔。"《注》:"孝子见亲之器物,哀恻不忍用也。"

⑬子羔两句:子羔、子夏均为孔子门徒。《礼记·檀弓》:"高子皋执亲之丧也,泣血三年,未尝见齿。君子以为难。"《史记·仲尼弟子列传》:"卜商,字子夏,小孔子四十四岁……其子死,哭之失明。"羔,一作皋。

⑭王裒句:晋王裒事亲至孝,其父母死后,每读诗至"哀哀父母,生我劬劳",常常痛哭流涕,其弟子不忍王裒听到更加哀痛,遂废了《蓼莪》这篇诗。见《晋书·孝友·王裒传》。(注释者按"哀哀父母,生我劬劳。"句出《诗·小雅·蓼莪》。)

⑮王修句:三国魏营陵人王修,字淑治,年七岁,母于社日亡。来岁,邻里社祭,王修哀痛过甚,邻里均为之凄然,遂停止社祭。初为孔融主簿,后曹操辟为司空掾。见《三国志·魏志·王修传》。社日,祭社神之日。也有四季致祭者。桑柘,为夏祭。

⑯树欲静而风不息句:孔子出游,闻哭声甚悲,至则见皋鱼,问其故。皋鱼曰:"夫树欲静而风不止,子欲养而亲不待。往而不可追年也,去而不可得见者亲也。吾请从此辞矣。"遂哭泣枯槁而死。见《韩诗外传·卷九》。"树欲静而风不止"喻

客观事物的存在和发展,不以人的意志转移。

⑰与其椎牛而祭墓句:孔子弟子曾参,读丧礼,泣下沾襟,曰:"往而不可还者亲也,至而不可加者年也。是故孝子欲养而亲不待也。木欲直,而时不待也。是故椎牛而祭墓,不如鸡豚逮亲存也。"见《韩诗外传·卷七》。椎,击杀。逮,及也。

⑱木本水源:木之根本,水之源头。意为追本溯源。《左传·昭公九年》:"王使詹桓伯辞于晋,曰:'我在伯父,犹衣服之有冠冕,木水之有本源,民人之有谋主也。'"按周与晋同姓,晋为周所封,故以木本水源为喻。

⑲慎终追远:对父母的丧事,要办得慎重合理,祖先虽远,要依礼追祭。《论语·学而》:"曾子曰:'慎终追远,民德归厚矣。'"《集解》:"孔安国曰:'慎终者,丧尽其哀;追远者,祭尽其敬。'"

⑳岁在龙蛇句:后汉郑玄,梦孔子告之曰:"起,起,今岁在辰,来年岁在巳。"既而醒来,以谶合之,知命当终。有顷,即病死。北齐刘画论此事云:"辰为龙,巳为蛇,岁在龙蛇贤人嗟,郑玄以谶合之,即谓此也。"见《后汉书·郑玄传》。

㉑舍来鹏鸟句:汉贾谊,为长沙王太傅,一日有鹏鸟飞来,停在座旁。贾谊自认命当终,遂作《鹏鸟赋》,以抒其伤感之情。不久病死。见《史记·贾谊传》。鹏鸟,即猫头鹰,古人认为不祥之物。

㉒王令出尘寰句:后汉王乔,为叶县令,有神术。一日,天上忽降玉棺于堂前,吏人推之不动。乔曰:"天帝独召我耶!"乃沐浴更衣卧于棺中,棺盖立覆。隔日葬于城东,土自成坟。其夕县中牛皆流汗喘之,而人无知者。百姓乃为立庙,号叶君祠。见《后汉书·王乔传》。

㉓沈君开窆穸句:唐沈彬,居舍前有大树,尝曰:"吾死葬于此。"及卒,临葬掘之,其下乃古冢,有一古灯台,上有漆灯一盏。铜牌篆文曰:"佳城今已开,虽开不葬埋,漆灯犹未爇,留待沈彬来。"见宋龙衮撰《江南野史》。

㉔箧中存稿句:汉司马相如病甚,武帝命使者至其家取其所作,使者至而相如已死。使者问其妻,妻曰:"长卿未死时,为一卷书,曰:'有使来求书,奏之。'"其遗书言封禅之事。使者还奏,武帝甚为惊异。见《汉书·司马相如传》。

㉕牖(yǒu友)下停棺句:《韩诗外传·卷七》:"卫大夫史鱼病且死,谓其子曰:'我数言蘧伯玉之贤而不能进,弥子瑕不肖而不能退。为人臣生不能进贤而退不肖,死不当治丧正堂,殡我于室足矣。'卫君问其故,其子以父言闻。君造然召蘧伯而贵之,而退弥子瑕,徙殡于正堂,成礼而后去。"史鱼死以尸谏又见于《左传·襄公二十九年》。

㉖梁鸿葬要离冢侧:《后汉书·梁鸿传》:"鸿潜闭著书十余篇,疾且困,告主人曰:'昔延陵季子葬于嬴博之间,不归乡里,慎勿令我子持丧归去。及卒,伯通等为求葬地于吴要离冢旁,咸曰:'要离烈士而伯鸾清高,可令相近。'"

㉗郑泉殡陶宅舍旁:三国吴陈郡人郑泉,孙权任为大中大夫,性嗜酒。临死时

对同辈曰:"死后必葬我于制陶家近旁,百年之后,化而成土,幸而取为酒壶,实得我心矣!"见明廖用贤《尚友录》。

㉘数皆前定:宿命论认为人一生命运皆已前定。宋秦观字少游。因获罪贬雷州,徽宗时,复官宣德郎放还雷州,出游华光亭,为客道梦中曾作词,末句:"醉卧古藤树下,杳不知南北。"索水欲饮,水至笑视而卒。见《宋史·秦观传》。

㉙事可前知:旧时迷信,认为占卜可以预知将发生之事。唐袁淑遇异人赠书曰:"每受一命,开一幅。"后累任皆验。一日巾栉,见余书尚多。遂开一幅,乃画蛇盘镜。不久卒。

㉚顾雍失爱子:三国吴顾雍,其子邵为豫章太守,在郡卒,雍正与僚属围棋,信至,雍虽神气不变而以爪掐掌,血流沾褥。客散,方叹曰:"已无延陵之高,岂可有丧明之责!"见《世说新语·雅量》。

㉛奉倩殒佳人:三国魏荀粲字奉倩,常以妇人才智不足论,自宜以色为主。娶曹洪女为妻,感情甚笃。后历年,妇病亡。粲曰:"佳人难再得。"痛悼不能已已,岁余亦亡,时年二十九岁。见《世说新语·惑溺》引《荀粲别传》。

㉜仲尼殒而泰山颓:《礼记·檀弓》:"孔子早作,负手曳杖,消摇于门,歌曰:'泰山其颓乎?梁木其坏乎?哲人其萎乎?'既歌而入,当户而作。子贡闻之,曰:'泰山其颓则吾将安仰,梁木其坏、哲人其萎吾将安放,夫子殆将病也。'……盖寝疾七日而没。"

㉝韩相亡而树木稼:唐让皇帝宪,本名成器,睿宗长子,玄宗之兄。开元二十九年,京城甚寒,凝霜封树,时学者以为春秋雨水冰,亦名树介,言其像树之介胄。宪见而叹曰:"此俗谓树稼者也。谚曰:'树稼达官怕,必有大臣当之,吾其死矣。'十一月果薨。"见《旧唐书·让皇帝传》。后北宋王安石挽韩魏公有诗云:"树稼曾闻达官怕,山颓果见哲人萎。"树稼,即树介。

㉞酹之絮酒:祭奠用棉絮浸渍之酒。《后汉书·徐稚传》:"稚尝为太尉黄琼所辟,不就,及琼卒归葬,稚乃负粮徒步到江夏赴之,设鸡酒薄祭,哭毕而去,不告姓名。"《注》:"谢承书曰:'稚诸公所辟,虽不就,有死丧负笈赴吊,常于家豫炙鸡一只,以一两棉絮渍酒中,暴干以裹鸡,径到所起冢燧外,以水渍绵,使有酒气,斗米饭白茅为藉,以鸡置前,酒酒毕,留谒而去,不见丧主。'"

㉟殉以刍灵:用茅草扎的人马殉葬。《礼记·檀弓》:"涂车刍灵,自古有之,明器之道也。孔子谓为刍灵者善,谓为俑者不仁。"

㊱陈实句:《后汉书·陈实传》:"(实)闭门悬车,栖迟养老,中平四年,年八十四卒于家。何进遣使吊祭,海内赴者三万余人,制衰麻者以百数,共刊石立碑,谥为文范先生。"

㊲郄(qiè 怯)超句:《晋书·郄超传》:"凡超所交友,皆一时美秀,虽寒门后进,亦拔而友之。及(郄超)死之日,贵贱操笔而为诔者四十余人。其为众所宗贵

㊳牲牢酒醴两句：是说祭祀的各种祭品和陈设用具，均为遵行古礼，不忘根本。《礼记·礼器》："礼也者，反本修古，不忘其初也。故凶事不诏。朝事以乐，醴酒之用，玄酒之尚，割刀之用，鸾刀之贵，莞簟之安，稿秸之设，是故先王之制礼也，必有主也，故可述而多学。"《疏》："割刀，今刀也；鸾刀，古刀也……不用今刀而用古刀，亦是修古故也。……稿秸，除穗粒取秆稿为席，郊祭不用莞簟之可安，而用建稿秸之粗席，亦修古也。"

㊴值既降既濡之候句：《礼记·祭义》："霜露既降，君子履之，必有凄怆之心，非其寒之谓也。春，春雨既濡，君子履之，必有怵惕之心，如将见之。"意为天道有四时的变化，孝子感时念亲，于春、秋时致祭。

㊵呈则存则著之形句：《礼记·祭义》："致爱则存，致悫(què 却)则著，著存不忘乎心，夫安得不敬乎。"《疏》："致爱则存者，谓孝子致极爱亲之心，则若亲之存。以嗜欲不忘于亲故也。致悫则著者，谓孝子致其端悫敬亲之心，则若亲之显著，以色不忘于目，声不忘于耳故也。"

㊶室事、堂事：室事，正祭也；堂事，正祭之后，傧尸于堂也。《礼记·礼器》："子路为季氏宰……他日祭，子路与，室事交乎户，堂事交乎阶，质明而始行事，晏朝而退。"《疏》："室事交乎户者，室事谓正祭时，事尸在室，故云室事。……堂事交乎阶者，谓正祭之后，傧尸之时，尸于堂，故云堂事。"

㊷致斋、散斋：致斋，举行祭祀典礼以前清整身心的仪式。散斋，古礼于祭祀父母前七日不御、不乐、不吊。叫作散斋。《礼记·祭统》："是故君子之斋也。专致其精明之德也，故散斋七日以定之，致斋三日以齐之。斋者精明之至也。然后可以交于神明也。"又：封建王朝皇帝祭社稷、太岁等坛，行散斋，即在宫中斋戒，以别于祭天地等之行致斋。

【今译】

墓地前的石人，叫做翁仲；灵柩前的功布，叫做铭旌。哀死人的挽歌，从田横死开始；坟墓内的表志，是傅奕死始创。生前筑的墓地叫"寿藏"；死后葬的墓穴叫"佳城"，坟叫做"夜台"；圹叫做"窀穸"。已葬叫"瘗玉"，比喻把玉埋在土中；吊丧叫"束刍"，是把治丧人看做玉。春祭叫禴，夏祭叫禘，秋祭叫尝，冬祭叫烝。饮桮棬而感到痛苦，是母亲的口泽还在上面；读父书而引起悲伤，是父亲的手泽还未消失。子羔悲伤二亲，哭出血来；子夏悲痛儿子，双目失明。王裒哀痛父亲死去，每读《蓼莪》就流泪，他的门徒就废了《蓼莪》这篇诗；王修母亲死于"社日"，每当"社日"就悲痛，左右邻里就停止了桑柘社日。树要静止风偏不停息,子欲养亲亲却不存在,这是皋鱼亲死后的感慨;与其亲死后杀牛祭墓,不如亲在时供养鸡豚,这是曾子亲死后的思想。所以做儿子的人,应该想到水有源头,木有根本;须要做到慎重丧葬,追思祖先。

(增)太岁在龙年蛇年,郑玄知道寿命已很短促;鹏鸟飞到宿舍来,贾谊晓得生命即将终止。王令将死的时候,天上降下玉棺;沈彬将葬时,穴中出现漆灯。相如死后存稿箧中,为武帝上封禅书;史鱼死后停尸窗下,给卫侯表陈尸谏。梁鸿葬在要离墓旁,结得死后好邻居;郑泉葬在陶宅旁边,偿了生前的夙愿。命是从前注定的,秦少游诗谶何等灵验;事情可以先知道,袁淑的占卜偏都应验。顾雍死了儿子,把手掌掐得流血,真堪怜悯;奉倩死了美妻,眼无泪精神感伤,实在可惜。孔子死,好比泰山崩;韩相亡,树木先穿介。用棉絮渍的酒酹地,这是佳士祭奠的高风;用草扎的人马殉葬,这是古人朴实的典礼。陈实的好道德,足可记录,他死后行吊礼的有三万人;郄超的好品行,实可赞扬,他死后作诔文有四十人。用牲口、浓酒来祭祀,昭示报本的诚意;用古席、古刀作礼器,表示学古的意思。时值春露、秋霜,便怀念亲人而举行春祭、秋祭;由于爱悫情深,孝子思亲便感觉亲存在、显著。祭事时先祭尸于室内,然后傧尸于堂作堂事;未祭时先要清涤身心,散斋三日再致斋七日。

幼学故事琼林全译·卷四

文　事　新增文十三联

【原文】

多才之士,才储八斗①;博学之儒,学富五车②。三坟五典,乃三皇五帝之书③;八索九丘,是八泽九州之志④。书经载上古唐虞三代之事,故曰尚书⑤;易经乃姬周文王周公所系,故曰周易⑥。二戴曾删礼记,故曰戴礼⑦;二毛曾注诗经,故曰毛诗⑧。孔子作春秋,因获麟而绝笔,故曰麟经⑨。荣于华衮,乃春秋一字之褒;严于斧钺,乃春秋一字之贬⑩。缥缃黄卷,总谓经书⑪;雁帛鸾笺,通称简札⑫。锦心绣口,李太白之文章⑬;铁画银钩,王羲之之字法⑭。雕虫小技,自谦文章之卑⑮;倚马可待,羡人作文之速⑯。称人近来进德,曰士别三日,当刮目相看⑰;羡人学业精通,曰面壁九年,始有此神悟⑱。五凤楼手,称文字之精奇⑲;七步成诗,羡天才之敏捷⑳。誉才高,曰今之班马㉑;羡诗工,曰压倒元白㉒。汉晁错多智,景帝号为智囊㉓;高仁裕多诗,时人号为诗窖㉔。骚客即是诗人㉕;誉髦乃称美士㉖。自古诗称李杜㉗;至今字仰钟王㉘。白雪阳春,是难和难赓之韵㉙;青钱万选,乃屡试屡中之文㉚。惊神泣鬼,皆言词赋之雄豪㉛;遏云绕梁,原是歌音之嘹亮㉜。涉猎不精,是多学之弊㉝,呫哔占毕,乃读书之声㉞。连篇累牍,总说多文㉟;寸楮尺素,通称简札㊱。以物求文,谓之润笔之资㊲;因文得钱,乃曰稽古之力㊳。文章全美,曰文不加点㊴;文章奇异,曰机杼一家㊵。应试无文,谓之曳白㊶;书成绣梓,谓之杀青㊷。袜线之才,自谦才短㊸;记问之学,自愧学肤㊹。裁诗曰推敲㊺；旷学曰作辍㊻。文章浮薄，何殊月露风云㊼；典籍储藏，皆在兰台石室㊽。秦始皇无道，焚书坑儒㊾；唐太宗好文，开科取士㊿。

注释

①八斗：旧时称有才学的人为才高八斗。南朝宋谢灵运才智超群，而性则凌人傲物，曾说天下共有才一石，曹植独占八斗，他自己得一斗，其余天下人共分一斗。见宋佚名《释常谈》。唐李商隐《可叹》："宓妃愁坐芝田馆，用尽陈王八斗才。"

②五车：指书很多，可装满五车。《庄子·天下》："惠施多方，其书五车。"后用五车称人博学。《古诗》："要通古今事，须读五车书。"

③三坟五典：相传为我国最古的书籍。《左传·昭公十二年》："是能读三坟、五典、八索、九丘。"《注》："皆古书名。"后人于是附会为三坟是伏羲、神农、黄帝之书。五典是少昊、颛顼、高辛、帝尧、帝舜之书。见伪孔安国《尚书序》。"三皇五帝之书"，原本为"三皇之书"，漏"五帝"二字，从"大文本"补。

④八索九丘：传说中的古代书名。伪孔安国《尚书序》说。八索乃八卦之说，九丘乃九州之志。《淮南子》上则说，八索九丘乃八泽九州之志。东汉贾逵认为八索是八王之法，九丘是九州亡国之戒。张衡则认为八索即《周礼》的八议，九丘即《周礼》的九刑。各说不一，皆无根据。

⑤尚书：即《书》或《书经》。是现存最早的关于上古时典章文献的汇编，相传为孔子编选，列为儒家经典之一。尚，通上。

⑥周易：即《易》或《易经》，是我国古代有哲学思想的占卜书，是儒家的重要经典。相传伏羲画八卦，再将八卦重叠，演为六十四卦；周文王作六十四卦的卦辞，即彖辞；周公作解释每一爻的爻辞；孔子作十翼。

⑦二戴：即汉戴德与其侄戴圣二人。戴德，字延君。任信都太傅。与戴圣同师于后仓学《礼》。德称大戴，圣称小戴。戴德对《礼》删其烦重，合为八十五篇，谓之《大戴礼记》；戴圣又删为四十九篇，谓之《小戴礼记》，即今本《礼记》。有谓戴圣删为四十六篇，马融增益《月令》《明堂位》《乐记》三篇，共为四十九篇。其说不确。见《钦定四库全书总目·礼记正义》。

⑧二毛：即汉毛亨、毛苌，为传授诗经的学者。毛亨称大毛公，毛苌称小毛公。相传孔子删诗为三百十一篇，至秦焚书坑儒佚六篇。今存者三百零五篇。孔子以诗授卜商，商为之序以授鲁人曾申。以后递传至鲁人毛亨，毛亨作《训诂传》以授赵人毛苌。故谓今本《诗经》为《毛诗》。见《钦定四库全书总目·毛诗正义》。

⑨获麟绝笔：春秋时，鲁哀公十四年春，西狩获麟，有人以告孔子，孔子反袂拭

面,涕泪沾袍,曰:"吾道穷矣。"见《春秋公羊传·哀公十四年》。后世传说孔子作《春秋》,至此而止。春秋《公羊》《穀梁》二传止于鲁哀公十四年,而春秋《左传》则止于鲁哀公二十七年。

⑩荣于华衮四句:《春秋穀梁传·序》:"一字之褒,宠逾华衮之赠,片言之贬,辱过市朝之挞。"衮,古代上公之服,华衮,谓其多采。斧钺,本为两种兵器,后泛指刑罚。《国语·鲁语》:"大刑用甲兵,其次用斧钺。"《注》:"斧钺,军戮。"军戮即斩刑。

⑪缥缃、黄卷:书册的代称。缥缃,本为供写书的细绢。缃,浅黄色,唐柳宗元《上河阳乌尚书启》:"专当具笔札,拂缥缃,赞扬大功,垂之不朽。"黄卷,古时用黄蘗染纸写书,以防虫蛀,如字有误,则用雌黄抹去。《新唐书·狄仁杰传》:"黄卷中方与圣贤对,何暇偶俗吏语邪?"

⑫雁帛、鸾笺:均为书信的代称。雁帛,汉武帝时,苏武出使匈奴被拘不屈,迁其于北海牧羊。后匈奴与汉和亲。汉求取苏武,匈奴诡言苏武已死。武属吏常惠夜见汉使,教其诡言武帝射上林中,得北来雁,雁足系有帛书,言苏武在某泽中。使者如惠所言责匈奴单于,单于因谢汉使,苏武遂得归汉。见《汉书·苏建传附苏武》。鸾笺,彩笺。宋苏易简《文房四谱·纸谱》:"蜀人造十色笺,凡十幅为一榻……然逐幅于版上砑之。则隐起花木麟鸾,千状万态。"后人遂称彩笺为鸾笺。宋张镃《池上木芙蓉欲开述兴》:"岸巾三酌便酣眠,堕地鸾笺写未全。"

⑬锦心绣口:状构思巧妙,遣词华丽。唐柳宗元《乞巧文》:"眩耀为文,琐碎排偶,抽黄对白,噍弄飞走,骈四骊六,锦心绣口。"李白《送从弟令问序》:"紫云仙季,常醉目吾曰:'兄心肝五脏,皆锦绣耶,不然何开口成文,挥翰雾散。'"

⑭铁画银钩:状书法笔姿的劲挺。《丰坊书诀》:"画欲坚重如铁,钩欲活而有力如银。"苏轼《次韵赵景贶》:"羲之生五之,总角出银钩。"

⑮雕虫小技:对仅能作辞赋者的贬词,亦作为文士自谦之词。《隋书·李德林传》:"经国大体,是贾生、晁错之俦;雕虫小技,殆相如、子云之辈。"唐李白《与韩荆州书》:"至于制作,积成卷轴,则欲尘污视听,恐雕虫小技,不合大人。"

⑯倚马可待:极言文才敏捷。《世说新语·文学》:"桓宣武北征,袁虎时从,被责免官。会须露布文,唤袁倚马前令作,手不辍笔,俄得七纸,殊可观。"唐李白《与韩荆州书》:"请日试万言,倚马可待。"

⑰刮目相看:犹言另眼相看。《三国志·吴志·吕蒙传》《注》引《江表传》:"(鲁)肃拊蒙背曰:'吾谓大弟但有武略耳。至于今者,学识英博,非复吴下阿蒙。'蒙曰:'士别三日,当刮目相待,兄何见事之晚矣。'"

⑱面壁九年:佛教称坐禅为面壁,谓面向墙壁,端坐静修。相传天竺(印度)僧人菩提达摩,本名菩提多罗,于南朝梁普通元年来中国,梁武帝迎至金陵。后达摩渡江至魏,止于嵩山少林寺,面壁九年而化。传法于神光(惠可),禅宗称达摩

为天竺禅宗二十八祖,中华初祖。见宋释道源《景德传灯录·菩提达摩》。

⑲五凤楼手:称人能写文章。宋韩浦、韩洎兄弟二人均能文。韩洎尝轻视其兄,语人曰:"吾兄为文,譬如绳枢单舍,聊庇风雨,予之为文,如造五凤楼手。"韩浦因题诗寄其弟韩洎曰:"十样鸾笺出益州,新来寄自浣溪头,老兄得此全无用,助汝添修五凤楼。"见宋曾慥《类说·谈苑》。

⑳七步成诗:见《兄弟》"煮豆燃萁"注。

㉑班马:汉班固和司马迁的并称。《晋书·陈寿传》:"丘明既没,班马迭兴。奋鸿笔于西京,骋直词于东观。"班固续成其父班彪所著《汉书》,司马迁撰《史记》。

㉒元白:唐元稹和白居易的并称。元稹和白居易为同时著名诗人,时称元白。唐宝历间,杨嗣复在新昌里第宅大宴宾客,元稹、白居易都在座,席上赋诗,刑部侍郎杨汝士的诗最后写成,也最好。元白看后为之失色。当日杨汝士大醉,回家对子弟曰:"我今日压倒元白!"见五代王定保《唐摭言》。后称作品胜过同时著名作家为压倒元白。

㉓智囊:指足智多谋的人。历史上号为智囊的人很多。著名的有战国秦樗里子(见《史记·樗里子传》)、汉晁错(见《史记·晁错传》)、后汉鲁丕(见《后汉书·鲁恭传》)、三国魏桓范(见《三国志·魏志·曹爽传》)、唐王德俭(见《大唐新语·酷忍》)。

㉔诗窖:喻富于诗才,作品很多的人。五代人王仁裕尝梦剖其肠胃,以西江水涤之,顾见江中沙石,皆成篆籀之文,由是文思日进,生平有诗万余首,蜀人呼为诗窖。见《五代史补》。又宋高若拙《后史补》:"王仁裕著诗万首,谓之诗窖子,亦曰千篇集。""王仁裕",原本为"高仁裕",疑误。

㉕骚客:骚人,诗人。自屈原作《离骚》以后,作诗者多仿效,故称诗人为骚人。也泛指失意的文人。宋范仲淹《岳阳楼记》:"然则北通巫峡,南极潇湘,迁客骚人多会于此,览物之情,得无异乎?"

㉖誉髦(máo 毛):称美俊才之士。《诗·大雅·思齐》:"古之人无斁,誉髦斯士。"髦,俊也。

㉗李杜:唐李白、杜甫的并称。李白(公元701—762年),字太白,号青莲居士。祖籍陇西成纪(今甘肃秦安西北),隋末其先人流寓碎叶(今吉尔吉斯共和国北部),他诞生于此。幼时随父迁居绵州昌隆(今四川江油南)青莲乡。二十四岁出蜀,四十二岁至长安。曾为供奉翰林。诗歌才气纵横,热情奔放,是我国历史上最著名的浪漫主义诗人,存诗九百九十余首。有《李太白集》。杜甫(公元712—770年),字子美,祖籍襄阳。曾祖时迁居巩县(今河南巩义市东北)。三十五岁前曾游历江淮、山东等地,后入长安。唐肃宗时任左拾遗。后入蜀,筑草堂于成都定居。入西川节度使严武幕,并被荐为检校工部员外郎,故后人又称为杜工

部。他生当唐朝由盛到衰的动乱时代,流离飘泊,深感人民苦难,社会黑暗,写下许多真实反映这一时代的动人诗篇,被称为"诗史"。是我国历史上最伟大的现实主义诗人。有《杜少陵集》。

㉘钟王:钟繇、王羲之的并称。钟繇(公元151—230年)三国魏颍川人,字元常。汉末举孝廉,官至侍中、尚书仆射。入魏,官太尉,明帝时,迁太傅。精工书法,师曹喜、蔡邕、刘德升等,博取其长。工正、隶、行、草、八分,尤长于正、隶。后世与王羲之并称。晋王羲之(公元303—379年),字少逸,琅玡临沂(今山东临沂北)人,仕东晋,历任宁远将军、江州刺史、右军将军等,后辞官。工书法,一变汉魏以来波挑用笔,独创圆转流利之风格,兼善隶、草、正、行各体,被奉为"书圣"。

㉙白雪阳春:古乐曲名。战国楚宋玉《对楚王问》:"客有歌于郢中者,其始曰《下里巴人》,国中属而和者数千人;……其为《阳春白雪》,国中属而和者不过数十人;引商刻羽,杂以流徵,国中属而和者不过数人而已,是其曲弥高,其和弥寡。"

㉚青钱万选:喻文才超众,如青铜钱,万选万中。《新唐书·张荐传》:"员外郎员半千数为公卿称'(张)鷟文辞犹青铜钱,万选万中',时号鷟青钱学士。"

㉛惊神泣鬼:极言诗文的警策感人。唐杜甫《寄李十二白二十韵》:"昔年有狂客,号尔谪仙人,笔落惊风雨,诗成泣鬼神。"

㉜遏云绕梁:喻歌声响亮能阻遏行云,高亢回旋,经久不息。《列子·汤问》:"薛谭学讴于秦青……抚节悲歌声振林木,响遏行云。"又"昔韩娥东之齐,匮粮,过雍门,鬻歌假食。既去,而余音绕梁欐,三日不绝。"后以"余音绕梁"形容歌声优美,令人长久难忘。

㉝涉猎:广泛涉及,谓读书多而不专技。《汉书·贾山传》:"山受学祛,所言涉猎书记,不能为醇儒。"

㉞呫哔占毕:呫哔,原作吾伊,读书之声。宋黄山谷《考试局与孙元忠博士……戏作竹枝词》:"南窗读书声吾伊,北窗见月歌竹枝。"占毕,《礼记·学记》:"今之教者,呻其占毕。"《注》:"占,视也。简谓之毕。……言今之师,自不晓经之义,但吟诵其所视简之文。"后泛称读书吟诵为占毕。

㉟连篇累牍:形容文字冗长。《隋书·李谔传》:"(谔)上书曰:'江左齐梁,其敝弥甚,贵贱贤愚,唯务吟咏……竞一韵之奇,争一字之巧,连篇累牍,不出月露之形;积案盈箱,唯是风云之状。'"

㊱寸楮、尺素:寸楮,一寸之楮(纸),谓短笺。寸楮往来始于明崇祯,以严禁请托,于投挟为便。见清张尔岐《蒿庵闲话》。尺素,古人写文章或书信,常用长一尺左右的绢帛,称为尺素。汉蔡邕《饮马长城窟》:"客从远方来,遗我双鲤鱼。呼儿烹鲤鱼,中有尺素书。"后以尺素代称书信。

㊲润笔:《隋书·郑译传》:"上令内史令李德林立作诏书(复郑译之爵位),高颎戏谓译曰:'笔干。'译答曰:'出为方岳,杖策言归,不得一钱,何以润笔。'上大

笑。"唐宋翰苑官草诏除官,例事润笔物。后来泛指酬谢别人写作文字书画的财物。宋欧阳修《归田录》:"王元之任翰林,尝草夏州李继迁制,继迁送润笔物数倍于常。"

㊳稽古:研习古事。《后汉书·桓荣传》:"(光武帝以桓荣为太子傅,赐以辎车乘马)荣大会诸生,陈其车马印绶,曰:'今日所得,稽古之力也。'"

㊴文不加点:形容文思敏捷,下笔成章。汉吴郡张纯,少有令名,尝谒镇南将军朱据。据令纯赋一物然后就坐,纯应声便成,文不加点。见唐徐坚《初学记》载汉张衡《文士传》。又后汉黄祖大宴宾客,有献鹦鹉者,祖举卮向祢衡前,请祢衡为赋,衡援笔立就,文不加点。见《后汉书·祢衡传》。

㊵机杼一家:比喻创作诗文,构思布局新巧,成一家风格。《魏书·祖莹传》:"莹以文学见重,常与人曰:'文章须自出机杼,成一家风骨,何能共人同生活也。'"

㊶曳白:卷纸空白,考试交白卷。唐天宝时选进士,初选六十四人,试官苗晋卿判御史中丞张倚之子奭为高等。落第举子不服,上诉,玄宗于勤政殿亲临复试,仅十二人稍优,其余皆落,张奭持纸搁,不成一字。时人称为曳白。见《旧唐书·苗晋卿传》、唐刘存《事始》。

㊷杀青:汉刘向《战国策叙》:"其事继春秋以后,讫汉楚之起,二百四十五年间之事,皆定以杀青,书可缮写。"《后汉书·吴祐传》:"(吴)恢欲杀青简以写经书。"《注》:杀青者,以火炙简令汗,取其青易书,复不蠹,谓之杀青,亦曰汗简。"后泛指书籍定稿。绣梓,刻书于版,又称"付梓",因制版以梓木为上,故称。清袁枚《祭妹文》:"汝之诗,吾已付梓。"

㊸袜线:宋孙光宪《北梦琐言·高测启事》:"韩昭仕蜀,……粗有文章,至于琴、棋、书、算、射法悉皆涉猎,以此承恩于后主。时有朝士李台暇曰:'韩八座事艺如折袜线,无一条长。'"后称艺多无一精者为"袜线"。

㊹记问:记诵诗书以待问,谓无真知,缺乏心得。《礼记·学记》:"记问之学,不足以为人师。"宋欧阳修《蔡君山墓志铭》:"天子以六科策天下士,而学者以记问应对为事,非古取士之意也。"学肤,学识肤浅。

㊺推敲:对诗文字句反复斟酌。相传唐代诗人贾岛,骑驴赋诗,吟得"鸟宿池边树,僧敲月下门"之句,初拟用推字,又思改为敲字,在驴上用手作推敲之势,不觉冲撞京尹韩愈。韩问其故,贾具言所以,韩立马良久思之,谓岛曰:"敲字佳矣!"遂并舆共论诗道。见唐韦绚《嘉话录》、五代王定保《摭言》及宋胡仔《苕溪渔隐丛话》。记此事的颇多,但后人指为讹传。

㊻作辍:时作时息。汉扬雄《法言·孝至》:"或曰:何以处讹?曰:有人则作之,无人则辍之谓讹。观人者,审其作辍而矣。"后称不能坚持学习工作的为作辍无常。

㊼月露风云：指无裨于世道人心之风花雪月文辞。见前"连篇累牍"注。

㊽兰台、石室：兰台，汉代宫廷藏书之处，设御史中丞掌管，后置兰台令史，掌书奏。东汉御史台也称兰台，又因班固曾任兰台令史，后世也称史官为兰台。石室，藏图书档案之室。《史记·太史公自序》："绅史记石室金匮之书。"《索引》："案石室金匮，皆国家藏书之处。"

㊾焚书坑儒：秦始皇三十四年，博士淳于越根据古制，建议分封子弟。丞相李斯则主张禁止儒生以古非今，以私学诽谤朝政。秦始皇采纳李斯建议，下令除秦记、医药、卜筮、种树等书外，焚毁民间所有《诗》《书》和百家书。谈论《诗》《书》的处死，以古非今的族诛。次年又坑杀咸阳诸生四百六十余人，史书称为"焚书坑儒"。见《史记·秦始皇纪》。

㊿开科取士：设立科目以选拔人才。唐太宗贞观元年设弘文馆，选天下文儒，以现职兼任学士。贞观二年，广收天下儒士于京城，分配于朝廷中作官，太学生中通晓一大经以上都兼任官职。国子、太学、四门、俊士都增加学生名额，书学、算学各配备博士、学生，各种技艺齐备，驻守宫廷的士兵，也配备博士教其读经，有通晓经学的，即可向朝廷推荐。在国学之内讲学和读书的，差不多达万人。见唐吴兢撰《贞观政要·崇儒学》。唐代取士之科有秀才、明经、俊士、进士、明德、明字；明经中又分五经、三经、二经等，名目很多。参见《新唐书·选举志》。

【今译】

多才的士人，才学有八斗；博学的儒者，读书有五车。三坟、五典是三皇、五帝的书；八索、九丘是八泽、九州的志。《书经》记载上古尧舜禹商周的事，所以叫《尚书》；《易经》乃是周朝文王和周公所系，所以叫《周易》。戴德戴圣删订《礼记》，故称《礼记》为《戴礼》；毛亨毛苌注释《诗经》，故称《诗经》为《毛诗》。孔子写作《春秋》，因为伤感获麟而停笔，故称《春秋》为《麟经》。得《春秋》一字的褒扬，荣耀超过穿着华衮；受《春秋》一字的贬斥，严厉超过受到斧钺。"缥缃"、"黄卷"总称经书；"雁帛"、"鸾笺"通称书信。"锦心绣口"是称赞李太白的文才；"铁画银钩"是比喻王羲之的笔法。"雕虫小技"，是自谦文才的卑下；"倚马可待"，是羡慕作文的快速。称颂人学识大进，就说"士别三日当刮目相看"；羡慕人学业精通，就说"面壁九年始有此神悟"。"五凤楼手"是称美文字的精奇；"七步奇才"是羡慕天才的敏捷。称赞人才学高，说是"今天的班固、司马迁"；羡慕人作诗巧，就是"压倒了元稹、白居易"。汉晁错智谋多，汉景帝说他是"智囊"；高仁裕写诗多，当时人说他是"诗窖"。骚客就是诗人；誉髦称赞美士。古来作诗推崇杜甫和李太白；至今书法仰慕钟繇和王羲之。"白雪阳春"是难和难续的音韵；"青钱万选"喻屡选屡中的文章。"惊神泣鬼"，是比喻文章气势雄豪；"遏云绕梁"是形容歌声优美高吭。"涉猎不精"是多学的毛病；"呫嗫占毕"是诵书的声音。"连篇累牍"是说文字之多；"寸楮尺素"是指书信的简。送财物求人写文章，叫做"润笔之资"；借文字得人的钱财，便说"稽古之力"。文章写得全美，就说"文不加点"；文章写得新颖，叫做"机杼一家"。应试时做不出文章，叫做"曳白"；书成后要刊刻付印，叫做"杀青"。自谦才学短浅，就说"袜线之才"；自愧学识肤浅，就说"记问之学"。裁剪诗句叫"推敲"；荒废学业叫"作辍"。文章浮薄，有如"月露风云"；典籍储藏，皆在"兰台石室"。秦始皇无道，焚毁诗书，坑杀儒生；唐太宗爱文，开设科目，选拔人才。

【原文】

花样不同，乃谓文章之异①；潦草塞责，不求辞语之精②。邪说曰异端，又曰左道③；读书曰肄业，又曰藏修④。作文曰染翰操觚⑤；从师曰执经问难⑥。求作文，曰乞挥如椽笔⑦；羡高文，曰才是大方家⑧。竞尚佳章，曰洛阳纸贵⑨；不嫌问难，曰明镜不疲⑩。称人书架曰邺架⑪；称人嗜学曰书淫⑫。白居易生七月，便识之无二字⑬；唐李贺才七岁，作高轩过一篇⑭。开卷有益，宋太宗之要语⑮；不学无术，汉霍光之为人⑯。汉刘向校书于天禄，太乙燃藜⑰；赵匡胤代位于后周，陶谷出诏⑱。江淹梦笔生花，文思大进⑲；扬雄梦吐白凤，词赋愈奇⑳。李守素通姓氏之学，敬宗名为人物志㉑；虞世南晰古今之理，太宗号为行秘书㉒；茹古含今，皆言学博㉓；咀英嚼华，总曰文新㉔。文望尊隆，韩退之若泰山北斗㉕；涵养纯粹，程明道如良玉精金㉖。李白才高，咳唾随风生珠玉㉗；孙绰词丽，诗赋掷地作金声㉘。

（增）萤辉竹素㉙，蠹走芸编㉚。道观蓬莱，尽藏简编之所㉛；石渠天禄，悉贮史籍之场㉜。鲁为鱼，参明不谬；帝作虎，考证无讹㉝。长蛇生马之文，最难措手㉞；硬弩枯藤之字，未易挥毫㉟。借还书籍用双瓿㊱；收贮文章分四库㊲。豪吟如郑綮，还从驴背成诗；富学如薛收，偏向马头草檄㊳。八行书，言言委曲㊵；三尺法，字字森严㊶。咳唾成篇，阵马风樯敏捷㊷；精神满腹，雪车冰柱清高㊸。擅美誉于词场，禹锡诗豪，山谷诗伯㊺;称耆英于艺圃,伯英草圣,子玉草贤㊽。谢安石之碎金,悉为异物㊻;陆士衡之积玉,总属奇珍㊼。少室山集句最佳,片笺片玉㊽;福先寺碑文可诵,一字一缣㊾。陈琳作檄愈头风,定当神针法灸㊿;子美吟诗除疟鬼,何须妙剂金丹㉛。真老艺林英,朱夫子且退避三舍㉜;苏仙文苑隽,欧阳公尚放出一头㉝。

注释

①花样不同:本指织物的不同花纹图样。后借指文章的风格各异。唐卢仝下第,出都,投一逆旅,有一人附火吟曰:"学识缭绫功未就,乱投机杼错抛梭。若教宫锦行家见,把似文章笑杀他。"仝问之,答曰:"家业织绫,杂乱前隶属宫锦坊,近以薄艺投本行,皆云如今花样不同,且东归也。"见唐卢仝《卢氏杂说》。

②潦草塞责:办事不认真只求搪塞责任。宋朱熹《朱子语类》:"今人事无大小,皆潦草过了。"《明臣奏议·(李颐)条陈海防疏》:"毋容将领等官,卖放滋敝,潦草塞责。"

③异端、左道:异端,古代儒家称持不同见解的学派为异端。《论语·为政》:"攻乎异端,斯害也已。"后泛称不合正统者为异端。《抱朴子·论仙》:"古人学不求仙,言不语怪,杜彼异端,守此自然。"左道,邪门旁道。《礼记·王制》:"执左道以乱政,杀。"《注》:"左道,若巫蛊及俗禁。"

④肄业、藏修:肄业,修习学业。《国语·鲁语》:"臣以为肄业及之,故不敢拜。"藏修,身藏修学。《礼记·学记》:"故君子之于学也藏焉、修焉、息焉、游焉。"《注》:"藏,谓怀抱之;修,习也。"

⑤染翰、操觚(gū 姑):染翰,用笔蘸墨,谓写作。翰,笔也。晋潘安仁《秋兴赋》:"于是染翰操纸,慨然而赋。"操觚,执简,谓作文。觚,古人书写时的木简。晋陆机《文赋》:"或操觚以率尔,或含毫而邈然。"

⑥执经、问难:执经,手执经书,谓从师受业。《汉书·于定国传》:"定国乃延师学《春秋》,手执经,北面备弟子礼。"问难,诘问辩驳。《后汉书·儒林传序》:"飨射礼毕,(明)帝正坐自讲,诸儒执经问难于前。冠带缙绅之人,圜桥门而观听者盖以亿万计。"

⑦如椽笔:比喻大手笔。《晋书·王导传附王珣》:"珣梦人以大笔如椽与之,既觉,语人曰:'此当有大手笔事。'俄而帝崩,哀册谥议皆珣所草。"后以椽笔称颂重要文章或写作才能。

⑧大方家:原指道术修养深湛的人。《庄子·秋水》:"今我睹子之难穷也。吾非至于子之门,则殆矣,吾长见笑于大方之家。"后称饱学或精专一艺者为大方家。

⑨洛阳纸贵:晋左思作《三都赋》,构思十年,赋成,不为时人所重。后皇甫谧为之作序,张载刘逵为之作注,张华叹曰:"班(固)、张(衡)之流也。"于是富豪之家,争相传写,洛阳为之纸贵。见《晋书·左思传》。后以洛阳纸贵形容文章风行一时。

⑩明镜不疲:喻智慧多用无伤。《世说新语·语言》:"晋孝武将讲孝经,谢公兄弟与诸人私庭讲习。车武子苦难问谢,谓袁羊曰:'不问则德音有遗,多问则重劳二谢。'袁曰:'必无此嫌。'车曰:'何以知尔。'袁曰:'何尝见明镜疲于累照,清流惮于惠风。'"

⑪邺架:唐李泌(封邺侯)父承休,聚书二万卷,戒子孙不许出门,有来求读者,别院供馔。见《邺侯家传》。唐韩愈《送诸葛觉往随州读书》:"邺侯家多书,插架三万轴。"后用以称人家藏书。

⑫书淫:嗜书入迷的人。《晋书·皇甫谧传》:"谧耽玩典籍,忘寝与食,时人谓之书淫。"又皇甫谧《玄晏春秋》:"余学或兼夜不寐,或临食忘餐,或不觉日夜,……号余曰书淫。"《梁书·刘峻传》:"峻好学,家贫,寄人庑下,自谓读书,常燎麻炬,从夕达旦,……清河崔慰祖谓之书淫。"

⑬白居易句:《旧唐书·白居易传》:"仆始生六七月时,乳母抱弄于书屏下,有指'之'字'无'字示仆者,仆口不能言,心已默识。后有问此二字者,虽百十其试,而指之不差。"

⑭唐李贺句:《新唐书·李贺传》:"七岁能辞章,韩愈、皇甫湜始闻未信,过其家,使贺赋诗,援笔辄就如素构,自目曰《高轩过》。二人大惊,自是有名。"

⑮开卷有益:宋太宗喜读书,每日阅《太平御览》三卷,因事有缺,暇日必追补之。人谓其辛苦,太宗听后说:"开卷有益,朕不以为劳也。"见宋王辟之《渑水燕谈录》《宋实录》。

⑯不学无术:《汉书·霍光传赞》:"然光不学亡术,闇于大理。"本是说霍光不能学古,故所行不合于道。后泛指没有学问和修养。

⑰汉刘向校书句:汉成帝时,刘向校正五经异同于天禄阁,时值元宵,人皆出游,向一人不出,夜有老人执青藜杖,扣阁而进,见向独坐诵书,吹杖端焰照之,向请问姓名,老人云:"我是太乙之精也。"旧传用藜为燃,光最明,可传火彻夜。太乙,神名,天神之最尊贵者。见《三辅黄图·阁》。

⑱赵匡胤代位句:宋赵匡胤于陈桥驿兵变中被下属拥立,返师回朝,召文武百僚,班定之后,无周恭帝禅位之诏。翰林承旨陶谷出周恭帝禅位诏书于袖中,宣读毕,即引太祖就庭北面拜受,升崇元殿,服衮冕,即皇帝位。见《宋史·太祖纪》。参见《朝廷》"独日重轮"注。

⑲江淹梦笔生花句:南朝梁江淹少时梦人授以五色笔,后文藻日进;晚年又梦一个自称郭璞的人,说:"吾有笔在卿处多年,可以见还。"江淹探怀中,有五色笔

一支,授之,尔后为诗,绝无美句。见《南史·江淹传》。梦笔生花事,见《开元天宝遗事》:"李太白少时,梦所用之笔,头上生花。后天才瞻逸,名闻天下。"后喻人才思日进为梦笔。

⑳杨雄梦吐白凤句:汉杨雄著《太玄》,一夜梦口吐白色凤凰于《太玄》之上。见晋葛洪《西京杂记》。后以吐凤称赞擅长写作。

㉑李守素通姓氏之学句:唐李守素为天策府仓曹参军,博通姓氏学,旧谓谱学,自晋宋以来,四海士流及诸勋贵华戎阀阅,莫不详究,当时号为行谱。许敬宗对虞世南曰:"李仓曹以善谈人物,得此名(行谱)不雅,宜改之。"世南曰:"昔任彦升,美谈经籍,称为五经笥,今目李仓曹为人物志可矣。"见《旧唐书·褚亮传附李守素》。

㉒虞世南晰古今之理句:唐虞世南,明晰古今之理,博闻强记。唐太宗一日出行,有司请载书相从。太宗曰:"不须,有虞世南在,此行秘书也。"见唐刘肃《大唐新语·聪敏》。

㉓茹古含今:谓博学多闻,通晓古今。"含今"又作"涵今。"唐皇甫湜《韩文公墓铭》:"茹古涵今,无有端涯。"茹,吃也。

㉔咀英嚼华:即含英咀华,指玩味探究诗文的精华。唐韩愈《进学解》:"沉浸酴郁,含英咀华,作为文章,其书满家。"

㉕泰山北斗:简称泰斗。古人认为泰山最高,北斗星最明,常用以比喻众所崇敬的人。《新唐书·韩愈传赞》:"自愈没,其言大行,学者仰之如泰山北斗云。"

㉖良玉精金:比喻人道德高尚纯粹。宋程伊川《明道行状》:"纯粹如精金,温润如良玉。"

㉗咳唾随风生珠玉:比喻语言珍重。唐李白《妾命薄》:"咳唾落九天,随风生珠玉。"

㉘诗赋掷地作金声句:《世说新语·文学》:"孙兴公(绰)作《天台赋》成,以示范荣期云:'卿试掷地,要作金石声。'"原形容语言文字之美,后也用掷地称才华之高。

㉙萤辉竹素:用萤火照着读书。《晋书·车胤传》:"胤恭勤不倦,博学多通,家贫不常得油,夏月则练囊盛数十萤火以照书,以夜继日焉。"竹素,竹简和白绢,指书、史。意同"竹帛"。晋张协《杂诗》之九:"游思竹索园,寄辞翰墨林。"

㉚芸编:书籍。芸,香草,置于书页内,可防蛀虫,故称书籍为芸编。宋陆游诗《夏日杂题》:"天随手不去朱黄,辟蠹芸编细细香。"

㉛道观蓬莱:本系东观之讹传。东汉洛阳南宫有东观,又名蓬观,乃藏书之处。东汉安帝永初四年,诏令谒者刘珍及五经博士校定东观五经、诸子、传记、百家艺术于此。见《后汉书·安帝纪》。

㉜石渠、天禄:汉宫中阁名,是藏典籍图书之处,为汉初萧何建造。汉宣帝曾

与韦玄成等讲论于石渠阁,刘向、扬雄曾先后校书于天禄阁。见《三辅黄图·阁》。

㉝鲁为鱼两句:指文字因形近而传写、刊刻的错误。《抱朴子·遐览》:"书三写,鱼成鲁,虚成虎。"唐马总《意林》引虚作"帝"。

㉞长蛇生马:唐孙樵,字可之,从韩愈学,举大中进士,授中书舍人,僖宗时迁职方郎中上柱国。曾曰:"韩吏部(愈)《进学解》、玉川子(卢仝)《月蚀歌》,莫不拔地倚天,句句欲活,读之如赤手捕长蛇,不施鞍勒骑生马。"见唐孙樵《与王霖书》。

㉟硬弩枯藤:三国魏钟繇弟子宋翼善书,画一戈,如百钧硬弩,作一点如高峰堕石,作一牵如百岁枯藤,作一放纵,如惊蛇入草。见《中国人名大辞典·宋翼》。

㊱双瓿:两瓶酒。瓿,酒器。古人借书、还书时各送一瓶酒以为报酬。宋薛季宣诗《从孙元式假定本韩文》:"校仇欲向君无愧,聊以新诗当一瓿。""一瓿"亦作"一鸱"。后来瓿讹转为痴。宋人有谚语曰:"借书与人一痴,借得复还为一痴。"见宋曾慥《高斋漫录》。

㊲四库:宫廷收藏图书之地。《新唐书·艺文志》:"两都各聚书四部,以甲、乙、丙、丁为次,列经、史、子、集四库。其本有正有副,轴带帙签,各异色以别之。"后世相沿,作为群书总称。

㊳驴背成诗:唐相国郑綮能诗,人或问其近日作诗否。答曰:"诗思在灞桥风雪中,驴子背上,此何得之。"见五代孙光宪《北梦琐言》。

㊴马头草檄:指唐薛收为文之敏捷。《新唐书·薛收传》:"秦王召见问方略,所对合旨,授府主簿,判陕东道大行台,金部郎中。是时方讨世充,军事繁综,收为书檄露布,或马上占辞,皆敏如素构。"

㊵八行书:原指每页八行的信纸,后作为书信之通称。东汉马融《与窦伯向(章)书》:"孟陵奴来,赐书,见手迹,欢喜何量见于面也。书虽两纸,纸八行,行七字。"见《后汉书·窦融传附窦章》《注》。

㊶三尺法:指法律。古时把法律写在三尺长的竹简上,故称三尺法。《史记·杜周传》:"客有让(杜)周曰:'君为天子决平,不循三尺法,专以人主意指为狱。狱者固如是乎?'"

㊷阵马风樯:如阵驰之马匹,如迎风之樯桅,指声势敏捷。见宋尤袤《全唐诗话》《李贺集·杜牧之序》:"风樯阵马,不足为其勇也;瓦棺篆鼎,不足为其古也。"

㊸雪车、冰柱:唐刘叉所作二诗名,词意很清高。《新唐书·韩愈传附刘叉》:"刘叉者亦节士……闻愈接天下士,步归之,作《冰柱》《雪车》二诗,出卢仝、孟郊右。""雪车",原本为"云车",误,从大文本改。

㊹诗豪、诗伯:诗豪,杰出的诗人。唐代大诗人刘禹锡,时人称为诗豪。唐代白居易《刘白唱和集解》:"彭城刘梦得(禹锡)者,诗豪也,其锋森然,少敢当者,予

不量力，往往犯之。”诗伯，亦称诗祖，为诗坛领袖。宋吕居仁作《江西诗派图》，刘克庄作《江西诗派小序》，推黄庭坚（鲁直）为诗祖，亦即诗伯。

㊺草圣、草贤：草圣，对草书有最高成就者的美称。东汉张芝、唐张旭皆有草圣之称。《三国志·魏志·刘劭传》《注》引晋卫恒《四体书势》：“弘农张伯英（芝）者，……凡家之布帛，必书而后练，临池学书，池水尽黑。……至今世人尤宝之，韦仲将（诞）谓之草圣。”草贤，善于草书者。《太平广记·崔瑗》：“崔瑗字子玉，善章草书，师于杜度，媚趣过之，点画精微，神变无碍，……王隐谓之草贤。”

㊻碎金：零篇杰作。金，喻其珍贵。《世说新语·文学》：“桓公（温）及谢安石作简文谥议，看竟，掷于坐上诸客曰：‘此是安石碎金。’”

㊼积玉：精华所聚。晋葛洪著书称誉陆机之文：“犹玄圃之积玉，无非夜光焉；五河之吐流，泉源如一焉。其弘丽妍赡，英锐飘逸，亦一代之绝乎。”见《晋书·陆机传》。

㊽片笺片玉：喻文章之秀美。唐李峤善文，作《少室山记》，富赡华美，人称其片笺片玉。见南宋纪有功编《唐诗纪事》。

㊾一字一缣：喻文字精美。《新唐书·韩愈传附皇甫湜》：“裴度辟（皇甫湜）为判官。度修福先寺，立碑求文于白居易，湜怒曰：‘近舍湜而远取居易，请从此辞。’度谢之，湜即请斗酒，饮酣，援笔立就。度赠以车马彩缯甚厚。湜大怒曰：‘自吾为顾况集序，未尝许人，今碑字三千，字三缣，何遇我薄耶？’度笑曰：‘不羁之才也。’从而酬之。”缣，丝织浅黄色细绢。

㊿陈琳作檄句：陈琳，字孔璋，东汉末广陵人，与王粲齐名，为建安七子之一。先事袁绍，典文章，尝为绍移书曹操，数其罪状。绍败归操，操爱其才而不咎，以为记室，军国书檄多出其手。尝作檄，草成呈操，操正苦头风病，卧读琳所作，翕然而起曰：“此愈我病。”见《三国志·魏志·王粲等传》《注》引《典略》。

(51)子美吟诗句：昔有病疟者，子美曰：“吾诗可以疗之。”病者问何诗，子美曰：“子璋髑髅血模糊，手持掷还崔大夫。”又曰：“更有昔日太宗拳毛騧，近时郭家狮子花。”其人诵之，果愈。见宋蔡絛《西清诗话》。

(52)真老艺林英句：南宋真德秀，学者尊称为西山先生，官至参知政事。曾筑新居于越山，室成，名其斋日“学易”，楹帖云：“坐看吴越两山秀，默契羲文千古心。”朱晦翁（熹）见之，曰：“吾且当避此老三舍。”事见《名贤集》。真德秀《宋史》有传。

(53)苏仙文苑隽句：《宋史·苏轼传》：“（轼）嘉祐二年试礼部，方时文磔裂诡异之敝胜，主司欧阳修思有以救之，得轼《刑赏忠厚（之至）论》，惊喜，欲擢冠多士，犹疑其客曾巩所为，但置第二，复以《春秋》对义居第一，殿试中乙科。后（轼）以书见修，修语梅圣俞曰：‘吾当避此人出一头地。’闻者始哗不厌，久乃信服。”成语“出人头地”本此。

【今译】

　　花样不同,是说文章体裁各异;潦草塞责,是说文辞不求精美。邪说叫"异端",又叫"左道";读书叫做"肄业",又叫"藏修"。执笔作文叫"染翰操觚";从师求学叫"执经问难"。求人作文,说请挥如椽笔;羡人文高,说真是大方家。争着传写佳作,叫做"洛阳纸贵";不怕反复问难,叫做"明镜不疲"。称人书架叫"邺架";说人好学叫"书淫"。白居易生下才七月,便认得之无二字;唐李贺七岁的时候,就作《高轩过》一篇。"开卷有益"这是宋太宗要紧话;"不学无术"这是汉霍光的做人。汉刘向在天禄阁校书,太乙老人燃藜杖;赵匡胤代后周做皇帝,翰林陶谷出诏书。江淹梦得五彩笔,文思大进;扬雄梦见吐白凤,词赋更奇。李守素精通姓氏的学问,虞世南称他为人物志;虞世南明晰古今的道理,唐太宗叫他做行秘书。"茹古含今"是说人博学多闻;"咀英嚼华"是说人文章新颖。文章声望尊隆,韩退之如泰山北斗;道德涵养纯粹,程明道如良玉精金。李白文才极高,他咳唾的涎沫,随风就生成珠玉;孙绰词章华丽,他写作的文章,掷地听到金石声。

　　(增)萤火的光亮,照着读书;芸草的香气,能防书虫。"道观"、"蓬莱"都是藏书处;"石渠"、"天禄"也是藏书室。鲁字误写为鱼,考证已明;帝字错写为虎,订正不错。好文的气势,像捉长蛇、骑生马,最难学到;好字的笔画,像百钧弩、百岁藤,不易练成。借书还书,要用两瓶酒;经史子集,分作四库存。豪吟的郑綮,诗思勃发在驴背上;博学的薛收,檄文草成在马头前。八行的书信,句句衷曲;三尺的法律,字字威严。咳唾就能成篇,像阵上马、趁风樯如此迅速;精神充满腹中,像雪的车、冰的柱那样清高。专擅美名誉于诗词之场,刘禹锡称诗豪,黄山谷称诗伯;称赞老英杰在艺术之苑,张英伯称草圣,崔子玉称草贤。谢安石的谥议,好比碎金,都是奇异的宝物;陆士衡的文章,好比积玉,总是新奇的珍宝。唐李峤少室山记,片笺如片玉;皇甫湜福先寺碑,一字值一缣。陈琳作檄文,治愈头风,可当神针法灸;子美吟诗句,除了疟鬼,何用妙剂金丹。真老是艺林英杰,朱夫子要退避三舍;苏轼是文苑俊才,欧阳公放他出一头。

科 第 新增文十二联

【原文】

士人入学曰游泮，又曰采芹①；士人登科曰释褐，又曰得隽②，宾兴即大比之年③；贤书即试录之号④。鹿鸣宴，款文榜之贤⑤；鹰扬宴，待武科之士⑥。文章入式，有朱衣以点头⑦；经术既明，取青紫如拾芥⑧。其家初中，谓之破天荒⑨；士人超拔，谓之出头地⑩。中状元，曰独占鳌头⑪；中解元，曰名魁虎榜⑫。琼林赐宴，宋太宗之伊始⑬；临轩问策，宋神宗之开端⑭。同榜之人，皆是同年⑮；取中之官，谓之座主⑯。应试见遗，谓之龙门点额⑰；进士及第，谓之雁塔题名⑱。贺登科，曰荣膺鹗荐⑲；入贡院，曰鏖战棘闱⑳。金殿唱名曰传胪㉑；乡会放榜曰撤棘㉒。攀仙桂，步青云，皆言荣发㉓；孙山外，红勒帛，总是无名㉔。英雄入吾彀，唐太宗喜得佳士㉕；桃李属春官，刘禹锡贺得门生㉖。薪，采也，槱，积也，美文王作人之诗，故考士谓之薪槱之典㉗，汇，类也，征，进也，是连类同进之象，故进贤谓之汇征之途㉘。赚了英雄，慰人下第㉙；傍谁门户，怜士无依㉚。虽然，有志者事竟成，仁看荣华之日㉛；成丹者火候到，何惜烹炼之功㉜？

（增）班名玉笋㉝；饼是红绫㉞。贡树分香，预卜他年卿相㉟；天街软绣，争看此日郎君㊱。江东之罗隐何多㊲；淮右之温岐不少㊳。狗从窦出，莫非登第休征㊴；鼠以经衔，却是命题吉兆㊵。不欺之语，直可书绅㊶；忠孝之求，真难副上㊷。孙宋则弟兄俱贵㊸；梁张则乔梓皆荣㊹。得云雨而扬鬐，岂是池中之物㊺；挟风雷而烧尾，非终海底之鱼㊻。遍历名园，孰作探花之使㊼；同观竞渡，谁为夺锦之人㊽？此日羽毛，仁看振翮；昔年辛苦，莫负初心㊾。莫存温饱之志，还辞贵戚之婚㊿。邹子为书，明月空遭按剑；高公未第，秋江自怨芙蓉㊀。青衫则岁岁堪怜；金线则年年自笑㊁。

注释

①游泮、采芹：科第时代称生员入学为游泮或入泮。泮即泮宫，古时的学宫。《礼记·王制》："天子命之教，然后为学。……天子曰辟雍，诸侯曰泮宫。"《诗·

鲁颂·泮水》:"乐思泮水,薄采其芹!"泮水,泮宫之水。后用此变称游泮、入泮为采芹。

②释褐、得隽:释褐,脱去布衣,换上官服。汉扬雄《解嘲》:"夫上世之士,或解缚而相,或释褐而傅。"宋代以后,士人殿试之后,新进士入太学释褐。得隽(俊),考试及第。唐元稹《和王侍郎酬广宣上人观放榜后相贺诗》:"竞走阶前希得俊,高悬日下表无私。"

③宾兴、大比:宾兴,周朝时的选举法。由乡小学举贤能而宾礼之,升入国学。《周礼·地官·大司徒》:"以乡三物教万民,而宾兴之。"科举时代。地方官招待应举之士,称为宾兴。后就称乡试为宾兴。大比,周朝,乡大夫从司徒处接受教法,向乡吏颁布,使各施教于所治区域,每三年对乡吏进行考核,选贤择能,称大比。见《周礼·地官·乡大夫》。以后科举时代就称乡试为大比。

④贤书、试录:贤书,贤能之书,谓举荐贤能者的名籍。《周礼·地官·乡大夫》:"乡老及乡大夫,群吏献贤能之书于王,王再拜受之,登于天府。"后称乡试中式为登贤书。试录,明清时,将乡试会试中式的举子姓名、籍贯、名次及优等文章刊刻进呈,名曰试录。见清翟灏《通俗编·仕进·试录》。

⑤鹿鸣宴:科举时,考试后所举行的宴会,由州县长官宴请考官、学政及中式诸生。唐人宴时用少牢,歌《诗·小雅·鹿鸣》之章,故称鹿鸣宴。宋朝在殿试时为文武两榜状元设宴,同年团拜,亦称鹿鸣宴。见《新唐书·选举志》、宋吴自牧《梦梁录》、清吴荣光《吾学录》。

⑥鹰扬宴:清朝,武乡试揭晓之翌日,宴请监射主考、执事各官及武举,称鹰扬宴。见《清会典事例·礼部贡举》。鹰扬,如鹰之奋扬,喻威武也。《诗·大雅·大明》:"维师尚父,时维鹰扬。"

⑦朱衣点头:传说宋欧阳修主持贡院举试,每阅试卷,常觉坐后有朱衣人时复点头,凡朱衣人点头的,都是合格的文章。后用为科举时中选的代称。见宋赵令时《侯鲭录》。

⑧取青紫:博取官位。青紫,指贵官印绶或服饰的颜色。《汉书·夏侯胜传》:"胜每讲授,常谓诸生曰:'士病不明经术。经术苟明,其取青紫,如俛拾地芥耳。'"拾芥,捡取地上草芥,比喻取之极易。

⑨破天荒:唐荆州每岁解送举人,多不成名,号曰天荒。唐大中四年,刘蜕以荆解及第,刺史崔铉特给钱七十贯为破天荒钱。蜕谢书有云:"五十年来,自是人废;一千里外,岂曰天荒。"见五代王定保《唐摭言》、宋孙光宪《北梦琐言》。后泛指第一次出现的新事物。

⑩出头地:见《文事》"苏仙文苑隽"注。

⑪独占鳌头:科举时称状元及第。清洪亮吉《北江诗话》:"俗话谓状元独占鳌头,语非尽无稽。胪传毕,赞礼官引东班状元、西班榜眼二人,前趋主殿陛下,迎

殿试榜,抵陛,则状元稍前,进立中陛石上,石正中镌升龙巨鳌,……俗语所本以此。"

⑫名魁虎榜:名列于虎榜之首。科举时,殿试时进士榜称龙虎榜,简称虎榜。《新唐书·欧阳詹传》:"举进士,与韩愈、李观、李绛、崔群、王涯、冯宿、庾承宣联第,皆天下选,时称'龙虎榜'。"(注释者按:解元为乡试第一名,乡试后的次年春,即进行殿试。故原文"中解元,曰名魁虎榜",是对解元恭维预贺的谀词。)

⑬琼林赐宴:皇帝赐新科进士的宴会。宋太宗太平兴国二年。赐宴新科进士于琼林苑,因称为琼林宴。见《宋史·选举志》。宋吴文英《绛都春》:"花底天宽春无限,仙郎骄马琼林宴。"明清时亦沿此称。

⑭临轩问策:皇帝不坐正殿而亲临殿前考试贡士。殿前堂陛之间,近檐处两边有槛楯,如车之轩,故称临轩。《后汉书·李膺传》:"诏膺入殿御亲临轩,诘以不先请便加诛辟之意。"后称皇帝亲试贡士,称为临轩策士。熙宁三年,宋神宗亲至集英殿,试进士以策议而不用诗赋。见《宋史·选举志》。

⑮同年:科举制度,同榜的人称同年。唐刘禹锡《送张盥赴举诗》《引》:"古人以偕受学为同门友,今人以偕升名为同年友。"清顾炎武《生员论》:"同榜之士,谓之同年。"

⑯座主:唐代进士称主考官为座主,自称门生。历代虽时有禁称门生之令,但门生之名不废。清初严禁称门生,谒座师房师帖,只书姓名,书启则称受业。见唐李肇《国史补》、清顾炎武《日知录·座主门生》。

⑰龙门点额:河津,一名龙门。传说鱼至此莫能上,上则为龙,不得上辄暴鳃水次。见宋陆佃《埤雅》。又《水经·河水》引《尔雅》:"鳣,鲔也,出巩穴,三月则上渡龙门,得渡为龙矣;否则点额而退。"后以龙门点额喻应试落选。

⑱雁塔题名:唐代韦肇进士及第,偶于慈恩寺雁塔题名。中宗神龙之后,新进士题名雁塔,遂为故事。见宋钱易《南部新书》。唐韦绚《嘉话录》则谓进士张莒偶题名雁塔,雁塔题名始此。

⑲鹗荐:后汉孔融上表荐祢衡曰:"鸷鸟累百,不如一鹗。使衡立朝,必有可观。"见《后汉书·祢衡传》。后称举荐人才为鹗荐,荐书为鹗书。

⑳棘闱:科举时代的试院。唐五代试士,用棘闱试院,以防止放榜时士子喧闹。后又用以杜塞传递交带之弊。后遂称试院为棘围、棘闱。宋李昂英《再用观人试韵》:"棘闱投卷姑止之,桂籍题名先定矣。"

㉑传胪:科举时,殿试之后宣读皇帝诏命唱名叫传胪。其制始于宋代,进士在集英殿听候宣唱名次之日,皇帝至殿宣唱,由阁门承接,转传于阶下,卫士六七人皆齐声传名高呼,称为传胪。明代称会试第一名为会元,二三甲第一名为传胪。至清则专称二甲第一名为传胪。参阅宋赵升《朝野类要》《明史·选举志》。

㉒撤棘:科举时代称考试完毕为撤棘。《旧五代史·和凝传》:"(凝)兼权知

贡举,贡院旧例,放榜之日,设棘于门,以防下第不逞者。凝令撤棘启门,是日寂无喧者。"参见"棘围"注。

㉓攀仙桂、步青云:均为旧时科举登科及第之词。攀仙桂,汉淮南小山《招隐士》:"攀援桂枝兮聊淹留。"后以攀桂指登科,与折桂同。晋郤诜举贤良对策,列为最优,自谓"犹桂林之一枝,昆山之片玉。"见《晋书·郤诜传》。又古代传说月中有桂树,月下有一人名吴刚,常斫之,随斫随合。唐李太白诗《赠崔司户文昆季》:"欲折月中桂,持为寒者薪。"后又以"月中折桂"或"蟾宫折桂"称科举及第。唐许浑《下第贻友人》:"人心高下月中桂,客思往来波上萍。"步青云,青云原指高官厚禄。《史记·范雎传》:"须贾顿首言死罪,曰:'贾不意君能自致于青云之上。'"后世遂称登科及第为"平步青云"。宋梁灏八十二岁,始状元及第,谢表云:"皓首穷经,青云得路。"

㉔孙山外、红勒帛:传说吴人孙山与同乡之子共赴乡试,孙山考取最末一名。回到家乡,同乡向他打听儿子是否考中,孙山说:"解名尽处是孙山,贤郎更在孙山外。"见宋范公偁《过庭录》。后以落榜为"名落孙山"。宋嘉祐中,士人刘几为文,爱作怪险之语,学者仿效。欧阳公深恶之。后当欧阳公主持文试,有一举人论曰:"天地轧、万物茁、圣人发。"公曰:"此必刘几也。"乃以大朱笔横抹之,自首至尾,谓之红勒帛,判为"大纰缪"。榜出,果为刘几。见宋沈括《梦溪笔谈》。

㉕英雄入吾彀:英雄皆入吾掌握之中。唐太宗即位后,重视儒学,开科取士。尝私幸端门,见新进士辍行而出,喜曰:"天下英雄入吾彀中矣。"见五代王定保《唐摭言》。

㉖桃李属春官:唐刘禹锡《宣上人远寄和礼部王侍郎放榜后诗因而继和》:"礼闱新榜动长安,九陌人人走马看。一日声名遍天下,满城桃李属春官。……"桃李,指门生;春官,古时称主持考试之事的礼部为春官。

㉗薪槱(yóu 犹):采积,引申为举用人才。《诗·大雅·棫朴》:"芃芃棫朴,薪之槱之,济济辟王,左右趣之。"《传》:"槱,积也。山木茂盛,万民得而薪之,贤人众多,国家得用蕃兴。"这是歌颂文王乐育贤才,盛德服人,四方归服。槱,积木柴以备燃烧。

㉘汇征:连类同进。《易·泰》:"初九,拔茅茹,以其汇,征吉。"《疏》:"汇,类也,以类相从。………征,行也。"后因称进用贤者为汇征。

㉙赚了英雄:唐制,进士科甚重,其老死于文场者亦无恨。时人诗云:"太宗皇帝真长策,赚得英雄尽白头。"见五代王定保《唐摭言》。

㉚傍谁门户:唐章孝标,桐庐人。登元和十四年进士第,除秘书省正字,太和中试大理评事。其《归燕词辞工部侍郎》(一作《下第后献主司》):"旧垒危巢泥已落,今年故向社前归。连云大厦无栖处,更傍谁家门户飞。"见《全唐诗》。章孝标《两唐书》无传。其事略见于唐范摅《云溪友议》、元辛文房《唐才子传》。

㉛有志者事竟成:有决心和毅力,事情终会成功。东汉大将耿弇,屡立战功。光武帝刘秀尝谓耿弇曰:"将军前在南阳建此大业,常以为落落难合,有志者事竟成也。"见《后汉书·耿弇传》。宋陆游《雪夜》:"君勿轻癯儒,有志事竟成。"

㉜成丹者火候到:道家以药石贮于鼎内以火炼成丹(或丹砂)。《晋书·葛洪传》:"从祖玄,吴时学道得仙,号曰葛仙公,以其炼丹秘术授弟子郑隐。"又《抱朴子·金丹》:"第六之丹名炼丹,服之,十日仙也。又以汞合火之,亦成黄金。"

㉝玉笋班:喻人才济济,如笋并立。唐李宗闵为中书舍人,典贡举,所取多名士,如唐冲、薛庠、袁都等人,时人称为玉笋班。见《新唐书·李宗闵传》。

㉞红绫饼:一种精美的食饼,外裹红绫,故称红绫饼。宋叶梦得《避暑录话》:"唐御膳以红绫饼餤为重。昭宗光化中,放进士榜,得裴格等二十八人,以为得人。会宴曲江,乃令大官特作二十八饼餤赐之。卢延让在其间。(卢)后入蜀为学士,既老,颇为蜀人所易。延让诗素平易近俳,乃作诗云:'莫欺零落残牙齿,曾吃红绫饼餤来。'"

㉟贡树分香,预卜他年卿相:(殷文圭启)贡树分香,折枝分艳。(通典)进士科,始隋大业中,盛于贞观永徽之际,缙绅虽位极人臣,不由进士者,不以为美,其推重谓之白衣卿相,以白衣之士,即卿相之资也。见五代王定保《唐摭言》。

㊱天街软绣:唐薛逢晚年厄于宦途,尝策羸马赴朝,值新进士缀行而出,团司使数十人,见薛逢行李萧然,前导曰:"回避新郎君。"薛愤然遣介语曰:"报导莫乞相阿婆,三五少年时,也曾东涂西抹来。"见五代王定保《唐摭言》。软绣,指新进士穿的轻软锦绣。

㊲罗隐:唐末余杭人。原名横。举进士十上不第,改名隐,字昭谏,自号江东生。有诗名,尤长咏史,然多所讥讽,为众所憎。见《旧五代史·罗隐传》、元辛文房《唐才子传》。

㊳温歧:即唐温庭筠,字飞卿,太原人。大中初应进士,苦心砚席,尤长于诗赋。初至京师,人士推重,然行为不检,不修边幅,与公卿家无赖子弟,相与蒲饮,酣醉经日,于是累年不第。见《旧唐书·温庭筠传》。

㊴狗从窦出:唐裴元质举进士,夜梦一狗从窦中出,挽弓射之,其箭遂撒,以为不祥。梦神人解之曰:"狗者第字头也,弓者第字身也,箭者第字竖也,有撒为第。"后唱名,果中进士。见唐张鷟《朝野佥载》。

㊵鼠以经衔:宋杜镐,字文周,太宗时官直秘阁,大中祥符中进秩礼部侍郎。传说初登第将试前夕,见大鼠含卷于前,视之,乃《孝经正义》。明日,果在《正义》出题三道。杜镐《宋史》有传。

㊶不欺之语:宋贾黯以状元及第,归邓州,时范文正公为太守,黯晋见文正公,曰:"晚生偶得科第,愿受教。"文正公曰:"君不忧不显,惟不欺二字,可终身行之。"贾黯拜受其言,终身不忘。见宋邵伯温《邵氏闻见录》。

卷四·科第 259

㊷忠孝之求：宋郑獬，仁宗皇祐五年中进士。仁宗慎于选士，皇祐五年廷赐进士时，前一日，仁宗取首选之卷焚书祝告，曰："愿得忠孝状元。"及唱名，乃为郑獬。故郑獬及第启有云："何以副上心忠孝之求。"见北宋王得臣撰《麈史》。

㊸孙宋则弟兄俱贵：孙指北宋孙何、孙仅兄弟；宋指宋郊、宋祁兄弟。孙何，蔡州汝阳人。十岁识音韵，十五善属文，与丁谓齐名，时人号称孙丁。何于淳化三年举进士。其弟孙仅与其兄俱有名，于咸平元年举进士。兄弟连贯贡籍，时人荣之。见《宋史·孙何·孙仅传》。宋郊、宋祁见《兄弟》"大宋小宋"注。

㊹梁张则乔梓皆荣：梁指北宋梁灏父子；张指北宋张去华父子。梁灏，见"步青云"。梁灏之子梁固，幼有志节，尝著《汉春秋》，真宗大中祥符元年举进士。见《宋史·梁灏梁固传》。张去华，字信臣，幼时勤学，善属词，宋太祖建隆年间举进士甲科，累官工部尚书。其子张师德，去华尝欲任之官，师德辞不就。宋真宗祀汾阴，知河南府薛映荐师学行，是岁师德举进士，亦为第一。见《宋史·张去华师德传》。

㊺池中之物：比喻蛰居一隅，没有远大抱负的人。见《人事》"所见略同"注。扬鬐，摆动脊鳍。

㊻烧尾：唐士人新登第或升迁，同辈为之举行贺宴，称为烧尾。其说各一，或谓虎变为人，惟尾不化，须烧除乃得为人；或说鱼跃龙门，化为龙时必有雷为之烧尾乃化；或说新羊入群，为诸羊所触，烧尾乃定。见唐封演《封氏闻见记》。

㊼探花使：唐时，初宴进士于曲江杏花园，称探花宴，以进士中少俊者二人为探花使，遍游名园，若他人先得名花，则二人被罚。见唐李淖《秦中岁时记》。至南宋以后乃专称殿试一甲第三名为探花。

㊽夺锦人：唐卢肇、黄颇皆宜春人，同举进士，郡守独设宴饯黄颇。次年，肇以状元及第而归，归之日正值龙舟竞渡，肇即席作诗曰："报导是龙君不信，果然夺得锦标归。"太守大惭。见《古今诗话》《古今人名大辞典·卢肇》。

㊾仁看振翮、莫负初心：振翮，即将奋翅高飞，喻飞黄腾达。《宋书·周郎传》："堕风之羽，觊振翮于轩甍之间。"莫负初心，不辜负最初的心愿。唐时知贡举者有诗曰："梧桐叶落井亭阴，锁闭朱门试院深，曾是昔年辛苦地，不将今日负初心。"后为下第者改作五言。末句云："今日负初心。"见《中岚斋记》。

㊿莫存温饱之志两句：北宋王曾，宋真宗咸平中以乡贡应礼部廷试，例名第一，仁宗时官至中书侍郎同中书门下平章事，封沂国公。初中进士时，翰林学士刘子仪戏曰："状元试三场，一生吃着不尽。"王曾正色曰："曾生平之志，不在温饱。"见北宋魏泰撰《东轩笔录》。《宋史》有传。北宋冯京，少俊迈不群，自乡试、礼部及廷试皆第一。时犹未娶妻，张尧佐仗恃外戚之势，欲女妻之，拥女至京家，束之以金带，谓此皇帝之意也。顷之，宫中持酒肴来，直出衾具目视之。京但笑而不视，力辞。见《宋史·冯京传》。

(51)邹子为书两句：邹子，邹阳。此句见《人事》“明珠投暗”注。高公，唐代河朔人高蟾，初落第时有诗云：“天上碧桃和露种，日边红杏倚云栽。芙蓉生在秋江上，不向东风怨未开。”后登进士第，乾宁间为御史中丞。见《唐摭言》《尚友录》。

(52)青衫则岁岁堪怜两句：青衫，唐制文官八、九品官服青色，后泛指官职卑微。北宋，石延年，字曼卿，跌宕任气节，为文劲健，于诗最工而善书，但累举进士不第，真宗时以为三班奉职。尝作诗云：“年去年来来去忙，为他人作嫁衣裳。仰天大笑出门去，独对东风舞一场。”见《宋书·石延年传》。唐秦韬玉《贫女》：“敢将十指夸针巧，不把双眉斗画长。苦恨年年压金线，为他人作嫁衣裳。”压金线，用金线刺绣。压，手指按住。

【今译】

士子游学叫游泮，又叫采芹；应试得中叫释褐，又叫得隽。兴举贤人，主官宾礼相待，这为三年一试之期；贤人名册，试官呈送公府，这是考试的题名录。鹿鸣宴是款待中选的文士；鹰扬宴是款待中选的武人。文章中式，有朱衣老人点头；经术既明，取紫衣如拾草芥。初次中选，叫做“破天荒”；学识超群，叫做出头地。中状元，叫“独占鳌头”；中解元，叫“名魁虎榜”。在琼林苑，赐新进士饮酒，由宋太宗开始；在集英殿，试新进士策论，由宋神宗开端。同榜的人，都称同年；取中的官，叫做座主。应试落第，叫做“龙门点额”；进士及第，叫做“雁塔题名”。祝贺别人登科，就说“荣膺鹗荐”；进入贡院试场，叫做“鏖战棘闱”。金殿上呼唱新进士的名，叫做“传胪”；乡试会试放中式人的榜，叫做“撤棘”。“攀仙桂”、“步青云”，是说人荣耀发达；“孙山外”、“红勒帛”，是说人榜上无名。英雄入吾彀，是唐太宗高兴看到得人才；桃李属春官，是刘禹锡祝贺礼部得门生。薪是采的意思、槱是积的意思，这是赞美文王育才的诗歌，所以考取儒士叫“薪槱之典”；汇是类的意思，征是进的意思，这是说有连类同进的现象，所以举荐贤人叫“汇征之途”。安慰落第的人，说“赚了英雄”；怜悯士人无依，说“傍人门户”。虽然这样。有志者事情最终能成功，等着看他日后的荣华；炼丹者火候到了丹自成，何必爱惜烹炼的工夫。

（增）门生都是俊秀，人称玉笋班；馁饼裹着红绫，叫做红绫饼。贡树分出香气来，预卜将来出卿相；天街满是穿软绣，大家争看新进士。江东像罗隐那样的人何其多；淮右像温岐那样的人真不少。梦狗从窦中出来，无非登科的祥瑞；见老鼠含着孝经，确为命题的吉兆。不欺二字,写在绅带上终生不忘;忠孝两全,难以符合皇帝的要求。孙家宋家两弟兄都富贵;梁家张家两父子都光荣。得到云雨便扬鳍,这不是池中之物;借着风雷便烧尾,难道是海底之鱼。同游名园,谁人作探花使;同观竞渡,哪个是夺锦人。今日羽丰,将看展翅高飞;昔年辛苦,莫负当初心愿。不要存着温饱的志愿;还是辞却贵戚的婚姻。邹阳上书,说明珠投暗众人按着剑看它;高公未第,喻秋江芙蓉还未向东风开放。官职卑微,岁岁替人奔忙,值得怜悯;金线刺绣,年年为人作嫁,令人苦笑。

制 作 新增文七联

【原文】

　　上古结绳记事①；苍颉制字代绳②。龙马负图，伏羲因画八卦③；洛龟呈瑞，大禹因列九畴④。历日是神农所为⑤；甲子乃大挠所作⑥。算数作于隶首⑦；律吕造自伶伦⑧。甲胄舟车，系轩辕之创始；权量衡度，亦轩辕之立规⑨。伏羲氏造网罟，教佃渔以赡民用⑩；唐太宗造册籍，编里甲以税田粮⑪。兴贸易，制耒耜，皆由炎帝⑫；造琴瑟，教嫁娶，乃是伏羲⑬。冠冕衣裳，至黄帝而始备⑭；种桑育蚕，自元妃而始兴⑮。神农尝百草，医药有方⑯；后稷播百谷，粒食攸赖⑰。燧人氏钻木取火，烹饪初兴⑱；有巢氏构木为巢，宫室始创⑲。夏禹欲通神祇，因铸镛于郊庙⑳；汉明尊崇佛教，始立寺观于中朝㉑。周公作指南车，罗盘是其遗制㉒。钱乐作浑天仪，历家始有所宗㉓。阿育王得疾，造无量宝塔㉔；秦始皇防胡，筑万里长城㉕。叔孙通制立朝仪㉖；魏曹丕秩序官品㉗。周公独制礼乐㉘，萧何造立律条㉙。尧帝作围棋，以教丹朱㉚；武王作象棋，以像战斗㉛。文章取士，兴于赵宋㉜；应制以诗，起于李唐㉝。梨园子弟，乃唐明皇作始㉞；资治通鉴，乃司马光所编㉟。笔乃蒙恬所造㊱；纸乃蔡伦所为㊲。凡今人之利用，皆古圣之前民㊳。

　　（增）钥同鱼样，取目之常醒；杖以鸠名，重鸠喉之不噎㊴。飞舲是轻车别号㊵；纨箑为素扇佳名㊶。翠华旗，光摇汉苑㊷；白玉管，响彻唐宫㊸。米家书画船，足怡素志㊹；齐子班兰物，可壮生平㊺。毡氍毹，美人旧赠㊻；金屈戍，良匠新成㊼。乌金熟炭厚贻㊽；翠羽编帘异制㊾。苓箸收于渔父，卷去夕阳㊿；祓禊荷于农人，披来朝雨[51]。

注释

①结绳：《易·系辞下》："上古结绳而治，后世圣人易之以书契。"《集解》引《九家易》："古者无文字，其有约誓之事，事大大其绳，事小小其绳，结之多少，随物众寡，各执以相考，亦足以相治也。"《书·序》："古者伏羲氏之王天下也，始画八卦，造书契，以代结绳之政，由是文籍生焉。"

②仓颉：也作苍颉。传说为首创汉字者。汉许慎《说文解字叙》："黄帝之史仓颉见鸟兽蹄迒之迹，知分理之可相别异也，初造书契。"文字的产生和形成，不

卷四·制作　◆　263

可能由一人独创,仓颉可能是整理文字。

③龙马负图:传说,上古伏羲时,有龙首马身之神马,自黄河负图而出,伏羲据此画八卦。《书·顾命》:"天球河图在东序。"《传》:"伏羲王天下,龙马出河,遂则其文以画八卦,谓河图。"

④洛龟呈端:传说,上古有神龟负文出于洛水,禹据龟文而列洪范九畴。《书·洪范》:"天乃锡禹,洪范九畴。"《传》:"天与禹,洛出书,神龟负文而出,列于背,有数至于九,禹遂因而第之,成九类常道。"

⑤历日句:传说,上古日历为神农所作。宋高承《事物纪原·正朔历数部》:"畴昔神农正节气、审寒暑。以为早晚之期,故立历日。"

⑥甲子句:甲为天干首位,子为地支首位,用干支依次相配,如甲子、乙丑,可得六十数。用以纪年、月、日。相传为黄帝时史官挠所作。《吕氏春秋·勿躬》:"大挠作甲子,黔如作虏首。"清秦嘉谟等辑《世本》:"容成作历,大挠作甲子。"

⑦算数句:相传计数之术,为黄帝之臣隶首所创。《史记·历书》:"盖黄帝考定星历。"唐司马贞《索隐》:"按:《系本》及《律历志》黄帝使羲和占日,常仪占月,臾区占星气,伶伦造律吕,大挠作甲子,隶首作算数,容成综此六术而著《调历》也。"

⑧律吕句:律吕为乐律的统称。古代乐律有阳律、阴律,阳、阴各为六,合称十二律。相传为黄帝臣伶伦所创。《汉书·律历志》:"黄帝使伶伦自大夏之西,昆仑之阴,取竹之解谷,生其窍厚均者,断两节间而吹之,以为黄钟之宫,制十二篇以听凤之鸣。其雄鸣为六(律),雌鸣为六(吕)。"

⑨甲胄舟车两句:传说,黄帝伐蚩尤,天遣玄女,教黄帝制甲以防身,大战于涿鹿,杀蚩尤。相传舟车为黄帝始创。见晋皇甫谧《帝王世纪》《易·系辞下》。黄帝为黄钟之律,而创立度量权衡。见《汉书·律历志》。

⑩伏羲氏造网罟:《易·系辞下》:"(伏羲氏)作结绳而为网罟,以佃以渔。"《疏》:"作结绳而为网罟,以佃以渔者,用此网罟或陆畋以罗鸟兽,或水泽以网鱼鳖也。"

⑪唐太宗造册籍:册籍即户籍。唐初实行"租庸调"始于高祖武德二年。丁男、中男授田一顷,岁输粟二石,谓之租。随乡土所产岁输绫绢各二丈,布加五分之一;输绫绢绝者兼输棉三两,输布者麻三斤,谓之调。每丁岁无偿服役二十天,若不服每日交绢三尺,谓之庸。有事加役二十五日免调;加役三十日免租调。男女始生者为黄,四岁为小,十六为中,二十一为丁,六十为老,每岁一造计帐,三年一造户籍。见《旧唐书·食货志》。(注释者按:编里之制始于周,二十五家为里。至于里甲,则起于明初,一百十户为里,十户为甲。)

⑫兴贸易,制耒耜句:传说炎帝神农氏斫木为耜,揉木为耒,以教天下之民树艺五谷,得耒耨之利。又设日中为市,教天下之民,聚天下之货,交易而退,各得其

所。见《易·系辞下》。

⑬造琴瑟、教嫁娶句：琴瑟，相传古时乐器为伏羲始作，琴二十七弦；瑟三十六弦。一说伏羲作瑟，神农作琴。见《尔雅·释器》、晋皇甫谧《帝王世纪》。嫁，娶，女婚为嫁，男婚为娶。传说伏羲氏（太皞）始制定嫁娶。唐司马贞《补史记·三皇本纪》："太皞始制嫁娶。"

⑭冠冕衣裳句：传说黄帝时始作冠冕。见东汉应劭《风俗通》。《易·系辞下》："黄帝尧舜垂衣裳而天下治。"《疏》："垂衣裳者，以前衣皮其制短小，今衣丝麻布帛所作衣裳，其制长大，故云垂衣裳也。"

⑮种桑育蚕句：传说，上古种桑养蚕始于黄帝的元妃西陵氏嫘祖。自南朝宋元嘉以来，历代封建王朝，皆设先农坛，祀嫘祖为先蚕。见《史记·五帝纪》、宋罗泌《路史·后纪五》。

⑯神农尝百草：传说，上古神农见民有疾病，不知药石，乃自食百草之味，察寒温之性，日尝而以身试之，一日之间遇七十毒，或云神农尝百草，一日之间百死百生，其所得三百六十物，以应周天之数，后世承传为书，谓之《神农本草》。见南宋郑樵《通志·三皇纪》。

⑰后稷播百谷：后稷，周的先祖，又名弃，帝舜时的农官，教民播种百谷。《书·舜典》："帝曰：'弃，黎民阻饥，汝后稷，播时百谷。'"

⑱燧人氏钻木取火句：燧人氏，古帝名，传说其发明钻木取火，使民熟食。《韩非子·五蠹》："民食果蓏蚌蛤腥臊恶臭而伤害腹胃，民多疾病，有圣人作，钻燧取火以化腥臊，而民悦之，使王天下，号之曰燧人氏。"

⑲有巢氏构木为巢句：见《宫室》"有巢句"注。

⑳夏禹欲通神祇句：传说，夏禹于郊庙祭祀祖先神灵时铸镛钟。镛，大也。《书·益稷》："笙镛以间，鸟兽跄跄。"《传》："镛，大钟；间，迭也。吹笙击钟，鸟兽化德相率而舞跄跄然。"

㉑汉明尊崇佛教句：传说，东汉明帝梦见金人长大，顶有光明，以问群臣，或曰：西方有神，名曰佛，其形长丈六尺而黄金色。帝于是遣使天竺，问佛道法，求得金像，时以白马驮经而来，佛教始传于中国。见《后汉书·西域传》、晋杨衒之《洛阳伽兰记》。

㉒周公作指南车句：作指南车事史籍上记述不一。相传，黄帝与蚩尤战，于涿鹿之野，蚩尤作大雾，将士皆迷方向，黄帝遂作指南车以指方向，遂擒蚩尤。周成王时，越裳氏重译来贡，白雉一，黑雉二，象牙一，使者迷其归路，周公赐以文锦二匹，骈车五乘，皆以南之制，越裳氏载之以南。东汉张衡，魏马钧，南齐祖冲之都有造指南车之事。参见《宋史·舆服志》、晋崔豹《古今注》《宋书·礼志》。

㉓钱乐作浑天仪句：南朝宋钱乐之。官太史令。浑天仪为我国古代测量天体运行的仪器，初为东汉张衡所造。《后汉书·张衡传》："研核阴阳，妙尽璇玑之

正,作浑天仪。"张衡所造浑天仪,传至魏晋,中原覆败,沉浸于北方。晋义熙中,武帝平长安,得衡旧仪,仪状虽举,不辍经星七曜。南朝宋元嘉中,诏钱乐之更铸。后又作小浑天仪。见《宋书·天文志》。

㉔无量宝塔:佛家谓阿育王所建之宝塔为无量宝塔。传佛箧驲后百年,有王阿育以神力分佛舍利于诸鬼神,造八万四千塔,布于世界,皆同日而就。见《魏书·释老志》。

㉕万里长城:秦始皇三十二年,燕人卢生使入海还,因奏录图书曰:"亡秦者,胡也。"始皇乃使将军蒙恬发兵三十万人,北击胡人(匈奴),略取河南地。三十四年筑长城。见《史记·秦始皇纪》。蒙恬将三十万众,北逐戎狄,收河南,筑长城,凭借地形建筑险塞,起临洮至辽东,长达万里。见《史记·蒙恬传》。

㉖叔孙通制立朝仪:汉高祖刘邦初定天下,群臣争功,醉或妄呼,按剑击柱,高祖厌之。叔孙通曰:"儒者难以进取,可与守成,臣愿征鲁诸生与臣弟子,共起朝仪。"高祖曰:"令易知,度吾所能行,为之。"叔孙通与诸生及弟子百余人习礼仪于野,月余乃成。复令群臣学习。后长乐宫成,群臣朝贺,皆按朝仪进退站立,莫不肃敬,无敢喧哗失礼。高祖曰:"吾乃今日知为皇帝之贵也。"见《汉书·叔孙通传》。

㉗魏曹丕秩序官品:三国时魏文帝曹丕即位,采用陈群的建议,设人才登用之法,分上中下三等,各等又分上中下,共九品。州郡设中正,选拔鉴识州郡人才,依其品而授之官。《三国志·魏志·陈群传》:"(文帝即位)封群昌武亭侯,徙为尚书,制九品官人之法,群所建也。"

㉘周公独制礼乐:周公,文王子,武王之弟,名旦。武王死,武王子成王年幼,周公摄行政事。相传周代的礼乐制度都是他制订的。《礼记·明堂位》:"武王崩,成王幼弱,周公践天子之位以治天下,六年,朝诸侯于明堂,制礼作乐,颁度量而天下大服。"

㉙萧何造立律条:《汉书·刑法志》:"汉兴,高祖初入关,约法三章曰:'杀人者死,伤人及盗抵罪。'捐削烦苛,兆民大悦。其后四夷未附,兵革未息,三章之法不足以御奸,于是相国萧何捃摭秦法,取其宜于时者,作律九章。"

㉚帝尧作围棋:传说,上古帝尧之子丹朱不肖,游乐无度,尧作围棋以闲其情。见晋张华《博物志》《太平御览·工艺》。

㉛武王作象棋:象棋,传说为周武王作,历史悠久,但棋制多有变迁。汉以前的象棋,仅十二子,六白六黑。《楚辞·招魂》:"菎蔽象棋,有六簙兮。"《注》:"象牙为棋,古博经云:'棋十二枚,六白,六黑。'"今日之象棋,一说起于唐代,一说起于北宋末南宋初年。见《辞海》《辞源》。

㉜文章取士句:宋神宗时,从王安石之议,更改科举法,罢诗赋、帖经、墨义,专以经义策论试士,试义者须通经有文采乃为中格。见《宋史·选举志》。

㉝应制以诗句：《新唐书·选举志》：“先是进士试诗赋及时务策五道、明经策三首，建中二年，中书舍人赵赞权知贡举，乃以箴论表赞代诗赋，而皆试策三道。太和八年礼部复罢进士议论而试诗赋。”

㉞梨园子弟：唐玄宗选乐工三百人，宫女数百人，教授乐曲于梨园，亲自订正声误，号"皇帝梨园子弟"。见《新唐书·礼乐志》。后称戏班为梨园，戏曲演员为梨园子弟。

㉟资治通鉴：书名。为宋司马光领衔编撰。其书体裁为编年史，上起战国（公元前403年），下终五代（公元959年），共一千三百六十二年，采用之书除十七史外，杂史多至三百三十二种。宋英宗治平二年（公元1065年）开始编撰，至神宗元丰七年（公元1084年）完成，历时二十年。见《宋史·司马光传》。

㊱笔乃蒙恬所造：蒙恬，秦时名将，传说他曾经改良过毛笔。蒙恬造笔之说见晋张华《博物志》。实际秦以前已有笔，蒙恬不过加以改良，是为秦时之笔。见晋崔豹《古今注》。

㊲纸乃蔡伦所为：东汉宦官蔡伦，字敬仲。自古书契，多以竹简，其用缣帛者称为纸，然缣帛贵而竹简重，均不便于人，蔡伦始用树皮、麻头及破布鱼网为纸。东汉和帝元兴元年，呈进，帝善其能，自始用之，天下称蔡侯纸。见《后汉书·蔡伦传》。

㊳前民：开创的前人。

㊴钥同鱼样两句：见《器用》"杖以鸠名"、"钥同鱼样"注。

㊵飞軨：轻车。《书·大传·帝告》："未命为士，车不得有飞軨。"《注》："如今窗车也。"汉枚乘《七发》："将为太子驯骐骥之马，驾飞軨之舆，乘牡骏之乘。"（注释者按：軨，应为輧。）

㊶纨箑：素扇。纨，白色细绢。参见《器用》"箑"注。

㊷翠华旗：用翠羽饰于旗竿顶上之旗，称翠华旗，为皇帝仪仗。《汉书·司马相如传》："(《上林赋》)建翠华之旗，树灵鼍之鼓。"诗文中多用翠华指皇帝。

㊸白玉管：白玉制的箫。唐郑处诲撰《明皇杂录》："天宝中，上命宫女子数百人为梨园弟子，皆居宜春别院。……安禄山自范阳入觐，亦献白玉箫管数百事，安皆陈于梨园，自是音响殆不类人间。"

㊹米家书画船：北宋著名书画家米芾，字元章，行止不离书画。宋徽宗崇宁间，米芾为江淮发运使，揭碑于行舸之上曰："米家书画船。"宋黄庭坚《山谷内集·戏赠米元章》："沧江静夜虹贯月，定是米家书画船。"

㊺班兰物：班通斑，谓饰有颜色花纹的木剑。汉制，朝服带剑；晋代之以木，谓之班剑，南朝谓之象剑，以为仪仗。南朝齐张敬儿，仕齐为散骑常侍，车骑将军，高帝崩，遗诏加开府仪同三司。张敬儿既得开府，又望班剑，语人曰："我车边犹少班兰物。"见《南史·张敬儿传》。

㊻毡氍毹：毛织地毯。古词有“美人赠我氈氍毹”句。（此句不知出于何书）

㊼金屈戌：门窗上的环纽，搭扣。唐李商隐《娇儿》：“凝走弄香奁，拔脱金屈戌。”

㊽乌金熟炭厚贻句：唐孟郊《答友人赠炭》：“青山白屋有仁人，赠炭价重双乌金，驱却坐上千重寒，烧出炉中一片春，吹霞弄日光不定，暖得曲身成直身。”（注释者按：《全唐诗》：“乌金”为“乌银”。）

㊾翠羽：翠色的羽毛。汉武帝元鼎元年，起招仙阁于甘泉宫之西，编翠羽麟毫为帘。见旧题东汉郭宪《汉武洞冥记》。

㊿苓箵（líng xīng 令星）：装鱼的竹笼，或总称渔具。唐陆龟蒙《渔具·序》：“所载之舟曰蚱蜢，所贮之器曰苓箵。”

(51)袯襫：雨具，今之蓑衣。见《器用》“袯襫”注。

【今译】

上古用结绳来记事物；苍颉制文字代替结绳。龙马负着图画从黄河出来，伏羲根据画图而成八卦；神龟负着文字从洛水出来，大禹根据龟文而列九畴。神农制定日历；大挠作成甲子。算数是隶首所作；律吕是伶伦所创。甲胄和舟车，都是黄帝时创制；权衡和度量，也在轩辕时制定。伏羲氏制网罟，教民打猎捕鱼，使人食用丰足；唐太宗造户籍，编民田定丁口，征他们的赋税。兴办交易，制作耒耜的是炎帝；制造琴瑟，教民嫁娶的是伏羲。帽子衣裳到黄帝才齐备；种桑养蚕自嫘祖才兴起。神农亲尝百草，医药才有方法；后稷播种百谷，吃粮才有依靠。燧人氏钻木取火，熟食开始兴起；有巢氏架木做巢，宫室开始创建。夏禹王欲通神灵，在郊庙铸大钟；汉明帝尊崇佛教，在中国建寺庙。周公作指南车，后世罗盘是它遗制；钱乐作浑天仪，后世历家才有遵循。阿育王生了疾病，建造无量宝塔；秦始皇防备匈奴，修建万里长城。叔孙通制定朝廷礼仪；魏文帝秩定官级品位。周公制定礼乐；萧何造立律条。尧帝制围棋，教育他儿子丹朱；武王制象棋，像士卒进行战斗。用策论取士，始于宋朝；用诗赋取士，始于唐代。梨园子弟，由唐明皇开始；资治通鉴，是司马光编撰。蒙恬造笔；蔡伦造纸。凡是今人所用的物品，都是古圣前民的开创。

钥像鱼形，取鱼目常醒的意思；杖用鸠名，取鸠喉不噎的意思。飞軨是轻车的别号；纨蘂是素扇的美名。翠华旗的光彩在汉宫辉耀；白玉管的乐声在唐宫响遍。宋米芾的书画船，足以悦他的志愿；齐敬儿的班兰物,可以壮他的生平。毡氍毹是美人过去相赠;金屈戍是良工新近制成。赠送的熟炭比乌金贵重;编制窗帘使用翠羽最奇。渔人在夕阳中收拾笭箵;农人在晨雨中披上蓑衣。

技 艺 新增文十二联

【原文】

　　医士业岐轩之术,称曰国手①;地师习青乌之书,号曰堪舆②。卢医扁鹊,古之名医③;郑虔崔白,古之名画④。晋郭璞得青囊经,故善天下卜筮⑤;孙思邈得龙宫方,能医虎口龙鳞⑥。善卜者,是君平詹尹之流⑦;善相者,即唐举子卿之亚⑧。推命之人曰星士;绘画之士曰丹青⑨。大风鉴,相士之称;大工师,木匠之誉⑩。若王良,若造父,皆善御之人⑪;东方朔,淳于髡,系滑稽之辈⑫。称善卜卦者,曰今之鬼谷⑬;称善记怪者,曰鬼之董狐⑭。称谏日之人曰太史;称书算之人曰掌文⑮。掷骰者喝雉呼卢⑯;善射者穿杨贯虱⑰;搏蒲之戏,乃曰双陆⑱;橘中之乐,是说象棋⑲。陈平作傀儡,解汉高白登之围⑳;孔明造木牛,辅蜀军运粮之计㉑。公输子削木鸢,飞天至三日而不下㉒;张僧繇画壁龙,点睛则雷电而飞腾㉓。然奇技似无益于人㉔;而百艺则有济于用。

　　(增)青囊春暖;丹灶烟浮㉕。膝里痒生,华陀有出蛇之妙术㉖;背间痈溃,伯宗具徙柳之神功㉗。陆宣公既活国又活人㉘;范文正等为医于为相㉙。一支铁笔分休咎;三个金钱定吉凶㉚。折葼获奴,应让杜生术善㉛;破墙得妇,当推管辂神通㉜。新雨行来,言从季主㉝;琼茅索得,且问灵氛㉞。燕颔虎头,识是封侯之略㉟;龙瞳凤颈,知为王者之徵㊱。识英布之封侯果然不谬㊲;知亚夫之当饿,真个无讹㊳。道士能知吉壤,竹策丛生㊴;闽僧善觅佳城,湖灯呵护㊵。孙钟孝而致三仙;龙图酷而梦二使㊶。动静方圆,还符四象;纵横阖辟,止争一先㊷。飞两夜之黑白;争一纸之雌雄㊸。

> 注释

①岐轩之术:中医学术的代称。岐,岐伯,上古名医;轩,轩辕黄帝。相传岐伯与轩辕黄帝讨论医学而著《内经》。见清梁章钜《称谓录·医》引《帝王世纪》。故后世称"岐轩"或"岐黄"为医家之祖。徐珂《清稗类钞·艺术》:"李畏斋,湘潭人,善岐黄,自号医隐。"国手:一国中艺能出众的人。

②青乌之书:即相地风水之书。传说青乌为黄帝时人,彭祖弟子,精堪舆之学。见《抱朴子·极言》。又青乌子,汉人,精堪舆术,著有《葬经》。后世又称堪

舆术为青乌术。唐刘禹锡《湖南观察使故相国袁公挽歌》:"地得青乌相,宾惊白鹤飞。"

③扁鹊:战国时名医,勃海郡郑人,原名秦越人。家于卢国,又名卢医。受禁方于长桑君,吸收前人经验,创切腺医术,精通内外妇幼诸科。见《史记·扁鹊传》。

④郑虔、崔白:郑虔,唐时荥阳人,字弱斋,工书画,曾将其诗画呈献于玄宗,玄宗署曰:"郑虔三绝。"三绝,指书、画、诗。见《新唐书·文艺传》。崔白,宋人,字子西。仁宗时补画院艺学。工画花竹翎毛,曾以败荷凫雁得名,但于佛道鬼神,山林人兽,无不精绝。见宋郭若虚《图画见闻志》。

⑤青囊经:卜筮之书。《晋书·郭璞传》:"(璞)好古文奇字,妙于阴阳历算。有郭公者,客居何东,精于卜筮。郭从之受业。公以青囊中书九卷与之,由是遂洞五行、天文、卜筮之术。"后世堪舆术士有《青囊经》,前有托名郭璞之序。

⑥龙宫方:得自龙宫的药方。唐孙思邈,一代名医,著有《千金要方》传世。原隐居于太白山,传说救治一条青蛇,乃龙王之子。后为龙王召至龙宫,得龙宫药方三千。见南唐沈汾撰《续仙传》。又曾有病龙求其点鳞,虎吞金钗,求其取出。见唐段成式《酉阳杂俎》。

⑦君平、詹尹:君平,东汉时蜀郡人严君平,本姓庄,因避明帝之讳,改姓严。卜筮于成都市,日得百钱,足以自养,即闭门读《老子》。杨雄少时曾从其游学,称为逸民。见《汉书·王吉传序》。詹尹,古时卜筮之官。屈原《卜居》:"心烦虑乱,不知所从,往见太卜郑詹尹。"

⑧唐举、子卿:唐举,战国梁人,善相术,也作唐莒。《荀子·非相》:"相人,古之人无有也,学者不道也。古者有姑布子卿,今之世,梁有唐举,相之人形状、颜色,而知其吉凶妖祥。世俗称之。"又秦蔡泽问相于唐举,见《史记·蔡泽传》。子卿,即郑人姑布子卿。孔子适郑,与弟子相失,孔子独立郭东门,郑人(姑布子卿)或谓子贡曰:"东门有人,其颡似尧,其项类皋陶,其肩类子产,然自腰以下不及禹三寸,累累若丧家狗。"见《史记·孔子世家》。

⑨星士、丹青:星士,替人卜算命运的术士。旧时术数家认为人的命运常同星宿的运行、位置有关,故把人的出生年月日时,配以天干地支成八字,按天运数,附会人事,推算人的命运,称为星命,称卜算人为星士。清龚自珍《己亥杂诗》:"嗜好毕同星命异,大郎尤贵二郎清。"丹青,泛指绘画用的颜色,后以指绘画艺术。《晋书·顾恺之传》:"尤善丹青,图写特妙。"

⑩风鉴、工师:风鉴,以风貌品评人物。宋吴处厚《青箱杂记》:"余尝谓风鉴一事,乃昔贤人甄识人物,拔擢贤才之所急,非市井卜相之流,用以贾鬻取贷者。"后称相人之术为风鉴。工师,古代主管百工之官。《管子·立政》:"使刻镂文采毋敢造于乡,工师之事也。"《孟子·梁惠王》:"为巨室,则必使工师求大木。"后用

以称誉木匠。

⑪王良、造父:二人皆古代善驭马之人。《荀子·王霸》:"王良、造父者,善服驭者也……欲得善驭,及速致远,则莫若王良、造父矣。"王良为春秋时赵简子之御夫。造父是周穆王之御夫,为周穆王驭八骏马周行天下。见《穆天子传》。

⑫东方朔、淳于髡(kūn 坤):汉东方朔,字曼倩,武帝时待诏金马门,官至大中大夫。以奇计徘辞得武帝亲近。因其以诙谐滑稽著名,后人传其奇事异闻甚多,方士又附会为仙人。见《史记》《汉书》东方朔本传。淳于髡,战国齐稷下人,以博学、滑稽、善辩著名,被齐威王任为大夫。曾用隐语讽谏齐威王罢长夜之饮,改革内政。数次出使诸侯,均未尝屈辱。其事见《史记·滑稽列传》《史记·孟子荀卿列传》。

⑬鬼谷:即鬼谷子,战国时纵横家之祖。传说为苏秦、张仪之师。楚人。籍贯姓氏不详,因其居处为鬼谷,故称鬼谷子或鬼谷先生。一说鬼谷子即战国人王诩,受道于老君,在世数百年,不知所终。著有《鬼谷子》一书。参见《史记·苏秦传》、明廖用贤《尚友录》。

⑭鬼之董狐:《晋书·干宝传》:"(宝)性好阴阳术数,留思京房夏侯胜等传,宝父先有所宠侍婢,母甚妒忌,及父亡,母乃生推婢于墓中……后十余年母丧,开墓而婢伏棺如生,载还,经日乃苏,言其父常取食饮与之,恩情如生。在家中吉凶辄与之语,考校悉验,地中亦不觉为恶。既而嫁之,生子。又宝兄尝病气绝,积日不冷,后遂寤,云见天地间鬼神事,如梦觉,不自知死。宝以此遂集古今神祇灵异人物变化,名为《搜神记》,凡二十卷,以示刘惔,惔曰:'卿可谓鬼之董狐。'"董狐,春秋时晋国之良史。

⑮诹(zōu 邹)日、掌文:诹日,选择吉日。《仪礼·特牲馈食礼》:"特牲,馈食之礼,不诹日。"晋潘岳《籍田赋》:"庙祧有事,祝宗诹日。"掌文,掌文章者,古代官名。唐冯贽《云仙杂记》:"乃以墨分赐掌文官。"

⑯喝雉呼卢:古时一种赌博,又叫拗蒲。削木为子,共五个,一子两面,一面涂黑,画牛犊;一面涂白,画雉。五子都黑叫卢,得头彩。掷子时高声大喊,希望得全黑,所以叫呼卢。二雉三黑为雉。见唐李肇《国史补》又明翟佑《骰子》:"却忆咸阳客舍里,呼卢喝雉烛花底。"

⑰穿杨贯虱:喻射箭技术高超。穿杨,谓善射者箭能穿杨柳之叶。《战国策·西周》:"楚有养由基者,善射,去柳叶者百步而射之,百发百中。"贯虱,箭能射中虱子。纪昌学射于飞卫,飞卫曰:"学视而后可。"昌以牦悬虱于牖南面而望之,三年之后,大如车轮,射之,贯虱之心而悬不绝。见《列子·汤问》。

⑱拗蒲:古博戏,相传出自古之天竺国,原名波罗塞戏,后来双陆是其遗法。见晋张华《博物志》。双陆,即双六,古博戏之一,据传三国魏曹植所作。

⑲橘中之乐,下象棋的别称。唐牛僧孺《幽怪录》:"巴邛人橘园,霜后两橘大

如三斗盎。剖开,有二老叟相对象戏,谈笑自若……一叟曰:'橘中之乐不减商山,但不得深根固蒂,为愚人摘下耳。"后因称下象棋为橘中乐。"象棋",原文为"围棋",误。

⑳陈平作傀儡句:汉初,汉高祖伐韩王信于代,至平城为匈奴冒顿所围,七日不得食。其城一面为冒顿妻阏氏兵,强于其他三面,陈平访知阏氏妒忌,即造木偶美人,运机关,舞于城上,阏氏望见,谓是生人,虑城破,冒顿必纳妓女,遂退军。见唐段安节《乐府杂录》,又名《琵琶录》。

㉑孔明造木牛句:三国时,诸葛亮伐魏,曾六出祁山,作木牛流马运粮食。《三国志·蜀志·诸葛亮传》:"亮性长于巧思,损益连弩、木牛流马,皆出其意。"

㉒公输子削木鸢(yuān 冤)句:公输子即鲁般,称公输般(亦作班),鲁国之巧匠。曾作木鸢,以窥宋城,飞三日不下。见唐张鷟《朝野佥载》。

㉓张僧繇画壁龙句:南朝梁武帝崇饰佛寺,命张僧繇画之。张于金陵安乐寺画四白龙,不点眼睛,人问其故,繇曰:"点睛即飞去。"人以为妄,固请点之,张遂点其中二龙,须臾雷电破壁,二龙乘云腾飞上天,未点睛二龙仍在。见唐张彦远《历代名画记》。

㉔奇技无益于人:《庄子·列御寇》:"朱泙漫,学屠龙于支离益,殚千金之家,三年技成,而无所用其巧。"

㉕青囊、丹灶:青囊,药囊。后世以青囊称医术。《后汉书·华佗传》:"佗临死,出一卷书与狱吏曰:'此可以活人。'吏畏法,不敢受,佗亦不强,索火烧之。"张骥补注:《神仙纲鉴》吴押狱者,每以酒食供奉,佗感其恩,告曰:我死非命,有青囊未传,二子不能继业,修书与汝,可往取之。吴至金城,取而藏之,佗知不免,大饮如醉而死。吴弃役回家,向妻索书。妻曰:纵学得神术,终使毙于狱中,故我以囊烧毁也。吴叹恨不已。"丹灶,道士炼丹之灶。南朝梁江淹《别赋》:"守丹灶而不顾,炼金鼎而方坚。"

㉖膝里痒生句:东汉琅玡人刘勋为河内太守,有女年近二十,左膝上有疮痒而不痛,七八年不愈。佗视曰:"易疗之。"用稻糠色犬一头,马二匹,以绳系犬颈,走马牵犬,至犬困不能行,取犬断腹近后脚之前,以所断处向疮口,须臾有若蛇者从疮口出,长三尺许,遂愈。见《后汉书·华佗传》注引《华佗别传》。

㉗背间痈溃句:南朝薛伯宗能够移去人体上生长之痈疽。公孙泰背间患痛,伯宗为气封之,徙至斋前柳树上,次日,泰背痛消,而柳树根部边长一瘤,如拳大,稍长二十余日,瘤大溃烂,出黄汁斗余,树即枯萎。见《南史·张邵传》。

㉘陆宣公:唐陆贽,字敬舆,苏州嘉兴人。德宗时官至中书侍郎、门下同平章事。后为裴延龄所潜,贬为忠州别驾。在忠州十年,常闭门静处,人不识其面,又避谤不著书。家居瘴乡,人多疢疫,乃抄撮医方,进行考校,为陆氏集验方五十卷,行于当时。曾曰:"此一活人之术也。"死后,谥曰宣,故称陆宣公。见新旧《唐

书·陆贽传》。

㉙范文正:宋范仲淹,死谥文正,故称范文正公,范少时尝曰:"吾不为良相,必为良医,以医可以救人也。"

㉚一支铁笔两句:旧时称赞算命、占卜的人,说他们能"一支铁笔分休咎,三个金钱定吉凶。"休咎,好坏也。古时占卜用龟甲,至汉代京房始用铜钱代替龟甲。

㉛折葼(zōng宗)获奴:杜生,唐时许州人,善易占。有人亡奴,问所从追,杜曰:"自此行逢使者,恳求其马鞭,若不肯,则以实情告其人。"果往逢使者于道,如生语使者,使者异之曰:"去鞭吾无以驱马,可折道旁葼代之。"其人乃往折葼。奴伏其下,遂获奴。见《新唐书·方技·杜生传》。

㉜破墙得妇句:三国魏管辂,字公明,平原人,善卜。路中有小人失妻者,辂为之卜,教其明日于东阳城门中,伺担豚人,牵以共斗。次日,其人据辂所教,与担豚人斗,豚逸走,共追之,豚入人舍,突破主人墙,妇从一瓮中出。见《三国志·魏志·管辂传》注引《管辂别传》。

㉝新雨行来句:汉司马季主,楚人,卖卜于长安东市。中大夫宋忠、博士贾谊二人同车而游于卜肆中,天新雨,道少人。二人谒季主曰:"先生今何居之卑,行之汙也。"司马季主捧腹大笑曰:"观大夫类有道术者,今何言之陋也,何辞之野也。"宋忠、贾谊忽而自失,茫乎无色,怅然噤口不能言。于是摄衣而起,再拜而辞。见《史记·司马季主传》。

㉞琼茅索得句:屈原《离骚》:"索琼茅以筳篿兮,命灵氛为余占之。"又"欲从灵氛之吉占兮,心犹豫而狐疑。"琼茅,传说中的一种灵草,可以用来占卜。灵氛,古时明占吉凶之人。

㉟燕颔虎头:后汉班超,曾立功西域,封定远侯。《后汉书·班超传》:"(超)其后行诣相者,曰:'祭酒布衣诸生耳,而当封侯万里之外。'超问其状,相者指曰:'生燕颔虎颈,飞而食肉,此万里侯之相也。'"

㊱龙瞳凤颈:唐代袁天纲,益州成都人。初仕隋,后归唐,善观人相。《新唐书·方技·袁天纲传》:"武后之幼,天纲见其母,曰:'夫人骨法必生贵子。'乃见二子元庆、元爽,曰:'官三品,保家主也。'见韩国夫人,曰:'此女贵而利夫。'(武)后最幼,姆抱以见,绐以男。天纲视其步与目,惊曰:'龙瞳凤颈,极贵验也。若为女,当作天子。'"

㊲识英布之封侯句:汉初名将黥布,原名英布。少时,有客相其面曰:"当刑而王。"及壮,坐法黥面。布欣然而笑曰:"人相我当刑而王,几是乎。"后从刘邦,在楚汉之战中,立功封九江王。见《汉书·英布传》。

㊳知亚夫之当饿句:汉文帝时丞相绛侯周勃之子周亚夫,为河内太守时,许负相之:"君后三岁为侯,八岁为将相,持国秉,贵重矣。后九年而饿死。"亚夫笑曰:"既已贵如负言,又何说饿死,请指示我。"许负指其口,曰:"纵理入口,此饿死法

也。"后三岁封条侯,军功显赫一时。后坐子犯法,入廷尉,五日不食,呕血而死。见《汉书·周亚夫传》。

㊴道士能知吉壤:唐有智兴者,为徐州门子,有一道士居门侧。智每日扫地,必扫道士之门。智母死,道士引智兴曰:"我善审墓地。"遂与智指一处曰:"葬此处,必出两个方伯。"智拜谢,遂往观,竹策有枝丛生,遂葬。后果官至方伯。见明陈仁锡《潜确类书》。

㊵闽僧善觅佳城:宋尤褒,尤时亨之子,无锡人。时亨与闽僧相友好,僧精通风鉴,觅得一佳城于吴塘之山,以嘱时亨曰:"死后葬于此,将发福三百年。"及卒,子尤褒如僧之言葬之,遂庐于墓。始葬十日,月夜,忽见湖中有红灯万盏,叱声振地。尤褒惧,隐乔松之下,闻空中语曰:"此地发福三百年,彼人子何德而界之。速令发去。"又闻空中应曰:"尤时亨累世积德,褒又纯孝。"空中又曰:"世德纯孝,可当此地矣,其善护之。"湖灯应声而灭。见《锡山志》。

㊶孙钟孝而致三仙两句:后汉孙钟,富春人,孙坚之祖,少时家贫,以种瓜为业,曾以瓜和饭待三仙人,仙人自称为司命,指示其葬地,说葬此可得数代天子。钟母丧,葬于其地。后世生孙坚,孙坚子孙权,权子亮,亮子和、休,和子皓,皆为吴帝。见唐李瀚《蒙求》引南朝刘庆义撰《幽明录》。唐李龙图,为政苛酷,杨公得数代宰臣之葬地欲与之,梦二使叱之而止。见宋沈括《梦溪笔谈》。

㊷动静方圆两句:此两句均是讲下棋之道。唐李泌,德宗时,拜中书侍郎同平章事,封邺侯。七岁能文,玄宗召至禁中,时玄宗方与张说观棋,使说试其能,请赋方圆动静。泌曰:"愿闻其略。"说曰:"方若棋君,圆若棋子,动若棋生,静若棋死。"泌答曰:"方若行义,圆若用智,动若逞才,静若得意。"见《邺侯外传》。四象之说很多,如金木水火、天地阴阳、阴阳刚柔。此处是以棋局配四象之意。汉班固《棋旨论》:局必方正象地则也;道必正直申明德也;棋必黑白阴阳分也;骈罗列布效天文也。争一先,指下棋争先着。唐僧一行本不解棋,因会燕公张说宅,观王积薪棋一局,遂与之敌。笑谓燕公曰:"此但争先耳。"见唐段成式《酉阳杂俎》。

㊸飞两奁之黑白两句:两奁,两匣。宋陆游《初夏闲居即事》:"对奕两奁分黑白,雠书千卷杂朱黄。"张怀明与张昌言以围棋赌博,书字一纸,胜者得之,负者出钱五百作饭。见宋苏轼《东坡志林》。

【今译】

医生习岐轩之术,叫做"国手";地师习青乌之书,叫做"堪舆"。卢医、扁鹊是古时名医;郑虔、崔白是古时画家。晋郭璞得到《青囊经》,所以精通天文卜筮;孙思邈得到《龙宫方》,所以能医虎口龙鳞。精于占卜,犹如君平、詹尹;精于面相,好比唐举、子卿。称算命的人叫

卷四·技艺 275

"星士";称绘画的人叫"丹青"。"大风鉴"誉称相士;"大工师"赞美工匠。如王良、如造父,是说善于驾车的人;东方朔、淳于髡,都是语言滑稽的人。称人精于卜卦,叫"今之鬼谷";称人善于记怪,叫"鬼之董狐"。称卜吉日的人叫太史;称能书算的人叫掌文。掷骰子的人,常喝雉呼卢;善射箭的人,能穿杨贯虱。樗蒲博戏,又叫双陆;橘中之乐,是说象棋。陈平制作傀儡,给困在白登的刘邦解了围;孔明制作木牛,给出祁山的蜀军运送粮食。公输子削木成鸢,飞到天上,三天不下;张僧繇壁上画龙,点上眼睛,破壁飞去。奇巧的技艺,对人无用;百工技艺,有益于人。

（增）药囊治病,好比春天温暖;炉内炼丹,常见轻烟飘浮。膝里奇痒,华佗从疮内引出蛇来,真是妙术;背上长痈,宗伯把痈移到柳树上,确是神功。陆宣公医国又能医人;范文正为医等于为相。一支铁笔判别祸福;三个金钱决定吉凶。折细枝抓获逃奴,要数杜生卜术好;破人墙寻着妻子,当推管辂的神通。宋忠、贾谊在新雨中访季主,得到教益;楚国屈原找来灵草求灵氛,试一占卜。看到燕颔虎头的奇相,知道将来要封侯爵;看到龙瞳凤颈,知道将来必当皇帝。早知英布要封侯,果然不误;预卜亚夫要饿死,真是不差。道士知道好地,丛生竹策,后世子果然做官;闽僧找到佳城,出现湖灯,有神灵先叱后护。孙钟至孝,引来三个仙人,指给福地;龙图太虐,招致两个使者,阻挡佳城。动静方圆,原本符合四象;纵横阖辟,为的只争一先。飞动两匣黑白子,竞争一纸雌与雄。

讼 狱 新增文十二联

【原文】

世人惟不平则鸣①；圣人以无讼为贵②。上有恤刑之主，桁杨雨润③；下无冤枉之民，肺石风清④。虽囹圄便是福堂⑤；而画地亦可为狱⑥。与人构讼，曰鼠牙雀角之争⑦；罪人诉冤，有抢地吁天之惨⑧。狴犴猛大而能守，故狱门画狴犴之形⑨；棘木外刺而里直，故听讼在棘木之下⑩。乡亭之系有岸，朝廷之系有狱，谁敢作奸犯科⑪？死者不可复生，绝者不可复属，上当原情定罪⑫。囹圄是周狱；羑里是商牢⑬。桎梏之设，乃拘罪人之具；缧绁之中，岂无贤者之冤⑭。两争不放，谓之鹬蚌相持⑮；无辜牵连，谓之池鱼受害⑯。请公入瓮，周兴自作其孽⑰；下车泣罪，夏禹深痛其民⑱。好讼曰健讼；累及曰株连⑲。为人息讼，谓之解纷⑳；被人栽冤，谓之嫁祸㉑。徒配曰城旦㉒；遣戍是问军㉓。三尺乃朝廷之法㉔；三木是罪人之刑㉕。古人五刑，墨、劓、剕、宫、大辟；今之律例，笞、杖、死罪、徒、流㉖。上古时削木为吏，今之淳风安在；唐太宗纵囚归狱，古人之诚信可嘉㉗。花落讼庭闲，草生囹圄静，歌何易治民之简㉘；吏从冰上立，人在镜中行，颂卢奂折狱之清㉙。可见治乱之药石，刑罚为重；兴平之梁肉，德教为先㉚。

（增）乌台定律㉛；象魏悬书㉜。惟忠信慈惠之师；有折狱致刑之实㉝。失入宁失出，须当念及无辜㉞；过乂宁过人，务必心存不忍㉟。察五声而审克，应尔精详㊱；讯三刺以简孚，宜乎谨慎㊲。蒿满圄扉之宅，人怀天保初年㊳；鹊巢大理之庭，世誉玄宗即位㊴。赭衣满道，何其酷烈难堪㊵？玄钺罗门，未免摧戕太甚㊶。门有沸汤之势，抚念不安㊷；巢无完卵之存，扪心何忍㊸？虽辟以止辟；还刑期无刑㊹。周礼有三宥之词，千秋可法；虞廷有肆赦之典，万古常称㊺。蝇集笔端，识赦书之已就㊻；乌啼宵夜，知恩诏之将颁㊼。无赦而刑必平，文中之论，夫岂全诬㊽？多赦则民不敬，管子之言，亦非尽谬㊾。孔明治蜀，所以不行㊿；吴汉临终，于焉致嘱㉑。

注释

①不平则鸣:唐韩愈《送孟东野序》:"大凡物不得其平则鸣……人之于言也亦然。"后以不平则鸣,指受到不公正对待的呼声。

②无讼为贵:以无讼狱为宝贵。《论语·颜渊》:"子曰:'听讼,吾犹人也。必也使无讼乎。'"又见于《礼记·大学》。意为,一定要使诉讼事件根本不会发生。

③桁杨雨润:谓慎于用刑而施教化。桁杨,加在颈上和脚上的刑具。《庄子·在宥》:"今世殊死者相枕也,桁杨者相推也,刑戮者相望也。"雨润,雨水滋润万物,比喻贤明之君,以德教化民。此句意为上古贤君慎于用刑而重施教化。

④肺石风清:谓判决公平。肺石,古时设于朝廷门外的赤色石头。民有冤者,可击石。《周礼·秋官·大司寇》:"以肺石达穷民,凡远近茕独老幼之欲复于上,而其长弗达者,立于肺石,三日,士听其辞,以告于上而罪其长。"

⑤囹圄句:谓人系狱中,则幽苦思善,故囹圄与福堂相同。囹圄,牢狱。《韩非子·三守》:"至于守司囹圄,禁制刑罚,人臣擅之,此谓刑劫。"《魏书·刑罚志》:"显祖末年,尤重刑罚,言及常用恻怆,每于狱案,必令覆鞫,诸有囚系或积年不断,群臣颇以为言。帝曰:'狱滞虽非治体,不犹愈乎仓卒而滥也。夫人幽苦则思善,故囹圄与福堂同居,朕欲其改悔而加以轻恕耳。'"

⑥画地句:相传上古时,民情淳朴,于地上画一圈,令犯罪者立于圈以当牢狱。削木为吏,置犯罪者之家,由犯人抱木吏自至公庭听讼。《汉书·路舒温传》:"故俗语曰:'画地为狱,议不入;刻木为吏,期不对。'此皆疾吏之风,悲痛之辞也。"《注》:"画狱、木吏,尚不入对,况真实乎?"

⑦鼠牙雀角之争。《诗·召南·行露》:"谁谓雀无角,何以穿我屋;……谁谓鼠无牙,何以穿我墉。"后以鼠牙雀角喻争讼。

⑧抢地呼天:以头撞地而呼天。《战国策·魏策》:"布衣之怒,亦免冠徒跣,以头抢地尔。"汉司马迁《报任安书》:"当此之时,见狱吏则以头抢地,视徒隶则心惕息。"

⑨狴犴(bì àn 闭岸):传说中的兽名,猛而能守门。明杨慎《升庵全集·龙生九子》:"俗传龙生九子,不成龙,各有所好……四曰狴犴,形似虎,有威力,故立于狱门。"

⑩棘木句:古代大司寇在棘树下听讼。《礼记·王制》:"吏以狱成告于正,正听之。正以狱成告于大司寇,大司寇听之棘木之下。"

⑪乡亭句:岸,通犴,监狱。《诗·小雅·小苑》:"哀我填寡,宜岸宜狱。"《集传》:"岸,亦狱也,韩诗作'犴'。乡亭之系曰犴,朝廷曰狱。"作奸犯科,谓为非作歹、违法乱纪。

⑫死者不可复生句:汉路舒温《尚德缓刑书》:"夫狱者,天下之大命也,死者不可复生,绝者不可复属。"

⑬囹圄两句:囹圄,相传始于周朝。《礼记·月令》:"命有司省囹圄。"羑里,地名,商纣王囚周文王于此。《淮南子·氾论》:"纣居于宣室而不反其过,而悔不诛文王于羑里。"羑里,今河南汤阴县北。

⑭桎梏、缧绁:桎梏,刑具,脚镣手铐。《易·蒙》:"利用刑人,用语桎梏。"《疏》:"在足曰桎,在手曰梏。"缧绁,拘系犯人的绳索,引申为牢狱。《论语·公冶长》:"子谓公冶长可妻也,虽在缧绁之中,非其罪也。"

⑮鹬(yù)蚌相持:《战国策·燕策》:"赵且伐燕,苏代为燕谓惠王曰:今者臣来,过易水,蚌方出曝,而鹬啄其肉,蚌合而拑其喙。鹬曰:'今日不雨,明日不雨,即有死蚌。'蚌亦谓鹬曰:'今日不出,明日不出,即有死鹬。'两者不肯相舍,渔者得而并擒之。今赵且伐燕,燕赵久相支,以敝大众,臣恐强秦之为渔父也。"后用以喻双方争持不下,使第三者得利。

⑯池鱼受害:传说春秋战国时,宋国人池仲鱼家住近城门,一次城门失火,延烧到仲鱼家,池仲鱼被烧死。一说为城门失火,引池中水救火,水干鱼死。见《艺文类聚·鱼》、汉应劭《风俗通》。后用以比喻无故受到牵连,遭到祸害。

⑰请公入瓮:唐周兴、来俊臣,均为著名酷吏。有人告周兴与丘神勣通谋,武则天命来俊臣审理。俊臣与兴推事共食,问兴曰:"囚多不承,当为何法?"兴曰:"此甚易耳! 取大瓮,以炭四周炙之,令囚入中,何事不承。"俊臣即索大瓮,起谓兴曰:"有内状推老兄,请兄入瓮。"兴惶恐叩头伏罪。见唐张鷟《朝野佥载》《新唐书·周兴传》。后以称以其人之道,还治其人之身。

⑱下车泣罪:谓不得已而用刑,喻为政宽仁。据传,大禹出见罪人,下车问之而泣。左右问其故。禹曰:"王德薄,不能化民,是以泣也。"见汉刘向《说苑·君道》。《梁书·王僧儒传》:"解网祝禽,下车泣罪。"

⑲健讼、株连:健讼,《易·讼》:"彖曰:讼,上刚下险,险而健,讼。"《疏》:"犹人意怀险恶,性又刚健,所以讼也。"自宋以来,把健讼两字相连,称好打官司为健讼。见宋洪迈《容斋四笔》。株连,一人有罪,牵连多人。《释名·释丧制》:"罪及余人曰诛,诛,株也,如株木根,枝叶尽落也。"

⑳解纷:即排难解纷。战国时,秦围赵都邯郸,魏使辛垣衍劝赵尊秦为帝。当时正在邯郸的义士鲁仲连以大义责问辛垣衍,辛理屈辞穷。秦将闻之,退兵五十里。时救赵的魏兵至,秦军遂退,邯郸解围。赵平原君欲封赏仲连,连辞曰:"所贵于天下之士者,为人排患释难,解纷乱而无所取也。"见《战国策·赵策》《史记·鲁仲连传》。

㉑嫁祸:移祸于人。战国时,秦伐韩,上党路绝。韩上党郡守冯亭遣人入赵,愿将上党归属于赵。赵平原君豹曰:圣人甚祸无故之利。韩不以地入秦者,欲嫁祸于赵也。见《史记·赵世家》。

㉒城旦,秦汉的刑名。《史记·秦始皇本纪》:"令下三十日不烧,黥为城旦。"

裴姻《集解》引如淳曰："《律说》：'论决为髡钳，输边筑长城，昼日伺寇虏，夜暮筑长城。'城旦，四岁刑。"徒配：发配到远方去服刑。

㉓遣戍：古代遣送犯人去驻守边疆，效力赎罪，谓之遣戍。《史记·秦始皇本纪》："三十三年，发诸尝逋亡人、赘婿、贾人略取陆梁地，为桂林、象郡、南海，以适遣戍。"

㉔三尺：见《文士》"三尺法"注。

㉕三木：古代加在犯人颈、手、足上的刑具。司马迁《报任安书》："魏其（窦婴），大将也，衣赭、关三木。"

㉖古人五刑两句：墨，黥面；劓，割鼻；剕，断足；宫，男子去势，女子幽闭；大辟，死刑。以上五刑始于尧舜之时。《书·舜典》："五刑有服。"笞，击也，汉时用竹，隋唐之后用楚；杖，晋以前用鞭，隋唐时用杖；流，流放；徒，拘禁罚使劳作；死罪，绞斩。以上五刑见《隋书·刑法志》。

㉗削木为吏、纵囚归狱：削木为吏，见前"画地句"注。纵囚归狱，唐太宗贞观六年十二月放死囚二百九十人（《刑法志》为三百九十人）归家。次年秋末归狱伏罪，囚犯皆按期回狱，太宗嘉其诚信，均获赦免。《旧唐书·太宗纪》《新唐书·刑法志》。纵囚一事，汉、晋时均有。古时以此作为官吏以德感化人或政治清明的美谈。

㉘花落讼庭闲句：唐何易，即何易于，唐代益昌令，廉洁爱民，民皆息讼，三年无囚。民歌曰："花落讼庭闲，草生囹圄静。"见《新唐书·何易于传》。

㉙吏从冰上立句：唐卢奂，天宝初为南海太守，南海兼水陆都会，物产珍怪，前守刘巨麟、彭杲皆因赃败，故以奂代之。于是污吏敛手，中人之市舶者，亦不敢触其法，远俗为安。民歌曰："抱案吏从冰上立，诉冤人在镜中行。"见《新唐书·卢奂传》。

㉚可见治乱之药石两句：后汉崔寔，字子真。少沈静，好典籍，明于政体，吏才有余。论当世便事数十条，名曰《政论》。其中有云："盖为国之法，有似理身，平则养，疾则攻焉。夫刑罚者，治乱之药石也；德教者，兴平之粱肉也。夫以德教除残，是以粱肉理疾也；以刑罚理平，是以药石供养也。"见《后汉书·崔寔传》。

㉛乌台：即御史台，主持禁令刑罚。《汉书·朱博传》："是时御史府吏舍百余区，井水皆竭，又其府中列柏树，常有野乌数千栖息于上，晨去暮来，号曰朝夕乌。"后人因称御史台为乌台。

㉜象魏：宫廷外的阙门，以其悬法，称为象魏。《周礼·天官·大冢宰》："正月之吉，始和，布治于邦国都鄙，乃悬治象之法于象魏，使万民观治象，挟日而敛之。"

㉝惟忠信慈惠之师两句：《汉书·刑法志》："犹求圣哲之上、明察之官、忠信之长、慈惠之师，民于是可任使也。"折狱致刑，谓断案而用刑恰当。《易·丰》：

"君子以折狱致刑。"《疏》:"君子折狱致刑者,君子法象天威,而用刑罚亦当。"

㉞失入宁失出:失入,判案错误,轻罪重罚;失出与失入相对,谓罪重罚轻。见《新唐书·刑法志》。此句意为轻罪重罚宁可重罪轻罚。

㉟过义宁过仁:严厉过头,宁可宽厚过头。宋苏轼《刑赏忠厚之至论》:"过乎仁,不失为君子;过乎义,则流而入于忍人。故仁可过也,义不可过也。"

㊱察五声而审克:用审案的五种方法,对实情考察得详细、周密。《周礼·秋官·小司寇》:"以五声听讼狱,求民情。一曰辞听。二曰色听,三曰气听,四曰耳听,五曰目听。"《书·吕刑》:"惟察惟法,其审克之。"

㊲讯三刺以简孚:使用审讯的三种方法,做到核实可信。《周礼·秋官·小司寇》:"以三刺断庶民狱讼之中,一曰讯群臣,二曰讯群吏,三曰讯万民。"《注》:"刺,杀也,三讯罪定则杀之。"《礼记·王制》:"以听狱讼,必三刺。"《书·吕刑》:"五辞简孚,正于五刑。"《传》:"五辞简核,信有罪验,则正之于五刑。"

㊳蒿满圜扉之宅:言狱门长满蓬蒿杂草,喻无讼狱。天保为北齐文宣帝(高洋)年号,即位之初,举行大赦,使郡无一囚,其后做门蓬蒿并满,圜门虚寂,无讼狱者,人民称颂。然而高洋在位九年,即纵酒肆欲,残暴昏邪,苛酷残民,故人怀念天保初年。《北齐书·文宣帝传论》:"始则存心致事,风化肃然,数年之间翕斯致治,其后纵酒肆欲,事极猖狂,昏邪残暴,近世未有。"圜扉,狱门。

㊴鹊巢大理:唐玄宗即位,二十年间号称治世,衣食富足,人少犯法,讼狱不兴。《旧唐书·刑法志》:"大理少卿徐峤上言:'大理狱院,由来相传,杀气太盛,鸟雀不栖,至是有鹊巢其树。'于是百官以几至刑措上表陈贺。"参见《新唐书·刑法志》。

㊵赭衣满道:指专任刑法,残害人民,致使罪犯充满途路。古代囚徒穿红衣,故称罪人为赭衣。《汉书·刑法志》:"秦始皇兼吞战国,遂毁先人之法,灭礼谊之官,专任刑罚……而奸邪并生,赭衣塞路,囹圄城市,天下愁怨,溃而叛之。"

㊶玄钺(yuè阅)罗门:斧钺罗列在门前,指用刑太过,杀戮过多。《隋书·刑法志》:"(秦)落严霜于政教,挥流电于邦国,弃灰偶语,生愁怨于前,毒纲凝科,害肌肤于后,玄钺肆于朝市,赭衣飘于路衢,将间有一剑之哀,茅焦请列星之数。"

㊷沸汤之势:如水之沸腾,喻人多拥挤之状。唐代奸相李义甫,其母、妻和诸子均弄权受贿,为罪犯开脱罪行,上门行贿者极多,门前有沸汤之势。见宋王谠《唐语林》。

㊸巢无完卵:即覆巢之下无完卵。鸟巢倾覆,其卵必破,谓灭门之祸,无一幸免。《世说新语·语言》:"孔融被收,中外惶怖,时融儿大者九岁,小者八岁,二儿故琢钉戏,了无遽容。融谓使者曰:'冀罪止于身,二儿可得全不。'儿徐进曰:'大人岂见覆巢之下,复有完卵乎?'寻亦收至。"后用以喻整体覆灭,局部也不能幸存。

㊹虽辟以止辟两句:《书·君陈》:“辟以止辟,乃辟。”用刑罚来制止犯法。《书·大禹谟》:“刑期于无刑。”起初用刑,是希望以后不必用刑。

㊺三宥、肆赦:三宥,对犯罪从宽的三种情况。《周礼·秋官·司刺》:“司刺掌三刺三宥三赦之法,以赞司寇听讼狱……一宥曰不识,再宥曰过失,三宥曰遗忘。一赦曰幼弱,再赦曰老耄,三赦曰蠢愚。”肆赦,从宽赦免。《书·舜典》:“眚灾肆赦。”

㊻蝇集笔端:《晋书·苻坚载记》:“初,坚之将为赦也,与王猛、苻融密议于露堂,悉屏左右,坚亲为赦文,猛融共进纸墨。有一大苍蝇入自牖间,鸣声甚大,集于笔端,驱而复来,俄而长安街巷市里人相告曰:‘官今大赦。’有司以闻……咸言有一小人衣黑衣,大呼于市曰:‘官今大赦。’须臾不见。坚叹曰:‘其向苍蝇乎!’”

㊼乌啼宵夜:南朝宋文帝元嘉中,徙彭城王义康为豫章,临川王义庆时为江州,至镇相见而哭。文帝闻而怒之,召还宅,义庆大惧。其妾夜闻乌啼声,叩齐阁曰:“明日有赦。”后改为南兖州刺史,因制《乌夜啼》曲。见《旧唐书·音乐志》。

㊽无赦而刑必平:隋王通《文中子》:“无赦之国,其刑必平。”意为不用赦典,那刑罚一定很公允。

㊾多赦则民不敬:《管子·法法》:“赦出则民不敬,惠行则过日益。”意为颁了赦典,人民便要不敬。实行恩惠,过错会日益增加。

㊿孔明治蜀句:诸葛亮治蜀赏罚公允,故赦不妄下。《华阳国志·刘后主志》:“诸葛亮时,有言公惜赦者。亮答曰:‘治世以大德,不以小惠,故匡衡、吴汉不愿为赦……若景升、季玉父子岁岁赦宥,何益于治。’故亮时军旅屡兴,赦不妄下也。”

(51)吴汉临终句:东汉吴汉,字子颜,南阳宛人,东汉初大将,随光武屡立战功,死谥忠侯。《后汉书·吴汉传》:“汉病笃,车驾亲临,问所欲言。对曰:‘臣愚,无所知识,唯愿陛下慎无赦而已。’”

【今译】

世人只是不平则鸣;圣人却以无讼为贵。上有慎刑的君主,用刑如同雨润;下无受冤的百姓,肺石便会风清。虽然囹圄就是福堂,但是画地也可当狱。与人打官司,叫“鼠牙雀角”之争;罪人诉冤屈,有“抢地呼天”之惨。狴犴威猛能守门,所以在狱门上面画狴犴;棘木外刺而内直,所以在棘木下边决讼狱。乡亭之监叫岸,朝廷之监叫狱,哪个人敢违法乱纪;死者不可再生,断者不可再续,在上者应谅情定罪。囹圄是周朝的监狱;羑里是商朝的牢房。设置桎梏,为了拘禁罪人;缧绁之中,岂无贤人受屈。双方争执不下,叫做“鹬蚌相持”;无罪受到牵连,叫做"池鱼受害"。请君入瓮,是唐周兴自作自受;下车泣罪,是夏禹王深爱人民。好打官司叫"健讼";无罪受累叫"株连"。替别人调解争端,叫做"解纷";被别人栽上冤屈,叫做"嫁祸"。有罪罚作苦工,叫"城旦";有罪派去守边,叫"问军"。三尺是朝廷的法律;三木是罪人的刑具。古人的五种刑罚是墨、劓、剕、宫、大辟;今天的刑律条例是笞、杖、徒、流、死罪。上古时削木为吏,使人服罪,今天这样的淳风何在?唐太宗放囚归家,按时回狱,古人的诚信确是可嘉。"花落讼庭闲,草生图圄静"是歌颂何易治民简约;"吏从冰上立,人在镜中行"是颂扬卢奂断案清廉。平治乱世的药物以用刑为重;振兴太平的粱肉以德教为先。

（增）乌台制定法律;象魏悬挂刑书。只有忠信慈惠的官吏,才有断狱量刑的恰当。轻罪重罚不如重罪轻罚,应该念到无辜的人;过于严厉不如过于宽厚,务必存着不忍的心。审案使用五声,考察周密,应该这样精详;讯问做到三刺,实情可信,当然谨慎从事。蒿草长满狱门,人们怀念天保初年;鹊筑巢于大理,世人称赞玄宗即位。罪人充塞道路,何等惨酷暴烈!斧钺罗列门前,杀戮未免太甚。门前如像开锅的水,问心应当不安;覆巢之下没有完卵,扪心何其残忍。虽然用刑为了制止犯法,还是希望以后不再用刑。周礼上有三宥的词句,后世可以效法;舜廷上有肆赦的恩典,后人常常称赞。苍蝇停在笔端,知道赦书已经写好;乌鹊半夜啼叫,晓得赦诏即将颁布。不用赦典,刑罚一定公允。王通的议论,难道有差;颁了赦典,人民便会不敬,管仲的说话,不是全错。孔明治蜀,赦不妄行;吴汉临死,也说不赦。

释道鬼神 新增文十二联

【原文】

如来释迦,即是牟尼,原系成佛之祖①;老聃李耳,即是道君,乃为道教之宗②。鹫岭③祇园④,皆属佛国;交梨火枣,尽是仙丹⑤。沙门称释,始于晋道安⑥;中国有佛,始于汉明帝⑦。篯铿即是彭祖,八百高年⑧;许逊原宰旌阳,一家超举⑨。波罗犹云彼岸⑩;紫府即是仙宫⑪。曰上方,曰梵刹,总是佛场⑫;曰真宇,曰蕊珠,皆称仙境⑬。伊蒲馔,可以斋僧⑭;青精饭,亦堪供佛⑮。香积厨,僧家所备⑯;仙麟脯,仙子所飧⑰,佛图澄显神通,咒莲生钵⑱;葛仙翁作戏术,吐饭成蜂⑲,达摩一苇渡江⑳。栾巴噀酒灭火㉑。吴猛画江成路㉒;麻姑掷米成珠㉓。飞锡挂锡,谓僧人之行止㉔;导引胎息,谓道士之修持㉕。和尚拜礼曰和南,道士拜礼曰稽首㉖。曰圆寂,曰荼毗,皆言和尚之死㉗;曰羽化,曰尸解,悉言道士之亡㉘。女道曰巫,男道曰觋,自古攸分㉙;男僧曰僧;女僧曰尼,从来有别㉚。羽客黄冠,皆称道士㉛;上人比丘,并美僧人㉜。檀越檀那,僧家称施主㉝,烧丹炼汞,道士学神仙㉞。和尚自谦,谓之空桑子㉟;道士诵经,谓之步虚声㊱。菩者普也,萨者济也,尊称神祇,故有菩萨之誉㊲;水行龙力大,陆行象力大,负荷佛法,故有龙象之称㊳。儒家谓之世,释家谓之劫,道家谓之尘,俱谓俗缘之未脱㊴;儒家曰精一,释家曰三昧,道家曰贞一,总言奥义之无穷㊵。达摩死后,手携只履西归㊶;王乔朝君,舄化双凫下降㊷。辟谷绝粒,神仙能服气炼形㊸;不灭不生,释氏惟明心见性㊹。梁高僧谈经入妙,可使顽石点头,天花坠地㊺;张虚靖炼丹既成,能令龙虎并伏,鸡犬俱升㊻。

【注释】

①如来释迦:即释迦牟尼,佛教始祖,公元前565—公元前485年。又称世尊、如来。族姓释迦,牟尼为梵语之音译,义译为圣者或明珠。姓乔答摩,名悉达多,为中印度迦毗罗国王净饭王长子,母名摩耶。如来,佛的别名。梵语多陀阿加陀,义为如实道来而成正觉。佛,佛陀的简称。"佛者,汉言觉也,将以觉悟群生也。"见晋袁宏《汉纪·永平十三年》。

②老聃李耳:即老子。见《老寿幼慧》"老子道君"、"李耳"注。

③鹫岭:或称鹫山,即灵鹫山,在中印度,梵语为耆阇崛山,为佛说法之地。因山顶似鹫,又鹫群常集山顶,故王舍城人名之曰鹫头山。南朝陈徐陵《长干寺众食碑》:"昆吾在次,皆鸣鹫岭之钟;旸谷初升,同洗龙池之钵。"

④祇园:祇树给孤独园之略称。为释迦牟尼去舍卫国说法时与僧徒停居之处。唐慧琳《一切经音义》:"祇树,梵语也,或云祇陀,或云祇洹,或云祇园,皆一名也。"古印度憍萨罗国舍卫城豪商给孤独长者须达,在王舍城听如来讲法。深为敬慕。回国,欲购祇陀太子的园林建立精舍献给如来。祇陀戏言:布金遍地乃卖。须达乃倾家布金。祇陀感其诚,二人同心建立精舍,名祇陀园林须达精舍,省称祇园精舍,请如来居此说法。参见晋释法显《佛国记》《大涅般经》、唐玄奘《大唐西域记》。

⑤交梨火枣:为神仙食用的果物仙药。相传晋时许穆入华阳洞得道,王母第二十女紫薇夫人,尝降教之。后书与穆曰:玉醴金浆,交梨火枣,此则飞腾之药,不比金丹。见南朝梁陶洪景《真诰》。宋秦观《赠虞道判》:"火枣交梨近可餐,不须地肺与天坛。"

⑥沙门称释:沙门又作桑门,即僧徒。梵语室罗摩拏的音译。义意为勤息,勤修善法,止息恶行。僧徒以释为姓,始于晋释道安。南朝梁释慧皎《高僧传·释道安》:"初魏晋沙门,依师为姓,故姓名不同。安以为六师之本,莫尊释迦,乃以释命氏……遂为永式。"

⑦中国有佛:见《制作》"汉明帝尊崇佛教句"注。

⑧籛铿:人名,相传为商之贤大夫,即庄子所谓彭祖,名铿,尧臣,封于彭城,历虞夏至殷,年七百岁,以长寿著名。见晋葛洪《神仙传》又《世本》云姓籛名铿,在商为守藏史,在周为柱下史,年八百岁,一云,即老子也。又见《论语·述而》:"窃比于我老彭。"宋邢昺《疏》。

⑨许逊:晋时汝南人,字敬之。学道于吴猛,受三清法要,后举孝廉,官蜀旌阳令。感于晋室梦乱,弃官东归,游江南,以术为民除害。相传于东晋孝武帝太康二年八月一日在洪西山,举家四十二人,拔宅上升而去。宋封为神功妙济真君,世称许真君或许旌阳。见《太平广记·许真君》、宋刘斧《青琐高议》。

⑩波罗:即波罗蜜。梵语,也作"波罗伽"、"波罗蜜多"。意译为"到彼岸"或"度",即由此岸(生死岸)度人到达彼岸(涅槃、寂灭)。见《大智度论·十二》。

⑪紫府:道家称神仙居住之处。《抱朴子·祛惑》:"及到天上,先过紫府,金床玉几,晃晃昱昱,真贵处也。"

⑫上方、梵刹:上方,道家称的天界。宋张君房《云笈七籤·天地》:"上方九天之上,清阳虚空之内。"又佛寺也称上方。唐韦应物《上方僧》:"见月出东方,上方高处禅。"梵刹,佛寺的泛称。梵,梵摩、婆罗贺摩、梵览摩的略音,意为清净、寂静。佛经用梵语写成,故凡与佛有关的事物,皆称梵。刹,意为地方。佛教以梵刹

为佛寺的别名。塔也称刹。

⑬真宇、蕊珠：均为神仙居处。《文选·左思吴都赋》："增冈重阻，列真之宇。"李善《注》："其中多居神仙，故曰列真之宇。"蕊珠，一作藥珠。道家传说天上上清宫有藥珠宫，神仙所居。后泛指道家的宫观。唐白居易《白发》："藥珠宫殿经风雨，草树无尘耀眼光。"

⑭伊蒲馔：伊蒲即伊蒲塞、优婆塞、邬波索迦。不出家的男性佛徒。伊蒲馔指供给伊蒲塞、沙门的饭食。《后汉书·楚王英传》："奉送缣帛，以赎愆罪，国相以闻。诏报曰：'……当有悔吝，其还赎以助伊蒲塞桑门之盛馔。'"

⑮青精饭：采南烛枝叶，以其汁浸米，蒸饭曝干，色碧，道家认为久吃此饭可延年益寿。唐杜甫《赠李白》："岂无青精饭，使我颜色好。"参见宋王观国《学林·青精》。

⑯香积厨：传说，维摩居士遣八菩萨往众香国拜佛，言愿得世尊所食之余，与婆娑世界，施作佛事，香积如来以众香国之钵，盛饭与之。《维摩诘经·香积品》："有国名众香，佛号香积……苑囿皆香，其食香气。"后遂称僧人的斋厨为香积厨，寺僧的饭为香积饭。

⑰仙麟脯：麟铺仙馔。蔡经尸解十年，及还家，语家人曰："七月七日王方平来，可作酒百石。"至期，王方平果至，进金盘玉杯，麟脯仙馔。见晋葛洪《神仙传》。

⑱佛图澄句：佛图澄，天竺人，本姓帛氏，少学道，妙通玄术，于晋永嘉四年入中国。《晋书·佛图澄传》："（石）勒召澄，试以道术。澄即取钵盛水，烧香咒之，须臾钵中生青莲花，光色曜日。勒由此信之。"

⑲葛仙翁句：三国时，吴琅玡人葛玄，慕长生不死之道，传说后修炼成仙，号葛仙公，又称南极仙翁。一说从左慈得仙术，尝喷饭成蜂数百只，复张口，蜂飞入，仍为饭。见晋葛洪《神仙传》《搜神记》。

⑳达摩：即菩提达摩，为佛教禅宗东土之初祖。天竺香至王第三子，于南朝梁武帝大通元年（或普通元年）泛海至广州，武帝迎至建业，语不契合，达摩遂以一苇渡江去北魏，于嵩山少林寺，终日面壁，凡九年，后付法及袈裟于慧可，不久入寂。见宋契嵩《传法正宗记》。

㉑栾巴：后汉蜀郡人，好道术，通群经，桓帝召为尚书。正朝大会，巴独后到，又饮酒望西南噀之，有司奏巴大不敬。诏问巴，巴曰：适臣本县成都失火，臣噀酒为雨，以灭火灾。即遣使往验其言，答云：正旦失火，时有大雨，从东北来，火乃息，雨皆酒气。见唐李瀚《蒙求·栾巴噀酒》、晋葛洪《神仙传》。

㉒吴猛：晋豫章人，年四十，邑人丁义授其神方，后还豫章，江水大涨，江波甚急，吴猛不用舟，以白羽扇画开江水成路而过，观者皆惊异。见《晋书·吴猛传》。

㉓麻姑：古仙女，建昌人，修道于牟州东南余姑山。东汉时，仙人王方平降蔡

经家,召麻姑至,年约十八九,貌美。谓方平曰:接待以来,已见沧海三为桑田。又取米数升掷于地,米尽成珍珠。见晋葛洪《神仙传》。

㉔飞锡挂锡:佛家语。僧人出游,好持锡杖。传说古时得道高僧,游历山川,均是掷锡飞空而往,西天得道僧,往来均飞锡。见南朝梁释慧皎《高僧传》、宋释道诚《释氏要览》。后因称僧徒游方为飞锡。至室内,锡必挂于壁上,故称止宿为挂锡。

㉕导引、胎息:导引,古代医家的一种养生术。指呼吸俯仰,屈伸手足,使血气流通。《后汉书·华佗传》:"古之仙者,为导引之事,熊经鸱顾,引挽要体,动诸关节,以求难老。"胎息,古时道家修炼之术。《抱朴子·释滞》:"得胎息者,能不以鼻口嘘吸,如在胞胎之中,则道成矣。"《后汉书·玉真传》:"年且百岁,视之面有光泽,似未五十者。自云:'周流登五岳名山,悉能行胎息胎食之方,噏舌下泉咽之,不绝房室。'"

㉖和南、稽首:僧人合掌问礼叫和南,也写作婆南、槃淡、盘荼咮。见宋赞宁《僧史略》、宋僧法云《翻译名义集》:"合掌作礼曰和南。"稽首,行跪拜之礼,两手拱至地,头至手,不触及也。《荀子·大略》:"平衡曰拜,下衡曰稽首,至地曰稽颡。"

㉗圆寂、荼毗:均为佛教语。佛教修行,以涅槃为最终目的。涅槃意为圆寂,即诸德圆满俱足,诸恶寂灭净尽之义。故僧尼之死称为圆寂。《尊胜经》:"僧亡曰圆寂。"宋释道源《景德传灯录·怀让禅师》:"天宝三年八月十一日圆寂于衡岳。"荼毗,佛家语,火葬。清廖文英《正字通》:"阇,梵语阇维即荼毘,僧死而焚之也。"《尊胜经》:"僧焚化曰荼毗。"

㉘羽化、尸解:羽化,道家指飞升成仙。《晋书·许迈传》:"玄自后莫测所终,好道者皆谓之羽化矣。"宋胡继宗《书言故事》:"道士亡曰羽化、曰仙化。"唐李白《过彭蠡湖》:"余将振衣去,羽化出器烦。"宋苏轼《前赤壁赋》:"飘飘然如遗世独立,羽化而登仙。"尸解,道家认为,修炼得道之后,留下尸体,魂魄成仙而去,谓之尸解。见宋张君房《云笈七籤·尸解》。

㉙巫、觋:古代称能用跳舞而降神的人为巫。《国语·楚语》:"在男曰觋,在女曰巫。"《注》:"觋,见鬼者也。《周礼》男亦曰巫。"

㉚僧、尼:僧,和尚,僧伽的省称。男者称僧,女者称尼。《魏书·释老志》:"治心修净,行乞以自给,谓之沙门,或曰桑门,亦声相近,总谓之僧。"又"其为沙门者初修十诫曰沙弥,而终于二百五十则,具足成大僧。妇人道者曰比丘尼。"

㉛羽客、黄冠:道士之称。北周庾信《邛竹杖赋》:"和轮人之不重,待羽客以相贻。"南唐保大中道士谭紫霄、宋徽宗时道士林灵素,皆称金门羽客。黄冠,道士之冠,后转为道士别称。唐李淳风之父李播,初为高唐尉,后弃官为道士,自号黄冠子。见《新唐书·李淳风传》。

㉜上人、比丘：和尚之称。上人，佛教称具备德智善行的人。见宋释道诚《圆觉要览》。后作为对僧人的敬称。比丘，见"僧、尼"注。

㉝檀越、檀那：施主。梵语陀那钵底，唐言施主，今称檀那，讹陀为檀，去钵底留那也。又称檀越者，檀即布施，此人行施，能越贫穷苦海，见宋僧法云《翻译名义集》。梵语檀波罗蜜，意为布施，布施能越生死此岸，到菩提彼岸。见《楞严经注》。

㉞烧丹炼汞：即道家的炼丹。道家烧炼金石药物成丹，谓服之可以长生不老。南朝陈徐陵《答处士书》："比夫煮石纷纭，终年不烂；烧丹辛苦，至老方成。"

㉟空桑子：和尚自谦之语，谓无父母。《吕氏春秋·孝行览·本味》："有侁氏女子采桑，得婴儿于空桑之中，献之君。"《旧唐书·傅奕传》："萧瑀非出空桑，乃遵无父之教，臣闻非孝者无亲，其瑀之谓矣。"

㊱步虚声：道士诵经之声。相传陈思王游山，忽闻空中诵经声，清远嘹亮，解音者则而写之，为神仙声。道士效之，作步虚声。见南朝宋刘敬叔《异苑》。

㊲菩者普也句：梵语菩提萨埵，简称菩萨。菩提意为觉，萨埵意为众生；言能自觉本性，又能普度众生。罗汉修行精进，便成菩萨，位次于佛。见宋释道诚《释氏要览》、宋僧法云《翻译名义集》。

㊳龙象：佛家语。称诸罗汉中修行勇猛有最大力者为龙象。水行龙力大，陆行象力大，负荷佛法。故以龙象为喻。《涅槃经》："世尊，我今已与大龙象菩萨摩诃萨，断诸结漏。"后用以名高僧。

㊴儒家谓之世三句：儒家称一世为世，佛家谓一世为一劫，道家称一世为一尘。五代南唐沈汾《续仙传》："丁约谓韦子威曰：'郎君得道，尚隔两尘。'子威问其故。答曰：'儒谓之世，释谓之劫，道谓之尘。'"

㊵儒家曰精一三句：精一，精粹纯一。《书·大禹谟》："惟精惟一，允执厥中。"三昧，梵语音译，意为定，即排除杂念，心神平静。《智度论》："善心一处不动，是名三昧。"后称解除束缚为三昧。贞一，道家谓保持本性，自然无为。《鬼谷子·本性》："信心术，守贞一而不化。"

㊶达摩死后句：达摩于南朝梁武帝大同元年（或云大通二年）圆寂，葬熊耳山定林寺。梁武帝闻之，亲撰碑刻石于钟山。至唐代宗时，谥曰圆觉大师。传说梁时有人从西域回，至葱岭，见达摩携一只履，问何去，摩曰："西天去。"见明张思鼎《琅玡代醉编》。

㊷王乔朝君句：见《衣服》"王乔"注。

㊸辟谷、绝粒：辟谷，古时称行导引之术，不食五谷，可以长生。道家则以为神仙入道之术。《史记·留侯世家》："（张良）乃学辟谷，道引轻身。"绝粒，同辟谷，道家以不火食，不进五谷为修炼方法，称绝粒。晋孙绰《游天台山赋》："非夫遗世瓢道，绝粒茹芝者，乌能轻举而宅之。"《晋书·释老志》："授（寇）谦之服气导引口

诀之法,遂得辟谷气盛体轻,颜色殊丽,弟子十余人,皆得其术。"

㊹不灭不生:佛家语,即不生不灭。超脱生死的境界。《般若波罗蜜多心经》:"是诸法空相,不生不灭,不垢不净。"杜鸿渐问无住禅师曰:"云何不生,云何不灭,如何得解脱。"师曰:"见境心不起,即不生,不生既不灭,既不生灭,即不被前情所缚,而到处可解脱也。"见宋释道源《景德传灯录》。

㊺顽石点头、天花坠地:晋道生法师入虎丘山讲佛,聚石为徒,讲《涅槃经》,至阐提处,则说有佛性,师问:"如我所说,契佛心否?"群石皆为点头。见晋《高贤传·道生法师》。传说佛祖说法,感动天神,诸天雨各色香花,于虚空中缤纷乱坠。《心地观经·序品偈》:"六欲诸天来供养,天华乱坠编虚空。"华,同花。明圆极顶居《续传灯录·圆玑禅师》:"双眉本来自横,鼻孔本来自立,直饶说得天花乱坠,顽石点头,算来多虚不如少实。"

㊻龙虎并伏、鸡犬俱升:东汉人张陵,又称张道陵,为正一派道教之始祖。其七世孙张虚靖,遍游名山,学长生之术,炼丹成,能降龙伏虎,白日升天。临去,其炼丹药器置庭中,鸡犬舐之,皆升天。见五代南唐沈汾《续仙传》。道家以龙虎喻心火肾水,制伏嗔怒情欲,使心火下降,肾水滋润,谓之降龙伏虎。

【今译】

　　释迦牟尼,就是如来,是佛教的始祖;老聃李耳,就是道君,是道家的宗祖。鹫岭祇园,都属佛国;交梨火枣,都是仙丹。和尚称释,开始于晋的道安;中国有佛,开始于汉时明帝。钱铿就是彭祖,他活了八百年;许逊是旌阳令,他超度一家人。波罗说的是彼岸;紫府说的是仙宫。上方、梵刹都是佛的道场;真宇、蕊珠都是神仙之境。伊蒲馔,给和尚斋饭;青精饭,也可供神仙。香积厨,是寺僧的饭;仙麟脯,是神仙所餐。佛图澄显神通,念咒钵里生莲花;葛仙翁作法术,吐饭变成一群蜂。达摩用一苇渡过长江;栾巴喷口酒灭了火灾。吴猛用扇画开江水,成了大路;麻姑用米洒在地上,变成珍珠。飞锡、挂锡是说和尚的行止;导引、胎息是说道士的修炼。和尚拜礼叫和南;道士拜礼叫稽首。和尚死叫圆寂、荼毗;道士死叫羽化、尸解。女道士叫巫,男道士叫觋,自古就有分别;男和尚叫僧,女和尚叫尼,从来这样区分。羽客、黄冠,都誉称道士;上人、比丘,皆赞美和尚。和尚称施主叫檀越、檀那;道士学神仙要炼汞、烧丹。和尚自谦叫空桑子;道士诵经叫步虚声。菩意思是普,萨意思是济,所以尊称神灵叫菩萨;水行龙力大,陆行象力大,所以负荷佛法叫龙象。儒家叫世,佛家叫劫,道家叫尘,都是说俗缘还没解脱;儒叫精一,佛叫三昧,道叫贞一,总说深奥的意义无穷。达摩死后,提着一只鞋回到西天;王乔朝君,鞋化两只凫从空下降。辟谷绝粒,是神仙能服气炼形;不灭不生,是佛教能明心见性。梁高僧讲经到绝妙处,使顽石点头,天花乱坠;张虚靖仙丹炼到成功,能降龙伏虎,鸡狗升天。

【原文】

藏世界于一粟,佛法何其大①;贮乾坤于一壶,道法何其玄②?妄谈之言,载鬼一车③;高明之家,鬼阚其室④。无鬼论,作于晋之阮瞻⑤;搜神记,撰于晋之干宝⑥。颜子渊,卜子商,死为地下修文郎⑦;韩擒虎,寇莱公,死作阴司阎罗王⑧。至若土谷之神曰社稷⑨;干旱之鬼曰旱魃⑩。魑魅魍魉,山川之祟⑪;神荼郁垒,啖鬼之神⑫。仕途偃蹇,鬼神亦为之揶揄⑬;心地光明,吉神自为之呵护⑭。

(增)菩提无树;明镜非台⑮。光明拳打破痴迷膜;爱欲海济渡大愿船⑯。白足清癯,谁个未知禅味;赤髭碧眼,何人不是梵宗⑰?法善为妻,智度为母,无烦询骨肉是谁;慈悲作室,通慧作门,不须问宅居何在⑱。孙居士大啸一声,山鸣谷应⑲;陈先生长眠数觉,物换星移⑳。岩下清风,黑虎卖董仙丹杏㉑;山间明月,彩鸾栖张叟绿筠㉒。赵惠宗火中化鹤,岂避烽炎㉓;左真人盆里引鲈,不须烟浪㉔。萧子曾餐芝似肉㉕;安期更食枣如瓜㉖。夏郊有异神,祀处却转凶为吉㉗;黎丘多奇鬼,惑时必以伪害真㉘。唐时花月妖,畏见狄梁公之面㉙;晋代枌榆社,愁逢阮宣子之柯㉚。曾闻大手入窗,公亮举笔㉛;翻忆长舌吐地,叔夜吹灯㉜。邹德润徙项王祠,莫须有也㉝;牛僧孺宿薄后庙,岂其然乎㉞?

注释

①藏世界于一粟:佛家谓一粒粟中藏有世界。宋释普济《五灯会元》:"一粒粟中藏世界,半升铛内著乾坤。"

②贮乾坤于一壶:汉汝南人费长房,曾为市掾,市中有一老翁卖药,悬一壶于肆头,市罢则跳入壶中。长房于楼上见之,知为仙人,奉酒脯拜翁。次日翁与房俱入壶中,楼台壮丽,旨酒佳肴,充盈其间。共饮毕而出。房遂拜翁学道。见《后汉书·费长房传》、晋葛洪《神仙传》。

③载鬼一车:言极可怪。《易·睽》:"载鬼一车。"《疏》:"鬼魅盈车,怪异之

甚也。"

④鬼阚其室:鬼神窥伺其室。汉扬雄《解嘲》:"高明之家,鬼瞰其室。"《注》:"此盛必衰之义也……故知天道恶盈,鬼神害盈。"

⑤无鬼论句:《晋书·阮瞻传》:"瞻素执无鬼论。物莫能难。每自谓此理足可辨正幽明。忽有一客通名诣瞻,寒温毕,聊谈名理,客甚有才辩,瞻与之言良久,及鬼神之事,反覆甚苦,客遂屈,乃作色曰:'鬼神古今圣贤所共传,君何得独言无,即仆便是鬼。'于是变为异形,须臾消灭。"

⑥搜神记句:见《技艺》"鬼之董狐"注。

⑦颜子渊句:晋苏韶死后,其从弟苏节白昼见韶,因问及幽冥之事。韶曰:"颜渊、卜商,俱为地下修文郎。"见唐段成式《酉阳杂俎》。后引申谓文人之死曰修文。

⑧韩擒虎句:《隋书·韩擒虎传》:"其邻母见擒门下仪卫甚盛,有同王者,母异而问之,其中人曰:'我来迎王。'忽然不见。又有人疾骂,忽惊走至擒家曰:'我欲谒王。'左右问曰:'何王也。'答曰:'阎罗王。'擒子、弟挞之。擒止之曰:'生为上柱国,死作阎罗王,斯亦足矣。'因寝疾,数日竟卒。"宋寇准死后,有僧克勤见公于曹州境上,僧询问后骑,曰:"阎罗王交政也。"见《翰苑名谈》。

⑨社稷:土神曰社,谷神曰稷。《周礼·春官·大宗伯》:"以血祭祭社稷,五祀五岳。"《注》:"社稷,土谷之神,有德者配食焉。"东汉班固《白虎通义》:"人非土不立,非谷不食,故封土立社,示有土地;稷,五谷之长,故立稷而祭之。"后以社稷代称政权。

⑩旱魃:干旱之鬼。《诗·大雅·云汉》:"旱魃为虐,如惔如焚。"《疏》:"《神异经》曰:南方有神,长二三尺,袒身而目顶上,行走如风,名曰魃,所见之国,大旱,赤地千里。'"《山海经·大荒北经》:"蚩尤请风伯雨师,纵大风雨,黄帝乃下天女曰魃,雨止,遂杀蚩尤,魃不得复上,所居不雨。"

⑪魑魅魍魉:魑魅,又作螭魅。迷信传说中的山鬼,一说山泽之怪。《左传·文公十八年》:"投诸四裔,以御魑魅。"《注》:"魑魅,山林异气所生,为人害者。"《史记·五帝纪》:"以御螭魅。"《集解》:"服虔曰:螭魅人面兽身,四足,好惑人,山林异气所生。"魍魉,山川中的精怪。《孔子家语·辨物》:"木石之怪夔、魍魉。"汉王充《论衡·订鬼》:"颛顼氏有三子,生而亡去为疫鬼,一居江水,是为疫鬼;一居若水,是为魍魉鬼。"后以魑魅魍魉指各种各样的鬼怪,也喻各种各样的坏人。

⑫神荼郁垒:二神名,读如伸舒郁律。传说善治鬼怪,旧时奉为门神。汉王充《论衡·订鬼》:"《山海经》又曰:'沧海之中,有度朔之山,上有大桃木,其屈蟠三千里,其枝间东北曰鬼门,万鬼所出入也。上有二神人,一曰神荼,一曰郁垒,主阅领万鬼。恶害之鬼,执以苇索以御凶魅。'"今本《山海经》无此文。

⑬仕途偃蹇:谓不得志而困顿。晋罗友,博学能文,曾为桓温椽。时桓温饯别

得郡守者,友后至,向温曰:"中道逢鬼揶揄:'只见汝送人作郡,不见人送你作郡。'"温遂荐罗友为襄阳太守。见明张鼎思《琅玡代醉编》。

⑭心地句:佛家语,谓心也。《大乘本生心地观经》:"三界之中,以心为主,能观心者究竟解脱,不能观心者,究竟沉沦。众生之心犹如大地,五谷五果从大地生……以是因缘,三界唯心,心名为地。"《太上感应篇》:"心起于善,善虽未为,而吉神已随之。"

⑮菩提无树两句:禅宗五祖弘忍求法之继承者,令寺僧各为一偈。其上座神秀曰:"身是菩提树,心如明镜台,时时勤拂试,勿使惹尘埃。"慧能曰:"菩提本无树,明镜亦非台,本来无一物,何处惹尘埃。"五祖遂将法嗣定于慧能,是为禅宗六祖。见宋释道源《景德传灯录》《六祖法宝坛经》。

⑯光明拳两句:光明拳,谓如来举臂屈指之形。佛经上说,如来举金色臂,屈五轮指,为光明拳,决一切痴膜,到一切功德岸。菩萨乘大愿船,在生死爱欲之海中,呼引众生上大愿船。见《楞严经》。

⑰白足清癯两句:和尚昙始,足白于面,称白足和尚;和尚可善权,清癯,时号权癯;佛陀耶尊者赤髭,时号赤髭比丘;达摩,生而碧眼,号碧眼师。后以白足、赤髭代称僧人。宋苏轼《九日寻臻阇梨》:"白足赤髭迎我笑,拒霜黄菊为谁开。"

⑱法善为妻两句:佛家语。释氏方便以为父,智度以为母,法善以为妻,慈悲以为子。见《维摩诘经》。慈悲如来之室。见《法华经·法师品》。通达为慧。见《大乘义章十》。"法善",原本为"法喜",误,从"大文本"改。

⑲孙居士:晋隐士孙登。《晋书·阮籍传》:"(阮籍)尝于苏门山遇孙登,与登商略终古及栖神导气之术,登皆不应,因长啸而退。至半岭,闻有声若鸾凤之音,响乎岩谷,乃登之啸也。遂归作《大人先生传》。"

⑳陈先生:宋隐士陈抟,自号扶摇子,太宗时赐号希夷先生。抟生于唐末五代时,居华山云台观修道,服气辟谷,每睡常百余日不起。见《宋书·陈抟传》。

㉑董仙丹杏:三国吴董奉,有道行,居庐山,为人治病不取钱,但使栽杏,重病愈者栽五株,轻者栽一株,数年间得杏十万余株,郁然成林,杏大熟,令人买杏以谷易之。奉于林中作一仓,买杏者不须告奉,但将谷置仓中自取杏去,如有人置谷少而取杏多者,林中有黑虎逐之,急走杏倾,回家量杏,恰如谷多少。有偷杏者则虎啮之。见晋葛洪《神仙传》。

㉒彩鸾栖句:张天师隐居于龙虎山,结庐而处,有彩鸾栖鸣其上。因作诗曰:结庐高处无人到,夜半彩鸾栖绿筠。

㉓火中化鹤:赵惠宗,宜都人,得九天仙箓,唐玄宗天宝末年,积薪自焚,怡然坐火中,诵度人之经,化为瑞云仙鹤而去。见五代南唐沈汾《续仙传》。

㉔盆里引鲈:后汉左慈字元放,少有神道,尝在司空曹操坐。操谓众宾曰:"今日高会,珍馐略备,惟少松江鲈鱼。"左慈曰:"此可得也。"因以铜盘贮水,以竹

竿饵钓于盘中,须臾引出一尾鲈鱼。操大笑,复又钓出数尾,以宴宾客。见《后汉书·左慈传》、晋葛洪《神仙传》。

㉕萧子曾餐芝似肉:汉时人萧静之,掘地得一物,类人手,润泽而白,烹而食之,逾月,齿发再生,力壮貌少,有一道士顾静之曰:子所食者,肉芝也,寿等龟鹤矣。见晋葛洪《神仙传》。

㉖安期更食枣如瓜:安期生,秦琅玡人,受学于河上丈人,卖药海边,时人呼千岁公。秦始皇东游曾与期语三日夜。始皇赐金帛千万,皆置之而去。留书曰:数十年后求我于蓬莱山下。后始皇遣使入海求之,辄遇风波而返。汉武帝时,李少君言于帝曰:臣游海上,见安期生食巨枣如瓜。见汉刘向《列仙传》、晋皇甫谧《高士传》《史记·封禅书》。

㉗夏郊有异句:春秋时,郑国子产聘于晋,韩宣子曰:"寡君有疾,梦黄熊入于寝门,其何厉鬼也。"对曰:"昔尧殛鲧于羽山,其神化为黄熊,入于羽渊,实为夏郊,三代祀之,晋为盟主,或者未祀之乎。"韩子祀夏郊,晋侯病愈。见《左传·昭公七年》。

㉘黎丘多奇鬼:黎丘有奇鬼,善效人子侄昆弟状。邑有丈人之市而醉归者,鬼效其子之状扶而苦之。丈人酒醒诘其子,子辩无其事。他日,丈人路遇其真子,误为鬼,拔剑而杀之。见《吕氏春秋·疑似》。此为寓言故事,谓假象不可不察。

㉙唐时花月妖:唐武三思有一妓名素娥,绝色,士大夫皆访观之,狄梁公亦往,求见,妾逃遁,武三思搜之,在壁隙中语曰:"我乃花月妖,天遣我奉君谈笑,梁公时之正人,我不敢见。"见唐陆勋《陆氏集异记》。

㉚晋代枌榆社:汉高祖为丰扮榆人,初起兵时祷于枌榆社。后以枌榆为故乡的代称。晋阮修,字宣子。为阮咸从子。宣子不信鬼神,后伐社树,或止之,修曰:"若社而为树,伐树则社移;树而为社,伐树则社亡矣。"见《晋书·阮修传》。社树,社神之树。

㉛公亮举笔:马公亮少时,夜读书,忽有大手从窗外伸入,公以笔沾雌黄水书草字于手上。鬼哀求不得出,至晓泣曰:"公独不见牛渚矶事耶。"公乃以水洗其字,鬼谢去。见《括异志》。

㉜叔夜吹灯:晋稽康灯下弹琴,忽有一人长丈余入室,着黑衣革带,吐舌长七八尺垂地,康熟视之,乃吹火灭之,曰:"耻与魑魅争光。"见唐常沂《灵鬼志》。

㉝徙项王祠:南朝梁吴兴太守邹德润,郡有项羽庙,据厅一半,德曰:"生不能与汉祖争中原,死据此厅何也。"竟别迁之。

㉞宿薄后庙:唐牛僧孺落第时,暮归迷路,遥见火光,至一大宅,阍者引入,珠帘中语曰:"妾汉文帝母薄太后也,君何由至此?"遂呼出王嫱、杨太真、潘妃等与牛见礼。又有善吹笛者,薄后曰:"此石崇绿珠也。"后又曰:"今宿谁伴牛秀才寝?"诸妃皆辞。后乃令王嫱陪之,送牛入昭君院。至晓觉,乃知是鬼。见唐韦瓘

所撰传奇《周秦行纪》。

【今译】

　　藏世界于一粟之中,佛法何等广大;贮天地在一壶之内,道法何等高深。无稽之谈,说是载鬼一车;权势之家,有鬼偷看其室。晋朝的阮瞻写《无鬼论》;晋朝的干宝撰《搜神记》。颜子渊、卜子商,死后当了地下修文郎;韩擒虎、寇莱公,死后作了阴司阎罗王。土谷的神叫"社稷";干旱的鬼叫"旱魃"。"魑魅魍魉"都是山川的精怪;"神荼郁垒"那是吃鬼的神人。官路不通,鬼神也要耍笑;心地光明,吉神自然保护。

　　(增)菩提原来无树;明镜本非有台。光明拳,能打破痴迷膜;爱欲海,可以渡大愿船。白足清癯,谁不知佛门之理;赤髭碧眼,谁不是佛家之宗。以法善作妻,以智度为母,不要问骨肉是谁;以慈悲作室,以通慧为门,不必问家在哪里。孙居士长啸一声,山谷回响;陈先生长眠几月,时世已变。董奉如岩下清风,黑虎替他卖杏子;张叟像山间的明月,彩鸾栖住他的绿竹。赵惠宗能在火中变成鹤,哪会避开烟火;左真人能从盆里钓出鱼,不须迎着风浪。萧子吃了如肉的芝;安期吃了如瓜的枣。夏郊有怪神,祭祀它可化凶为吉;黎丘多奇鬼,迷惑了会以假为真。唐时的花月妖,怕见狄梁公的面;晋代的枌榆社,惨遭阮宣子的斧。曾听说大手进窗,公亮提笔写草字;还记得长舌垂地,嵇康吹熄了灯光。邹德润搬走项王祠,或有其事;牛僧孺宿在薄后庙,那是胡说!

鸟 兽 新增文十三联

【原文】

麟为毛虫之长①；虎乃兽中之王②。麟凤龟龙，谓之四灵③；犬豕与鸡，谓之三物④。骐骥骅骝，良马之号⑤；太牢大武，乃牛之称⑥。羊曰柔毛，又曰长髯主簿⑦；豕名刚鬣，又曰乌喙将军⑧。鹅名舒雁；鸭号家凫⑨。鸡有五德，故称之曰德禽⑩；雁性随阳，因名之曰阳鸟⑪。家豹乌圆，乃猫之誉⑫；韩卢楚犷，皆犬之名⑬。麒麟驺虞，俱好仁之兽⑭；螟螣蟊贼，皆害苗之虫⑮。无肠公子，螃蟹之名⑯；绿衣使者，鹦鹉之号⑰。狐假虎威，谓借势而为恶⑱；养虎贻害，谓留祸之在身⑲。犹豫多疑，喻人之不决⑳；狼狈相倚，比人之颠连㉑。胜负未分，不知鹿死谁手㉒；基业易主，正如燕入他家㉓。雁到南方，先至为主，后至为宾；雉名陈宝，得雄则王，得雌则霸㉔。刻鹄类鹜，为学初成；画虎类犬，弄巧反拙㉕。美恶不称，谓之狗尾续貂㉖；贪图不足，谓之蛇欲吞象㉗。祸去祸又至，曰前门拒虎，后门进狼㉘；除凶不畏凶，曰不入虎穴，焉得虎子㉙？鄙众趋利，曰群蚁附膻㉚；谦己爱儿，曰老牛舐犊㉛。无中生有，曰画蛇添足㉜；进退两难，曰羝羊触藩㉝。杯中蛇影，自起猜疑㉞；塞翁失马，难分祸福㉟。龙驹凤雏，晋闵鸿夸吴中陆士龙之异㊱；伏龙凤雏，司马徽称孔明庞士元之奇㊲。吕后断戚夫人手足，号曰人彘㊳；胡人酶契丹王尸骸，谓之帝耙㊴。人之狼恶，同于梼杌㊵；人之凶暴，类如穷奇㊶。王猛见桓温，扪虱而谈当世之务㊷；宁戚遇齐桓，扣角而取卿相之荣㊸。越王式怒蛙，以昆虫之敢死㊹；丙吉问牛喘，恐阴阳之失时㊺。以十人而制千虎，比事之难胜㊻；驰韩卢而搏蹇兔，喻敌之易摧㊼。兄弟是鹡鸰之相亲㊽；夫妇如鸾凤之配偶㊾。有势莫能为，曰虽鞭之长，不及马腹㊿；制小不用大，曰割鸡之小，焉用牛刀㉛。

注释

①麟：麒麟，传说中的仁兽。口不食生物，足不践生草，有王者则至。《春秋公羊传·哀公十四年》："麟者，仁兽也，有王者则至。"汉司马相如《上林赋》："兽则麒麟角䚸。"《索隐》引张揖："雄曰麒，雌曰麟，其状麇身，牛尾，狼蹄；一角。"《孔子

家语·执辔》:"羽虫三百六十,凤为之长;毛虫三百六十,麟为之长;甲虫三百六十,龟为之长;鳞虫三百六十,龙为之长;倮虫三百六十,人为之长。"

②虎:《说文》:"山兽之君。"虎,百兽之长,能噬鬼魅。见东汉应劭《风俗通义》。

③麟凤龟龙:古人认为是四种灵物。《礼记·礼运》:"麟凤龟龙,谓之四灵。故龙以为畜,故鱼鲔不淰,凤以为畜,故鸟不獝,麟以为畜,故兽不狘,龟以为畜,故人情不失。"《说文》:"凤,神鸟也,天老曰凤之象也。鸿前麐后,蛇颈鱼尾,鹳颡鸳思,龙文虎背,燕颌鸡喙,五色备举。"《韵会》:"雄曰凤,雌曰凰。"《说文》:"龙,鳞虫之长,能幽能明,能细能巨,能短能长,春分而登天,秋分而潜渊。"《说文》:"龟,舊也,外骨内肉者也,从它,龟头与它头同,天地之性,广肩无雄,龟鳖之类,以它为雄。"它,古蛇字。

④犬豕与鸡:盟誓时所用的三牲。《诗·小稚·何人斯》:"出此三物,以诅尔斯。"《传》:"三物,犬豕鸡也。民不相信则盟诅之。君以豕,臣以犬,民以鸡。"

⑤骐骥、骅骝:均为古代良马。为周穆王八骏之一。《史记·秦纪》:"造父以善御,幸于周穆王,得骥温骊、骅骝、骐骥之驷,西巡狩乐而忘归。"

⑥太牢、大武:均牛的别称。太牢,《大戴礼·曾子天圆》:"诸侯之祭,牛,曰太牢。大夫之祭,羊,曰少牢。士之祭特牲,豕,曰馈食。"大武,《礼记·曲礼》:"凡祭宗庙,牛曰一元大武。"《疏》:"元,头也;武,迹也。牛若肥则脚大,脚大则迹痕大,故曰一元大武也。"

⑦柔毛、长髯主簿:均羊的别称。柔毛,《礼记·曲礼》:"凡祭宗庙……羊曰柔毛。"《疏》:"羊肥则毛细而柔弱,故王云柔毛,言肥泽也。"长髯主簿。羊称长髯主簿。见晋崔豹《古今注·鸟兽》。又作髯鬚主簿。

⑧刚鬣、乌喙将军:均猪的别称。刚鬣,《礼记·曲礼》:"祭宗庙……豕曰刚鬣。"《疏》:"豕肥则毛鬣刚大也。王云刚鬣,言肥大也。"乌喙,乌之喙,乌为贪婪之鸟,以乌喙喻贪食之嘴。称猪为乌喙将军或长喙将军。晋王惮《幽怪录》。

⑨舒雁、家凫:鹅与鸭的别称。《尔雅·释鸟》:"舒雁,鹅。"《礼记·内则》:"舒雁翠。"《注》:"舒雁,鹅也。翠,尾肉也。"家凫:凫,《广韵》:"凫,野鸭。"故相对称鸭为家凫。

⑩德禽:古时说鸡有五德,故称德禽。《韩诗外传二》:"田饶曰:'君独不见夫鸡乎?头戴冠者,文也;足傅距者,武也;敌在前敢斗者,勇也;见食相呼者,仁也;守夜不失时者,信也。"

⑪阳鸟:古人说候鸟爱阳而恶阴,故称鸿雁一类候鸟为阳鸟。《书·禹贡》:"彭蠡既猪,阳鸟攸居。"《疏》:"鸿雁之属,九月而南,正月而北……此鸟南北与日进退,随阳之鸟,故称阳鸟。"猪,即潴。

⑫家豹、乌圆:猫,其形与虎豹相似,故誉称家豹。《诗·大雅·韩奕》:"有猫

有虎。"《传》:"猫,似虎浅毛者也。"乌圆,谓其瞳孔且暮正圆,中午则缩为一线。

⑬韩卢、楚犷:古时良犬之名。《战国策·秦策》:"以秦卒之勇,车骑之多,以当诸侯,譬若驰韩卢而逐蹇兔也。"《注》:"俊犬名。"《博物志》:"韩国有黑犬名卢。"《广雅》:"犬之良者,犹宋国之鹊、韩国之卢、楚国之犷、晋国之敖。"

⑭驺虞:兽名。也作"驺吾"、"驺牙"。《诗·召南·驺虞》:"彼茁者葭,壹发五豝,于嗟乎驺虞。"《传》:"驺虞,义兽也。白虎黑文,不食生物,有至信之德则应之。"

⑮螟螣、蟊贼:食禾的害虫。《诗·小雅·大田》:"去其螟螣,及其蟊贼,无害我田稚。"《传》:"食心曰螟,食叶曰螣,食根曰蟊,食节曰贼。"后以蟊贼喻贪官污吏。

⑯无肠公子:螃蟹的别名。晋葛洪《抱朴子·登涉》:"称无肠公子者,蟹也。"唐唐彦谦《蟹诗》:"无肠公子固称美,弗使当道禁横行。"

⑰绿衣使者:传说故事。唐玄宗时,长安豪民杨崇义,家养一鹦鹉。其妻刘氏与邻居李弇私通,谋杀杨崇埋尸枯井中。县官至崇义家,架上鹦鹉鸣冤,揭发其事。事闻于玄宗,封鹦鹉为绿衣使者。张说后作《绿衣使者传》。见五代王仁裕《开元天宝遗事》。

⑱狐假虎威:《战国策·楚策》:"虎求百兽而食之,得狐,狐曰:'子无敢食我也。天帝使我长百兽,今子食我,是逆天帝命也。子以我为不信,吾为子先行,子随我后,观百兽之见我而敢不走乎?'虎以为然,故遂与之行,兽见之皆走,虎不知兽畏己而走也,以为畏狐也。"后用以喻借有权者的威势以恐吓他人。

⑲养虎贻害:《史记·项羽纪》:"汉(王)欲西归,张良陈平曰:'汉有天下大半,而诸侯皆附之,楚兵罢食尽,此天亡楚之时也,不如因其机而遂取之。今释弗击,自所谓养虎自遗患也。'汉王听之。"后用以喻纵敌留患。

⑳犹豫:迟疑不绝。屈原《离骚》:"心犹豫而狐疑兮,欲自适而不可。"旧时传说犹、豫均为兽名,性皆多疑。《集韵》:"犹,一曰似麂。居山中,闻人声豫登木,无人乃下,世谓不决曰犹豫。"《礼记·曲礼》:"所以使人决嫌疑,定犹与(豫)。"《疏》:"犹,兽名,玃属;与(豫)亦兽名,象属。此二兽皆进退多疑,人多疑惑者似之,故谓之犹与(豫)。"

㉑狼狈:兽名。唐段成式《酉阳杂俎》:"或言:狼狈是两物,狈前足绝短,每行常驾两狼,失狼则不能动,故世言事乖者称狼狈。"《博物典汇》:"狼前二足长,后二足短,狈前二足短,后二足长,狼无狈不立,狈无狼而不行。"后谓互相勾结为非作歹者为"狼狈为奸"。

㉒鹿死谁手:鹿,喻帝位,共争帝位,不知属谁。《晋书·石勒载记》:"勒笑曰:'人岂不自知,卿言亦以太过,朕若逢高皇,当北面而事之,与韩彭竞鞭而争先耳;脱遇光武当并驱中原,未知鹿死谁手。'"

㉓燕入他家:唐刘禹锡《乌衣巷》:"朱雀桥边野草花,乌衣巷口夕阳斜,旧时王谢堂前燕,飞入寻常百姓家。"

㉔陈宝:神名。《史记·秦纪》:"襄公十九年得陈宝。"《正义》:"晋太康地志云:秦文公时,陈仓人猎得兽若彘,不知名,牵以献之,逢二童子,童子曰:'此名媦,常在地中食死人脑。'即欲杀之,拍捶其首。媦亦语曰:'二童子名陈宝,得雄者王,得雌者霸。'陈仓人乃逐二童子,化为雉,雌上陈仓北坂为石,秦祠之。《搜神记》云:'其雄者飞至南阳。'其后光武起于南阳,皆如其言。"亦见于《史记·封禅书》《列异传》。

㉕刻鹄类鹜两句:东汉马援诫兄子严敦书:"效伯高不得,犹为谨饬之士,所谓刻鹄不成尚类鹜者也,效季良不得,陷为天下轻薄子,所谓画虎不成反类狗者也。"刻鹄类鹜谓仿效虽不逼真,但还相似。

㉖狗尾续貂:晋赵王伦篡位之后,大封其党羽,位登卿将,同谋者超阶越次,不可胜计,至于奴卒厮役,亦加爵位。每朝会,貂蝉盈坐,时人为谚曰:"貂不足,狗尾续。"见《晋书·赵王伦传》。后以喻事物的美恶前后不相称者。

㉗蛇欲吞象:《山海经·海内南经》:"巴蛇食象,三岁而出其骨。"屈原《天问》:"灵蛇吞象,厥大如何?"后用"蛇吞象"比喻贪得无厌。

㉘前门拒虎,后门进狼:喻去一患又来一患。东汉和帝时外戚窦氏擅权,和帝与宦官郑众等共谋,诛窦氏,但又导致宦官专擅的局面。元赵雪航《评史》:"窦氏虽除,而寺人之权,从兹盛矣。谚曰:'前门拒虎,后门进狼。此之谓欤。'"又作"前门拒狼,后门进虎"。

㉙不入虎穴,焉得虎子:比喻不冒风险就不能取得成功。东汉时班超与三十六人出使西域,鄯善国王礼敬甚厚,后忽疏懈。超曰:"此必北虏使来。"官属皆曰:"今在危亡之地,死生从司马。"超曰:"不入虎穴,不得虎子。当今之计,独有因夜以火攻虏,使彼不知我多少,必大震怖,可殄尽也。灭此虏则鄯善破胆,功成事立矣。"是夜班与三十六人用火攻匈奴营,斩其使。见《后汉书·班超传》。

㉚群蚁附膻:喻争名逐利,竞相趋往。唐卢坦《与李渤书》:"今之人奔分寸之禄,走丝毫之利,如群蚁之附腥膻,聚蛾之投爝火,取不为丑,贪不避死。"

㉛老牛舐(shì 试)犊:喻老年人疼爱子女。《后汉书·杨彪传》:"(彪)子修为曹操所杀。操见彪问曰:'公何瘦之甚!'对曰:'愧无日䃅先见之明,犹怀老牛舐犊之爱。'"舐,以舌舔物。

㉜画蛇添足:比喻多此一举,不但无益,反而害事。《战国策·齐策》:"楚有祠者,赐其舍人卮酒。舍人相谓曰:'数人饮之不足,一人饮之有余;请画地为蛇,先成者饮酒。'一人蛇先成,引酒且饮之;乃左手持卮,右手画蛇,曰:'吾能为之足。'未成,一人之蛇成,夺其卮曰:'蛇固无足,子安能为之足。'遂饮其酒。"

㉝羝羊触藩:喻进退两难。《易·大壮》:"羝羊触藩,羸其角。"羝羊,公羊;

藩,篱笆。公羊抵撞篱笆,篱笆把角缠住,进退不得。

㉞杯中蛇影:原作杯弓蛇影。比喻疑神疑鬼,自相惊恐。《晋书·乐广传》:"尝有亲客,久阔不复来,广问其故,答曰:'前在坐,蒙赐酒,方欲饮,见杯中有蛇,意甚恶之,既饮而疾。'于时河南听事壁上有角,漆画作蛇,广意杯中蛇即角影也。复置酒于前处,请客曰:'杯中复有所见不?'答曰:'所见如初。'广乃告其所以,客豁然意解,沈苛顿愈。"

㉟塞翁失马:喻暂时受到损失,却由此得到好处。也喻坏事可以变为好事。《淮南子·人间训》:"近塞上之人,有善术者,马无故亡而入胡,人皆吊之,其父曰:'此何遽不为福乎?'居数月,其马将胡骏马而归。"宋陆游《长安道》:"士师分鹿真是梦,塞翁失马犹为福。"

㊱龙驹凤雏:晋陆机字士衡,弟陆云,字士龙,皆有才名,尚书闵鸿见陆云而奇之曰:"此儿若非龙驹,当是凤雏。"驹。小马;雏,幼鸟。比喻英俊有为的少年。

㊲伏龙凤雏:《三国志·蜀志·诸葛亮传》裴松之注引《襄阳记》:"儒生俗士,岂识时务?识时务者为俊杰。此间自有伏龙凤雏。"蛰伏的龙,初生的凤,此为刘备访贤于襄阳司马徽,司马徽推荐诸葛亮和庞统之语。原专喻诸葛亮和庞统。后来泛指英雄人物。

㊳人彘:汉高祖宠爱戚夫人,欲立其子赵王如意为太子,未果。后高祖死,吕后断戚夫人手足,去眼、煇耳,饮瘖药,使居厕中,称为人彘。见《史记·吕后纪》。《汉书》作"人豕"。

㊴帝耙:五代后晋开运末年,契丹王耶律德光自汴归国,途中在栾城死去,契丹人剖其腹,摘去肠胃,以盐充之,载尸北去,汉人目之,称为帝耙。见《旧五代史·外国列传》。又见于《太平广记·帝耙》。"胡人",原本为"吴人",误,据《大文本》改。

㊵梼杌(táo wù 桃物):传说中的凶兽。旧题东方朔《神异经·西荒经》:"西方荒中有兽焉,其状如虎而犬毛,长二尺,人面虎足,猪口牙,尾长一丈八尺,搅乱荒中,名梼杌。一名傲狠,一名难训。"又,远古传说中的"四凶":浑敦、穷奇、梼杌、饕餮。见《左传·文公十八年》。

㊶穷奇:传说中的凶兽。《山海经·西山经》:"邽山,其上有兽焉,其状如牛,蝟毛,名曰穷奇,音如獆狗,是食人。"又见于《海内北经》。

㊷扪虱而谈:摸捉虱子而谈天下大事,形容任性放达,毫无拘束。《晋书·苻坚载记附王猛传》:"(王猛)隐于华阴山,怀佐世之志,希龙颜之主,敛翼待时,候风云而后动。桓温入关,猛被褐而诣之,一面谈当世之事,扪虱而言,旁若无人。温察而异之。"又见于北魏崔鸿《前燕录》。

㊸扣角而歌:宁戚敲打牛角而歌,为齐上卿。春秋时卫人宁戚,家贫,在齐,饭牛车下,适遇齐桓公,因击牛角而歌。桓公闻而知其善,命管仲迎之拜为上卿。见

《艺文类聚》引《琴操》。

㊹越王式怒蛙：越王在车上见到有怒气之蛙，低头抚式，表示敬意。式，车前扶手横木。《韩非子·内储·七术》："越王虑伐吴，欲人之轻死也，出见怒蛙，乃为之式（轼）……从者曰：'奚敬于此！'王曰：'为其有气故也。'明年请以头献王者岁十余人。"又见于汉刘向《说苑》、汉赵晔《吴越春秋》。《抱朴子·广譬》："是以晋文回轮于勇虫而壮士云赴，勾践曲躬于怒蛙而戎卒轻死。""越王"原本为"楚王"，据《大文本》改。

㊺丙吉问牛喘：汉丞相丙吉问因受热而喘气的牛。丙吉曾乘车外出，逢群斗者，死伤横道，吉过不问。掾吏怪之。吉前行，逢人逐牛，牛喘吐舌。吉使骑吏问："逐牛行几里矣？"掾吏以为丞相前后之问不当，以此讥吉，吉曰："民斗相杀伤，自有长安令、京兆尹禁之。方春少阳用事，未可大热，恐牛因暑而喘，此时气失节，恐有所伤害也。三公典调和阴阳，职责当忧，是以问之。"见《汉书·丙吉传》。

㊻十人制千虎：喻力量不足而难制胜。宋常安民，熙宁进士，尝与中书侍郎吕公著书云："猛虎负嵎，莫之敢撄，而卒为人所胜者，人众而虎寡也。故以十人而制一虎，则人胜；以一人制十虎，则虎胜。奈何以十人而制千虎乎？"

㊼驰韩卢而搏蹇兔：比喻轻而易举。见"韩卢"注。蹇兔，疲备之兔。

㊽鹡鸰相亲：见《兄弟》"鹡鸰"注。

㊾鸾凤配偶：鸾，传说中凤凰一类的鸟。《说文》："鸾，亦神灵之精也。赤色，五彩，鸡形，鸣中五音。"一说凤有五，多青色者为鸾。鸾凤，古时用以喻贤才、有德之君子。也喻夫妇。《左传·庄公二十二年》："初，懿氏卜妻敬仲，其妻占之，曰：'吉，是谓凤凰于飞，和鸣锵锵。'"元白朴《梧桐雨》："夜同寝，昼同行，恰似鸾凤和鸣。"

㊿鞭长不及马腹：春秋时，楚伐宋，宋使乐婴齐告急于晋，晋侯欲救之。伯宗曰："不可。古人有言：'虽鞭之长，不及马腹。'天方授楚，未可与争，虽晋之强，能违天乎？"见《左传·宣公十五年》。原谓马腹不是鞭击之处，后喻力量达不到。

㉑割鸡焉用牛刀：比喻不必小题大作或大材小用。《论语·阳货》："子之武城，闻弦歌之声。夫子莞尔为笑，曰：'割鸡焉用牛刀。'"

【今译】

　　麒麟是毛虫的首领；老虎是兽中的君王。麟、凤、龟、龙叫做四灵；狗、猪与鸡叫做三物。骐骥、骅骝是良马的称号；太牢、大武是祭牛的称呼。羊叫柔毛，又叫长髯主簿；猪叫刚鬣，又叫乌喙将军。鹅叫舒雁；鸭号家凫。鸡有五种德行，故叫做"德禽"；大雁随阳气，因叫它"阳鸟"。"家豹"、"乌圆"是猫的美名；"韩卢"、"楚犷"是狗的别号。

"麒麟"、"驺虞"都是有仁德的野兽;"螟螣"、"蟊贼"都是吃禾苗的害虫。无肠公子是称螃蟹;绿衣使者是叫鹦鹉。"狐假虎威"是说凭借他人权势作恶;"养虎遗害"是说留下祸害在己身边。犹豫多疑,比喻人做事不决断;狼狈相倚,比喻人行动的困苦。胜负未分,还不知鹿死谁手;基业换主,好像燕飞入别家。雁飞到南方,先到者是主,后到者是宾;野鸡名陈宝,得雄者为王,得雌者为霸。刻鹄像鹜,是说刚刚学成;画虎像狗,是说弄巧反拙。美丑不相称,叫做"狗尾续貂";贪心不满足,叫做"蛇欲吞象"。祸去祸又来,叫做前门挡住虎,后门进来狼;除凶不怕凶,叫做不进到虎穴,怎能得虎子。鄙视众人追逐财利,说是群蚁附腥膻;谦逊自己疼爱儿子,便说老牛舔小牛。无中生有,叫做"画蛇添足";进退两难,叫做"羝羊触藩"。"杯中蛇影",自己引起疑心;"塞翁失马",难分是祸是福。龙驹凤雏,是晋闵鸿夸奖吴中陆云;伏龙凤雏,是司马徽称赞孔明、庞统。吕后断戚夫人手足,放在厕所里,叫做"人彘";胡人醢契丹王尸体,用车载回国,人称"帝羓"。狠恶之人,如同梼杌;凶暴之人,好比穷奇。王猛进见桓温,扪着虱子谈论当时的大事;宁戚遇着齐桓,扣着牛角取得卿相的荣耀。越王尊敬发怒的蛙,因为昆虫敢死;丙吉询问喘气的牛,恐怕阴阳失调。以十人制伏千只老虎,比喻事情难得取胜;用韩卢捉疲乏的兔子,比喻敌人容易摧毁。兄弟像鹡鸰一样的亲爱;夫妇像鸾凤那样的配偶。有力量不能作为,叫做鞭虽长莫能及;制伏小不必用大,叫做割鸡哪用牛刀。

【原文】

　　鸟食母者曰枭;兽食父者曰獍①。苛政猛于虎②;壮士气如虹③。腰缠十万贯,骑鹤上扬州,谓仙人兼富贵④;盲人骑瞎马,夜半临深池,是险语之逼人⑤。黔驴之技,技止此耳⑥;鼫鼠之技,技亦穷乎⑦?强兼并者曰鲸吞⑧;为小盗贼者曰狗盗⑨。养恶人如养虎,当饱其肉,不饱则噬;养恶人如养鹰,饥之则附,饱之则飏⑩。隋珠弹雀,谓得少而失多⑪;投鼠忌器,恐因甲而害乙⑫。事多曰蝟集⑬;利小曰蝇头⑭。心惑似狐疑;人喜如雀跃⑮。爱屋及乌,谓因此而惜彼⑯;轻鸡爱鹜,谓舍此而图他⑰。唆恶为非,曰教猱升木⑱;受恩不报,曰得鱼忘筌⑲。倚势害人,真似城狐社鼠⑳;空存无用,何殊陶犬瓦鸡㉑?势弱难敌,谓之螳臂当辕㉒;人生易死,乃曰蜉蝣在世㉓。小难制大,如越鸡难伏鹄卵㉔;贱反轻贵,似鸢鸠反笑大鹏㉕。小人不知君子之心,曰燕雀岂知鸿鹄志㉖;君子不受小人之侮,曰虎豹岂受犬羊欺㉗。跖犬吠尧,吠非其主㉘;鸠居鹊巢,安享其成㉙。缘木求鱼,极言难得㉚;按图索骥,甚言失真㉛。恶人藉势,曰如虎负嵎㉜;穷人无归,曰如鱼失水㉝。九尾狐,讥陈彭年素性谄而又奸㉞;独眼龙,夸李克用一目眇而有勇㉟。指鹿为马,秦赵高之欺主㊱;叱石成羊,黄初平之得仙㊲。卞庄勇能擒两虎㊳;高骈一矢贯双雕㊴。司马懿畏蜀如虎㊵;诸葛亮辅汉如龙㊶。鹪鹩巢林,不过一枝;鼹鼠饮河,不过满腹㊷。弃人甚易,曰孤雏腐鼠㊸;文名共仰,曰起凤腾蛟㊹。为公乎?为私乎?惠帝问虾蟆㊺;欲左左,欲右右,汤德及禽兽㊻。鱼游于釜中,虽生不久㊼;燕巢于幕上,栖身不安㊽。妄自称奇,谓之辽东豕㊾;其见甚小,譬如井底蛙㊿。父恶子贤,谓是犁牛之子㉛;父谦子拙,谓是豚犬之儿㉜。

注释

①枭、獍:枭,亦作鸮,俗名猫头鹰。古时传说枭长大后食其母,故用以比喻恶人。《诗·大雅·瞻卬》:"懿厥哲妇,为枭为鸱。"獍,古时传说中的恶兽,生而食父。南朝任昉《述异记》:"獍之为兽,状如虎豹而小,始生还食其父。"又名破镜。《汉书·郊祀志》:"祠黄帝,用一枭破镜。"《注》:"孟康曰:'枭,鸟名,食母;破镜,兽名,食父。'"后世遂用枭獍(或枭镜)称凶恶之人或不忠不孝之人。

②苛政猛于虎:苛酷的政令,比老虎还凶。春秋时,孔子往齐,过泰山,有妇人哭于墓。孔子使子路问之,答曰:"昔吾舅死于虎,吾夫又死于虎,今吾子又死也。"子路曰:"何为不去乎?"曰:"无苛政。"子路以告孔子。孔子曰:"小子识之,苛政猛于虎也。"见《礼记·檀弓》。

③壮士气如虹:见《天文》"荆轲"注。又《战国策·魏策》:"夫专诸之刺王僚也,慧星袭月;聂政之刺韩傀也,白虹贯日;要离之刺庆忌也,苍鹰击于殿上。"

④腰缠十万贯句:昔时,有客数人,各言所志,或愿为扬州刺史,或愿多资财,或愿骑鹤上升。一人曰:"腰缠十万贯,骑鹤上扬州。"欲兼有三者。见元陶宗仪《说郛·商芸小说》。宋王楙《野客丛书》:"腰缠十万贯,骑鹤上扬州。天下美事,安有兼得之理。"

⑤盲人骑瞎马句:《世说新语·排调》:"桓南郡(玄)与殷荆州(仲堪)语次……复作危语。桓曰:'矛头淅米剑头炊。'殷曰:'百岁老翁攀枯枝。'顾(恺之)曰:'井上辘轳卧婴儿。'殷有一参军在坐云:'盲人骑瞎马,夜半临深池。'殷曰:'咄咄逼人。'仲湛眇目故也。"

⑥黔驴之技:谓人技能拙劣,虚有其表。古黔地无驴,有人载一大驴入黔,放

于山下。虎见其庞大,惧不敢近。久之,稍近渐狎,驴怒而蹄之,虎喜曰:"技止此耳。"虎直前搏杀驴,尽食其肉而去。见唐柳宗元《三戒·黔之驴》。

⑦鼯鼠之技:《荀子·劝学》:"螣蛇无足而飞,梧鼠五技而穷。"唐杨倞注:"梧鼠,当为鼫鼠。"又曰:"言技能虽多而不如螣蛇专一,故穷五技,谓能飞不能上屋;能缘不能穷木;能游不能渡谷;能穴不能掩身;能走不能先人。"

⑧鲸吞:鲸鱼吞食。喻兼并。《左传·宣公十三年》:"取其鲸鲵而封之。"晋杜预注:"鲸鲵,大鱼名,以喻不义之人,吞食小国。"

⑨狗盗:原指披着狗皮作狗形以盗人物者,后泛指偷窃。《韩非子·外储左下》:"齐有狗盗之子与刖危子戏而相夸。盗子曰:'吾父之裘独有尾。'危子曰:'吾父独冬不失裤。'"战国时,秦昭王囚孟尝君,欲杀之,君使人求救于昭王宠姬,姬欲得孟尝君白狐裘。白狐裘已献于秦王,孟尝君客中有能为狗盗者,夜入秦宫,盗得白狐裘,以献于姬。姬乃言于昭王,孟尝君遂得释归齐国。见《史记·孟尝君传》。

⑩养恶人如养虎两句:三国时吕布因陈登求为徐州牧。登还,布怒曰:"吾所求无一获,而卿父子并显重,为卿所卖耳。"登徐喻之曰:"登见曹公言待将军譬如养虎,当饱其肉,不饱则将噬人。"公曰:"不如卿言也。譬如养鹰,饥则为用,饱则扬去。"布怒气乃解。见《三国志·魏志·张邈传附陈登》。

⑪隋珠弹雀:喻得少而失多。《庄子·让王》:"今且有人于此,以隋侯之珠,弹千仞之雀,世必笑之,是何也。则其所用者重,而所要者轻也。"

⑫投鼠忌器:喻除恶而又有所顾忌不敢放手。《汉书·贾谊传》:"(《陈政事疏》)里谚曰:'欲投鼠而忌器。'此善喻也。鼠近于器,尚惮不投,恐伤其器,况于贵臣之近主乎?"

⑬蝟集:喻繁多而错杂。蝟,刺蝟,遍身有刺如栗房,事务纷繁如蝟毛之森立,故以为比。《汉书·贾谊传》:"反者如蝟毛而起。"

⑭蝇头:比喻微小。宋苏轼词《满庭芳》:"蜗角虚名,蝇头微利,算来著甚干忙。"宋周紫芝《醉落魄》:"如今始信从前错,为个蝇头,轻负青山约。"

⑮狐疑、雀跃:俗传狐性多疑,故谓多疑无决断为狐疑。《汉书·文帝纪》:"方大臣谋诸吕迎朕,朕狐疑。"《注》:"师古曰,狐之为兽,其性多疑,每渡冰河,且听且渡,故言疑者而称狐疑。"雀跃,言欢喜如雀之跳跃。《庄子·在宥》:"云将东游,过扶摇之枝,而适遭鸿蒙,鸿蒙方将拊髀雀跃而游……鸿蒙拊髀雀跃不辍。"王先谦注:"雀跃,跳跃也。"

⑯爱屋及乌:喻爱其人而至于爱与其人有关的人或物。《尚书大传·牧誓·大战》:"爱人者兼其屋上之乌。"《韩诗外传三》:"武王伐纣,到于邢丘,轭折为三,天雨三日不休,武王心惧,召太公而问……太公曰:'爱其人者,及屋上乌;恶其人者,憎其胥余。'"

⑰轻鸡爱鹜:晋庾翼善书,与王羲之齐名,而后辈辄宗羲之。翼不平,尝与都下人书曰:"小儿辈厌家鸡,爱野鹜。"见晋何法盛《晋中兴书》。

⑱教猱升木:教猱学爬树。《诗·小雅·角弓》:"毋教猱升木,如涂涂附。"猱,猴类,不教也能爬树。比喻教坏人办坏事。

⑲得鱼忘筌:得到了鱼忘了捕鱼的竹器。《庄子·外物》:"筌者,所以在鱼,得鱼而忘筌。蹄者,所以在兔,得兔而忘蹄。"《疏》:"筌,鱼笱也,以竹为之,从竹。亦有从草者,意荃也,香草也,可以饵鱼。"后用以喻事成之后忘了成事的条件、凭借。

⑳城狐社鼠:城墙下的狐狸,土地庙的老鼠。比喻仗势作恶的坏人。《晋书·谢鲲传》:"王敦谓鲲曰:'刘隗奸邪,将危社稷,吾欲除君侧之恶,匡主济时,何如?'对曰:'隗诚始祸,然城狐社鼠也。'"意为掘狐恐坏城墙,薰鼠恐坏社庙。

㉑陶犬瓦鸡:陶制的狗,瓦做的鸡,喻无用之物。南朝梁萧铎《楼子》:"夫陶犬无守夜之警,瓦鸡无司晨之益,慎勿以此为墓上物也。"

㉒螳臂当辕:喻不自量力。《庄子·人间世》:"汝不知乎螳螂乎,怒其臂以当车辙,不知其不胜任也。"辕,压在车轴的直木或曲木。

㉓蜉蝣在世:喻人生短暂。蜉蝣,虫名,有数种寿命,短者数小时,寿命长者六七日。《尔雅·释虫·蜉蝣》:"蜉蝣,渠略。"《注》:"似蛣蜣,身狭而长,有角,黄黑色,从粪土中,朝生暮死,猪好啖之。"

㉔越鸡难伏鹄卵:喻才有大小,小才不能担大任。《庄子·庚桑楚》:"奔蜂不能化藿蠋,越鸡不能服鹄卵,鲁鸡固能矣。"《疏》:"越鸡,荆鸡也;鲁鸡,今之蜀鸡也……越鸡小不能伏鹄卵,蜀鸡大必能之。"

㉕鷽鸠反笑大鹏:《庄子·逍遥游》:北溟有鱼,化而为鹏,鹏之背不知其几千里也。是鸟也,海运将徙于南冥,水击三千里,抟扶摇而上者九万里。蜩与学鸠笑之曰:我决起而飞,抢榆枋,时则不至而控于地而已矣,奚以之九万里而南为。学鸠,斑鸠。学,亦作鷽。

㉖燕雀岂知鸿鹄志:秦末年,陈胜为人佣耕,辍耕之垄上,怅怅久之曰:"苟富贵,勿相忘。"佣者闻而笑曰:"若为佣耕,何富贵也。"陈胜叹息曰:"燕雀安知鸿鹄之志哉!"后陈胜与吴广在大泽乡起义反秦,自立为陈王。见《史记·陈胜世家》。

㉗虎豹岂受犬羊欺:清周希陶重订《增广贤文》:"龙游浅水遭虾戏,虎落平阳被犬欺。""岂受",原本为"岂爱",误,从"大文本"改。

㉘跖犬吠尧:汉初吕后与萧何用计斩韩信。汉高祖还,问信死何言。后曰:"信言恨不用蒯通计。"高祖捕蒯通,问曰:"汝教信反乎?"对曰:"臣固教之。"高祖怒,命烹之。通曰:"嗟乎冤哉,跖之狗吠尧,尧非不仁,狗固吠非其主。当时臣唯知韩信,非知陛下也。"高祖乃释蒯通之罪。

㉙鸠居鹊巢:《诗·召南·鹊巢》:"维鹊有巢,维鸠居之。"《传》:"鸠,鳲鸠秸

鞠也。鸤鸠不自为巢,居鹊之成巢。"

㉚缘木求鱼:上树找鱼,喻徒劳无功。《孟子·梁惠王》:"以若所为,求若所欲,犹缘木而求鱼也。"

㉛按图索骥:按照画图去寻良马,喻拘泥成法,不知通变。明杨慎《艺林伐山》:"伯乐《相马经》有'隆颡蛈日,蹄如累曲'之语,其子执《马经》以求马,出见大蟾蜍,谓其父曰:'得一马,略与相同;但蹄不如累曲耳。'伯乐知其子愚,但转怒为笑曰:'此马好跳,不堪御也。'所谓按图索骥也。"

㉜如虎负嵎:喻坏人凭借权势作恶。《孟子·尽心》:"有众逐虎,虎负嵎,莫之敢撄。"负嵎,依靠山势险阻之地。成语"负嵎顽抗"本此。

㉝如鱼失水:喻无所依靠。《庄子·庚桑楚》:"吞舟之鱼,砀而失水,则蚁能苦之。"吞舟,谓能吞下舟的大鱼。

㉞九尾狐:传说中的兽名。《山海经·南山经》:"青丘之山,其阳多玉,其阴多青䨼,有兽焉,其状如狐而九尾。"《瑞应篇》:"九尾狐者,神兽也。其状赤色。四足九尾,出青丘之国,音如婴儿,食者,令人不逢妖邪之气及蛊毒之类。"后人以九尾狐为妖媚多诈的象征。宋真宗时,陈彭年谄媚奸险。人号为九尾狐。见宋田况《儒林公议》。

㉟独眼龙:唐末李克用。骁勇善战,临阵矫捷,军中号为飞虎子,又号李鸦儿。又因一目失明,既贵,人称独眼龙。又五代闽主王审之养子延眇一目,人称独眼龙。见《新五代史·唐庄宗纪》、宋孙光宪《北梦琐言》。

㊱指鹿为马:指着鹿说是马。比喻颠倒黑白,混淆是非。《史记·秦始皇本纪》:"赵高欲为乱,恐群臣不听,乃先设验,持鹿献于二世,曰:'马也。'二世笑曰:'丞相误邪?谓鹿为马。'问左右,左右或默,或言马以阿顺赵高。或言鹿者,高因阴中诸言鹿者以法,后群臣皆畏高。"

㊲叱石成羊:呼喊把石头变成羊,比喻神奇。晋时,黄初平与兄黄初起在山牧羊,遇一道士引黄初平入金华山,传之以法术。后兄弟相逢,兄问初平羊何在?初平曰:"近在山东耳。"初平与兄俱往山东,但见白石。初平叱曰:"羊起!"白石皆变为羊数万头。见晋葛洪撰《神仙传》。

㊳卞庄句:卞庄,又称卞庄子,春秋时鲁大夫。以勇著名。《史记·陈轸传》:"庄子欲刺虎,馆竖子止之曰:'两虎方且食牛,食甘必争,争则必斗,斗则大者伤,小者死,从伤而刺之,一举必有双虎之名。'卞庄子以为然,立须之。有顷,两虎果斗,大者伤小者死,庄子从伤者而刺之,一举果有两虎之功。"

㊴高骈句:唐高骈,字千里,初事朱叔明为司马。有二雕并飞,骈曰:我且贵,当中之。发一矢贯二雕,众大惊,号为落雕侍卫。后为淮南等节度使,威重一时。见《新唐书·高骈传》。

㊵司马懿句:三国时,诸葛亮伐魏,与魏司马懿相距于渭南,司马懿坚壁不出,

诸葛亮遣人送巾帼妇人之饰与懿,以激怒之,懿仍不出。贾诩、魏平曰:“公畏蜀如虎,奈天下笑何?”见《三国志·蜀志·诸葛亮传》注引《汉晋春秋》及《晋书·宣帝纪》。

㊶辅汉如龙:《纲鉴总论》:“鞠躬尽瘁,死而后已,亮之所以如龙也。”

㊷鹪鹩巢林两句:《庄子·逍遥游》:“鹪鹩巢于深林,不过一枝;偃鼠饮河,不过满腹。”鹪鹩,欲称黄脰鸟,又有巧妇、黄雀、桃雀等名。后以巢林一枝,喻安于狭隘的居处。鼹鼠,即田鼠。以鼠饮满腹,喻度量细小。

㊸孤雏腐鼠:比喻微不足道的人或物。《后汉书·窦融传附窦宪》:“窦宪恃宫掖声势,遂以贱直请夺沁水公主园田,主畏逼不敢斗。后肃宗驾出过园,指以问宪,宪阴喝不得对,后发觉,帝大怒,召宪切责曰:‘……今贵主尚见枉夺,何况小人哉。国家弃宪如孤雏腐鼠耳。’宪大震惧。”

㊹起凤腾蛟:比喻文章内容丰富,文采华丽。唐王勃《滕王阁序》:“腾蛟起凤,孟学士之词宗;紫电青霜,王将军之武库。”

㊺为公乎句:《晋书·惠帝纪》:“帝又尝在华林园,闻蛤蟆声,谓左右曰:‘此鸣者为官乎私乎?’或对曰:‘在官地为官,在私地为私。’及天下荒乱,百姓饿死,帝曰:‘何不食肉糜。’”

㊻欲左左句:见《器用》“汤网”注。

㊼鱼游于釜中:比喻危亡在即。东汉张婴作乱于徐扬之间,积十余年,朝廷不能讨。安帝任张纲为广陵太守,纲单车往见张婴,以恩信谕之。婴闻之泣下曰:“荒裔愚人不能自通朝廷,不堪侵枉,遂复相聚偷生,若鱼游釜中,喘息须臾间耳。今闻明府之言,乃婴等更生之辰也。”次日遂率所部万余人归降。见《后汉书·张皓传附张纲》。

㊽燕巢于幕上:比喻处境极危。《左传·襄公二十九年》:“(吴公子季札)自卫如晋,将宿于戚,闻钟声焉。曰:‘异哉吾闻之也。辩而不德,必加于戮,夫子获罪于君以在此,惧犹不足,而又何乐。夫子之在此也。犹燕之巢于幕上,君又在殡,而可以乐乎?’遂去之。”

㊾辽东豕:东汉朱浮、彭宠二人积怨,彭举兵攻浮。朱浮与彭书曰:“伯通自伐,以为功高天下,往时辽东有豕,生子白头,异而献之,行至河东,见群豕皆白,怀惭而还。若以子之功论于朝廷,则为辽东豕也。”见《后汉书·朱浮传》。后以辽东豕喻少见多怪,自命不凡。

㊿井底蛙:《庄子·秋水》:“井蛙不可以语于海者,拘于虚也。”后用以喻见识浅狭的人。《后汉书·马援传》:“子阳(公孙述),井底蛙耳。”

(51)犁牛之子:犁牛,杂色的牛。《论语·雍也》:“子谓仲弓曰:‘犁牛之子骍且角,虽欲勿用,山川其舍诸。’”骍,赤色;角,两角端正。此句意为仲弓的父亲虽然“下贱”,但仲弓是可以使用的人才。

(52)豚犬之儿：见《祖孙父子》“生子当如孙仲谋”注。

【今译】

吃母的鸟叫枭；吃父的兽叫獍；苛酷的政令，比老虎还凶；壮士的豪气，如天上长虹。腰缠十万贯，骑鹤上扬州，是说仙人兼富贵；盲人骑瞎马，夜半临深池，是说险语太逼人。黔驴之技，是说技能不大；鼫鼠之技，是说本事已穷。强兼并，叫做鲸吞；做小偷，叫做狗盗。重用恶人，好比养虎，给它吃饱肉，不饱要咬人；重用坏人，好比养鹰，饿时它依附，吃饱就高飞。“隋珠弹雀”，是说得的少失的多；“投鼠忌器”，是怕为了甲害了乙。事多叫做蝟集；利小叫做蝇头。心中疑惑，就像狐疑；人们高兴，好比雀跃。爱屋子兼爱屋上的乌，是说因爱甲而爱乙；不爱鸡而爱野外的鹜，是说舍弃此而图彼。唆使恶人为非作歹，好比教猴类学爬树；受人恩惠不图报答，好比得了鱼忘了筌。仗势害人，真像城狐社鼠；积存无用，犹如陶犬瓦鸡。力量太弱，难抵强敌，叫做螳臂挡车；人生一世，容易死去，好比蜉蝣在世。小难制大，如越鸡难伏鹄卵；贱反轻贵，像学鸠讥笑大鹏。小人不知君子之心，燕雀怎知鸿鹄的志向；君子不受小人之辱，虎豹岂受犬羊的欺侮。跖的狗吠尧，因为不是它的主人；鸠占居鹊巢，这是享受别人的福。“缘木求鱼”，根本办不到；“按图索骥”，一定会失真。恶人凭借权势，如同虎靠山嵎；穷人无处可归，好比鱼失去水。九尾狐是讥刺陈彭年本性谄媚而奸诈；独眼龙是夸奖李克用虽眇一目而英勇。秦赵高欺诈二世，指鹿说是马；黄初平得道成仙，叱石变成羊。卞庄有勇力，能擒两只虎；高骈射一箭，贯穿两只雕。司马懿怕蜀军如怕虎；诸葛亮辅蜀主好像龙。鹪鹩在林内筑巢，仅占一枝。鼹鼠在河边饮水，只满一腹。抛弃人极容易，就像“孤雏腐鼠”；文章大家敬仰，说是“起凤腾蛟”。为公叫吗？为私叫吗？晋惠帝问叫的虾蟆；想左去左，想右去右，商汤德施及于禽兽。鱼已游在釜中，活得不会太久。燕造巢在幕上，栖身怎会安全。妄自称奇功，叫做辽东豕；见识太短浅，就像井底蛙。父恶子贤，说是犁牛之子；父谦子拙，说是豚犬之儿。

【原文】

出人群而独奇，如鹤立鸡群①；非配偶以相从，如雉求牡匹②。天上石麟,夸小儿之迈众③;人中骐骥,比君子之超凡④。怡堂燕雀,不知后灾⑤;瓮里醯鸡,安有广见⑥?马牛襟裾,骂人不识礼义⑦;沐猴而冠,笑人见不恢宏⑧。羊质虎皮,讥其有文无实⑨;守株待兔,言其守拙无能⑩。恶人如虎生翼,势必择人而食⑪;志士如鹰在笼,自是凌霄有志⑫。鲋鱼困涸辙,难待西江水,比人之甚窘⑬。蛟龙得云雨,终非池中物,比人有大为⑭。执牛耳,为人主盟⑮;附骥尾,望人引带⑯。鸿雁哀鸣,比小民之失所⑰;狡兔三窟,诮贪人之巧营⑱。风马牛,势不相及⑲;常山蛇,首尾相应⑳。百足之虫,死而不僵,申以其扶之者众㉑;千岁之龟,死而留甲,因其卜之则灵㉒。大丈夫宁为鸡口,勿为牛后㉓;士君子岂甘雌伏,定要雄飞㉔。毋侷促如辕下驹㉕;毋委靡如牛马走㉖。猩猩能言,不离走兽;鹦鹉能言,不离飞鸟㉗。人惟有礼,庶可免相鼠之刺;若徒能言,夫何异禽兽之心㉘?

(增)百鸟鹞称悍;众禽鹤独胎㉙。提壶提壶,定是村中有酒;脱袴脱袴,必然身上无寒㉚。百舌五更头,学尽众禽之语;鹓雏九霄外,顿空诸鸟之群㉛。瓮中鸲鹆巧于人;江上白鸥闲似我㉜。莺呼金衣公子㉝;鹢号锦带功曹㉞。鹳入鸦群,雄威岂敌㉟;鸭去鸡队,气类不侔㊱。彪著羊,彪雄而羊败㊲;黑敌犬,黑寡而犬强㊳。猿献玉环,孙恪自峡山失妇㊴;鹿随丹毂,郑弘从汉室封公㊵。蛮蛮之皮,有可辟除疠瘴;狱狱之尾,殊堪郤退烟岚㊶。李愬设谋平蔡,藉声于鸭队鹅群㊷;卢公觅句迁官,得力于猫儿狗子㊸。长乐宫中有鹿,衔残妃子榻前花㊹;午桥庄外多羊,点缀小儿坡上草㊺。羊舌氏虽为佳话㊻;马头娘未是美谭㊼。辕门传号令,李将军椎饷士之牛㊽;邑士起讴歌,时令尹留去官之犊㊾。

注释

①鹤立鸡群:喻人的才能或仪表超群出众。《晋书·嵇绍传》:"(嵇)始入洛,或谓王戎曰:'昨于稠人中始见嵇绍,昂昂然如野鹤之在鸡群。'"又见《世说新语·容止》。

②雉求牡匹:喻淫乱无礼。《诗·邶风·匏有苦叶》:"雉鸣求其牡。"《传》:"飞曰雌雄,走曰牡牝。"《疏》:"夫人违礼淫乱,不由其道,犹雉鸣求其牡也。今雌雉鸣也,乃鸣求其走兽之牡,非其道以兴。"意为雉应求其雄,不应求兽之牡。

③天上石麟:喻非凡的人才。《陈书·徐陵传》:"时宝志上人者世称其有道,陵年数岁,家人携以候之,宝志手摩其顶曰:'天上石麒麟也。'"

④人中骐骥:喻出众的人才。《南史·徐勉传》:"(勉)及长好学,宗人孝嗣见

之,叹曰:'此所谓人中之骐骥,必能致千里。'又尝谓诸子曰:'此人师也,尔等则而行之。'"

⑤怡堂燕雀:喻处境危险而不自知。《孔丛子·论势》:"燕雀处屋,子母相哺,煦煦焉其相乐也,自以为安矣;灶突炎上,栋宇将焚,燕雀颜色不变,不知祸之及己也。"

⑥瓮里醯鸡:喻见识不广。《庄子·田子方》:"(孔子见老聃)孔子出以告颜回,曰:'丘之于道也,其犹醯鸡欤?微夫子之发吾覆也,吾不知天地之大全也。'"《注》:"醯鸡者,瓮中之蠛蠓。"

⑦马牛襟裾:马牛穿着人衣,喻虽表面为人,行为仍像畜生。唐韩愈《符读书城南》诗:"人不通古今,马牛而襟裾。"符,韩愈之子,读书城南,愈作此诗勉之。

⑧沐猴而冠:猕猴戴帽子。喻虚有人之仪表,实无人性。《史记·项羽本纪》:"人言楚人沐猴而冠耳,果然。"沐猴,猕猴。

⑨羊质虎皮:披着虎皮而本质是羊,喻虚有其表。汉扬雄《法言·吾子》:"羊质而虎皮,见草而说(悦),见豹而战,忘其皮之虎矣。"

⑩守株待兔:守在树根前等兔子。喻妄想不劳而获,也讥讽墨守成规,不知变通。《韩非子·五蠹》:"宋人有耕田者,田中有株,兔走触株,折颈而死。因释其耒而守株,冀复得兔。兔不可得,而身为宋国笑。今欲以先王之政,治当世之民,皆守株之类也。"

⑪恶人如虎生翼句:《逸周书·寤敬解》:"毋为虎傅翼,将飞入邑,择人而食。"比喻帮助坏人作恶或助长坏人的声势。成语"为虎傅翼"本此。

⑫志士如鹰在笼句:晋时,慕容垂初投苻坚,权翼谏曰:"垂爪牙名将,所谓今之韩白……且垂犹鹰也,饥则附人,饱便高飏,遇尘之会,必有凌霄之志,惟宜急其羁绊,不可任其所欲。"见《晋书·慕容垂载记》。

⑬鲋鱼困涸辙句:见《贫富》"涸鲋"注。

⑭蛟龙得云雨句:见《人事》"所见略同"注。

⑮执牛耳:古时称主盟者为执牛耳。《左传·哀公十七年》:"诸侯盟,谁执牛耳?"杜预注:"执牛耳,尸盟者。"古代诸侯歃血为盟,割牛耳取血,盛于盘。由主盟者执盘。后泛指在某一方面居领导地位。

⑯附骥尾:依附于有名望的人。《史记·伯夷列传》:"伯夷、叔齐虽贤,得夫子而名益彰。颜渊虽笃学,附骥尾而行益显。"骥,良马。《汉光武与隗嚣书》:"苍蝇之飞不过数步,即托骥尾,得以绝群。"见《后汉书·隗嚣传》。

⑰鸿雁哀鸣:《诗·小雅·鸿雁》:"鸿雁于飞,哀鸣嗷嗷。"后多用以比喻遭受灾难,流离失所,生活凄苦。

⑱狡兔三窟:冯驩谓孟尝君曰:"狡兔有三窟,仅得免于死耳;今君有一窟,未得高枕而卧也,请为君复凿二窟。"见《战国策·齐策》。比喻藏身之地需多,才能

避祸。

⑲风马牛不相及:《左传·僖公四年》:"齐侯以诸侯之师侵蔡。蔡溃,遂伐楚。楚子使与师言曰:'君处北海,寡人处南海,唯是风马牛不必相及也。'"风与"放"通。意为齐楚相距很远,牛或马放逸也无相及。后比喻两者互不相干。

⑳常山蛇首尾相应:春秋孙武《孙子·九地篇》:"故善用兵,譬如率然;率然者,常山之蛇也。击其首则尾至;击其尾则首至,击其中则首尾俱至。"原指作战时,各部紧密配合,互相接应。也形容诗文结构严谨,前后呼应。

㉑百足之虫句:三国魏曹冏《六代论》:"故语曰:'百足之虫,至死不僵。'扶之者众也。"百足,虫名,即马蚿,躯干切断后仍蠕动。比喻势力雄厚的家族或集团,即使衰败了,其影响还在。

㉒千岁之龟句:《庄子·秋水》:"吾闻楚有神龟,死已三千岁矣,王巾笥而藏之庙堂之上。此龟者。宁其死为留骨而贵乎？宁其生而曳尾于涂中乎？"

㉓宁为鸡口,勿为牛后:战国时,苏秦说韩宣惠王曰:以韩之劲与大王之贤,乃欲西面事秦,交臂而服,羞社稷而为天下笑,无大于此者,愿大王熟计之。臣闻鄙谚曰:"宁为鸡口,勿为牛后。"今交臂事秦,何异于牛后乎？臣窃为大王羞之。见《战国策·韩策》。牛后,牛的肛门。意为宁可小而洁,不愿大而臭。旧时比喻宁在小范围内自主,不愿在大范围内受制于人。

㉔岂甘雌伏,定要雄飞:《后汉书·赵典传》:"大丈夫当雄飞,安能雌伏。"雄飞,奋发有为;雌伏,因循苟且。

㉕辕下驹:《史记·魏其武安侯列传》:"上怒内史曰:'公生平数言魏其、武安侯短,今日廷论,局趣效辕下驹,吾并斩若属矣!"车辕下的小驹,比喻畏缩观望,不敢行动。

㉖牛马走:驾驭牛马的仆人。谦词。汉司马迁《报任安书》:"太史公牛马走司马迁再拜言,少卿足下。"

㉗猩猩能言两句:《礼记·曲礼》:"鹦鹉能言,不离飞鸟,猩猩能言,不离禽兽。今人而无礼,虽能言,不亦禽兽之心乎?"

㉘人惟有礼两句:《诗·鄘风·相鼠》:"相鼠有礼,人而无礼,人而无礼,胡不遄死。"意人而无礼,不如死去。

㉙百鸟鹢称悍两句:鹢,猛禽。似鹰而较小。楚宋玉《高唐赋》:"雕鹗鹰鹢,飞扬伏窜。"古时相传,鹤为胎生,故称鹤为胎禽,鹤又有仙禽之称,故又称胎仙。南朝梁陶弘景《瘗鹤铭》:"相此胎禽,浮丘著经。"

㉚提壶提壶两句:提壶芦,鸟名,亦作提壶鸟;脱袴,鸟名。明高启《五禽言诗》:"提壶芦,趣沽酒,杏花村中媪家有。"宋苏轼《言禽诗》:"不辞脱袴溪水寒,水中照见催租瘢。"

㉛百舌五更头两句:百舌,鸟名,又名反舌,即百舌鸟,也称鹊鹉。以其鸣声反

复如百鸟之音,故名。唐顾况《洛阳早春》:"一家千里外,百舌五更头。"鹓雏,鸟名,凤凰类。《庄子·秋水》:"南方有鸟,其名鹓雏……非梧桐不止,非练实不食,不醴泉不饮。"

㉜瓮中鸲鹆两句:此二句为宋黄山谷诗句。鸲鹆,即八哥;晋桓豁家养有鸲鹆,善效人言。有人拥鼻学之,不似,乃以头纳瓮中,遂大相似。见南朝宋刘义庆《幽明录》。

㉝金衣公子:五代王仁裕撰《开元天宝遗事》:"明皇每于禁苑中见黄莺,常呼之为金衣公子。"

㉞锦带公曹:鹠的别名。鹠,其纹似绶,即吐绶鸟。吐绶鸟,俗谓之锦囊,又称锦带功曹。见清廖文英撰《正字通》。

㉟鹘入鸦群:比喻所向无敌。鹘,鸷鸟,猛禽;一说即隼。《北史·齐宗室传》:"上洛王思宗弟思好,本名思孝,天宝五年讨蠕蠕,文宣悦其骁勇,谓曰:'尔击贼如鹘入鸦群,宜思好事。'故改名焉。"

㊱鸭去鸡队:鸡孵鸭雏,及长,鸭浮水而去,鸡从岸上呼之,鸭不还顾,皆因种类不同。

㊲彪著羊句:唐时杨思元为吏部,选举不公,为夏侯彪所讼,御史郎余庆奏免。许敬宗曰:固知杨吏部之败也。一彪一狼,共著一羊,焉得不败。

㊳黑敌犬句:陈无己《罴说》:晋人以五犬逐一罴,罴败,犬杀之。夫罴而受制于犬,遇非其敌而困于群也。诗云:"忧心悄悄,愠于群小。"此之谓也。

㊴猿献玉环:孙恪娶袁氏女,过端州,欲游峡山寺,既至,袁女献碧玉环于僧。斋罢,群猿数十来迎,袁女长啸一声,化为猿而去。僧悟曰:此玉环,吾曩时系于猿颈,今不见二十年矣。见唐裴铏撰《传奇·孙恪》,又见南朝宋刘敬叔撰《异苑》。

㊵鹿随丹毂:《后汉书·郑弘传》:"拜为邹令,政有仁惠,民称苏息,迁淮阴太守。"《注》:"谢承书曰:'弘消息摇赋,政不烦苛。行春大旱,随车致雨,白鹿方道挟毂而行,弘怪,问主簿黄国曰:鹿为吉为凶。国拜贺曰:闻二公车辀画作鹿,明府必为宰相。'"

㊶蛩蛩(qióng 穷)之皮两句:蛩蛩,古代传说中的兽名,即距虚,也作邛邛。一说蛩蛩、距虚为二兽。《山海经·海外北经》:"(北海)有素兽焉,状如马,名曰蛩蛩。"汉司马相如《子虚赋》:"蹵蛩蛩,辚距虚。"《注》:"张揖曰:'蛩蛩,青兽,状如马,距虚似骡而小。'郭瑾曰:'距虚即蛩蛩,变文互言耳。'"狑狑,传说中的怪兽。《山海经·东山经》:"枸状之山,其上多金玉,其下多青碧石。有兽焉,其状如犬,六足,其名曰狑狑,其鸣自詨。"自詨,叫自己的名。

㊷李愬设谋平蔡句:唐李愬,字元直,有略,善骑射。唐宪宗元和中,吴元济拒蔡州叛,愬为节度使讨吴,乘雪夜进抵蔡州城下,傍皆鹅鸭池,愬令击鹅,以鹅鸭之声,掩行军声,敌人不备,遂破城擒吴元济。见新旧《唐书·李愬传》。

㊸卢公觅句迁官句:五代卢延让,有诗云:"饥猫临鼠穴,馋犬舐鱼砧。"又"栗爆烧毡破,猫跳触鼎翻。"蜀主王建索诗观之,喜其数语,后烧金鼎,宫猫相戏,误触鼎,王以其裁诗无虚语,拜为给事中。延逊曰:"平生投谒公卿,岂意得力于猫儿狗子也。"见宋孙光宪《北梦琐言》、元辛文房《唐才子传》。

㊹长乐宫中有鹿句:唐明皇宫中有牡丹,颜色鲜丽,忽有一只鹿把开残的牡丹衔到贵妃榻前。后乃应禄山之乱。见《开元遗事》。

㊺午桥庄外多羊句:唐裴度袭晋国公。晚年于午桥创别墅,庄外小儿坡鲜草茂盛,裴度使数群白羊散其上,曰:"芳草多情,赖此装点。"见宋阴时夫《韵府群玉》、唐冯贽《记事珠》。

㊻羊舌氏:复姓,春秋时晋之公族,靖侯之后。食采于羊舌,故为羊舌大夫。传说上古时有人偷羊,以羊头馈叔向母,母不敢受,埋羊头于土中,后事发,掘发羊头,头已烂只余舌在,国人异之,号羊舌氏。见宋郑樵撰《通志·氏族略》。

㊼马头娘:传说太古时,有大人远征,家惟一女、一牡马。女思念其父,戏马曰:"尔为我迎父还,吾将嫁汝。"马乃绝缰而去,乘父而归。父厚加刍养,马不肯食,每见女出入,辄喜怒奋击,父怪而问女,女具以告。父大怒射杀马,暴皮于庭。一日女过皮下,马皮蹶然而起,卷女而去。父寻之数日,得于大树之间,女及马皮尽化为蚕,而作茧于树上。因名其树曰桑,桑者丧也。见晋干宝《搜神记》。

㊽辕门传号令句:汉李广多次出击匈奴,屡立战功,其待士卒宽缓不苛,士以此乐为其用。《汉书·李广传》:"得赏赐分其麾(麾)下,饮食与士卒共之……将兵乏绝处,见水,士卒不尽饮,不近水,不尽餐,不尝食。"(注者按:查《史记·李将军列传》,未见有椎牛飨士的记载。"椎牛飨士"见《后汉书·吴汉传》:"汉将轻骑迎与之战,不利,堕马伤膝,还营……诸将谓汉曰:'大敌在前而公伤卧,众心惧矣。'汉乃勃然裹创而起,椎牛飨士……于是军中激怒,人倍其气。")"椎牛飨士",杀牛来犒赏作战的官兵。

㊾邑士起讴歌句:东汉钜鹿人时苗,少清白,为人嫉恶。建安中为寿春令,清廉自守。初到任时,以牝牛驾车,布被。岁余牛生一犊。及去任,留下犊,谓主簿曰:"初来时,本无此犊,是淮南所生。"人皆为之感激。吏民爱其犊而养之,曰"时公犊"。时苗由是名闻天下。见唐李瀚撰《蒙求》。

【今译】

特别奇异超群,如像"鹤立鸡群";不是配偶相从,叫做"雉求牡匹"。"天上石麟",是夸小儿超过众人;"人中骐骥",比喻君子超过常人。在堂前高兴的燕雀,岂知灾祸将到;在瓮里生活的蠛蠓,哪有广远见识。牛马穿着衣服,是骂人不知道礼义;猕猴戴着帽子,是笑人见识不恢宏。"羊质虎皮",讥刺人有外表无实际;"守株待兔",是说人生性笨又无能。恶人如像老虎长了翅膀,必定择人来吃;志士如像雄鹰关在笼里,还有壮志凌云。干涸中的鲋鱼,难等西江的水,比喻人很是窘迫;蛟龙得到云雨,本不是池中物,比喻人大有作为。"执牛耳",是为众人做盟主;"附骥尾",是希望别人引带。"鸿燕哀鸣",比喻受灾百姓流离失所;"狡兔三窟",讥讽奸诈之人巧于谋划。牛马放逸,互不相及;常山的蛇,头尾相应。百足的虫死了不僵,因为支撑众多;千年的龟死了留甲,因为占卜很灵。大丈夫宁做鸡口,不做牛后;士君子哪甘雌伏,定要雄飞。不要侷促如车辕下的小马;不要委靡如驾牛马的仆人。猩猩虽然能讲话,还是走兽;鹦鹉虽然能讲话,还是飞鸟。人要有礼,可避免被人讽刺为相鼠;只会说话,与禽兽的心有什么两样。

（增）众鸟中鹞最凶猛;众鸟中鹤是独胎。提壶,提壶,一定是村中有酒;脱袴,脱袴,必然是身上不寒。百舌在五更头,学尽了百鸟的叫;鹓鶵在九霄外,空绝了诸鸟的群。瓮中鹎鸲比人还要巧;江上白鸥像我一样闲。黄莺,呼为金衣公子;吐绶,别号锦带功曹。鸷鸟进入鸦群,雄威怎能抵挡;鸭子离开鸡队,因为种类不同。彪赶着羊,自然彪胜羊败。狗打败黑,因为狗多黑少。猿献出玉环,孙恪在峡山寺失去妻子;鹿跟随丹毂,郑弘被汉朝廷任为宰相。蛩蛩的皮,可以避除瘴疠;狋狋的尾,能够消除烟岚。唐李愬计擒吴元济,凭借于鸭队鹅群;卢廷让当上给事官,得力于猫儿狗子。长乐宫中有鹿,含牡丹去妃子的榻前;午桥庄外多羊,点缀小儿坡上的青草。羊舌氏的来历虽为佳话;马头娘的传说不是美谈。李将军犒赏士卒杀牛,因此士兵服从他的命令;时令尹去官之时留犊,所以邑人讴歌他的清廉。

花　木　新增文十一联

【原文】

　　植物非一,故有万卉之称;谷种甚多,故有百谷之号①。如茨如梁,谓禾稼之蕃②;惟夭惟乔,谓草木之荒③。莲乃花中君子;海棠花内神仙④。国色天香,乃牡丹之富贵⑤;冰肌玉骨,乃梅萼之清奇⑥。兰为王者之香⑦,菊同隐逸之士⑧。竹称君子;松号大夫⑨。萱草可忘忧⑩;屈轶能指佞⑪。箢筜,竹之别号⑫;木犀,桂之别名⑬。明日黄花,过时之物⑭;岁寒松柏,有节之称⑮。樗栎乃无用之散材⑯;楩楠胜大任之良木⑰。玉版,笋之异号;蹲鸱,芋之别名⑱。瓜田李下,事避嫌疑⑲;秋菊春桃,时来迟早⑳。南枝先,北枝后,庾岭之梅㉑;朔而生,望而落,尧阶蓂荚㉒。苾刍背阴向阳,比僧人之有德㉓;木槿朝开暮落,比荣华之不长㉔。芒刺在背,言恐惧不安㉕;薰莸异气,犹贤否有别㉖。桃李不言,下自成蹊㉗;道旁苦李,为人所弃㉘。老人娶少妇,曰枯杨生稊㉙;国家进多贤,曰拔茅连茹㉚。蒲柳之姿,未秋先槁㉛;姜桂之性,愈老愈辛㉜。王者之兵,势如破竹㉝;七雄之国,地若瓜分㉞。苻坚望阵,疑草木皆是晋兵㉟;索靖知亡,叹铜驼会在荆棘㊱。王祐知子必贵,手植三槐㊲;窦钧五子齐荣,人称五桂㊳。钮麛触槐,不忍贼民之主㊴;越王尝蓼,必欲复吴之仇㊵。修母画荻以教子,谁不称贤㊶;廉颇负荆以请罪,善能悔过㊷。弥子瑕常恃宠,将余桃以啖君㊸;秦商鞅欲行令,使徙木以立信㊹。王戎卖李钻核,不胜鄙吝㊺;成王剪桐封弟,因无戏言㊻。齐景公以二桃杀三士㊼;杨再思谓莲花似六郎㊽。倒啖蔗,渐入佳境㊾;蒸哀梨,大失本真㊿。

注释

　　①万卉、百谷:万卉,各种草、卉的总称。百谷,谷类的总称。《易·离》:"日月丽乎天,百谷草木丽乎地,重明以丽乎正,乃化成天下。"《诗·小雅·大田》:"俶载南亩,播厥百谷。"

　　②如茨如梁:言稻穰多如屋盖,高如车梁。《诗·小雅·甫田》:"曾孙之稼,如茨如梁。"《传》:"茨,积也;梁,车梁。"《笺》:"茨,屋盖也。"

　　③惟夭惟乔:草很茂盛,树很高大。《书·禹贡》:"厥草惟夭,厥木惟乔。"夭,

茂盛;乔,高大。

④花中君子、花内神仙:宋周敦颐《爱莲说》:"菊,花之隐逸者也;牡丹,花之富贵者也;莲,花之君子者也。"明王象晋《群芳谱》"海棠有色无香,故唐相贾耽著花谱,以为花中神仙。"

⑤国色天香:唐玄宗于内殿赏花,问陈修己曰:京师有传唱牡丹者,谁为首?修己对曰:李正封有咏牡丹花诗:"天香夜染衣,国色朝酣酒。"见唐李濬《松窗杂录》。宋范成大也有看牡丹诗:"欲知国色天香句,须是倚栏烧烛看。"国色天香,本指美丽的花。后也用来形容女性的美丽。

⑥冰肌玉骨:形容梅花的傲寒斗艳。五代蜀孟昶《玉楼春》词:"冰肌玉骨清无污,水殿风来暗香满。"宋苏轼《梅花》词:"玉骨那愁瘴雾,冰肌自有仙风,梅花时遭采芳丛,倒挂绿毛幺凤。"后用以形容女性肌肤莹洁光润。

⑦兰为王者香:《乐府诗集·猗兰操序》:"(琴操)曰:'猗兰操孔子所作……自卫反鲁,隐谷之中,见兰香独茂,喟然叹曰:兰当为王者香,今乃独茂,与众草为伍。'"后以王者香指兰花。

⑧菊同隐逸之士:见"花中君子"注。

⑨竹称君子两句:《诗·卫风·淇奥》:"瞻彼其奥,绿竹猗猗,有匪君子。"后以君子称竹。秦始皇登泰山,风雨暴至,避风雨于松树之下,因封其树为五大夫。见《史记·封禅书》、宋胡继宗《书言故事·花木类》《泰山记》。后以大夫为松之别称。

⑩萱草忘忧:《诗·卫风·伯兮》:"焉得萱草,言树之背。"《传》:"萱草令人忘忧。"晋嵇康《养生论》:"合欢捐忿,萱草忘忧,愚智所共知也。"

⑪屈轶指佞:屈轶为神话中的草名。传说上古太平之世,生于庭前,能辨别人之善恶,佞人入,则指之,故又名指佞草,见汉王充《论衡·是应》、晋张华《博物志》。"指佞",原本为"指佛",误。

⑫篔簹(yún dāng 员当):竹名。汉杨孚《异物志》:"篔簹生水边,长数丈,围一尺五六寸,一节相去六七尺,或相去一丈。"后为竹之别号。

⑬木犀:桂花的别称。又名丹桂、箘桂、岩桂、九里香。以木材纹理如犀而名。白花称银桂,黄花称金桂,红花称丹桂。宋范成大《岩桂》:"病著幽窗知几日,瓶花两见木犀开。"

⑭明日黄花:宋苏轼《九日次韵王巩》:"相逢不用忙归去,明日黄花蝶也愁。"明日,指重阳节后,黄花,指菊花。古人多于重阳节赏菊,明日黄花兼寓迟暮不遇之感。后人用明日黄花比喻过时的事物。

⑮岁寒松柏:比喻处在逆境仍能坚持节操的人。《论语·子罕》:"岁寒,然后知松柏之后凋也。"

⑯樗栎:《庄子·逍遥游》:"吾有大树,人谓之樗,其大本拥肿而不中绳墨,其

小枝卷曲而不中规矩。立之涂，匠者不顾。"又《人间世》："见栎社树，其大蔽数千牛，絜之百围……散木也，以为舟则沉，以为棺椁则速朽，以为器则速毁……是不材之木也，无所可用。"原本指两种不材之木，后用以比喻才能低下之人。

⑰梗楠：梗、楠，均为木名。梗，《汉书·司马相如传》："梗柟豫章，桂椒木兰。"《注》："梗……即今黄梗木也。"楠，也作柟，高者十余丈，巨者数十围，木材坚密，为建筑良材。《墨子·公输》："荆有长松、文梓、梗、柟、豫章。"

⑱玉版、蹲鸱：玉版，竹笋的别名。宋陈达叟《本心斋疏食谱》"玉版，笋也，可羹可菹。"蹲鸱，大芋。《史记·货殖传》："吾闻汶山之下，沃野，下有蹲鸱，至死不饥。"《正义》："蹲鸱，芋也。"

⑲瓜田李下：喻容易招惹嫌疑之地。《乐府诗集·君子行》："君子防未然，不处嫌疑间，瓜田不纳履，李下不正冠。"一说为三国曹植所作。

⑳秋菊春桃：古诗：桃花一月放，菊花九月开，一般根在土，各自等时来。

㉑南枝先句：唐白居易等撰《白孔六帖·梅南枝》："大庾岭上梅，南枝落，北枝开。"古时大庾岭上多梅，故称梅岭。南枝向暖，北枝受寒，故南枝先开，南枝已落而北枝始开。

㉒朔而生句：见《宫室》："蓂生神尧阶下"注。

㉓苾刍背阴向阳句：苾刍（梵语），草名。僧人取此称，是以草为喻。《尊胜陀罗尼经》："苾刍生不背日，冬夏草青，体性柔软，香气远腾，引蔓旁布，故比丘曰苾刍。"宋僧法云《翻译名义集》："古师云：苾刍含五义：一，体性柔软，喻出家人能折伏身语粗犷故；二，引蔓旁布，喻出家人传法度人，连延不绝故；三，馨香远闻，喻出家人戒德芬馥，为众所闻故；四，能疗疼痛，喻出家人能断烦恼毒害故；五，不背日光，喻出家人常向佛日故。"

㉔木槿朝开暮落句：木槿，落叶灌木，夏秋之际，开红、白或紫色花，朝开暮敛，故比喻荣华不长。唐钱起《避暑纳凉》："木槿花开畏日长，时摇轻扇倚绳床。"

㉕芒刺在背：比喻惶恐不安。《汉书·霍光传》："宣帝始立，谒见高庙，大将军霍光从骖乘，上内严惮之，若有芒刺在背。"芒，草名，有锐刺，利如刀刃，能伤人。草的末端也称芒。

㉖薰莸：《左传·僖公四年》："一薰一莸，十年尚犹有臭。"《注》："薰，香草；莸，臭草。十年有臭，言善易消，恶难除。"后比喻善人同恶人不可共处。

㉗桃李不言句：比喻实至而名归。《史记·李将军传赞》："谚曰：'桃李不言，下自成蹊。'此言虽小，可以谕大也。"《索隐》："桃李本不能言，但以华实感物，故人不期而往，其下自成蹊径也。"

㉘道傍苦李句：晋王戎，年方六七岁，曾与群儿戏于道傍。有李树多实，群儿竞相取之，惟戎独不往。或问其故，戎曰："树在道傍而多子，必苦李也。"人摘而尝之，果然。见《晋书·王戎传》。

㉙枯杨生稊:干枯的杨树重新发芽。《易·大过》:"枯杨生稊,老夫得其女妻,无不利。"《传》:"稊,杨之秀也。"后用以喻老人娶少妻或老来得子。

㉚拔茅连茹:《易·泰》:"拔茅茹,以其汇,征吉。"《传》:"茅之为物,拔其根而相牵引者也。茹,相牵引之貌也。"后以拔茅连茹比喻同道之人,互相引进。

㉛蒲柳之姿:比喻人容貌之早衰。蒲和柳,二者均早落叶,故以喻人之早衰。《世说新语·语言》:"顾悦与简文(司马昱)同年而发早白。简文曰:'卿何以先白?'对曰:'蒲柳之姿,望秋而落;松柏之质,经霜弥茂。'"

㉜姜桂之性:比喻性情刚强不移。《宋史·晏敦复传》:"(秦)桧使所亲谕敦复曰:'公能曲从,两地旦夕可至。'敦复曰:'吾终不为身计误国家。况吾姜桂之性,到老愈辣,请勿言。'桧卒不能屈。"

㉝势如破竹:见《器用》"迎刃而解"注。

㉞瓜分:比喻象剖瓜一样分剖国地或划分疆界。《战国策·赵策》:"天下将因秦之怒,乘赵之敝而瓜分之。"《注》:"分其地如剖瓜然。"

㉟草木皆兵:东晋时,前秦苻坚率大军南下侵晋,在淝水被晋军战败。坚与弟苻融登寿春城而望晋师,见部阵整齐,将士精锐,北望八公山上草木,皆类人形。苻坚谓融曰:"此亦劲敌也,何谓少乎?"见《晋书·苻坚载记》《资治通鉴·晋纪·孝武帝太元八年》。后以草木皆兵喻紧张恐慌,疑神疑鬼。

㊱铜驼荆棘:《晋书·索靖传》:"靖有先识远量,知天下将乱,指洛阳宫门铜驼,叹曰:'会见汝在荆棘中耳!'"后用铜驼荆棘指变乱后的残破景象。金元好问《寄钦止李兄》:"铜驼荆棘千年后,金马衣冠一梦中。"铜驼,铜铸之骆驼。

㊲三槐:见《宫室》:"晋公堂下植三槐"注。

㊳五桂:指弟兄五人齐折佳。五代时,后周渔阳人窦禹钧与兄禹锡皆以词学名。有五子名仪、俨、侃、偁、僖皆相继登科。冯道与禹钧有旧,尝赠诗云:"燕山窦十郎,教子以义方,灵椿一枝老,丹桂五枝芳。"缙绅多讽诵之,当时号为窦氏五龙。见《宋史·窦仪传》。

㊴鉏麑触槐:鉏麑,人名,春秋晋灵公时力士。灵公无道,赵盾数谏。公患之,使鉏麑刺杀赵盾。晨,鉏麑往,赵盾盛服将朝,时尚早,坐而假寐。鉏麑叹曰:"不忘恭敬,民之主也。贼民之主,不忠;弃君之命,不信。有一于此,不如死也。"遂触庭槐自杀。见《左传·宣公二年》。

㊵越王尝蓼:春秋时,越王勾践被吴王夫差战败,励志复仇。《吴越春秋·勾践归国外传》:"越王念复吴仇非一旦也。劳身苦心,夜以接日,目卧则攻之以蓼,足寒则溃之以水,冬常抱冰,夏还握火。愁心苦志,悬胆于户,出入尝之。"蓼,也叫水蓼,叶茎有辣味,此言欲睡则尝蓼以驱睡意。

㊶画荻教子:宋欧阳修四岁而孤,母郑亲教之学,家贫,不能具纸笔,以荻画地学书。见《宋史·欧阳修传》。荻,草名。

㊷负荆请罪:见《朋友》"刎颈交"注。

㊸余桃啖君:春秋时,弥子瑕有宠于卫君。一日与君游于果园,食桃而甘,不尽,以其半啖君。君曰:"爱我哉,忘其口味,以啖寡人"。及弥子瑕色衰爱弛,得罪于君,君曰:"是……尝我以于余桃。"见《韩非子·说难》。

㊹徙木立信:战国时秦国商鞅变法,恐民不信,乃先在国都南门立三丈之木,募民能徙置北门者赐十金。民怪之,莫敢徙。又下令,能徙者赐五十金。后有一人徙之,即赐五十金,以示不欺。于是颁布新令,令行于民。见《史记·商君列传》。

㊺王戎卖李钻核:晋王戎有好李,卖之恐人得其种,恒钻其核。见《世说新语·俭啬》《晋书·王戎传》。

㊻成王剪桐封弟:《吕氏春秋·重言》:"成王与唐叔虞燕居,援桐叶以为珪,而授唐叔虞曰:'余以此封女。'叔虞喜,以告周公。周公以请曰:'天子其封虞邪?'成王曰:'余一人与虞戏也。'周公对曰:'臣闻之,天子无戏言。'……于是遂封叔虞于晋。"又见于《史记·晋世家》;汉刘向《说苑·君道》,记载稍异。

㊼二桃杀三士:春秋齐景公时,有公孙接、田开疆、古冶子三勇士,恃功骄傲。晏子劝景公除去三人,于是设计让景公送去两个桃子,要他们三人论功大小领取桃子。三人互不相让,争论起来,先后自杀。见《晏子春秋·谏》。"三士",原本为"三土",误。

㊽莲花似六郎:唐杨再思历事三主,累官封郑国公。为人巧佞邪媚,张昌宗(排行为六,称六郎),以姿貌见宠于武后,再思阿谀曰:"人言六郎面似莲花,再思以为莲花似六郎,非六郎似莲花也。"见《旧唐书·杨再思传》。

㊾倒啖蔗:见《人事》"渐入佳境"注。

㊿蒸哀梨:《世说新语·轻诋》:"桓南郡(玄)每见人不快,辄嗔云:'君得哀家梨,当复不蒸食不?'"《注》:"秣陵有哀仲家梨,甚美,大如升,入口消释。言愚人不别味,得好梨蒸食之也。"

【今译】

　　植物不止一种,所以有万卉之称;谷物种类很多,所以有百谷之号。"如茨如梁",是形容庄稼蕃多;"惟夭惟乔",是形容草木茂盛。莲花是花中君子;海棠是花内神仙。"国色天香"是形容牡丹的富贵;"冰肌玉骨"是形容梅花的清奇。兰花生在幽谷,具有王者的香;菊花开在寒秋,如同隐逸的士。竹称君子;松叫大夫。萱草可以忘掉忧愁;屈轶能够指出坏人。箖箊是竹的别号;木犀是桂的别名。"明日黄花"是说过时的事物;"岁寒松柏"是喻有节操的人。樗栎为无用的散材;

梗楠是有大用的良木。玉版是笋的异名；蹲鸱是芋的别号。"瓜田李下"，是说要避嫌疑；"秋菊春桃"，是说时有迟早。庾岭梅花，南枝先开，北枝后开；尧阶萱荚，朔日生出，望日凋谢。苾刍背阴向阳，比喻僧人有德行；木槿朝开暮落，比喻荣华不久长。"芒刺在背"，形容恐惧不安；"薰莸异气"，形容好坏有别。桃李不讲话，下面自成路；道旁的苦李，被人所抛弃。老人娶少妇，叫做"枯杨生稊"；国家多进贤，叫做"拔茅连茹"。"蒲柳之姿"，比喻未老先衰；"姜桂之性"，是说愈老愈辣。行王道的军队，克敌如破竹；战国七雄之国，分地如剖瓜。苻坚看晋营，怀疑草木都是晋兵；索靖知兴亡，感叹铜驼会在荆棘。王祐知道子孙必做三公，于庭前植三棵槐；窦钧五个儿子登进士第，人称为折五枝桂。鉏麑触槐自杀，不忍心杀人民之主；越王尝蓼自苦，决心要报吴国之仇。欧母画荻教欧阳修写字，哪个不称她贤能；廉颇负荆向蔺相如请罪，好在能自己悔过。弥子瑕仗恃得宠，用吃剩的桃子给君主；秦商鞅要行法令，让人搬走大木树信用。王戎卖李子钻核，真是卑鄙；成王剪桐叶封弟，因无戏言。齐景公用二桃杀三个勇士；杨再思说莲花好像张六郎。倒吃甘蔗，是渐入佳景；蒸食哀梨，就失去本味。

【原文】

煮豆燃萁，比兄残弟；砍竹遮笋，弃旧怜新①。元素致江陵之柑②；吴刚伐月中之桂③。捐赀济贫，当效尧夫之助麦④；以物申敬，聊效野人之献芹⑤。冒雨剪韭，郭林宗款友情殷⑥；踏雪寻梅，孟浩然自娱兴雅⑦。商太戊能修德，祥桑自死⑧；寇莱公有深仁，枯竹复生⑨。王母蟠桃，三千年开花，三千年结子，故人借以祝寿诞⑩；上古大椿，八千岁为春，八千岁为秋，故人托以比严君⑪。去稂莠，正以植嘉禾⑫；沃枝叶，不如培根本⑬。世路之蓁芜当别；人心之茅塞须开⑭。

（增）姚黄魏紫，牡丹颜色得人怜⑮；雪魄冰姿，茉莉芬芳随我爱⑯。雪梅乍放，月明魂梦美人来⑰；玉蕊齐开，风动珮琼仙子至⑱。尼父试弹琴，发泗水坛前之杏⑲；渔郎频鼓枻，寻武陵源里之桃⑳。九烈君原为异柳㉑；支离叟必属乔松㉒。丈夫进学骎骎，弗效黄杨厄闰㉓；男子为人卓卓，必如老桧参天㉔。龙刍茂时，周穆王备供马料㉕；水萍聚处，樊千里用作鸭茵㉖。灵运诗成，已入西堂之梦㉗；江淹赋就，更闻南浦之歌㉘。生成钩弋之拳，西山嫩蕨㉙；剖出庄姜之齿，北苑佳瓠㉚。曾言水藻绿于蓝；始信山菔红似血㉛。元修蚕豆，自古称佳㉜；诸葛蔓菁，迄今犹赖㉝。生姜盗母荽留子，尽付园丁㉞；芦菔生儿芥有孙，频充鼎味㉟。

注释

①煮豆燃萁、砍竹遮笋：煮豆燃萁，见《兄弟》"煮豆燃萁"注。砍竹遮笋，砍竹子去遮笋子，弃旧爱新之意自明。

②元素致江陵之柑：董元素有仙术，自江南来，宣宗夜召之，与语曰：今南中柑橘正熟，卿能致之否？元曰：请安一盒于御榻前。数刻有微风入帘，元素解其盒，柑满其中。奏曰：此江陵枝江县柑。上尝之，惊叹。"元素"，原本为"元咸"。误，从"大文本"改。

③吴刚伐月之桂：唐段成式《酉阳杂俎·天咫》："旧言月中有桂，有蟾蜍。故异书言，月桂高五百丈，下有一人，常斫之，树创随合。人姓吴，名刚，西河人，学仙有过，谪令伐树。"

④尧夫助麦：宋范尧夫，范仲淹次子，尝往东吴取租，得麦五百斛。舟次丹阳，遇石曼卿。曼卿曰：三丧浅土，欲葬而北归，无可谋者。尧夫以麦舟济之。归家，仲淹曰：东吴见故人否？曰：有石曼卿者，因三丧未举，留滞丹阳。仲淹曰：何不以麦舟与之。曰：已付之矣。见宋释惠洪《冷斋夜话》。

⑤野人献芹：见《人事》"献芹"注。

⑥冒雨剪韭：汉郭林宗自种畦圃，友人范达夜至，郭冒雨剪韭，作汤饼以供。见《郭林宗别传》。

⑦踏雪寻梅：唐诗人孟浩然。情怀旷达，尝冒雪骑驴以寻梅，曰："吾诗思正在风雪中驴子背上。"见宋阴时夫《韵府群玉》。

⑧商太戊句：殷太戊立，伊陟为相，亳有祥桑、谷共生于朝，一暮大拱，帝太戊惧，问伊陟，伊陟曰：臣闻妖不胜德，帝之政其有阙与？帝修其德。太戊从之，而祥桑枯死而去。见《史记·殷本纪》。祥，妖也；桑、谷，野木；拱，合抱。二木本野生而竟合株生于朝，所以被认为妖孽。又见《尚书大传·夏传》《韩诗外传》《孔子家语》。

⑨寇莱公句：宋寇准于真宗乾兴初贬雷州司户参军，道出公安，剪竹插神祠前祝曰：准之心若有负朝廷，此竹必不生，准若无负国家，此枯竹当再生。已而果然。见宋江少虞《事实类苑》《宋史·寇准传》。

⑩王母蟠桃句：汉武帝七月七日斋于寻真台。日正中，忽有青鸟从西方来集殿前，帝问东方朔。对曰："西王母将至。"是夜西王母果至，出蟠桃七枚，母自食二枚，与帝五枚。帝留核于著前。王母问曰："用此何为。"帝曰："欲种之。"母笑曰：'此桃三千年一著子。非下土所植也。"见旧题汉班固撰《汉武故事》。

⑪上古大椿：见《祖孙父子》"椿萱并茂"注。

⑫去稂莠句：稂莠，两种害禾苗的杂草。《国语·鲁语》："自是，子服之妾衣不过七升之布，马饩不过稂莠。"《注》："稂，童粱也；莠，草似稷而无实也。"汉王符《潜夫论·述赦》："养稂莠者伤禾稼，惠奸宄者贼良民。"后以稂莠比喻害群之人。

⑬沃枝叶句：唐太宗贞观四年，李靖大败突厥之后，诸部首领来归者多，皆拜为将军、中郎将，布列于朝廷，五品以上百余人，殆与朝士相半。凉州都督李大亮上疏曰："臣闻欲绥远者必先安近。中国百姓，天下根本；四夷之人，犹于枝叶。扰其根本以厚枝叶，而求义安，未之有也。"见唐吴兢撰《贞观政要·论安边》。

⑭蓁芜、茅塞：蓁，棘丛；芜，草丛。喻世事之不平，如蓁之多刺，草丛之芜乱。茅塞，见《人事》"望开茅塞"注。

⑮姚黄魏紫：两种名贵的牡丹花。姚黄，为宋姚姓人家培养的千叶黄花；魏紫，五代魏仁甫家培育的千叶肉红花。见宋欧阳修《洛阳牡丹记·花释名》。后泛指名贵的花卉。

⑯雪魄冰姿：比喻洁白晶莹。无名氏《咏茉莉》："冰姿素淡广寒女，雪魄轻盈姑射山。"

⑰雪梅乍放句：隋开皇中，赵师雄游罗浮，天寒日暮，于松林酒肆傍，见一美人淡妆素服，师雄与语，芳香袭人。因与扣酒家共欲。忽酣寝，但觉风寒相袭，东方欲白，起视在梅花树下，月落参横，不胜惆怅。见唐柳宗元《龙城录》。

⑱玉蕊齐开句：唐昌观玉蕊花大开，有女子年十八九岁，从以二女婢、二小仆，姿容潇洒，异香闻数十步外。伫立良久，命仆取花数枝而去。望之已在半空。

⑲尼父试弹琴句：《庄子·渔父》："孔子游乎缁帷之林，休坐乎杏坛之上，弟子读书，孔子弦歌，鼓琴奏曲。"

⑳渔郎频鼓枻句：晋太原中，武陵人因捕鱼至一小溪，两岸桃花盛开，至水源头，穿过山洞，见有村落居民与世隔绝。问其由，乃秦时避乱至此，不知已历汉魏晋。见晋陶渊明《桃花源记》。枻，短桨。

㉑九烈君：柳神名。后汉李固未及第前，行古柳树下，闻有弹指声，固问之，曰："吾柳神九烈君也。用柳汁染子衣矣，科第无疑。"不久，果及第。见唐冯贽《云仙杂记》引《三峰集》。

㉒支离叟：元鲜于伯机尝于废圃中得怪松一株，移植斋前，朝夕以玩，呼为支离叟。见清历荃《事物异名录》引《研北杂志》。

㉓黄杨厄闰：旧时传说黄杨木遇闰年不长。宋苏轼《分类东坡诗·退圃》："园中草木春无数，只有黄杨厄闰年。"自注："俗说黄杨岁长一寸，遇闰退三寸。"后以黄杨厄闰喻人遇困境。骎骎：马疾行。

㉔老桧参天：唐李绅诗：士人高气节，老桧穿青天。

㉕龙刍茂时句：龙刍，草名，即龙须草。旧题南朝梁任昉《述异记》："东海岛龙川，穆天子养八骏处也。岛中有草名龙刍，马食之，一日千里。"

㉖水萍聚处句:浮光多美鸭,太原少尹樊千里买百只置后池,载数车浮萍入池,为鸭作茵褥。见宋永亨《异闻录》。

㉗灵运成诗句:南朝宋谢灵运善文词,曾于永嘉西堂作诗,诗思不就,忽梦见其族弟惠连,得"池堂生春草"句。故尝云:"此语有神助,非吾语也。"见梁钟嵘《诗品》引《谢氏家录》。

㉘江淹赋就句:南朝梁江淹作《别赋》,其中有:"春草碧色,春水绿波,送君南浦,伤如之何。"

㉙钩弋之拳:汉武帝钩弋夫人,河间人,赵姓,生时两手皆拳,武帝巡河间,召见,披其手即伸,乃幸之,号拳夫人,进婕妤,居钩弋宫,故称钩弋夫人。见《汉书·外戚传》。嫩蕨之芽,如拳未开。故杨廷秀咏笋蕨诗:"齐国老莱新脱锦(指笋),满宫钩弋未开拳(指蕨)。"

㉚庄姜之齿:庄姜,春秋时美人。《左传·隐公三年》:"卫庄公娶于齐东宫得臣妹,曰庄姜,美而无子。卫人所为赋《硕人》也。"《诗·卫风·硕人》:"手如柔荑,肤如凝脂。领如蝤蛴,齿如瓠犀。螓首蛾眉,巧笑倩兮,美目盼兮。""齿如瓠犀",言牙齿如瓠瓜之子。故刘彦仲瓠诗:"一线解琼瑶,中有美人齿。"

㉛曾言水藻绿于蓝两句。此两句出唐人诗中:"水藻碧于蓝。""何事有菰凝血色,莫非杜宇洒啼浪。"杜宇,古蜀帝名,后化为杜鹃鸟。《蜀志》:"望帝化为杜鹃鸟,至春则啼,闻者凄恻。"唐白居易《琵琶行》:"其间旦暮闻何物,杜鹃啼血猿哀鸣。"

㉜元修蚕豆:元修菜,一名巢菜,宋巢元修爱吃而得名。宋苏轼《元修菜诗序》:"菜之美者,有吾乡之巢,故人巢元修嗜之,余亦嗜之。因谓之元修菜。"宋陆游《巢菜序》:"蜀蔬有两巢:大巢,豌豆之不实者;小巢,生稻畦中,东坡所赋之元修菜是也。吴中绝多,名漂摇草,一名野蚕豆,但人不知取食耳。"

㉝诸葛蔓菁:蔓菁,即芜菁,俗呼为大头菜。相传诸葛亮行军所驻处,即令军士种蔓菁,以为军食,故蜀江陵称蔓菁为诸葛菜。见唐韦绚《刘宾客嘉话录》。

㉞生姜盗母荽(suī 虽)留子:荽,香菜,即芫荽。欲栽生姜要留母姜,即姜之宿根;欲栽芫荽应留其子实。故谚云:"生姜盗母荽留子。"

㉟芦菔生儿芥有孙:芦菔,即萝卜,或作莱菔。根块供食,子实入药。芥,子如粟粒,味辛辣,研末后作调味或药用。其初生之芽曰芥孙。故曰:萝卜有子,芥有孙。宋苏轼《撷菜》诗:"秋来霜露满东园,芦菔生儿芥有孙。我与何曾同一饱,不知何苦食鸡豚。"

【今译】

"煮豆燃萁",比喻兄残害弟;"砍竹遮笋",比喻弃旧爱新。元素召来江陵柑橘;吴刚砍伐月中桂树。捐资周济贫困,当效法尧夫的送舟麦;用物表明敬意,姑且学野人的献野芹。冒雨剪韭菜,郭林宗待友之情深;踏雪寻梅花,孟浩然自乐有雅兴。商朝太戊能修德,妖树自己枯死;宋朝寇准有深仁,枯竹又能复生。王母的蟠桃,三千年开花,三千年结果,所以人们借用来祝寿;上古的大椿,八千年为春,八千年为秋,所以儿子借用来比父。去掉稂和莠,正为了培植好苗;使枝叶肥厚,不如去培植根本。世间上的蓁芜,应当铲去;人心里的茅塞,应当拨开。

(增)姚黄魏紫,牡丹的颜色得人怜;雪魄冰姿,茉莉的香气任我爱。雪梅初开,师雄梦见美人;玉蕊齐开,寺观忽逢仙子。孔子弹琴,在杏坛教育弟子;渔人划桨,找着武陵的桃源。九烈君原是异柳;支离叟必是怪松。大丈夫好学要奋进,不要学"黄杨厄闰";男儿汉做人当卓立,一定像"老桧参天"。龙刍茂盛时,周穆王备供马料;浮萍相聚处,樊千里作为鸭茵。灵运诗写成,已入西堂的梦境;江淹赋写就,听到南浦的歌声。生得像钩弋的拳,那是西山嫩草的芽;剖出如庄姜的齿,那是北苑佳瓠的子。曾说水藻绿得如蓝;才信山菰红得像血。元修蚕豆,从来被人称赞;诸葛蔓菁,现在还被依赖。生姜取母,元荽留子,都给园丁;芦菔生儿,芥菜有孙,常作美味。

主要引用书目

《十三经注疏》，中华书局影印版，1980年10月第一版。
《二十五史》（缩印本），上海古籍出版社，1986年12月第1版。
《资治通鉴》，中华书局，1956年6月第1版。
《诸子集成》，中华书局，1954年12月第1版。
《全唐诗》，上海古籍出版社，1986年10月第1版。
《国语》，上海古籍出版社，1988年3月第1版。
《战国策注释》，上海古籍出版社，1985年8月第2版。
《楚辞全译》，贵州人民出版社，1984年2月第1版。
《吴越春秋》，贵州人民出版社，1993年9月第1版。
《新序》《说苑》，贵州人民出版社，1992年7月第1版。
《西京杂记》，贵州人民出版社，1993年8月第1版。
《山海经》，上海古籍出版社，1980年7月第1版。
《韩诗外传》，上海古籍出版社，1988年3月第1版。
《搜神记》，中华书局，1979年9月第1版。
《开元天宝遗事十种》，上海古籍出版社，1984年2月第1版。
《历代小说笔记选》，上海书店，1983年8月第1版。
《说文解字》，中华书局影印，1963年12月第1版。
《贞观政要》，四川人民出版社，1987年1月第1版。
《事物异名录》，岳麓书社，1991年12月第1版。

（凡注释中引用的资料，出于上述书目者，其《注》《疏》均见于该书，不再一一列出注者朝代、姓氏。）

其他有关的类书、辞典十余种。

图书在版编目(CIP)数据

幼学故事琼林全译/(清)程允升撰;叶光大译注.—贵阳:贵州人民出版社,2008.12(2017.2重印)

(中国历代名著全译丛书)

ISBN 978-7-221-08391-3

Ⅰ.幼… Ⅱ.①程…②叶… Ⅲ.①汉语-古代-启蒙读物②幼学琼林-译文 Ⅳ.H194.1

中国版本图书馆CIP数据核字(2008)第180205号

书　　名	幼学故事琼林全译
著　　者	〔清〕程允升　原撰
译　　注	叶光大
责任编辑	孟筑敏
装帧设计	余强
出版发行	贵州人民出版社
地　　址	贵阳市中华北路289号
印　　刷	三河市明华印务有限公司
版　　次	2009年3月第1版
印　　次	2017年2月第2次印刷
开　　本	787×1092mm　1/16
字　　数	308千字
印　　张	21.25
定　　价	52.00元